LA FORMATION DES RAISONS

G. Henriques

La formation des raisons
Étude sur l'épistémogenèse

Sylvain Dionnet et Jean-Jacques Ducret (coordinateurs)

Avec des contributions de

Ioanna Berthoud
Sylvain Dionnet
Jean-Jacques Ducret
Helga Kilcher
Danielle Maurice
Luisa Morgado
Anne Sinclair
Rosita Zubel

Textes inédits de Jean Piaget

MARDAGA

© 2004 Pierre Mardaga éditeur
Hayen, 11 - B-4140 Sprimont (Belgique)
D. 2004-0024-11

Avant-propos
par Jean-Jacques Ducret[1]

Lorsqu'en 1999 la Fondation Jean Piaget a été sollicitée pour contribuer à la publication, très longtemps retardée, du tout dernier volet de recherche lancé par Piaget dans le cadre du Centre international d'épistémologie génétique (CIEG), accorder son soutien relevait de l'évidence. Une opportunité exceptionnelle s'offrait alors de faire connaître et partager aux chercheurs intéressés — épistémologistes, historiens, psychologues, mais aussi philosophes — quelques-unes au moins des ultimes réflexions de l'illustre savant quant à la nature des connaissances humaines, ainsi que quelques-uns des résultats des enquêtes liées à ces réflexions. Mais, tout en remplissant cet objectif, le projet de publication a pris une ampleur et a atteint une profondeur auxquelles nous ne nous attendions pas. La reprise de données recueillies il y a plus de vingt ans, mais surtout la reconsidération des notions et des idées qui avaient été proposées entre 1979 et 1981, ont permis à Gil Henriques, dont le rôle fut déjà essentiel dans ces anciennes années, d'élaborer une conception de la raison constituante — productrice des raisons fondatrices des connaissances valides — qui donne sa pleine signification aux quelques idées qu'avait esquissées Piaget à la fin de sa vie. C'est par un double mouvement de *réduction intellectuelle* — ou *analyse régressive*, pour reprendre une ancienne dénomination bien connue des philosophes kantiens — et de *déduction*, ou, en d'autres termes, de *reconstitution* et de *reconstruction* que la pensée humaine tisse progressivement des systèmes d'implications signifiantes, par lesquels elle saisit les raisons des choses et de ses propres affirmations. Et c'est ainsi sur une véritable première théorie de *l'épistémogenèse* que peut se conclure la conception originale proposée par Henriques dans le présent ouvrage[2]. Pour atteindre le degré de thématisation et de théorisation propre à la conception de la formation des raisons et, donc, de l'épistémogenèse, il fallait non seulement avoir une connaissance intime de la progression de l'œuvre piagétienne — de ses interrogations, de ses notions et de ses thèses —, mais aussi une connaissance approfondie de la philosophie, de l'histoire des sciences et de la métamathématique. C'est cette triple connaissance, dont nous savions dès le départ que Gil Henriques la possédait, qui a permis à celui-ci de mener à son terme (relatif bien sûr) cette interrogation sur les raisons que Piaget avait posée et pour laquelle il n'avait pu qu'esquisser des débuts de réponse[3].

Le présent ouvrage devrait permettre au lecteur d'apprécier lui-même l'apport original de la reprise et de l'achèvement provisoire d'une entreprise intellectuelle interrompue pendant deux décennies. Pour l'essentiel, en plus des textes inédits de Piaget qui permettront de prendre la mesure du projet initialement proposé, il contient des chapitres rédigés par G. Henriques et par les collaborateurs et collaboratrices du CIEG qui ont accepté de se joindre à lui pour reprendre et renouer les fils de l'ancienne entreprise. Les sections formant le chapitre 3-2 de ce livre et dans lesquelles sont résumées les anciennes enquêtes psychogénétiques ne font pas que reprendre tels quels les résultats des années 1979-1981. Elles ont été rédigées en rapport étroit avec la reconstitution et la reconstruction conceptuelles proposées par Henriques à partir de l'an 2000. À côté de ces chapitres et des textes de Piaget, le lecteur trouvera aussi en annexe des informations historiquement utiles (la liste complète des recherches et le programme du symposium organisé en 1980 par le CIEG), ainsi que le texte presque intégral d'une recherche qui avait été rédigé en vue de la publication prévue en 1981, mais qui était resté impublié à ce jour (cette recherche devait aussi être revue et reprise à la lumière de la reconstruction actuelle; des circonstances malheureuses ayant empêché cette reprise, les coordinateurs du présent ouvrage ont décidé de proposer la version originale en annexe, ce qui permet du même coup de se replonger autrement que par une reconstitution historique dans les travaux du début des années 1980). Enfin, un préambule permettra au lecteur de situer la recherche sur les raisons par rapport à la progression de l'œuvre piagetienne et à ses racines intellectuelles.

Au terme de cette entreprise à laquelle j'ai été étroitement associé, j'aimerais souligner encore l'une des leçons principales que j'ai pu en tirer. Les travaux de G. Henriques et de ses collaborateurs m'ont permis de passer d'une conception où la raison restait pour l'essentiel rattachée à la forme opératoire que manifeste pour la première fois l'enfant à partir de l'âge dit de raison (vers 6-7 ans, puis, sous une forme plus abstraite, vers 13-14 ans), à une conception suspendue à cette évidence que, avant l'âge de raison, il y a bien une recherche de raisons, ce qui implique la présence d'une forme de la raison constituante, qui reste cependant largement inaperçue du sujet, contrairement à ce que devient la raison constituante dès que la pensée devient opératoire, sur le plan de la volonté aussi bien que sur le plan des idées.

NOTES

[1] Fondation Jean Piaget pour recherches psychologiques et épistémologiques.

[2] Parmi les autres thèses qui méritent l'attention accrue des lecteurs, signalons aussi celle qui souligne le rôle peut-être décisif de la recherche des raisons dans la construction des structures opératoires chez l'enfant, ainsi que la revalorisation apportée à la conception de E. Meyerson et de A. Lalande sur la raison identificatrice (décrite dans le préambule de cet ouvrage), forme de raison que l'on peut relier à chaque première étape de la recherche de raisons, chez l'enfant comme dans l'histoire des sciences, telle qu'elle est mise en évidence par les études historiques et psychogénétiques exposées dans le chapitre 3.

[3] Pour éviter tout malentendu, il faut souligner que la question de la formation des raisons n'est pas la seule à laquelle Piaget était attaché dans la dernière étape de son œuvre. L'un des inédits reproduits à la fin du présent ouvrage nous rappelle cet autre projet d'élaborer, en complément à la logique opératoire «classique», une logique des significations grâce à laquelle seraient modélisées les différentes opérations intellectuelles (affirmation, négation, implication, disjonction, etc.) par lesquelles les sujets lient de différentes manières les significations les unes aux autres. On ne saurait non plus oublier toutes les autres préoccupations centrales qui n'ont cessé d'occuper Piaget, comme celles de relier la cognition à la vie, la psychologie de l'intelligence et l'épistémologie à la biologie.

Préambule :
De l'explication de la raison à l'étude des raisons dans l'œuvre de Piaget

par Jean-Jacques Ducret

INTRODUCTION

Le but du présent chapitre est de décrire la place et l'apport des recherches sur les raisons engagées par le CIEG entre 1979 et 1981, non seulement par rapport au développement de l'œuvre de Piaget, mais également par rapport à l'évolution générale des idées dans la filiation desquelles cette œuvre s'inscrit. L'objet de ces recherches rend en effet encore plus manifeste la véritable portée de cette œuvre qui, par l'intermédiaire de la résolution de problèmes particuliers de psychologie et d'épistémologie génétiques, concerne aussi celle de problèmes de portée proprement philosophique[1], et d'abord celui de la raison, de sa nature, de sa signification, de son origine, etc.

L'intérêt pour la raison et les problèmes fondamentaux qui se posent à son propos ont toujours occupé une place centrale chez Piaget, et cela dès les premiers travaux de jeunesse, ou presque. On peut d'ailleurs résumer la quasi-totalité de son œuvre par deux questions alors étroitement liées : l'origine des formes vivantes et celle des formes et des normes rationnelles. Une bonne part des recherches piagétiennes s'efforceront ainsi d'apporter des réponses empiriquement corroborées à ces deux interrogations et à celles qui en dérivent.

Par ailleurs, la position initiale de Piaget face au thème de la raison se comprend d'abord en référence aux courants intellectuels, philosophiques et scientifiques, qui ont contribué à la formation de sa pensée (Ducret, 1984). Comme il apparaît très visiblement à la lecture d'un ouvrage tel que *Sagesse et illusion de la philosophie*, et comme on le rappellera dans ce qui suit, Piaget s'inscrit dans le prolongement direct de la grande tradition philosophique occidentale.

Pour l'essentiel et telle qu'on peut la reconstruire à partir de l'œuvre piagétienne, cette tradition est composée de deux courants, le rationalisme et l'empirisme, que vient compléter une troisième orientation, le scepticisme, moteur important de la progression philosophique occidentale. Il serait trop long, et d'ailleurs superflu, de décrire les disputes qui, à travers les siècles, ont opposé mais aussi fait progresser les conceptions rationalistes et empiristes. On rappellera seulement brièvement trois grandes étapes de l'histoire de cette tradition : l'origine grecque, la révolution kantienne et enfin l'environnement philosophique contemporain de la formation de la pensée de Piaget. Nous le ferons dans la mesure où ce qui s'est passé lors de ces étapes donne sens aux recherches de celui-ci en psychologie et en épistémologie génétiques, et clarifie son assimilation et son traitement du problème de la raison, comme les solutions qu'il sera amené à lui proposer, non plus par voie philosophique, mais en prenant appui sur la méthode psychogénétique et, dans une moindre mesure, sur l'histoire des sciences.

Après le rappel de ces étapes seront décrites la naissance du problème de la raison chez Piaget, puis les réponses qu'il est parvenu à donner quant à l'origine des formes rationnelles. Nous soulignerons ensuite la nouvelle orientation prise face à ce problème lors de la dernière décennie de recherches réalisées au Centre international d'épistémologie génétique (CIEG) — plus spécialement dans le dernier programme d'étude proposé par Piaget à ses collaborateurs, qu'il ne pourra hélas pas conduire à son terme, mais dont les chapitres ultérieurs du présent ouvrage révèlent la portée. Dans cette ultime phase de recherches, il ne s'agira plus d'expliquer la genèse des formes ou des normes rationnelles (les normes morales et logiques, ainsi que les connaissances scientifiques), mais d'expliquer comment l'enfant ou le savant en arrive à découvrir la ou les raison(s) d'un événement, d'une loi, etc., et plus encore de décrire les étapes de la recherche des raisons chez le sujet, en vue d'éclaircir la nature de ces dernières.

Enfin, la question qu'il conviendra de clarifier au terme de ce chapitre historico-critique et biographique sera celle de l'existence ou non d'un lien entre cette ultime phase de recherche et la longue période consacrée à l'étude psychogénétique et en partie historique des formes, des normes et des connaissances rationnelles. Nous y répondrons affirmativement en montrant comment, suite à d'autres recherches telles que celles sur le développement du possible et du nécessaire, l'étude de la construction des raisons chez l'enfant complète l'explication psychogénétique classique basée sur l'équilibration des préopérations. En d'autres termes, la recherche des raisons chez l'enfant, qui peut naturellement être accélérée ou freinée par son environnement social et intellectuel, devrait apparaître comme la source fonctionnelle des formes et des normes rationnelles qui se succèdent dans la psychogenèse ou la sociogenèse des connaissances et du jugement moral[2].

TROIS ÉTAPES DU PROBLÈME DE LA RAISON DANS L'ÉVOLUTION DE LA PHILOSOPHIE OCCIDENTALE

Si nous nous proposons d'esquisser brièvement ici ces trois étapes de l'évolution de la philosophie occidentale, c'est que nous croyons que leur explicitation donne sens aux solutions que Piaget apportera à son tour aux problèmes essentiels soulevés par la raison et ses manifestations (par exemple, celui de savoir si la valeur accordée à la raison n'est pas illusoire, ou encore celui de l'origine de la raison). Même si, comme tout être humain, il a construit de lui-même, à travers ses échanges avec le monde extérieur et avec autrui, cette structure de l'esprit qui sous-tend ce que l'on peut appeler l'âge de raison, Piaget n'aurait pu ériger une œuvre majeure de l'histoire de la pensée s'il n'avait pris connaissance des problèmes et des solutions propres au contexte philosophique et scientifique de ses années de jeunesse, puis de ses premiers travaux de psychologie et d'épistémologie génétiques. Par la suite, une fois mis en place les premiers cadres expérimentaux et théoriques de la psychologie et de l'épistémologie génétiques, c'est plus de l'intérieur même de l'œuvre et des échanges intellectuels avec de proches collaborateurs que proviendront les mobiles entraînant la progression des problèmes et des solutions. Comme le laissent entrevoir les remarques précédentes, ce chapitre peut donc être vu non seulement comme une mise en perspective de l'étude psychogénétique des raisons, mais aussi comme une contribution à une meilleure compréhension des rapports entre la sociogenèse et la psychogenèse dans la construction des connaissances. Sur la question de la raison et de son évolution, Piaget est semblable à tout un chacun, à deux différences près. Premièrement, comme quelques-uns de ses contemporains, le jeune Piaget a reçu en héritage un riche réseau de problèmes et de solutions théoriques concernant la raison — problèmes et solutions acquis tout au long de la sociogenèse de la pensée, telle qu'elle s'est développée à partir des Grecs et s'est diffusée au moyen d'un certain nombre d'institutions sociales. Deuxièmement, en prolongement de sa psychogenèse et par sa personnalité et son intelligence, il a pu et su faire fructifier cet héritage intellectuel, de manière à enrichir à son tour durablement cette sociogenèse, en renouvelant problèmes et méthodes, notions et conceptions, notamment en ce qui concerne la nature et l'origine de la raison.

Commençons donc par rappeler trois des grandes étapes de la tradition philosophique occidentale dans laquelle s'enracine le problème piagétien de la raison.

Naissance du problème de la raison chez Aristote et chez Platon

Platon et la naissance de la philosophie. — Le problème de la raison est né de la réflexion des philosophes grecs, et en tout premier lieu de Socrate et de Platon, sur les notions de justice et de science dans la forme particulière qu'elles ont prise avec ce qu'il est convenu d'appeler le «miracle grec», qui n'est rien d'autre que le résultat des progrès de la pensée et des transformations sociales propres à la civilisation hellénique (Vernant, 1985). La manifestation la plus évidente et la plus profonde de la modification de la notion de science se rattache à l'exigence que les savants grecs avaient de prouver la vérité de leurs jugements quant aux objets qu'ils étudiaient, en particulier des «êtres mathématiques», ou encore de découvrir les raisons intrinsèques d'une propriété constatée en tel ou tel objet.

Qu'est-ce qui assure que le jugement émis à propos de tel ou tel objet a une valeur de vérité universelle, et diffère ainsi de la multiplicité des opinions pouvant être émises à propos de l'objet considéré? Une part importante de l'œuvre de Platon est consacrée à cette question, c'est-à-dire au souci de défendre la science de son temps et le modèle de vérité qu'elle fournit — mais aussi, et les deux choses sont chez lui étroitement liées, l'universalité du bien — par rapport aux assauts de libres penseurs qui, tel Protagoras, tendent à identifier opinions individuelles et jugements de portée universelle, en réduisant du même coup la valeur des seconds.

Le fait qu'à la suite de Thalès ou de Pythagore, les mathématiciens géomètres de la Grèce antique construisent toute une science qui fait reposer les vérités qu'elle énonce sur des démonstrations relativement transparentes à l'esprit — ou, pour le dire autrement, le fait que la raison scientifique formule les raisons d'une propriété mathématique —, ainsi que la connaissance approfondie que Platon a de la mathématique théorique, fournissent à ce dernier le principal moyen lui permettant de soutenir une thèse qui est au point de départ du grand courant rationaliste de la pensée occidentale et qui, partant des idées de science et de vérité, s'étend à celles de justice et de bien (le tout culminant dans l'idée du beau ou de l'harmonie). Selon Platon, la science offre un savoir valable, qui s'impose à tous, dans la mesure où elle reflète — et l'être humain contemple — le monde des pures Idées, qui lui préexiste et dont le modèle est précisément fourni par la façon dont les idées mathématiques se relient intérieurement les unes aux autres, ou, en d'autres termes, s'impliquent mutuellement, formant une totalité atemporelle.

Cependant, la solution de Platon laisse non résolue le problème d'une connaissance scientifique de la réalité physique. Sur ce plan de la science physique, Platon reste proche de l'ancienne approche symbolique du réel, même si sa conception — problématique — d'une participation des êtres naturels au monde des idées pures, qu'ils reflètent, peut être en un certain sens considérée comme une anticipation des conceptions ultérieures d'une science rationnelle de la nature, dont celle de Piaget, qui voit dans l'explication physique rationnelle une attribution des opérations logico-mathématiques et de leurs structures à la réalité extérieure. Aussi, la solution platonicienne ne pourra-t-elle pleinement contenter que ceux qui, comme son concepteur, tendent à dédaigner le monde sensible pour se tourner vers le monde des idées pures, et donc au premier chef les mathématiciens philosophes et les continuateurs de l'ancienne mystique pythagoricienne.

Aristote ou la philosophie comme « science ». — À la suite de Platon, il reviendra à son plus brillant élève, Aristote, de renouveler le problème de la raison en lui apportant une réponse plus proche et plus en accord avec la pensée commune et les connaissances propres à la vie courante. Tandis que Platon, l'esprit tendu vers la contemplation de l'idéal, tendait à dévaloriser le monde commun tel qu'il s'offre aux sens (pour il est vrai le revaloriser partiellement par l'intermédiaire de la théorie de la participation), Aristote cherche à relier celui-ci et la science, la réalité sensible et la raison. Avec ce dernier, la raison (ou l'intelligence rationnelle) en tant que faculté de connaître apparaît certes pour la première fois au premier plan; mais elle n'est pas la seule source de connaissance. Un rôle tout aussi décisif est accordé à l'expérience sensible, puisque c'est à travers la confrontation de l'intelligence avec les données des sens que l'être humain pourra prendre connaissance des propriétés formelles qui caractérisent les objets. Par le poids qu'il accorde à l'expérience, et surtout par l'idée qu'il s'en fait, Aristote propose une conception de la connaissance qui est la source de l'empirisme épistémologique.

Le rôle de l'expérience apparaît d'ailleurs d'une double manière chez Aristote. D'un côté, il se manifeste dans sa conception « empiriste » de l'origine des connaissances. Même si l'être humain est initialement doté d'une raison qui lui permettra de dégager progressivement la forme des objets, au début son esprit est vide, une *tabula rasa*. C'est primordialement l'expérience sensible qui viendrait déposer dans cet esprit, graver en lui, les propriétés formelles des objets. D'un autre côté, le rôle de l'expérience apparaît dans la démarche du philosophe qui recourt largement à la lecture et à l'analyse des réalités existantes, et notamment du discours, pour développer sa théorie de la science. En particulier et tout en acceptant la croyance en une science universelle, Aristote cherche, par l'intermédiaire d'une analyse et d'une classification empiriques des propositions, les formes de raisonnement et les principes rationnels réglant le discours vrai. Cette approche tournée vers l'étude systématique des « réalités réelles » aboutit à des résultats à la fois positifs et négatifs par rapport à la conception idéaliste de Platon.

Sur le plan positif, elle conduit l'auteur à jeter les bases de la logique, c'est-à-dire d'une science qui éclaire un aspect au moins de la nature de la raison en révélant les différentes formes que peut prendre le raisonnement, dont certaines seulement sont valides. L'élève se prononce ici de manière plus fondée que son maître sur les processus par lesquels le sujet parvient à découvrir la nature des êtres ; il ouvre en particulier la voie à la future psychologie scientifique en évoquant des processus tels que l'induction ou l'abstraction, encore aujourd'hui considérés comme des mécanismes centraux d'acquisition de connaissances.

Par contre, sur le plan négatif, la même démarche qui survalorise l'apport des sens comme source des connaissances conduit à une conception inadéquate des mathématiques et de la physique, ces sciences étant supposées atteindre la connaissance de l'universel par la voie d'une abstraction logique portant sur la matière sensible (et découvrant ainsi l'essence des êtres). Une certaine méconnaissance de la science mathématique (comparativement à son maître) et une conception trop rudimentaire de la nature de l'expérience fourniront la base sur laquelle les doctrines empiristes de la science seront ultérieurement édifiées.

Avant de nous tourner vers la seconde étape d'évolution de la philosophie qui nous intéresse ici, soulignons les deux points marquants des œuvres de Platon et d'Aristote, dont on peut considérer qu'ils sont à la base de cet environnement cognitif dans lequel et à partir duquel Piaget édifiera ses propres conceptions de la raison et des sciences. De tous les philosophes du passé, Platon est celui qui, par l'intermédiaire de son idéalisme, parvient le mieux à exprimer l'importance de la raison pour un être humain dont la pensée se libère des anciennes mythologies qui, pendant des millénaires, l'ont canalisée. La place cruciale occupée par la mathématique dans sa conception, la coupure qu'y voit le père de la philosophie occidentale par rapport aux connaissances empiriques et à l'opinion, joueront un rôle décisif (direct ou indirect) dans l'assimilation du problème de la raison chez Piaget.

Quant à Aristote, même si Piaget s'opposera à sa conception empiriste de l'expérience comme à sa conception implicitement fixiste et innéiste de la raison, il s'appuiera à plus d'un titre sur son héritage, que ce soit sur le plan de la méthode (la classification), sur le plan des disciplines concernées (l'histoire naturelle, l'épistémologie psychologique et la logique) ou sur le plan des notions (en particulier celles d'abstraction et de généralisation, auxquelles il accordera pourtant une signification toute nouvelle, compatible avec le constructivisme épistémologique). Dans sa forme d'esprit la plus naturelle et spontanée, Piaget est d'ailleurs certainement plus proche de la philosophie d'Aristote que de la philosophie de Platon, ce qui s'explique certainement par la passion pour l'histoire naturelle qui l'a habité dès les débuts de l'adolescence.

La révolution kantienne

Les réponses apportées par Platon et, surtout, Aristote aux questions critiques et positives quant aux normes rationnelles ont profondément marqué l'essor ultérieur de la philosophie occidentale, à laquelle nous pouvons rattacher ici l'apport des penseurs du monde arabe et de l'Islam. Jusqu'au quinzième siècle de notre ère, des raffinements considérables seront apportés à ces réponses, des distinctions subtiles seront proposées, mais sans que soit véritablement mise en question la vision d'ensemble de ces philosophies, basée sur la croyance en un monde reflétant un idéal platonicien, ou en un monde créé et ordonné par un être suprême, la raison étant ultimement suspendue ou identifiée à cet idéal ou à cet être.

Les solutions ainsi bâties, raisonnées de part en part, sauf en certaines de leurs prémisses, et qui pouvaient dès lors paraître aussi solides et majestueuses que les basiliques chrétiennes du Moyen Âge, ne résisteront pourtant pas à l'avènement de la science moderne de la nature, et d'abord de la physique expérimentale et mathématique. Ces constructions raisonnées, qui cherchaient à unir en un seul système logique, les thèses théologiques — fondement de ces édifices — et une science de la nature attachée à l'histoire naturelle et à ses méthodes trop exclusivement orientées vers la classification des êtres, manifesteront toute leur fragilité lorsque la nouvelle science physique trouvera un chemin autonome de connaissance des phénomènes physiques et célestes.

Comme lors la naissance de la philosophie grecque (de Thalès de Milet à Platon), il faudra cependant un laps de temps assez considérable pour que la pensée moderne parvienne à prendre la mesure de la révolution engendrée par l'essor de la nouvelle physique. Entre les révolutions scientifiques — qui voient Copernic bouter définitivement la Terre hors de la place centrale qu'elle occupait dans l'ancienne conception de l'univers, Galilée relier de façon spectaculaire une méthode expérimentale encore balbutiante et la description mathématique de la nature, et Newton réunir la cosmologie copernicienne et la physique galiléenne — entre ces révolutions, ou du moins leur point de départ, et celle, kantienne, apportée à la compréhension de la raison et des connaissances, il se passera près de deux à trois siècles. Et, comme chez les philosophes grecs, on retrouvera pendant ce laps de temps des étapes intermédiaires où rationalisme et empirisme essaient en vain de fournir une conception de la raison et des sciences pouvant justifier celles-ci, ou du moins en décrire la nature, et donnent ainsi naissance à un nouveau relativisme sceptique qui s'épanouit dans la conception que Hume se fait de l'origine des principes de la raison, et en particulier de la causalité.

Seulement, ce scepticisme qui se dégage des conceptions empiristes est difficilement tenable par rapport à ce que suggère la nouvelle physique, galiléenne et newtonienne. Face à ses succès, il est bien difficile d'admettre que tout ce qui est de l'ordre du rationnel dans la nouvelle science ne soit que simple commodité expressive, tautologie logique, voire même conte de fée. Qu'est-ce qui fait la spécificité de la physique newtonienne par rapport aux connaissances simplement empiriques ? Comment parvient-elle à concilier raison et expérience ? Et, plus généralement, quelles sont les conditions épistémologiques qui rendent possibles cette science, mais aussi l'arithmétique et la géométrie en tant que sources de connaissances, ou de jugements « synthétiques apriori », pour reprendre les termes de Kant (c'est-à-dire des jugements qui sont tout à la fois nécessaires et constructifs, délivrant des connaissances rationnelles non contenues dans les éléments qu'ils réunissent) ? Telle est la question sur laquelle ce dernier s'est penché pendant des années, jusqu'à ce qu'il parvienne à apporter une réponse qui lui paraisse emporter suffisamment l'adhésion rationnelle, même si elle n'est pas sans comporter des éléments insuffisamment clarifiés, et si elle sera appelée à être assez vite dépassée sur des points importants, en raison des progrès des sciences physiques et géométriques. Cette réponse sera proprement révolutionnaire dans la mesure où, comme Kant l'a bien vu, il s'agit de rompre avec toute tentative de trouver le fondement et la justification ultimes de la raison et des connaissances humaines dans l'objet ou dans une réalité extérieure à la conscience humaine ou au sujet — que cette réalité soit les données les plus directes de l'expérience physique ou un monde d'idées pures.

C'est l'entendement humain (au sens le plus large) et le sujet qui, pour Kant, recèlent la clé de la solution au problème posé par l'existence d'une science rationnelle de la nature et d'une conscience morale qui toutes deux s'imposent universellement. Cette révolution que l'auteur fait accomplir à la philosophie pour justifier la possibilité d'une science mais aussi d'une morale rationnelles a pour conséquence la plus visible, pour ce qui nous importe ici, la découverte de la solution aprioriste par laquelle il rend compte de cette double universalité. Tenons-nous en ici à la raison et à l'entendement théoriques, grâce auxquels l'humanité acquière ou construit des connaissances physiques, arithmétiques et géométriques qui s'imposent à tous et qui sont confortées par l'expérience ou trouvent appui en celle-ci. C'est parce que l'esprit humain comporte des formes universelles de sensibilité précédant toute expérience sensible (l'intuition apriori de l'espace vide, par exemple, que l'on peut en effet découvrir chez l'enfant de 9 ans environ[3], voire de 11-12 ans[4]) que chaque phénomène sensible comporte des traits qui s'imposent à tout être humain (notamment un positionnement spatio-temporel précis). C'est parce que, dans son effort de réunifier l'expérience sensible en une science de la réalité empirique, l'esprit humain utilise, et ne peut pas ne pas utiliser, des catégories de l'entendement telles que celles de la quantité, de l'objet ou de la causalité, qu'une science universelle de la réalité physique se construit progressivement et s'impose à lui. Et enfin, c'est parce que dans sa soif de savoir, l'entendement humain (au sens large) est guidé par des Idées directrices de la «raison pure» — l'idée de cause première absolue, par exemple — ne pouvant qu'illusoirement être considérées comme des connaissances ou des représentations de la réalité en soi (l'Au-delà de la réalité empirique atteinte par l'expérience et les catégories de l'entendement), qu'il est conduit à une progression sans fin dans sa recherche de déterminer et d'expliquer ce qui est.

Bien entendu, chacun des «étages» de la conception de Kant — sensibilité, entendement logique et raison pure — soulève des questions difficiles et comporte des aspects problématiques. Mais cela n'empêche pas cette conception d'apporter une solution plus satisfaisante au problème de la raison, dans la mesure où elle repose sur une analyse logique et réflexive très poussée des conditions de possibilité d'une perception, d'un jugement ou d'un raisonnement, constitutifs de la connaissance commune (par exemple, le jugement par lequel un objet est reconnu se trouver en tel ou tel lieu), de la physique newtonienne ou de l'arithmétique et la géométrie «élémentaires». En se refusant de minimiser ou de nier le rôle de la raison par rapport à celui de l'expérience, et tout en accordant une place indispensable à cette dernière, Kant parvient ainsi à atteindre ce que l'empiriste Hume avait manqué : la découverte, jusqu'à un certain point, des lois et des formes de la subjectivité humaine, en tant qu'elles expliquent et justifient la réalité et la valeur d'objectivité de la physique newtonienne, ainsi que la réalité et la valeur d'une conscience morale de portée universelle.

L'œuvre de Kant n'est certes pas une psychologie. Mais en remontant aux conditions de possibilité d'une science rationnelle, et pas seulement empirique, de la nature, comme en éclairant au moins partiellement les conditions de possibilité d'une morale humaine universelle, Kant jette une lumière nouvelle sur le fonctionnement et la structure de l'esprit humain. En insistant sur ce qui, de l'intérieur, vient donner forme aux perceptions et aux connaissances humaines, il ouvre ainsi une piste dans laquelle bien plus tard, nourri de l'exemple de ses maîtres en philosophie, en épistémologie et en psychologie, Piaget s'engouffrera pour porter, plus loin que le philosophe allemand ne l'a fait, nos connaissances sur cette structure et ce fonctionnement.

Aussi séduisante et révolutionnaire soit-elle par sa façon de ne plus chercher dans une réalité inaccessible ou dans des données empiriques le fondement rationnel des sciences et de l'éthique, la solution kantienne n'en manifestera cependant pas moins assez rapidement ses limites, et cela aussi bien sur le plan interne qu'externe. En ce qui concerne tout d'abord le plan interne, on notera que cette solution comporte un point qui ne peut que laisser insatisfait l'esprit humain, mû par ce besoin de comprendre, de rendre raison, que Kant a d'ailleurs lui-même commencé à mettre en lumière en concevant la raison pure comme faite d'idées directrices, mouvant l'esprit vers une compréhension toujours plus approfondie des choses. Cet apriori — formes de la sensibilité, catégories et principes de l'entendement, etc. — qui habiterait tout esprit humain et expliquerait l'universalité de ses connaissances et de ses jugements moraux, d'où vient-il? Les successeurs directs de Kant, Fichte et Hegel notamment, donneront de premières réponses à cette question. Toutes métaphysiques ou déraisonnables qu'elles soient par la confiance excessive qu'elles accordent à la réflexion par rapport à l'expérience, ces réponses auront le mérite de mettre, pour ainsi dire, l'apriori en mouvement, non plus seulement à travers ses produits (les connaissances physiques, géométriques et arithmétiques progressivement construites, ou les jugements moraux formulés dans des situations particulières), mais en lui-même ; de le considérer non pas comme immuable, mais comme s'autoconstruisant progressivement, autoconstruction aboutissant, selon Fichte, au Moi absolu, et selon Hegel, au Savoir absolu (et donc à l'achèvement de l'Histoire). Cette vision des choses reflétait ainsi à leur tour, voire anticipait de peu, une certaine étape dans l'essor de la pensée scientifique : l'institutionnalisation des sciences du devenir : l'histoire, la biologie de l'évolution (Lamarck, Darwin), et enfin la psychologie génétique (qui apparaît à la fin du XIXe siècle).

Pourtant, il faut attendre le choc provoqué par les progrès des sciences physiques et mathématiques, progrès rendant caduques certaines croyances quant à la pérennité de la physique newtonienne et de l'ancienne géométrie euclidienne, pour que la philosophie héritière de Platon et Kant échappe à la tentation de se couper de cette source permanente de réflexion sur la raison humaine que sont les sciences mathématiques et les sciences de la nature, que viennent compléter les nouvelles sciences de l'humain. Dès le milieu du XIXe siècle, pour la géométrie, et dès la fin du même siècle, pour la physique, la science connaît de graves crises que viendra renforcer la découverte, au début du vingtième siècle, des limites de la démonstration mathématique. Avec ces crises et les nouvelles découvertes qui leur sont reliées ou qui en résultent (les géométries non euclidiennes, la relativité du temps et de l'espace, etc.), c'est à nouveau le problème de la raison qui surgit au premier plan. Y a-t-il véritablement dans l'esprit humain de quoi justifier une raison qui s'impose à tous ? L'apriorisme n'est-il pas une solution illusoire ? Pour prendre un cas particulièrement illustrant, la relativité einsteinienne, pressentie dès la fin du XIXe siècle (par Poincaré) n'est-elle pas la confirmation d'une certaine forme prékantienne de relativisme philosophique, pour laquelle le vrai est foncièrement subjectif, c'est-à-dire suspendu aux intérêts particuliers de chaque individu ou groupe d'individus (ce qui, pour l'un, est vérité n'est, pour l'autre, que mensonge ou illusion) ? Face à cette nouvelle crise de la raison, certains philosophes, véritables héritiers de Platon et de Kant, convaincus comme ceux-ci de l'existence d'une science et d'une éthique universelles, s'efforceront à leur tour de construire une conception de la science susceptible d'expliquer comment les vérités scientifiques, comme celles liées à la physique newtonienne, sans rien perdre de leurs propriétés d'universalité et d'objectivité, peuvent prendre une dimension historique.

Ici, nous arrivons à un point crucial de notre examen de la mise en perspective des travaux de Piaget sur la raison, par rapport à l'évolution générale des idées, et plus particulièrement de la grande tradition de la philosophie occidentale. Parmi ces héritiers de Platon et de Kant qui, à la fin du dix-neuvième siècle ou au début du vingtième, vont s'efforcer d'apporter des solutions à la nouvelle crise du rationalisme, on découvre les quelques auteurs qui, de leur vivant, ont le plus profondément influencé la formation de la pensée philosophique de Piaget. Trois d'entre eux, Brunschvicg, Lalande et Meyerson, peuvent être tout spécialement évoqués dans la mesure où les solutions qu'ils proposent constituent le point de départ des thèses piagétiennes concernant l'origine et la nature de la raison humaine. Mais d'autres ont aussi joué un rôle nullement négligeable, par exemple Poincaré et Reymond[5].

La crise de la raison et son dépassement dans la philosophie française des sciences

La solution apportée par Kant au problème des conditions de possibilité d'une science et d'une morale satisfaisant les exigences d'universalité et d'objectivité de la raison humaine comportait un inconvénient majeur pour les héritiers de Platon, d'Aristote et, surtout, des philosophes chrétiens du Moyen Âge, qui ne mettent pas en question la foi de leurs pères : la fin de tout recours à la théologie comme science des fondements ultimes ou comme détentrice d'un savoir sur la nature ultime de l'être. À la lumière de la philosophie critique, seules les sciences de la nature, avec au premier rang la physique moderne, sont susceptibles de produire une connaissance du réel. Mais, dès lors que l'évolution des sciences révèle des failles importantes dans la solution kantienne, ces héritiers (notamment les Français Édouard le Roy et Pierre Duhem) — que rebutent l'emprise prise par la science dans la marche des idées et les limitations que cette solution apporte à la capacité humaine de juger de ce qui est — s'empresseront de trouver, dans la crise postkantienne des disciplines physiques et mathématiques, à la fois le moyen de réduire la valeur cognitive des explications scientifiques, et la preuve de la fausseté totale du criticisme kantien, donc d'une solution concevant le sujet et la conscience humaine comme le fondement du rationnel. Mais, une nouvelle fois, comme du temps des Grecs, puis de la naissance de la physique moderne, ces tentatives de dévaloriser une raison alors devenue foncièrement humaine ne feront qu'augmenter la détermination des tenants du rationalisme de trouver une nouvelle solution qui, tout en acceptant l'essentiel de l'idéalisme, du formalisme ou du subjectivisme platonicien, aristotélicien ou kantien, les révisera et les complétera en vue de proposer un nouveau rationalisme en accord autant avec les leçons épistémologiques livrées par les sciences et leur histoire (notamment sur le statut des vérités scientifiques), qu'avec la conscience morale et intellectuelle propre à chaque être humain, conscience qui, à ce stade, reste toujours une énigme. À s'en tenir aux trois auteurs qui, sur la question de la raison, ont le plus profondément influencé Piaget lors de ses années de formation, on peut découvrir pour l'essentiel deux grandes positions dans leurs conceptions qui, comme celles d'Aristote et de Kant, parviennent à accorder une place primordiale à la raison aussi bien qu'à l'expérience dans l'interprétation des sciences. Soutenue par Brunschvicg, la première est d'inspiration profondément platonicienne par la place qu'elle accorde à la science mathématique dans son interprétation de la raison. La seconde, défendue par Lalande et Meyerson, est plus proche de celle d'Aristote (et de ses développements modernes, chez Leibniz notamment) par la place qu'elle accorde au principe d'identité dans son explication des transformations historiques des sciences et de la morale. C'est en reprenant ces deux positions, en les révisant et en les enrichissant par ses propres découvertes que Piaget parviendra à proposer son explication de la raison que nous rappellerons plus loin.

La philosophie de L. Brunschvicg. — De tous les auteurs lus par Piaget ou dont il a suivi l'enseignement, Brunschvicg est peut-être le plus important dans la mesure où, plus que tout autre, il lui a évité de tomber dans le travers «positiviste» auquel sa formation précoce en histoire naturelle le prédestinait (la surestimation du pôle constitué par l'objet aussi bien dans l'interprétation des faits que dans la délimitation de l'objet étudié). En effet, bien que, comme la plupart de ses collègues philosophes des sciences du début du siècle, Brunschvicg réserve une place de choix à la méthode historique dans la résolution des questions épistémologiques (en «anticipant» ainsi la création de l'épistémologie génétique), il ne perd jamais de vue, mais au contraire conserve toujours au cœur de ses analyses la dimension proprement intellectuelle des activités cognitives, telles qu'elles interviennent non seulement dans la genèse des connaissances, mais également dans la résolution des problèmes pratiques de la vie humaine. Cette dimension intellectuelle relève foncièrement de la pensée au sens le plus large du terme, c'est-à-dire de ce que Piaget appellera, quelques décennies plus tard, les «implications signifiantes». C'est en définitive cette insistance de Brunschvicg sur le rôle constitutif du sujet et de son activité intellectuelle, et son influence sur la formation de la pensée de son élève, qui permettront à celui-ci de partiellement s'inscrire dans le prolongement d'une filiation remontant à Kant et, plus anciennement encore, à Descartes (avec sa découverte ou, peut-être, redécouverte du sujet pensant)[6].

Confronté à l'irrationalisme ou au « pararationalisme » soutenu par des auteurs tels que le Roy et Duhem[7], qui prennent prétexte de la crise des sciences, pour remettre en question l'objectivité et l'universalité de celles-ci, Brunschvicg retrouve une prise de position proche de celle adoptée par Platon et Kant : les crises traversées par les sciences n'empêchent nullement celles-ci d'être le lieu des affirmations les plus certaines qui soient, comparativement au domaine de la perception ou des connaissances communes. Dans la thèse de philosophie qu'il soutient en 1897, Brunschvicg remet, pour ainsi dire, les pendules à l'heure en étudiant, par une méthode réflexive et logique proche de celle utilisée par Kant, des jugements de connaissance relevant de la mathématique pure, de la physique expérimentale, de la physique mathématique (ou théorique), mais aussi des jugements de perception plus ou moins élaborés. Son but est alors de déduire ou de dégager dans quelle mesure ces divers jugements de connaissance atteignent leur objet. Les résultats auxquels il parvient renouvellent ceux de Platon et de Kant, mais débarrassés d'erreurs rendues patentes par les traits manifestés par les sciences à travers leur histoire, ainsi que par les découvertes de la réflexion philosophique qui ont accompagné cette histoire.

De Platon, Brunschvicg retrouve, mais épurée de toute visée ontologique, la profonde vision que le philosophe grec avait de la nature de la « réalité » mathématique, de cette implication mutuelle des notions et des vérités mathématiques qui donne à toute la science mathématique une très forte unité logique (nous pouvons nous faire une idée de cette implication mutuelle lorsque nous parvenons à comprendre un théorème mathématique). La vérité du jugement mathématique trouve dans l'intériorité complète de l'objet considéré une transparence quasi parfaite (une fois mises entre parenthèses les conditions spatio-temporelles liées à ce jugement). Mais, de Kant, Brunschvicg retrouve l'immanence nécessitante des jugements mathématiques et physiques. L'être mathématique dont il est question dans les jugements mathématiques n'est en rien un être extérieur à la pensée, comme le croyait Platon, mais une construction intellectuelle non réductible à la déduction purement analytique (sinon après coup, lors d'une formalisation qui, achevée, évacue l'activité proprement intellectuelle du sujet). Quant aux jugements de réalité, que ce soient ceux de la physique expérimentale, de la physique mathématique, ou ceux liés à la perception commune du monde qui nous entoure, l'être qu'ils affirment n'est jamais et ne peut être la réalité en soi. La réalité affirmée (« cette pomme est rouge », « l'univers a quinze milliards d'années », etc.) est le produit progressif d'une « interaction » entre l'activité intellectuelle ou logique du sujet et une altérité qui, en tant qu'affirmée par celui-ci, n'est que la reconnaissance d'un « il y a » dont la seule détermination possible est celle fournie par l'expérience humaine et les notions construites par ce sujet.

De Kant, Brunschvicg retient donc essentiellement trois thèses. L'apriorisme, entendu dans le sens où les conditions de possibilité des connaissances rationnelles — mathématiques aussi bien que physiques — résident dans le sujet; le relativisme, au sens où, d'une part, la connaissance est toujours suspendue à des conditions apriori, mais aussi au sens où elle exige, pour être construite, un pôle «objet», une altérité ou une pratique inscrite dans le temps et dans l'espace, qui limite la toute puissance du sujet ou l'atemporalité de la pensée, et auquel se rattachent d'une manière ou d'une autre les savoirs, mathématiques aussi bien que physiques; et enfin l'activité intellectuelle, ou l'activité de raison, par laquelle le sujet tisse progressivement ces savoirs et les liens qui les relient. L'activité pratique n'est pas oubliée pour autant. La raison, qui construit progressivement la connaissance du monde physique, ainsi que des objets et des théorèmes mathématiques intérieurement reliés les uns aux autres, structure également cette activité pratique et les échanges interindividuels. Toutefois, le rôle de l'intelligence est là aussi décisif dans la mesure où c'est elle qui intervient pour guider l'action raisonnée et pour permettre le développement d'une conscience morale de portée universelle. D'où l'intellectualisme parfois reproché à ce philosophe (mais, à ses yeux, ce reproche ne pouvait manquer d'être interprété comme un éloge).

Là où Brunschvicg se sépare de Kant toutefois, c'est dans sa notion d'apriori. Convaincu de la pérennité des vérités arithmétiques et géométriques, ainsi que de celles de la physique newtonienne, Kant identifiait l'apriori à la fois à une «loi universelle», valant pour tout esprit humain, mais aussi à des formes (l'intuition d'un espace euclidien, notamment) et des concepts (celui d'objet permanent, par exemple) dont il ne s'interrogeait pas du tout quant à leur éventuelle genèse. Tout laisse ainsi croire que, chez lui, l'aprioricité de ces formes et de ces concepts n'était pas seulement de nature logique ou transcendantale, mais signifiait aussi qu'elles sont originellement données à cet esprit. Prenant acte de l'historicité au moins partielle de vérités telles que celles soutenues par les géomètres de la Grèce ancienne, et prenant acte des limites de la physique newtonienne, comme de la relativité des concepts de temps et d'espace mise en évidence par la physique einsteinienne, Brunschvicg, comme d'ailleurs Lalande, révise la notion d'apriori en la limitant au noyau central de la conception kantienne, qu'il réinterprète alors comme suit : l'activité intellectuelle est guidée par une exigence d'unicité et d'intériorité, qui conduit à la constitution d'une connaissance toujours enrichie et transformée, et qui vaut pour tout esprit humain dans la mesure où il obéit à ce principe d'intériorité.

Enfin, notons que la hantise de tomber dans le piège de la croyance en des formes et des concepts apriori anhistoriques, mais aussi l'influence de la philosophie de Bergson (basée sur les notions de durée et d'évolution créatrices), entraînent Brunschvicg à prêter peu d'attention aux formes et aux concepts apriori construits au cours de l'histoire, et au contraire à s'attacher constamment à montrer la science, mais aussi la conscience morale, comme toujours en mouvement, composant sans cesse de nouvelles relations au sein de la réalité ou des idéalités qu'elles découvrent, organisent, construisent, transforment ou enrichissent progressivement.

A. Lalande et E. Meyerson. — Si, dans la mesure où il soutient à son tour haut et fort la valeur de la raison humaine, Brunschvicg peut être identifié à Platon et à Kant, lors de leur combat successivement engagé contre les effets nihilistes du relativisme sceptique d'un Protagoras et d'un Hume, Lalande et Meyerson, qui eux aussi ont profondément influencé Piaget, sont moins marqués par l'urgence de défendre la raison. Pour ces deux auteurs, il s'agit avant tout de prendre connaissance de l'activité de la raison à travers les siècles — ce que fait certes aussi Brunschvicg, mais alors dans le souci premier d'utiliser la recherche historique, aux côtés de la méthode réflexive, comme instrument de réponse à des questions critiques sur la valeur et la portée de la science, et comme instrument de justification d'un choix philosophique. Pour eux, leur conviction est faite, et, comme Aristote classant les phénomènes de l'esprit (la sensation, la mémoire, l'intelligence, etc.), ou les concepts et les formes de jugement et de raisonnement, Lalande et Meyerson s'attachent à décrire le progrès des sciences et de la pensée humaine dans le but de mettre à jour le fonctionnement et le rôle de la raison dans ce progrès. Leurs apports principaux relèvent ainsi d'une histoire et d'une analyse plus positive que critique des faits de science et des conceptions morales (dit d'une autre façon, la prise de conscience réflexive cède sa place à la prise de connaissance des faits historiques). Leurs travaux respectifs débouchent sur une thèse commune, à savoir celle selon laquelle le principe d'identité logique serait la loi générale qui guide le progrès de la pensée humaine, sur le plan de la morale aussi bien que sur celui de la science. Ce que recherche la pensée est l'identique. Plus précisément, mue par ce principe, elle cherche partout à découvrir des identités dans la multiplicité et la diversité qui s'offre à elle (une diversité dont Meyerson croit qu'elle est imposée par une réalité qui lui semble être foncièrement irrationnelle — en d'autres termes, comporter des aspects forcément irréductibles à cette soif de raison, c'est-à-dire d'identité, qui serait au cœur de la pensée humaine).

Si Piaget ne reprendra jamais à son compte la thèse identifiant raison et principe d'identité, il n'en retiendra pas moins un certain nombre de résultats des travaux respectifs de Lalande et de Meyerson. Parmi ces résultats, deux valent la peine d'être mentionnés ici, dans la mesure où on en retrouve l'écho au sein même des travaux piagétiens.

En étudiant la genèse des formes et des normes scientifiques et morales à travers l'histoire de la civilisation, Lalande en est arrivé à distinguer deux notions complémentaires de raison : la raison constituante et la raison constituée. Par raison constituante, il entend précisément cette «loi» qui est au cœur du fonctionnement de la pensée humaine, cette soif d'identité qui expliquerait, par exemple, aussi bien la genèse des vérités universelles progressivement découvertes par les sciences, que le passage des religions polythéistes aux religions monothéistes, ou encore le passage des coutumes et des règles de vie tribales aux normes de la morale universelle. Quant à la deuxième forme complémentaire de rationalité que Lalande découvre au cours de ses travaux d'histoire de la pensée, elle réside dans les produits mêmes que la raison constituante laisse sur son passage, alors qu'elle tend à assouvir son exigence d'identité. Ces produits, les vérités scientifiques, les normes morales admises par tel ou tel groupe d'individus, relèvent de ce qu'il appelle la «raison constituée».

Quant aux travaux de Meyerson, en plus de mettre eux aussi l'accent sur cette soif d'identité qui expliquerait les progrès de la raison humaine, ils révèlent comment, entre autres choses, ce besoin réussit partiellement à s'assouvir grâce à la mise en évidence des principes de conservation qui se sont succédés à travers l'histoire des sciences, et apparaissent tant dans le champ de la physique et de la chimie, que dans celui des mathématiques : principes de conservation de la matière, du poids, de la force, de l'énergie, etc. Chaque découverte d'un nouveau principe apparaît ainsi non seulement marquer une étape importante de l'histoire des sciences physico-chimiques, en permettant de «mettre en équation mathématique» la réalité étudiée, mais encore être une victoire de la raison (et du principe d'identité) sur une réalité conçue comme foncièrement multiple et irrationnelle.

Ce bref résumé suffit à révéler en quoi Lalande et Meyerson se distinguent de Brunschvicg. Alors que celui-ci privilégie tout ce qui est création et dynamisme dans le fonctionnement de la raison, de la pensée ou de l'intelligence, Lalande et Meyerson adoptent une conception fixiste quant à la nature profonde de la raison. Ils reconnaissent certes que celle-ci produit des concepts ou des principes nouveaux tout au long de l'histoire de la pensée humaine. Mais cette historicité des principes de la raison constituée n'est en rien un trait essentiel de la raison, le principe d'identité restant constamment identique à lui-même à travers toute l'histoire. On notera aussi que le fixisme auquel s'attachent les deux auteurs les conduit à mettre en lumière, davantage que ne le fait l'«évolutionnisme» brunschvicgien, l'existence d'étapes dans l'histoire de la pensée, étapes qui, notamment à travers les principes de conservation, reflètent la «fixité» supposée de la raison. Dès lors, si Piaget pourra retenir de Brunschvicg la notion d'un sujet construisant sans cesse de nouvelles notions et organisant de manière sans cesse plus poussée son action et le milieu dans lequel elle se produit, il saura trouver auprès de Lalande et de Meyerson des suggestions plus appuyées, plus manifestes, en ce qui concerne l'existence de stades dans le progrès de l'intelligence humaine.

ÉVOLUTION DES THÈSES ET DES TRAVAUX DE PIAGET SUR LA RAISON

Le rappel de quelques périodes de l'histoire de la philosophie occidentale, et plus précisément des conceptions de la raison chez les auteurs considérés, avait pour but de décrire le contexte intellectuel sur lequel Piaget s'appuiera plus ou moins directement lorsqu'il traitera à son tour le problème de la raison. Nous y avons déjà souligné certaines des idées clés que l'auteur a pu trouver chez Platon et Aristote, chez Kant ou encore chez Brunschvicg, Lalande et Meyerson. Il est temps, maintenant, de présenter les grandes étapes au cours desquelles Piaget a abordé et traité à son tour ce problème, en y faisant preuve à la fois d'originalité et d'esprit de synthèse. L'esprit de synthèse s'y manifestera par les emprunts multiples, plus ou moins manifestes, faits à ces philosophes, emprunts coordonnés à d'autres thèses ou découvertes dont il sera question plus loin. Quant à l'originalité, sa manifestation la plus éclatante tiendra au fait que cette synthèse va déboucher sur la première explication scientifique — à la fois plausible et empiriquement vérifiée — de l'origine de la raison humaine, du moins de l'origine de la raison constituée.

Quatre étapes seront distinguées dans l'évolution des thèses et des travaux de Piaget relativement au thème de la raison. La première concerne l'appropriation de ce thème dans les années d'adolescence; la seconde, les premières explications de la raison proposées lors des premiers travaux de psychologie génétique (dans les années vingt); la troisième, la découverte, capitale, des structures opératoires de la pensée. Quant à la dernière étape, elle est liée aux nouveaux objets de recherche que Piaget met successivement au programme du Centre international d'épistémologie génétique, entre 1968 et 1979, après qu'ont été longuement étudiés la genèse de la causalité physique et son lien avec le développement des structures de l'intelligence.

L'appropriation du problème de la raison

On sait qu'au début de son adolescence, le jeune Piaget a acquis une très vive passion pour l'histoire naturelle, dont les effets perdureront à travers toute son œuvre, notamment par le goût qu'il conservera toujours de recueillir, d'analyser et de classer de très nombreuses données, d'abord en malacologie, puis, dès le début des années vingt, en psychologie génétique. Si initialement cette passion est principalement descriptive, elle ne tardera pas à être reliée à des questions de biologie générale, relatives au problème de l'origine et de l'évolution des formes vivantes.

Déclenchée et nourrie initialement par son parrain, un homme de lettre suisse romand, une autre passion viendra toutefois accompagner ce goût pour l'histoire naturelle : celle de la philosophie. Vers 1911-1912, c'est-à-dire vers 15-16 ans, Piaget prend connaissance de l'ouvrage central de Bergson, *L'évolution créatrice*. Cet ouvrage, où se manifestent toute la finesse d'esprit et le pouvoir de séduction littéraire du grand philosophe français, provoque un véritable choc sur le jeune lecteur, dans la mesure où elle le confronte à un très riche univers de problèmes philosophiques, psychologiques et épistémologiques. Bergson y décrit de manière très fine les différentes conceptions biologiques alors en vigueur quant à l'explication de l'origine des espèces, un problème qui s'inscrit très directement en prolongement des questions d'histoire naturelle. Il y expose également deux approches opposées de connaissance des réalités biologiques, au sens le plus large du terme qui inclut les faits psychologiques sous leur double face de données de la conscience et de comportements (ou actions) psychobiologiques. La première approche, celle de l'intelligence logique et mathématique, serait calquée sur les propriétés de la matière, et ne permettrait de découvrir dans les réalités biologiques et psychologiques que ce qui est répétition, et non pas création ou invention de formes. Seule la seconde approche, «l'intuition métaphysique», serait apte à saisir ce qui est proprement constitutif du vivant, tout à la fois une conscience, une durée et un élan, créateurs de ces formes spécifiques que classe l'intelligence logique. Par-delà sa critique de l'approche classificatrice et mécaniciste des biologistes évolutionnistes aussi bien que fixistes, c'est à nouveau la raison elle-même qui se voit relativement dévalorisée, cette fois pourtant non plus par rapport à la connaissance de la réalité physique, mais par rapport à ce qui intéresse au premier chef le jeune Piaget : la vie. Pour Bergson, en effet, la raison et l'intelligence logique sont non seulement des instruments adaptés à tout ce qui est de l'ordre du matériel, mais comme la matière et l'espace, ils sont le produit dérivé de ce qui est le fond du réel, la durée créatrice : la trace laissée derrière lui par l'élan créateur, ou les retombées de cet élan (selon une image qu'affectionne le philosophe français).

Lorsque, pour la première fois, Piaget rencontre le problème de la raison, il le perçoit ainsi sous un angle bergsonien nettement dévalorisant et il ne manque pas de succomber, au moins dans un premier temps, à un anti-rationalisme et anti-intellectualisme séducteur et élégant. Toutefois, vu sa formation précoce à une activité scientifique pour laquelle il reçoit très rapidement la reconnaissance de savants suisses et étrangers, l'adolescent pouvait difficilement suivre la voie trompeuse de «l'intuition métaphysique», comme s'il suffisait de concentrer fortement son attention sur les différents faits recueillis par la biologie pour atteindre, au-delà de ceux-ci, la véritable nature de la vie. Par ailleurs, un autre auteur, son professeur en philosophie, en logique et en histoire des sciences au collège, puis à l'université de Neuchâtel, va lui permettre de prendre très vite le contre-pied de l'antirationalisme bergsonien. Ce professeur, A. Reymond, a certainement su mettre en garde son élève contre le caractère fortement illusoire de la méthode bergsonienne, ainsi que lui révéler comment la logique a au contraire servi la connaissance du vivant, quand bien même elle ne répond pas à la question de l'évolution (dans les années mêmes où le jeune Piaget suit son enseignement au collège, Reymond écrit un article dans lequel il montre les lacunes de l'argumentation antirationaliste de son collègue français). Alors que Bergson tendait à inhiber l'intérêt de l'adolescent pour les sciences mathématiques et logiques, Reymond va, à l'opposé, lui apporter une première connaissance épistémologique de ces disciplines et lui permettre ainsi de réconcilier, et non plus de concevoir comme antagonistes, la biologie et les sciences logico-mathématiques. Reymond avait en effet une excellente connaissance de la logique mathématique du début du siècle, à l'épistémologie de laquelle il a d'ailleurs contribué par des travaux proches de l'école française de philosophie des sciences. Ainsi, c'est très certainement en premier lieu grâce à cet auteur que le jeune savant commencera à prendre connaissance de cette école, à laquelle appartiennent Brunschvicg, Lalande et Meyerson, ou encore Émile et Pierre Boutroux, tous auteurs qui contribueront plus ou moins fortement à la formation de sa pensée philosophique et épistémologique. Toutefois, si Reymond a pu contrebalancer partiellement l'influence de Bergson, sa profonde réserve pour des sciences qui, comme la biologie, la psychologie ou la sociologie, recherchent une explication scientifique des faits psychologiques ne laissant place à aucune transcendance l'empêche d'accompagner son élève dans le projet qui prend peu à peu forme chez celui-ci : découvrir une explication biologique, au sens large du terme, non seulement de la genèse des formes biologiques, mais aussi de celles des formes et des normes intellectuelles et morales.

Lorsqu'en 1916-1917, vers vingt ans, Piaget écrit *Recherche* — un premier ouvrage à la fois autobiographique et «philosophico-scientifique» —, les connaissances qu'il a acquises en biologie et en philosophie, mais aussi en psychologie et en sociologie (disciplines auxquelles, malgré son aversion, Reymond a peut-être également introduit son élève), lui permettent de jeter les premières bases du projet scientifique qui l'occupera toute sa vie. Ce projet ne pourra cependant prendre toute son ampleur, en particulier sur la question de l'origine de la raison théorique et de la raison pratique, que lorsque l'auteur aura affiné et enrichi son questionnement grâce à une connaissance directe des travaux et des enseignements de l'école française de philosophie des sciences, et spécialement de ceux de Brunschvicg, Lalande et Meyerson, brièvement rapportés dans la précédente section. De plus, en même temps qu'il prend une connaissance approfondie de ces travaux lors d'un long séjour à Paris au début des années vingt, sa volonté de devenir psychologue en vue d'étudier l'origine ou le développement de l'intelligence chez l'enfant débouche sur une découverte ou une invention capitale, celle de cette méthode psychogénétique qui lui fournira tout au long de son œuvre les données qui, en bon naturaliste, lui paraissent nécessaires pour fonder empiriquement les réponses à apporter au double problème de l'origine et de la genèse des formes et des normes rationnelles.

Dès 1924, dans un long compte rendu sur un récent ouvrage de Brunschvicg, *L'expérience humaine et la causalité physique*, Piaget a suffisamment pris connaissance de ce qu'il envisage comme son objet partiel d'étude (l'intelligence enfantine), ainsi que des travaux de ses maîtres en philosophie des sciences, complétés par ceux de psychologues qui, tels J.-M. Baldwin et P. Janet, ont su développer une psychologie génétique de l'intelligence, pour décrire pour la première fois le territoire de la discipline qu'il ajoute aux sciences existantes : l'épistémologie génétique. Cette nouvelle science, il l'inscrit explicitement dans le prolongement à la fois de la biologie de l'évolution et de la psychologie génétique des conduites, mais aussi d'une épistémologie historico-critique des sciences alors conçue comme non encore détachée de la philosophie par ceux qui la pratiquent. Or, dans les années mêmes où il trace le territoire de l'épistémologie génétique, Piaget recueille déjà suffisamment de faits pour pouvoir apporter rapidement une première explication à l'un des deux problèmes centraux de son œuvre, l'origine et la genèse des formes et des normes rationnelles (scientifiques et morales).

Premières explications

Déjà, dans *Recherche*, Piaget avait proposé une interprétation encore toute spéculative des normes et des formes logiques, morales et mêmes esthétiques. Celles-ci étaient alors conçues comme résultant d'un principe d'équilibre interne des entités vivantes ou conscientes, que viendraient contrecarrer les effets d'échanges déséquilibrés de ces entités avec le milieu dans lequel elles vivent. Un lien est aussi établi avec les deux processus, alors considérés comme fondamentaux, du fonctionnement vivant que sont l'assimilation et l'accommodation. Si, sur le plan de l'intelligence et de la conscience, ces deux processus peuvent fonctionner de manière quelque peu antagoniste lors des phases de déséquilibre, ils se renforcent au contraire mutuellement dans les périodes d'harmonie, où le principe d'équilibre interne peut pleinement agir : le sujet est d'autant plus capable de s'ajuster dans les moindres détails au monde extérieur, de comprendre et d'assimiler sans la déformer la réalité qui s'offre à lui, y compris les conduites et la pensée d'autrui, qu'il est intérieurement riche (différencié) et cohérent (intégration et conservation mutuelles de ses parties les unes avec les autres, et de celles-ci avec le tout auquel elles appartiennent).

Les premières enquêtes psychogénétiques permettront au jeune psychologue de différencier sur deux plans ce modèle explicatif initial, d'inspiration fortement biologique et organiciste : le plan de la pensée individuelle et celui des échanges interindividuels. Sur le premier plan, les recherches sur le développement du jugement et du raisonnement chez l'enfant révéleront un passage progressif d'une pensée dont les composantes se juxtaposent ou fusionnent ensemble de manière syncrétique, et donc irréversible (absence de conservation des éléments composants, qui se dissolvent dans la nouvelle totalité), à une forme de pensée dont les éléments se combinent, s'assimilent entre eux de manière réversible, selon des lois que les logiciens de l'Antiquité, et notamment Aristote, ont plus ou moins complètement explicitées. Mais il est évident que cette pensée individuelle ne pourrait se développer très loin en l'absence des nécessités impliquées par les interactions entre individus et en l'absence de l'acquis sociogénétique (socialement transmis lors de telles interactions). Les échanges interindividuels vont en particulier favoriser la prise de conscience et l'explicitation des conditions logiques d'une pensée équilibrée et réversible. De plus, si la pensée ne saurait être réduite au langage, il est également évident que ce dernier est une condition de son essor. Mais, inversement, un individu ne pourra (véritablement) coordonner ses actions et ses pensées avec celles d'autrui que s'il a la capacité de composer sa pensée et ses contenus selon les lois de la raison logique. Cette raison, que semble alors refléter le fonctionnement de la pensée, ne lui est en rien extérieure. Elle résulte de la construction de la pensée, et peut être identifiée à l'équilibre réalisé par celle-ci lorsque est atteint le niveau où il y a conservation ou assimilation réciproque et mutuellement conservante de ses éléments (concepts, jugements et raisonnements).

Lors de cette première étape de l'explication piagétienne, le phénomène de la rationalité de la pensée trouve une traduction biologique et psychologique qui, sans être complètement originale (certains auteurs lus par Piaget esquissaient des interprétations voisines), frappe par son articulation beaucoup plus serrée avec des faits recueillis par le psychologue dans ses enquêtes déjà minutieuses et systématiques sur le développement du jugement et du raisonnement chez l'enfant. Il faut lire ici dans le détail les nombreuses descriptions et interprétations très denses développées dans *Le jugement et le raisonnement chez l'enfant* pour prendre la mesure de la façon, tout à fait remarquable, dont son auteur parvient à coordonner les cadres d'interprétation biologiques, psychologiques et sociaux. L'explication qui en résulte n'est certes pas complète. D'autres composantes essentielles lui seront ultérieurement rattachées. Mais déjà on trouve ici une manière de rendre compte de la raison qui respecte pleinement la spécificité de l'objet à expliquer (par rapport à des faits biologiques, psychologiques ou sociaux qui, comme l'hérédité biologique, les phénomènes d'apprentissage et de mémorisation, ou la contrainte sociale, ne possèdent pas le caractère normatif interne des impératifs logiques et moraux).

Déjà apparaissent dans cette explication publiée en 1924, et que l'on retrouve de manière plus ou moins complète jusqu'au milieu des années trente, des éléments appelés à devenir centraux lors de cette étape cruciale de la découverte des structures opératoires que nous allons tout de suite résumer. Ainsi, dans ses premiers travaux de psychologie génétique, Piaget rend-il manifeste le rôle des opérations logiques au sein de la pensée rationnelle, opérations alors décrites avec la logique opératoire qu'il découvre dans des exposés d'algèbre de la logique, dont ceux de L. Couturat. Savoir additionner ou soustraire, multiplier ou diviser logiquement des propositions, des concepts ou des relations les uns avec les autres, n'est-ce pas ce qui rend possible la réversibilité de la pensée, la capacité de retrouver intacte, dans une pensée composée, les concepts et les pensées la composant ? C'est ce que suggère, entre autres, le passage suivant de l'ouvrage de 1924 sur *Le jugement et le raisonnement chez l'enfant* : « On peut traduire ces phénomènes d'équilibre psychologique en langage de logique formelle. On dira dans cette langue que [le jeune] enfant n'est capable ni d'additions ni de multiplications logiques systématiques [...]. Or, ce qui fait que les concepts adultes sont en état d'équilibre, c'est qu'ils sont le produit d'additions ou de multiplications logiques » (p. 131). La dialectique, qui s'esquisse ici, entre le langage psychologique ou biologique (équilibre entre l'assimilation et l'accommodation, etc.) et le langage logico-psychologique (les opérations de la pensée logique) dans l'explication de la genèse des formes et des normes rationnelles se révélera être tout à la fois l'un des moteurs de l'essor de la psychologie et de l'épistémologie génétiques, et l'une de ses énigmes qui, longtemps, resteront en arrière-plan, avant de passer au premier plan lors de la dernière décennie des recherches conduites par Piaget en son centre international d'épistémologie génétique. Mais nous n'en sommes pas encore là dans la description des étapes franchies par l'auteur.

Si la première explication scientifique à peu près satisfaisante des formes et des normes rationnelles frappe par l'ampleur de la synthèse qu'elle implique entre le biologique, le psychologique, le social et le logique, ce qui manque encore pourtant est ce qui peut justifier la caractéristique principale de la raison, le fait que ses principes et ses produits s'imposent avec nécessité et de manière universelle (c'est particulièrement vrai pour ce qui est des catégories et des vérités logico-mathématiques). Certes, l'évocation sous-jacente de ce qui était déjà proposé dans *Recherche*, l'équilibre interne d'une totalité, avec les exigences de conservations mutuelles des parties entre elles, et de celles-ci avec la totalité qui les englobe, indique la direction de la réponse à trouver. Mais cette explication reste trop générale et encore trop imagée, liée à l'organicisme biologique en tant que spéculation préscientifique, pour satisfaire une pensée soucieuse de modélisation. Il faut attendre le milieu ou la fin des années trente pour que Piaget pressente, puis découvre l'élément central de son explication : les structures logico-mathématiques de la pensée humaine.

Structures opératoires et raison

La découverte des structures — ces formes qui sont recherchées depuis 1916 au moins par Piaget — se fait en deux temps. Le premier temps est celui des travaux sur le développement de l'intelligence sensori-motrice et de la construction du réel qui l'accompagne. Le second est celui de la découverte des structures opératoires. Ces deux sous-étapes sont très proches l'une de l'autre.

Le regroupement des déplacements sensori-moteurs. — La première apparaît pour la première fois publiquement avec la parution des deux ouvrages sur *La naissance de l'intelligence* et sur *La construction du réel chez l'enfant.* En suivant et actualisant certaines suggestions de Poincaré, Piaget découvre que l'intelligence sensori-motrice, qui se caractérise fonctionnellement, en son achèvement, par un équilibre entre l'assimilation et l'accommodation, se traduit structurellement par la capacité que manifeste le bébé de regrouper de manière coordonnée ses actions, mais aussi les placements et déplacements de son corps ainsi que ceux des objets du monde extérieur, selon des lois qui «obéissent» au moins partiellement à celles de «groupe» récemment reconnues par les mathématiciens, en géométrie et en algèbre. Poincaré déjà avait relié d'une certaine façon la raison (l'apriori kantien) à la présence de groupes dans le fonctionnement sensori-moteur des organismes vivants. Mais, en dépit de la valeur d'une telle suggestion, celle-ci laissait béante la distance entre la réalité organique et la pensée rationnelle. En montrant l'existence de stades dans le développement de l'intelligence sensori-motrice, Piaget évite le piège réductionniste, puisque le premier indice de quelque chose de l'ordre de la raison (la certitude — que peut avoir le sujet, mais non pas à proprement parler le cerveau — de trouver un objet en tel endroit plutôt qu'en tel autre) n'apparaît qu'au terme d'une genèse de 18 mois environ, lors de laquelle le sujet construit activement son intelligence (ses coordinations finalisées d'actions) et l'univers différencié et organisé qu'il est alors capable de percevoir et de manipuler.

Le regroupement et la coordination progressive des actions de placement et de déplacement du corps propre et des objets, qui sont l'une des manifestations les plus spectaculaires du développement de l'intelligence sensori-motrice, ont pour effet de donner un sens non plus seulement biologique mais aussi mathématique à la notion de conservation. Les objets, y compris les personnes, sont compris comme subsistant dans le temps et dans l'espace dans la mesure où, en plus des traits particuliers qui les caractérisent, ils constituent, pour le sujet qui les considère, les invariants de ces groupes de placement et déplacement (les notions d'invariance et de groupe n'ont évidemment pas encore le caractère explicite, c'est-à-dire thématisé, qu'ils pourront prendre bien plus tard, chez des sujets bénéficiant des acquis modernes de la sociogenèse des mathématiques). Dès lors, un pas de plus est accompli par Piaget, relativement à la jonction entre logique et biologie anciennement établie par Aristote par l'intermédiaire de la classification des formes vivantes. L'individualité de l'être peut être conçue — ou plutôt, à ce niveau de l'intelligence sensori-motrice, simplement appréhendée — dans la mesure où le sujet parvient à regrouper activement les actions qui projettent alors objets et personnes dans un temps et un espace pré-euclidiens, ou mieux dans des temps et des espaces locaux pré-euclidiens, qui prennent eux-mêmes forme en raison de ces activités de placement temporel et de placement et déplacement spatiaux. Un premier niveau des formes et des catégories kantiennes est ainsi construit qui constituera la base sur laquelle un second niveau pourra être édifié, dont les éléments essentiels seront ces structures opératoires que Piaget va mettre en évidence dès la fin des années trente.

Les structures opératoires. — Vu le rôle capital que joue la notion mathématico-psychologique de groupe dans la description et l'explication de l'intelligence sensori-motrice, vu le rôle déjà reconnu des opérations logiques dans les compétences manifestées par la pensée enfantine parvenue à cette forme de maturité que les anciens appelaient l'âge de raison, vu enfin, sur le plan plus général de l'évolution de la pensée scientifique, l'importance accordée aux structures mathématiques dans l'explication des phénomènes physiques (aussi bien en physique relativiste qu'en mécanique quantique), Piaget pouvait difficilement ne pas rapidement mettre en évidence le fait que les opérations logiques utilisées par les enfants pour classer et ordonner les objets de la réalité extérieure, mais aussi pour composer des propositions logiques, se regroupent elles aussi dans des structures qui obéissent à des lois quasi identiques à celles décrites par les mathématiciens. En 1937, il peut ainsi publier un premier article à ce sujet, au titre fort évocateur : « Les relations d'égalité résultant de l'addition et de la soustraction logiques constituent-elles un groupe ? », et qui est une première tentative, très vite dépassée, de modélisation algébrique de la pensée logico-opératoire atteinte par l'enfant. Plus généralement, ce sont toutes les recherches engagées depuis un certain nombre d'années sur le développement de notions arithmétiques et physiques chez l'enfant (le nombre, le temps, les quantités physiques, etc.) qui, de manière relativement soudaine, se voient clarifiées par la prise de conscience que des regroupements identiques — à quelques différences près — d'opérations spécialisées (ou de préopérations), se produisent dans chacun des champs cognitifs examinés (le temps, les quantités physiques, etc.). La remarquable parenté des découvertes s'explique par l'étonnante similitude structurale des activités de la pensée ou de l'intelligence utilisant les outils de la représentation pour concevoir, organiser et modifier les réalités concrètes, actuellement ou non perçues. Cette similitude très vite pressentie trouve une confirmation à travers les modélisations algébriques strictement isomorphes que Piaget parviendra à réaliser des regroupements d'opérations agissant sur le triple plan de la pensée logique, de la pensée mathématique (arithmétique et géométrie) et de la pensée physique.

En arrière-plan de toutes ces découvertes, d'ailleurs théoriquement étendues au plan des échanges sociaux, moraux et affectifs, c'est l'origine de la raison, en tant que raison constituée, qui est du même coup éclairée, comme le révèlent par exemple quelques lignes d'un article de 1936, où pour la première fois Piaget se penche sur «La genèse des principes de conservation». Après y avoir défini la logique de la pensée comme étant «le groupe des opérations coordonnant les relations interindividuelles avec les relations intraindividuelles en un système susceptible d'assurer la conservation nécessaire aux invariants de l'expérience» (*op. cit.*, p. 41), l'auteur précise en effet que «cette logique des relations, qui prolonge ainsi sur le plan de la pensée les "groupes" d'opérations esquissées par l'intelligence sensori-motrice [...], aboutit [...] à la constitution d'invariants qui représentent pour la raison autant de principes de conservation applicables au monde physiques» (p. 42). La formulation adoptée ici par Piaget, la place qu'elle accorde à la raison, ne doivent pas nous induire en erreur. Contrairement à la thèse fixiste de Lalande et de Meyerson, on n'a pas affaire, chez leur élève, à une raison constituante immuable, à une pensée guidée dès le départ par le principe d'identité logique, et dont les découvertes progressives l'amèneraient à se reconnaître dans le monde physique et ses invariants supposés (ou dans le monde logico-mathématique des nombres, des classes, des relations et des propositions, avec ses propres invariants).

Contre une interprétation fixiste de l'affirmation citée ci-dessus, on relèvera tout d'abord que, dans l'explication piagétienne, la raison logique, la pensée rationnelle, n'apparaissent pleinement que chez l'enfant ayant construit, avec l'aide d'autrui et à travers ses échanges avec le monde, cette logique opératoire se manifestant d'abord en étroite liaison avec des actions et des représentations concrètes. Quant au principe d'identité lui-même, il n'apparaît qu'avec le développement de la pensée opératoire formelle (avec la logique des propositions). Comme le montrent les recherches sur la naissance de l'intelligence sensori-motrice, cette raison logique a des précurseurs structuraux et fonctionnels dans les étapes antérieures de construction de l'intelligence humaine, et relève donc à ce titre de la raison constituée. Cependant, la même affirmation suggère que, comme ses maîtres en philosophie des sciences, Piaget réserve, dans sa conception, une place à une notion plus générale et plus « primitive » (au sens épistémique) de raison, que l'on peut également appeler « raison constituante », à condition de substituer au strict principe d'identité logique, qu'elle est supposée subsumer chez Lalande, quelque chose qui est plus proche de l'activité intellectuelle et de son exigence d'intériorité, telles qu'elles ont été mises en lumière par Brunschvicg. Comme on le verra dans la suite, on peut alors concevoir, au moins en partie, les enquêtes du CIEG sur la recherche des raisons chez l'enfant comme une tentative de clarifier la nature de cette raison constituante, dynamique et non pas fixe et dont les produits se manifestent aux étapes précédant l'apparition des formes opératoires de la raison constituée.

Avant de nous pencher sur la dernière période des recherches dirigées par Piaget au CIEG, établissons un bref bilan des progrès apportés par les travaux « classiques » de psychologie génétique, c'est-à-dire ceux consacrés à la genèse des formes et des normes de l'intelligence et des connaissances rationnelles (mais aussi, par extrapolation en partie empiriquement vérifiée, des formes et des normes morales). On voit que, de manière très schématique, et par rapport à la philosophie kantienne, l'acquis principal tient dans l'explication génétique et constructiviste des formes et des normes apriori. Alors que, partant d'une réflexion sur les conditions de possibilité des sciences rationnelles de son époque, Kant était parvenu, par déduction réflexive et régressive, à mettre en évidence l'intuition apriori du temps et celle de l'espace euclidien, ou encore la notion de permanence de l'objet, pour ne citer que des exemples particulièrement frappants, Piaget parvient à montrer comment ces intuitions ou représentations découlent de la construction d'opérations se regroupant de manière à former des structures stables, obéissant à des lois précises, et comment ces intuitions opératoires reposent elles-mêmes sur des intuitions apriori (au sens kantien) encore plus précoces, liées à des coordinations d'actions elles-mêmes structurées selon des lois précises, voisines des précédentes. Quant à la nécessité, qui est l'un des indices les plus clairs de l'objectivité et de l'universalité de la pensée rationnelle, elle s'explique par le caractère « fermé » et donc, en principe, entièrement déterministe des structures opératoires (comme le montrent les enquêtes sur la genèse du hasard réalisées en collaboration avec Inhelder au début des années cinquante, ceci vaut également dans les cas où les opérations logico-mathématiques portent sur des probabilités, des mélanges aléatoires, des jeux de hasard, etc.).

Pour être plus satisfaisante que les différentes explications esquissées par certains philosophes et savants de la fin du XIXe siècle ou du début du XXe, la solution structuraliste à laquelle parvient Piaget dans cette troisième étape décrite ici n'est pas sans lacune. Il y manque en particulier une analyse empirique fine des processus de construction de ces structures, et par contrecoup de la construction de la raison opératoire. C'est alors au cours de l'étude de ces processus qu'un certain tournant va apparaître dans la position explicative adoptée, tournant dont semble provenir le thème finalement proposé par Piaget à ses collaborateurs en 1978-1979 : l'étude épistémologique (de la formation) des raisons chez l'enfant et dans l'évolution des sciences.

Le thème des raisons dans les travaux du CIEG de 1968 à 1979

Nous avons décrit ailleurs en détail la succession des recherches conduites par Piaget entre 1968 et 1979 (Ducret, 2000). Nous n'y reviendrons pas ici, sauf à extraire de cette description quelques indices qui montrent comment le thème en question se prépare lors de ces recherches destinées à révéler les processus constructifs de l'esprit humain.

La longue période consacrée à la genèse des structures de l'intelligence est caractérisée par la place de choix accordée aux actions et aux opérations, à leurs coordinations ou à leurs regroupements (constitutifs de groupements et de groupes) dans l'explication de l'intelligence et des connaissances rationnelles, et par contrecoup dans l'explication de la raison. Lors des années soixante consacrées pour une large part aux enquêtes sur la causalité physique, l'importance des deux notions d'action et d'opération se retrouve sur ce nouveau plan, puisque, comme on le sait, ces enquêtes confirment la thèse exposée dans l'*Introduction à l'épistémologie génétique* (Piaget, 1950) selon laquelle la causalité scientifique est le résultat non pas seulement de l'application des structures opératoires à la réalité physique (permettant de prendre connaissance des innombrables régularités qui la caractérisent), mais également de l'attribution d'actions et d'opérations à celle-ci, ces actions et ces opérations physiques étant alors supposées obéir à des lois de structure. Ce processus d'attribution d'opérations et de structures opératoires abstraites à la réalité physique permet de comprendre la raison pour laquelle la causalité physique comporte un caractère de réelle nécessité qui dépasse le simple constat des régularités empiriques. Cependant, ces recherches comportent une dimension supplémentaire qui va se répercuter sur toutes les études ultérieures. L'attribution d'opérations ou de propriétés opératoires (transitivité, etc.) à la réalité physique repose pour une bonne part sur des processus inférentiels (en d'autres termes, le sujet ne constate pas les opérations physiques qui, telle la transmission opératoire du mouvement, lui permettent d'expliquer le comportement de la réalité observée ;

il les déduit). À l'attention extrême apportée aux actions et aux opérations, qui était le lot des recherches sur la genèse de l'intelligence logico-mathématique, vient dès lors se substituer une attention de plus en plus grande accordée à ces processus inférentiels, ou encore aux implications entre significations et aux coordinations inférentielles dans l'examen des conduites des enfants.

Ce passage du plan de l'action et de son intériorisation sous la forme d'opération au plan des implications signifiantes et autres coordinations inférentielles est manifeste dès le premier volet d'étude consacré aux mécanismes de construction cognitive, soit dès les travaux sur *La prise de conscience* (Piaget, 1974a) et sur les rapports entre *Réussir et comprendre* (Piaget, 1974b). Le tournant dont nous avons parlé plus haut est alors déjà visible. Tout en continuant à accorder une place essentielle à la coordination progressive des actions dans l'explication des structures opératoires, Piaget en arrive à être de plus en plus attentif aux coordinations inférentielles qui accompagnent, puis qui guident même cette coordination des actions. C'est alors que le thème des raisons peut commencer à trouver une place centrale dans la conception que l'auteur se fait des processus de construction de l'intelligence humaine. Si l'enfant peut réussir un problème, résoudre une tâche, sans prendre forcément conscience et sans conceptualiser les coordinations d'actions qui ont abouti au succès, la prise de conscience et la conceptualisation progressives des conditions de la réussite, tant sur le plan de la coordination de l'action propre que sur le plan des rapports de causalité entre objets, lui permettent non seulement d'atteindre une efficacité beaucoup plus grande de l'action, mais aussi de comprendre les tenants et les aboutissants de celle-ci, les raisons de la réussite ou de l'échec. Les études sur le développement de la prise de conscience chez l'enfant conduisent ainsi Piaget à prendre acte qu'une des grandes différences entre la conceptualisation et l'action réside dans l'activité de «détermination des raisons» attachée à la première (Piaget, 1974b, p. 241). Pour la première fois peut-être, il lui apparaît que le besoin de comprendre, en d'autres termes de «dégager les raisons» est un moteur central du progrès cognitif, alors que jusqu'alors il avait tendance à privilégier un mécanisme d'équilibration trop peu relié aux activités concrètes des sujets psychologiquement engagés dans des tâches variées (tout au plus peut-on après coup chercher un possible précurseur de cette découverte dans le rôle attribué aux apriori fonctionnels lors des travaux sur le développement de l'intelligence sensori-motrice).

Une fois mis en évidence le rôle de la recherche des raisons dans les progrès de la compréhension et de la conceptualisation d'un problème, d'une action réussie, de la production d'un phénomène, etc., le thème de cette recherche des raisons va apparaître de façon récurrente à travers toutes les enquêtes des années septante, en liaison étroite avec celui de la logique des significations (dont l'une des caractéristiques principales est de compléter les anciens travaux sur la logique opératoire concrète, puis formelle). On le retrouve par exemple en plusieurs chapitres des études sur l'abstraction réfléchissante (Piaget, 1977). Deux passages valent particulièrement la peine d'être mentionnés dans la mesure où ils soulignent l'importance que la recherche des raisons est en train de prendre comme composante explicative majeure des progrès de l'esprit. À propos d'un progrès accompli par un sujet dans la résolution d'un certain problème, Piaget observe que, même si ce sujet est « encore très loin de comprendre la raison pour laquelle [telle régularité constatée se produit], ce progrès est cependant notable en ce que la coordination des moyens employés et du résultat obtenu [...] donne déjà à l'enfant l'impression qu'il doit y avoir une raison » (p. 76), impression qui ne pourra que le pousser à étudier plus attentivement les actions en jeu et leurs effets, afin de découvrir cette ou ces raison(s). Quant au second passage, il consiste à souligner le fait que la recherche des raisons est l'une des composantes du pouvoir créatif de l'abstraction réfléchissante : « Une dernière forme d'activité créatrice propre à l'abstraction réfléchissante [... est] la capacité de dégager les « raisons » des coordinations jusque-là utilisées sans justification intrinsèque » (Piaget, 1977, p. 313). De façon plus explicite encore, l'étude psychogénétique de l'activité de généralisation chez les enfants évoque elle aussi l'importance de l'intervention de la recherche des raisons qui non seulement conduit le sujet à passer progressivement des généralisations exogènes aux reconstructions endogènes, ou de la simple découverte des régularités à leur explication, mais encore constitue le « moteur constant qui pousse le sujet à compléter ou remplacer les simples constatations de faits [...] par des reconstitutions déductives et opératoires » (Piaget, 1978, p. 241). La découverte d'une raison ne clôt en effet jamais le besoin de comprendre ou de rendre compte du sujet ; elle entraîne « tôt ou tard » le sujet à s'interroger récursivement sur la raison trouvée, à en rechercher à son tour la raison. Si la recherche des raisons intervient comme moteur de la construction d'une structure opératoire, elle intervient également dans le processus entraînant le dépassement inexorable de la structure construite, la fermeture opératoire de celle-ci ne suffisant pas à apporter des réponses ultimes à ce besoin de comprendre ou de rendre raison (ce qui signifie que le sujet épistémique ne se réduit pas aux structures qui lui donnent son pouvoir d'explication et de transformation maîtrisée des réalités ou des idéalités auxquelles il se confronte, et qu'il incorpore une dimension proprement fonctionnelle et téléonomique).

Le thème de la recherche des raisons se retrouve également dans les recherches sur les correspondances, les morphismes et les catégories, comme facteur explicatif important du passage des premières aux secondes, puis aux troisièmes. On le découvre aussi sans peine dans les recherches sur l'évolution du possible et du nécessaire, notamment à propos du processus de «nécessitation», puisque, à la différence des pseudo-nécessités faussement affirmées par les enfants préopératoires, la vraie nécessité n'apparaît «qu'avec la compréhension structurale des raisons» (Piaget, 1983, p. 75). Enfin, il apparaît à nouveau lors des recherches sur la logique des significations, en particulier dans la caractérisation de l'une des formes que peuvent prendre les implications entre actions. Une telle implication devient justificatrice lorsqu'elle relie les implications proactives (si on a A on aura B) et les implications rétroactives (B implique A à titre de condition préalable) «par des connections nécessaires atteignant les raisons» (Piaget, 1987, p. 146).

On le voit à travers ces quelques exemples (et nous aurions pu en citer d'autres) : le recours à la notion de recherche des raisons intervient dans chacun des thèmes successivement adoptés par Piaget entre 1968 et 1978, date à laquelle il décide de porter au programme du CIEG l'étude des raisons.

CONCLUSIONS

Ce bref rappel ciblé de l'ensemble des enquêtes réalisées au cours des onze années précédant la décision de porter au programme du CIEG un cycle d'étude psychogénétique sur la formation des raisons montre comment, à l'évidence, cette décision résulte au moins partiellement de la place relativement importante prise par la notion de «recherche des raisons» dans l'explication des constructions cognitives alors constatées chez les sujets lors de ces enquêtes. Le tournant mentionné plus haut explique aussi pourquoi ce n'est plus tant la raison comme ensemble de formes et de normes stables et universelles de la pensée qui peut dès lors poser problème à Piaget que la présence de cette recherche de raisons, ainsi que la façon dont celle-ci peut naître, se développer et agir dans le courant de la psychogenèse (comme d'ailleurs de la sociogenèse). Bien sûr, ce déplacement d'intérêt ne signifie pas que l'auteur abandonne tout intérêt pour la raison entendue comme ensemble de normes universelles et autres impératifs qui s'imposent à la pensée, ou que celle-ci s'impose.

Ainsi, au début de *Morphismes et catégories* (1990), n'hésite-t-il pas à observer que la raison est composée de deux activités principales : comparer et transformer. Cette raison qui compare et qui transforme reste alors très largement celle que les études sur la genèse des notions et des structures logico-mathématiques ont éclairée et même expliquée. Mais, en analysant de plus près les activités par lesquelles le sujet compare et transforme, ainsi que les processus par lesquels ses activités de comparaisons et de transformations s'améliorent, Piaget a, comme nous l'avons dit plus haut, pris conscience qu'au-dessous de cette raison constituée, qui cherche à imposer ses formes et ses normes aux réalités auxquelles le sujet se confronte, se cache une autre forme, plus fonctionnelle, liée à un besoin de comprendre qui transcende la distinction entre connaissances pratiques, logico-mathématiques et physiques (au sens le plus général du terme, qui inclut l'ensemble des phénomènes naturels, et donc également les observables biologiques, psychologiques et sociaux). Comme le passage cité plus haut de l'enquête sur le développement des généralisations le suggère, cette recherche des raisons à laquelle on peut identifier la raison constituante, abstraction faite des acquis de la raison constituée qui viennent progressivement l'enrichir, apparaît même comme l'un des moteurs centraux qui pousse et oriente le sujet vers la construction des structures opératoires, dont la fermeture est assurée, à ses yeux, par les liens d'implication mutuelle entre ses composantes. La raison ne s'inscrit donc plus seulement au point d'arrivée de la construction cognitive ; elle n'est plus seulement le résultat de la construction des structures opératoires ; sous sa forme fonctionnelle, elle constitue l'une des sources de cette construction, et le moteur du dépassement de chaque système opératoire acquis vers des structures d'organisation, de transformation et d'explication plus puissantes.

Confronté à cette découverte, qui s'inscrit dans celle, plus générale, du rôle des implications signifiantes dans les activités du sujet, Piaget pouvait difficilement laisser échapper cette occasion de s'interroger sur l'origine ou en tout cas sur l'évolution de ce besoin de comprendre et de rendre raison. Hélas, seules quelques pages de sa plume nous fournissent de trop brèves indications sur la direction qu'il comptait donner à son analyse des raisons évoquées par les enfants dans des situations où ils étaient appelés à expliquer des régularités observées ou à justifier certaines de leurs affirmations (*cf.* textes en annexe). Piaget aurait-il conduit plus loin son interrogation ? Se serait-il interrogé sur l'origine du besoin de découvrir les raisons ? Se serait-il penché une nouvelle fois, comme il l'avait fait dans son article de 1924 sur les rapports entre raison constituante et raison constituée ? Aurait-il découvert dans la raison constituante en tant que « simple » besoin de comprendre une forme cachée, contenant en puissance de quoi construire successivement, par différenciation et par intégration créatrices, les formes constituées, toujours plus puissantes, d'une raison constituée venant alors progressivement enrichir cette raison constituante ? Bien plus, aurait-il recherché, comme il en avait l'habitude, de possibles précurseurs biologiques à cette « recherche des raisons » ? Aurait-il enfin cherché, comme il l'a tenté dans ses recherches sur *Les formes élémentaires de la dialectique* (1980a), à nouer les deux pans de son explication, l'un reposant sur le mécanisme causal de l'équilibration des structures, l'autre mettant en jeu la dialectique des fins et des moyens, ou des activités finalisées, d'un sujet cherchant à réussir et à comprendre. Nous n'en savons rien et ne pouvons tout au plus qu'émettre quelques hypothèses à ce sujet.

Pour ce qui est de la question de voir sous le besoin de comprendre une forme cachée, susceptible d'engendrer les formes de la raison constituée, le chapitre de Gil Henriques apporte une réponse particulièrement séduisante et qui s'inscrit très directement dans ces recherches que Piaget n'a pu qu'initier sans pouvoir les conclure lui-même. Cette réponse aurait certainement satisfait au moins partiellement celui-ci, puisqu'elle situe dans la forme la plus générale du double mouvement de *réduction* et de *déduction* constitutif des raisons et de leur usage — double mouvement lié au besoin de comprendre — la source de l'équilibration des structures cognitives.

Mais qu'en est-il alors de l'origine même de la raison constituante ? Supposons que celle-ci ait sa source dans l'équilibration cognitive, c'est-à-dire qu'elle soit l'expression psychologique ou « consciente » d'un déséquilibre provenant de la dissymétrie des affirmations et des négations découverte lors des études psychogénétiques sur la prise de conscience, et examinée plus finement lors des enquêtes sur la contradiction. Pourtant tout déséquilibre cognitif, toute lacune cognitive, ne saurait s'exprimer psychologiquement par un besoin de comprendre ou de rendre raison. Ce n'est qu'à une certaine étape d'une construction cognitive qu'un tel besoin peut naître. Peut-être dès lors les enquêtes sur la recherche des raisons, telles que Piaget les envisageait, avaient-elles pour finalité de préciser les conditions d'apparition d'un tel besoin ? Peut-être est-ce lorsque le sujet en arrive à expérimenter la différence entre des solutions équilibrées et des solutions déséquilibrées, ou contradictoires, lors de la résolution d'un problème (au sens le plus large du terme), ou qu'il parvient par hasard à mettre ensemble différentes composantes d'une action complexe, en comprenant en conséquence pourquoi cela marche ou ne marche pas, que cette première découverte fortuite d'une raison (découverte de l'avantage fourni par des implications préopératoires localement stables par rapport à d'autres sans cesse à rejeter) fait surgir le besoin de comprendre, lors de toute apparition d'un nouveau déséquilibre cognitif? Ou bien encore cette origine est-elle tout simplement liée à une certaine étape de la construction de l'intelligence sensori-motrice, et plus précisément à l'émergence de la causalité physique?

Ou alors, autre hypothèse moins piagétienne, faut-il concevoir le besoin de comprendre comme un apriori fonctionnel inné, qui aurait été mis en place par le mécanisme de la sélection naturelle, et qui, aux côtés du besoin de réussir, servirait de « valeur cible » dans ce « système largement orienté par les valeurs » (« value driven system ») que serait fondamentalement le système cognitif? Une telle explication ne ferait que déplacer le problème, dans la mesure où il reviendrait alors à l'éthologie phylogénétique de proposer une théorie psychologique forcément hypothétique de l'origine du besoin de comprendre, origine pouvant par exemple se produire chez les primates supérieurs. La quasi impossibilité de dépasser le caractère spéculatif d'une telle théorie fait donc espérer que l'étude psychogénétique de l'intelligence enfantine parviendra, sans sortir de ses frontières, à découvrir des faits et une interprétation psychologique apportant une réponse plausible à la question de l'origine de la raison constituante, s'il est vrai que celle-ci précède l'acquisition des structures opératoires et qu'on l'identifie à ce double mouvement rétroactif (réduction) et proactif (déduction) que Gil Henriques décrit dans la première partie de cet ouvrage.

Enfin, une troisième hypothèse serait celle de l'origine sociogénétique de ce besoin, ensuite ultérieurement transmis par éducation aux individus de chaque nouvelle génération. Outre le fait que cette troisième hypothèse ne peut probablement apporter aucune lumière autre que spéculative sur cette origine (la reconstruction du passé préhistorique de l'humanité est beaucoup trop lacunaire pour résoudre empiriquement un tel problème), elle est à écarter s'il est vrai que l'on découvre déjà une première forme de recherche de raisons chez l'enfant sensori-moteur, voire même chez certains primates.

On le voit, nombreuses sont les questions que soulève la découverte de l'apport de la recherche des raisons dans les constructions cognitives des sujets (les enfants, bien sûr, mais également les savants). Mise en perspective par rapport à l'œuvre piagétienne, cette découverte, tardive puisque liée aux enquêtes psychogénétiques de la fin des années soixante et des années septante, a permis à Piaget de prendre quelque distance par rapport au modèle abstrait de l'équilibration cognitive pour retrouver l'ancienne idée de la double nature d'une raison constituante et d'une raison constituée, empruntée à Lalande et réinterprétée à l'aide de la philosophie brunschvicgienne. Si on abandonne la thèse, logiciste et fixiste, identifiant la raison constituante au principe d'identité logique, comme concevoir celle-ci, et comment concevoir son rapport avec la raison constituée ? Il est clair que, comme nous l'avons soutenu plus haut, il existe un lien entre la raison telle qu'elle se manifeste dans les recherches classiques l'expliquant par la construction des structures opératoires, et la raison telle qu'elle se révèle dans les nouvelles recherches. En un sens, citant Piaget, nous avons vu comment la recherche des raisons joue un rôle moteur dans la construction des structures opératoires, et donc aussi dans la construction de ces formes, normes, opérations et notions rationnelles qui leur sont liées. Les esquisses d'analyses rédigées par Piaget dans le cadre de l'ultime étude psychogénétique sur la recherche des raisons, et surtout les considérations développées par G. Henriques dans la suite de cet ouvrage sur la formation des raisons, permettent d'enrichir cette description de l'effet de la recherche des raisons sur la construction des formes rationnelles. Mais, au-delà de la claire reconnaissance de l'existence d'un lien entre la raison constituante et la raison constituée, et au-delà des passages semblables à ceux précédemment cités et qui révèlent partiellement comment la recherche des raisons peut intervenir dans la construction des opérations, et donc de la raison constituée, il reste encore à comprendre comment, en sens inverse, la raison constituante peut en partie surgir de la construction de la raison constituée, si l'on admet que la recherche des raisons ne peut manquer d'être modifiée par la construction des structures opératoires. En ce sens, en accord avec Henriques (voir son chapitre 1.3), nous ne serons nullement surpris de trouver des raisons de niveau de plus en plus élevé, caractérisées par des propriétés logico-mathématiques particulières reliées aux étapes de développement de l'intelligence humaine. En tous les cas, il est évident que, par son ultime questionnement, Piaget a ouvert un champ de recherche et une foule d'interrogations particulières qui montrent comment la psychologie et l'épistémologie génétiques, loin d'être des disciplines achevées, sont susceptibles d'atteindre des solutions toujours plus profondes et plus riches aux problèmes les plus généraux soulevés par l'existence des sciences et, par extension, par l'existence d'une morale universelle.

NOTES

[1] L'un des buts principaux que Piaget s'est fixé à travers son œuvre fut de faire de l'épistémologie une discipline scientifique. Il y est largement parvenu par la constance avec laquelle il a pris appui sur les méthodes de la psychologie génétique pour répondre à des questions particulières ayant trait aux connaissances. Cela ne doit pourtant pas nous empêcher de voir que cette œuvre conserve une portée pleinement philosophique, dans la mesure où elle apporte une contribution majeure à une question, ou à un petit ensemble de questions, directement liées à la destinée humaine et aux fins ultimes que l'être humain se donne plus ou moins sciemment à travers sa vie. Ces fins, Kant les a admirablement délimitées par les trois grandes questions «Que puis-je savoir?», «Que dois-je faire?» et «Que puis-je espérer?» auxquels il s'est efforcé de répondre à travers ces trois œuvres majeures que sont *La critique de la raison pure*, *La critique de la raison pratique* et *La critique du jugement*.

[2] Rappelons ici la formule, très profonde, de Piaget selon laquelle l'enfant est le père de l'homme. C'est dans les problèmes et les constructions de l'intelligence enfantine (au sens le plus large, qui comprend la compréhension des rapports sociaux) que se trouvent les racines (ou le reflet des racines les plus lointaines) de l'intelligence adulte et même, comme la psychologie génétique l'a montré, de la pensée scientifique. Mais bien sûr, les constructions de cette intelligence «enfantine» prennent appui sur les acquis de la sociogenèse, qui viennent nourrir et accélérer (ou parfois freiner) en retour les constructions psychogénétiques.

[3] J. Piaget et B. Inhelder, 1948, p. 496.

[4] J. Piaget, B. Inhelder et A. Szeminska, 1948, p. 504-508.

[5] *Cf.* pour plus de détails à ce sujet Ducret (1984).

[6] Le «sujet pensant» a dû être maintes fois pressenti au cours de l'histoire de la philosophie; mais c'est, semble-t-il, avec Descartes que la prise de conscience, par ce sujet, de sa propre activité intellectuelle a atteint un niveau d'abstraction et de thématisation permettant l'édification progressive des «philosophies du sujet».

[7] Par «pararationalisme», nous entendons le fait que, tout en reconnaissant une validité pratique sinon cognitive à la raison humaine, des savants ou des philosophes évoquent une source de connaissances supérieures à celle des sciences, qui seule serait à même de se prononcer sur la nature des choses.

Chapitre 1.1
Plan général d'approche et lien avec Piaget

par G. Henriques

UNE PRÉSENTATION DIFFÉRÉE

Pour comprendre le sens de cette publication, il convient de commencer par quelques considérations historiques. Après des travaux consacrés aux significations et à leur logique, Jean Piaget propose à ses collaborateurs du Centre International d'Épistémologie Génétique (CIEG, Genève) «les raisons» comme thème d'étude pour l'année 1979-80. En janvier et avril 1980, il présente à la discussion deux courts papiers à l'usage interne du Centre (voir en annexe). À la fin du mois de juin de la même année a lieu le XXVe Symposium d'Épistémologie Génétique, à Genève. Piaget y assiste mais, physiquement diminué, ne peut prendre part à la discussion et doit déléguer la coordination des débats. C'était trois mois avant sa mort. Ces circonstances expliquent le fait que, contrairement aux anciennes études du CIEG, les résultats de la recherche sur les raisons n'ont pu faire l'objet d'une synthèse et d'une rapide publication.

La tâche dans laquelle nous nous engageons aujourd'hui n'est en conséquence pas ordinaire. Ayant pris la décision de présenter, plus de vingt après, les travaux du CIEG sur les raisons auxquels nous étions étroitement associés et dont, après quelques mois, nous avons assumé la direction à la place de Piaget, nous avions plusieurs options disponibles. La plus conventionnelle eût été de partir du plan de recherche initial pour en suivre la réalisation progressive jusqu'à la conclusion des travaux. Pourtant, nous avons de sérieuses raisons de ne pas procéder ainsi. Nous le signalons d'emblée, afin que le lecteur puisse former son jugement sur les choix préliminaires explicites adoptés dans les pages suivantes. Le délai intervenu a créé une distance telle entre les travaux originaux et la présente synthèse que le thème d'étude à présenter se trouve comme «réfracté» à travers des «milieux» qui s'interposent, dont l'épaisseur et la riche différenciation n'ont cessé d'augmenter entre-temps.

N'étant plus dans la situation commode d'un auteur qui rapporte des travaux et des résultats de recherche récemment réalisés et récoltés, nous commencerons par traiter, dans les deux chapitres 2 et 3 qui suivent, le problème des raisons à travers les discussions dont il a fait l'objet au CIEG. Nous centrerons nos considérations sur un stade déjà relativement avancé des travaux dans lequel les contenus discutés sont les plus riches. Le lecteur pourra ainsi se faire une idée des approches très diversifiées qui avaient cours jadis dans nos travaux d'équipe, et situer notre présentation actuelle par rapport à ces discussions internes. À partir de là, nous remonterons aux conceptions initiales du CIEG, en adoptant une démarche rétroactive d'autant plus éclairante qu'elle reposera alors sur les acquis d'une discussion approfondie. Une telle manière «semi-historique» de procéder offre en outre l'intérêt de faire revivre au moins partiellement l'auteur collectif des recherches sur les raisons.

Nous ne ferons cependant pas l'historique des discussions qui constituent l'arrière-plan des chapitres 2 et 3. Il serait déplacé de l'entreprendre, et nous en serions de toute manière bien incapable. Nos références sont en effet non seulement trop partielles, mais sans doute aussi partiales et déformantes, n'exprimant qu'une reconstitution tributaire du point de vue de l'un des acteurs des échanges évoqués. Celui-ci ne peut que retenir, d'après les *critères de choix* qui sont les siens, et interpréter avec ses limites personnelles ce qu'il trouve le plus pertinent dans un foisonnement d'idées incomparablement plus riche. À sa place, d'autres acteurs procéderaient sans doute de la même façon, avec un résultat plus ou moins différent.

Si le chapitre 1.2 présente à grands traits quelques-unes des discussions qui se sont déroulées au CIEG, nous regroupons au chapitre 1.3 les approches proposées et pratiquées au sein du CIEG, d'après les grandes orientations invoquées par leurs avocats. Le traitement systématique de la problématique des raisons, différé jusqu'aux chapitres 2.1 et 2.2, se prolonge aux chapitres 3.1 et 3.2 ainsi que 4.1 et 4.2 par des analyses aux échelles respectivement de l'histoire et du développement cognitif individuel.

Avant d'aborder ces points, il faut encore dire quelques mots de la délicate question de notre lien avec Piaget et son épistémologie. Il est si intense que le travail dont nous prenons la charge demande un effort soutenu de clarification à son sujet. La tâche était inévitable et gratifiante, quoiqu'ardue. La poursuivant, nous avons dû «reconstruire» Piaget, à partir d'une reconstitution d'autant plus risquée que nous nous étions toujours accordé, nonchalamment, la liberté sans réserve — blâmable! — de «lire» chez Piaget nos propres idées. Est-il légitime de prendre, précisément, pour fil conducteur de la reconstruction à esquisser le noyau théorique des études sur la formation des raisons? Avant d'y répondre, nous chercherons un terrain plus solide, sur lequel la personnalité de Piaget se détache 1) par ses traits épistémiques permanents, et 2) par son accomplissement théorique le plus achevé.

Piaget, nouvel Aristote, le naturaliste logicisant

L'œuvre de Piaget est vaste et stratifiée dans plusieurs registres. Parmi les penseurs du XXᵉ siècle, il émerge comme l'une des personnalités intellectuelles les plus étonnamment plurielles. Véritable équipe interdisciplinaire à lui tout seul[1], Piaget offre à ses lecteurs et interprètes une difficulté particulière, du fait des inflexions incessantes de ses positions théoriques, pendant toute une carrière intellectuelle longue et extraordinairement féconde. Détestant tout système figé, il ne s'est jamais enfermé en des positions arrêtées une fois pour toutes. Son œuvre n'en est pas moins puissamment articulée et système il y aurait si ne s'y opposait la pluralité des articulations systématiques successives.

On pourrait parler de «systèmes de Piaget», au pluriel, et estimer qu'il suffit de reconstruire leur enchaînement chronologique pour «reconstituer Piaget». Nous ne saurions en convenir. N'étant pas en mesure et n'ayant aucunement l'intention de procéder de manière technique, tout ce que nous dirons ici sur Piaget n'est que le résultat d'une reconstruction personnelle ancienne, mais toujours poursuivie, sans autre garantie que d'avoir survécu à une longue expérience de collaboration personnelle et en équipe avec le maître. Reprenant la sempiternelle question de l'un et du multiple à son sujet, on a tout intérêt à commencer par discerner différents Piaget, à condition de ne pas arrêter la recherche avant qu'on ait identifié le «vrai». Poussant la quête à son terme, peut-être atteindra-t-on un «Piaget permanent», car fondé sur des racines pérennes : quelques grandes inspirations à l'œuvre au commencement de sa carrière, auxquelles il serait resté fidèle par la suite, sans plus jamais les remettre en question.

On rencontre effectivement chez Piaget deux grandes inspirations intellectuelles, mais si profondément solidaires qu'aussitôt elles n'en font qu'une et lui impriment son trait épistémique le plus durable et frappant : il est un « naturaliste logicisant », et même *le* naturaliste logicisant des temps modernes. C'est la *conjonction* de son naturalisme avec son penchant logicisant qui est remarquable, et non pas ni son intérêt pour le vital ni celui pour la logique, communs l'un et l'autre, somme toute. La logique de Piaget n'a cessé d'être une *logique naturaliste*. La nature, pour sa part, apparaît chez lui en même temps comme *source de logique* et comme *expression d'une structure logique interne*. Le naturalisme logicisant est manifestement une source d'inspiration *unique* pour Piaget. Aucun de ses deux aspects, chez lui inséparables, ne fournit à lui seul la clé de l'inspiration du Piaget permanent.

Nous avons beau chercher des précédents, un seul nous vient à l'esprit parmi les penseurs du passé : Aristote, naturaliste inspiré et fondateur de la logique. Comme plus tard chez Piaget, on ne trouve pas chez Aristote une simple juxtaposition de domaines d'intérêt scientifique ou philosophique ; l'unité de son inspiration est au contraire profonde. Elle s'enracine dans le concept clé de « genre » (γένος), dont les connotations naturelles transparaissent dans l'étymologie d'« engendrer ». Pour Aristote, le genre exprime une *communauté de nature fondée sur la génération* et il constitue à ce titre une *classe naturelle*[2]. Il est également fondamental, en logique, dans la mesure où il exprime les caractéristiques essentielles *générales* des êtres. Là prend son essor la quête des genres suprêmes que sont, pour le philosophe grec, les catégories.

Il est curieux de remarquer que, jeune encore, Piaget aussi a caressé le projet d'une « science des genres », dont l'inspiration aristotélicienne — à travers des médiations que nous n'analyserons pas ici[3] — est patente. Mais il faut noter que l'épistémologie de Piaget s'opposait, dès ses premières formulations, à Aristote, sur des points essentiels et explicites. Il y a là une double raison. Les sciences naturelles connues et cultivées par le naturaliste Piaget n'étaient plus les mêmes qu'avait cultivées son lointain prédécesseur. Mais, plus important encore, la logique à laquelle Piaget se référait n'était de loin plus celle qu'Aristote avait magistralement bâtie sur une *analyse poussée de l'expression de la pensée* en langue grecque. C'était la logique de son temps, que l'algébrisation et l'introduction des techniques de calcul symbolique avaient profondément transformée dès le milieu du XIXe siècle. L'assimilation de la logique aux mathématiques avait abouti à en faire une branche, parmi d'autres, des sciences mathématiques dans leur ensemble.

Et pourtant, entre les deux penseurs séparés l'un de l'autre par des millénaires, n'en subsiste pas moins un air de parenté non équivoque dans la posture intellectuelle assumée : grands classificateurs tous les deux, ils sont aussi de grands bâtisseurs de systèmes aux proportions monumentales et de grands créateurs de terminologie technique, visant à exprimer *des différences conceptuelles fondées sur des différences de nature*[4].

UN SOMMET THÉORIQUE : LE STRUCTURALISME GÉNÉTIQUE ET SES PROLONGEMENTS

En 1950, Piaget était conscient d'avoir atteint une synthèse provisoirement « définitive » quand il écrivait pour son autobiographie à paraître en anglais :

> Il y a donc probablement quelque chose de vrai dans le mot de Bergson selon lequel un esprit philosophique est généralement dominé par une seule idée personnelle qu'il tente d'exprimer de multiples manières au cours de son existence, sans jamais y parvenir entièrement... Mon unique idée... a été que les opérations intellectuelles procèdent en termes de structures d'ensemble. Ces structures déterminent les types d'équilibre vers lequel tend l'évolution tout entière ; à la fois organiques, psychologiques et sociales, leurs racines descendent jusqu'à la morphogénèse biologique même (Piaget, 1976, p. 1).

Piaget avait à ce moment derrière lui une carrière scientifique déjà très riche, avec notamment les recherches sur la pensée enfantine et sur l'intelligence sensori-motrice. Mettant en évidence la longue marche *vers la réversibilité de la pensée*, il atteignait enfin quelques formes successives d'organisation d'ensemble de la pensée. C'étaient des *systèmes opératoires*, avec des lois de totalité qui en faisaient de véritables structures. Piaget ramenait ainsi son domaine théorique à un *principe explicatif suprême* au niveau d'analyse adopté : une *séquence de structures opératoires* qui caractérisaient autant de *paliers d'équilibre* de l'intelligence.

De ce point de vue, le développement cognitif consistait à *parcourir cette séquence*, passant chaque fois d'une structure moins riche à une autre qui l'englobait. Chaque structure rendait raison, de manière unifiée, d'une quantité innombrable de données méthodiquement recueillies, pendant de longues années, sur les capacités cognitives des enfants et des adolescents. La méthode d'observation clinique, inventée et mise au point par Piaget, était mise à contribution dans la phase de récolte des données psychogénétiques. Mais le travail d'élaboration théorique finale recourait à une méthode comparative mettant en correspondance les formes d'organisation *inférées* à partir des données expérimentales avec des structures dégagées sur le plan de l'histoire de la pensée scientifique.

Le structuralisme génétique est sans doute l'expression intégrale la plus parfaite du naturalisme logicisant originel de Piaget. Vu l'étendue des travaux préalables à sa mise sur pied, l'étalement temporel de son élaboration était inévitable. On comprend la satisfaction de Piaget une fois arrivé à bout de ces difficultés. Les structures opératoires étaient *reconstituées* par le théoricien, qui mettait à profit, de manière plus ou moins heureuse, les ressources de la logique symbolique et de l'algèbre moderne. Cela satisfaisait certainement le penchant logicisant du formalisateur. Mais la formalisation n'était pas pour Piaget un but en soi, car les structures lui apparaissaient comme le *résultat d'une analyse portant sur les formes naturelles d'organisation opératoire*. En ce sens, elles étaient des *structures naturelles*; et la logique opératoire de Piaget restait foncièrement, et voulait rester, une logique naturaliste. Piaget introduit, dans ce contexte, la notion de «sujet épistémique» : il est le représentant type de tous les sujets d'un même palier d'équilibre de l'échelle développementale dessinée par la séquence des structures opératoires. Le sujet épistémique est, en ce sens, le *représentant type d'une classe d'équivalence* de sujets.

Mais une réserve est ici de mise. Malgré les succès du structuralisme génétique, le naturalisme piagétien accordait, dès ses premières esquisses théoriques, une place capitale à des considérations fonctionnalistes qui ne se trouvaient assumées que de manière très incomplète dans sa synthèse théorique. Inadéquatement traduits sur le plan formel par l'intégration des structures inférieures dans les structures englobantes dépassant les précédentes à un certain moment du développement, les processus de changement de paliers d'équilibre n'étaient envisagés que marginalement. En fait, ils ne constituaient pas *un objet du corps théorique* du structuralisme génétique. L'idée fondamentale de *genèse* se reflétait *dans la séquence formelle des structures successives*, sans que les processus de dépassement donnant accès à un équilibre cognitif meilleur et plus étendu, sans cesse invoqués, soient placés au centre de l'intérêt de recherche.

Un changement va cependant apparaître avec les théories de l'équilibration, particulièrement dans la dernière version proposée par Piaget. L'inspiration naturaliste y est plus immédiatement perceptible que dans le structuralisme génétique classique. L'auteur étudie différents types d'interaction, les perturbations qui en résultent pour le sujet dans certains cas et les différents types de compensations qui y font face. Les notions de *régulation* et d'*autorégulation* qui y dominent sont clairement d'inspiration naturaliste. Les notions de structure et de réversibilité ne sont pas abandonnées pour autant; mais leur champ d'application se trouve soumis lui-même aux processus d'équilibration.

Complément fonctionnaliste du structuralisme génétique classique, la théorie de l'équilibration était, *avant même son élaboration explicite*, un développement naturel de l'épistémologie piagétienne. En est ressortie une nouvelle construction théorique d'une portée accrue, couvrant tout le champ épistémologique, entre-temps élargi, de Piaget. Celui-ci n'a cependant pas entièrement réussi à faire de la théorie de l'équilibration un système épistémologique capable 1) d'incorporer tous ses acquis précédents, et 2) de s'ouvrir sur les recherches futures. Après coup, on peut avancer qu'il y manquait, pour une pleine réussite, quelques conceptions épistémologiques décisives, qui émergeront plus tard, pendant le dernier cycle de recherches du CIEG. Toujours est-il que ceux qui ont approché Piaget pendant ses dernières années ont pu ressentir qu'il était, une fois encore, profondément engagé dans la *reconstitution des fondements de sa pensée*, en quête renouvelée de ce qu'elle comportait d'essentiel.

LE PIAGET PERMANENT ET LE PIAGET ASYMPTOTIQUE

Comme étape préliminaire de notre quête du «Piaget essentiel»[5], nous aimerions clore cette rétrospective en montrant que la *perception de l'essentiel par Piaget lui-même* se laisse reconstituer, de l'intérieur, à partir du *choix des thèmes de recherche* proposés au CIEG. Nous esquissons une sorte de prolongement «par continuité» des grandes idées qui président à la conceptualisation de Piaget. Elle suggère que sa perception de l'essentiel, sans cesse modifiée dans le détail tout au long de son parcours scientifique et philosophique, *converge* vers une position épistémologique, que toutes ses découvertes et son travail de théorisation avaient rendue possible. Tenant compte des rapports entre le possible et le nécessaire, tels que Piaget lui-même les a compris à l'occasion des travaux du CIEG à leur sujet, nous dirons même qu'il s'agit là d'une possibilité de théorisation épistémologique *exigible*, sur la base du vaste corpus piagétien.

Les travaux du CIEG sur les raisons ont suivi ceux consacrés aux significations. La suite immédiate de ces deux thèmes d'étude, ainsi que leur enchaînement avec ceux des années précédentes[6], témoignent de la poursuite d'une ligne de recherches qui, sans avoir probablement été programmée d'avance[7], n'en manifeste pas moins, après coup, une cohérence remarquable.

Piaget est parti de la conception selon laquelle :

la « raison » est l'une des significations de l'objet ou de l'événement considérés, mais une signification qui entraîne les autres par implications signifiantes (voir p. 307).

Disant qu'une raison *est une signification*, il déterminait la catégorie générale à laquelle les raisons se rattachent. Nous élaborerons la définition informelle originale de Piaget au chapitre 3.1. Nous la retiendrons, tout en essayant de la compléter. Mais nous ne saurions échapper à des difficultés qui tiennent, en premier lieu, à ce que la notion de signification *n'est pas élémentairement définissable*. Voulant la saisir, on est renvoyé sans cesse au cercle cognitif primordial reliant mutuellement les significations et les implications signifiantes qui les constituent. En second lieu et corrélativement, la formation des raisons est *toujours dialectique* (au sens que Piaget donne à ce mot, voir chapitre 1.3), ce qui exclut la possibilité de *définir des invariants structurels* pour les raisons en général.

Il n'en reste pas moins qu'il était séduisant de rapprocher ces deux thèmes d'étude, les significations et les raisons, dont l'importance pour l'épistémologie génétique — et pour l'épistémologie tout court — est si manifeste. Faisant cela, nous étions dans la position avantageuse de pouvoir mettre à profit les idées dégagées au CIEG pendant les dix ou vingt années précédentes. Les significations constituent, sans doute, les valeurs cognitives les plus générales et les plus fondamentales, car tout acte de connaissance consiste à *conférer des significations aux objets* et à établir *des liens inférentiels entre ces significations*. Les raisons — dans lesquelles nous voyons des *significations particulièrement remarquables* — devraient constituer, pour leur part, les valeurs cognitives suprêmes, à titre d'« objectif de la compréhension » (la formule est de Piaget). Toute nouvelle connaissance débouche en effet, tôt ou tard, sur une *recherche de raisons*; sans quoi la réussite ou l'échec éventuels resteraient *incompris* et toutes sortes de déséquilibres menaceraient alors, à plus ou moins long terme, l'adaptation cognitive du sujet. Nous reviendrons là-dessus au chapitre 1.3, où il sera question, parmi d'autres sujets, du contexte fonctionnel de la recherche des raisons.

Mais est-ce que les travaux du CIEG sur les raisons devaient se limiter, *dans l'intention de Piaget*, à des *recherches sur la recherche des raisons*? Nous ne le croyons pas. Aussi pertinentes qu'elles soient, les considérations fonctionnalistes ne sauraient suffire ni même occuper la place centrale, quand on veut *rendre compte* de la formation des raisons. Somme toute, il faut s'entendre sur *ce que sont* les raisons auxquelles le processus de recherche aboutit éventuellement. Que veut dire, tout d'abord, que le sujet *trouve* la ou les raisons de ce sur quoi on l'interroge (ou il s'interroge)? Que veut dire qu'un processus de recherche des raisons aboutit et réussit? La réponse doit impérativement rendre compte de ce qui fait qu'*une raison est une raison*. Et ensuite : quelle est la valeur cognitive propre aux connaissances qui reposent sur une recherche *réussie* des raisons, ou encore aux connaissances *fondées sur des raisons reconnues comme telles*? L'épistémologiste qui aura répondu à ces questions fondamentales — qui aura *rendu raison des raisons* — a toute latitude pour revenir après coup, en connaissance de cause, sur les questions fonctionnelles concernant les raisons et la téléonomie interne de leur recherche.

Piaget s'est bien rendu compte de la complexité de la notion de raison et de l'impossibilité de la caractériser dans un cadre ne comportant que la référence au discours. Il écrit à ce propos :

> On voit... la complexité de l'idée de « raison », qui n'est pas réductible à une implication simple... Le rôle de la raison est ainsi d'introduire de nouvelles nécessités en des systèmes où elles n'étaient qu'implicites ou restaient inaperçues. La raison d'une vérité (empirique ou déductive) est donc un système de transformations qui modifient ou enrichissent les implications signifiantes de départ et leur confère un caractère nécessaire, ces transformations s'appuyant sur des structures ou sur des compositions partielles jouant un rôle dans les structures en formation et s'y intégrant progressivement. En un mot, le propre des raisons est de consister en *reconstitutions* dont les étapes s'enchaînent par la réunion des implications proactives et rétroactives en un système simultané à base d'implications entre implications.

Ce passage, certes difficile, mais dont la complexité répond de manière subtile au thème en question, fournit une orientation précieuse dans la recherche ardue d'une *définition des raisons*. Il est tiré du petit texte que Piaget présenta au CIEG en janvier 1980 (voir p. 308), et suit de quelques lignes le passage cité plus haut. À la place des significations et des implications, notions centrales du morceau précédent, les nouveaux concepts clefs sont ici les *systèmes de transformations* et les *reconstitutions*, toujours en rapport avec les implications. Ces notions sont implicitement caractérisées par tout ce que Piaget invoque dans le texte : l'introduction de nouvelles nécessités et le *processus nécessitant* qui y préside; le rôle des systèmes de transformations *qui enrichissent les implications* de départ; le fait que les transformations en cause peuvent s'appuyer aussi bien sur des structures pleinement élaborées que sur des *compositions partielles* jouant un rôle dans la formation de nouvelles structures. S'y ajoute la référence aux implications *proactives et rétroactives*, avec un début d'explicitation de l'hypothèse principale sur l'intervention de systèmes inférentiels *à base d'implications d'ordre supérieur*.

Nous reviendrons sur tous ces points, pour en évaluer la portée à la lumière des travaux accomplis par le CIEG. Notre analyse reprend les idées directrices de Piaget. Celle de *reconstitution mentale* s'est avérée particulièrement porteuse dans l'effort de théorisation et d'interprétation des recherches expérimentales. Présentée au chapitre 2.1, la définition informelle des raisons fait appel à certains processus de reconstitution. En les caractérisant, nous essaierons de préciser leur signification épistémologique et leur rôle, à notre avis fondamental.

Ayant ainsi aperçu un fil conducteur pour l'approche des questions de fond, nous ne chercherons pas encore à les introduire de manière systématique. Pour le moment, nous voulons simplement *situer par rapport à Piaget* les travaux qu'elles ont inspirés. Ou plutôt, puisque les questions dont il s'agit ont été posées *par Piaget* lui-même, nous voudrions situer le naturaliste logicisant que Piaget n'a cessé d'être par rapport à ses ultimes interrogations épistémologiques.

C'est le Piaget permanent et le Piaget asymptotique que nous trouvons ainsi face à face, en dialogue intérieur. L'épistémologiste naturaliste n'a pas eu à réviser son naturalisme. Les processus cognitifs n'ont pas cessé d'être, pour lui, des processus adaptatifs particulièrement performants, le sujet reposant sur un organisme interactif, aboutissement d'une longue évolution et de son propre développement individuel et social. Le théoricien logicisant a parfaitement compris que *la logique formelle n'est pas toute la logique*, qu'on ne saurait y voir, du point de vue développemental, *la source primordiale de la logicisation*[8]. L'épistémologiste était-il entièrement satisfait de ses positions, devenues classiques, bien que souvent contestées ? Dans la préface de la seconde édition de l'*Introduction à l'épistémologie génétique* (1972), il avouait que

> Malheureusement, en mon cas, je ne parviens à être satisfait que de mes publications les plus récentes..., étant toujours profondément convaincu de l'insuffisance de mes explications... donc de la nécessité de reprendre les problèmes.

Dans cette préface, Piaget recentrait très clairement son grand ouvrage épistémologique. Il y aurait lieu d'en citer intégralement deux longues pages. Il écrit notamment :

> Les deux idées centrales de cette *Introduction* sont que la nature et la validité des connaissances dépendent étroitement de leur mode de formation et que pour atteindre celui-ci, il est nécessaire de recourir aux méthodes éprouvées des analyses historico-critiques, sociogénétiques et surtout psychogénétiques (pour ce qui est des stades élémentaires), combinées dans la mesure du possible avec les exigences de la formalisation... On néglige... ce fait fondamental que le sujet se suffit à lui-même dans l'élaboration de ses normes : qu'il s'agisse d'un bébé de dix mois découvrant la permanence des objets ou d'Einstein en personne construisant ses théories, le sujet n'a besoin ni du philosophe... ni du psychologue... pour l'aider à raisonner, car il se suffit à lui-même...

Mais... si le sujet est normativement autonome, il a eu besoin d'un développement pour en arriver là... : or, il n'en connaît lui-même qu'une infime partie et c'est pourquoi il faut une analyse extérieure à lui pour le reconstituer... Tel est donc le sens de l'épistémologie génétique.

Le dernier Piaget s'en tiendrait-il à ces affirmations? Probablement continuerait-il à avouer «l'insuffisance de ses explications et la nécessité de reprendre les problèmes» — comme il les avait d'ailleurs repris entre-temps — mais sans abandonner pour autant son idée d'un «sujet normativement autonome», qui «a eu besoin d'un développement pour en arriver là». Ce sujet est celui de la *connaissance valide*, le véritable «sujet épistémique», pourrait-t-on dire, car déjà les Grecs anciens appelaient du nom d'ἐπιστήμη la connaissance «véritable»[9]. Mais le Piaget qui s'interroge sur la formation des raisons retrouve alors, s'il relit, à 30 ans de distance, son *Introduction*, des questions parallèles à celles soulevées plus haut : Qu'est-ce qu'une connaissance valide? Qu'est-ce qui rend une connaissance valide, autrement dit, en quoi consiste la *valeur épistémique* (qu'il faut distinguer de la validité formelle, caractérisée en logique)?

Il faut rendre raison de la connaissance valide en tant que telle, il faut rendre raison de la valeur épistémique. Et si le «sujet normativement autonome» a besoin d'un développement pour y arriver, comme Piaget l'affirme, où arrive-t-il en fait, et par quel processus? En faisant appel aux «reconstitutions dont les étapes s'enchaînent en un système simultané à base d'implications entre implications», peut-être Piaget aurait-il réussi à cerner ce *cercle cognitif*, redoutable objet d'étude de l'épistémologie génétique : celui de la valeur épistémique et des processus de reconstitution fondatrice et de reconstruction épistémogénétique. Son état défaillant de santé ne lui en a pas laissé l'occasion.

L'idée d'*épistémogenèse* est implicitement partout présente dans l'*Introduction*, dont la préface citée affirme que «la nature et la validité des connaissances dépendent étroitement de leur mode de formation». Y manque une *analyse interne de la valeur épistémique*, voire même une position adéquate du *problème de la valeur* — si ce n'est dans le cadre, insuffisant, du structuralisme génétique (c'est pourquoi nous consacrons tout le chapitre 2.2 au problème de la formation des valeurs cognitives). En proposant au CIEG la «formation des raisons» comme thème de recherche, Piaget a rendu l'explicitation et l'analyse des processus épistémogénétiques nécessaires. Il a suggéré que ces processus consisteraient en des reconstitutions. Nous croyons que la problématique épistémogénétique, d'un côté, et l'idée des processus de reconstitution et de reconstruction épistémogénétique, de l'autre, sont *authentiquement* — fût-ce virtuellement — piagétiennes.

Si la reconstitution de l'itinéraire épistémologique de Piaget que nous esquissons à titre hypothétique a quelque plausibilité, on se trouve en face d'un processus macrogénétique — celui de Piaget tout au long de son parcours intellectuel — qui illustre admirablement l'idée même d'épistémogenèse. On assiste à la genèse d'une épistémologie valide, fondée sur d'incessants processus de reconstitution et de reconstruction — ceux qu'a intensément vécus le fondateur de l'épistémologie génétique.

Une épistémologie valide est un système de connaissances valides *sur les connaissances valides*, et plus généralement sur les connaissances au sens le plus compréhensif, pour autant qu'on les étudie du point de vue de leur valeur épistémique. Si l'achèvement d'un tel système est un idéal inatteignable, il n'en reste pas moins qu'on peut l'approcher, comme tout autre idéal épistémique, *par un processus épistémogénétique récurrent*. Piaget n'a cessé de le faire. Ainsi a-t-il laissé transparaître la ligne asymptotique de son épistémologie. En des termes bien aristotéliciens, cette ligne ne définit pas l'essence du Piaget permanent, son ούσία, mais son τέλος. L'aboutissement de l'épistémogenèse chez le sujet Piaget — si seulement elle avait abouti — aurait été de *rendre raison de l'épistémogenèse*.

NOTES

[1] Jolie formule de R. Vuyk.
[2] On remarquera que ce grand classificateur qu'a été Aristote n'envisage, de toute façon, que des classes naturelles dans les innombrables classifications qu'il propose.
[3] On trouvera des informations sur les liens entre Piaget et Aristote dans Piaget (1950) et dans Ducret (1984).
[4] Le rapprochement entre Piaget et Aristote nous est toujours irrésistiblement venu à l'esprit. Nous ne sommes pas sûr qu'il eût plu à Piaget, conscient qu'il était des défauts de son génial prédécesseur, qu'il raillait souvent ; voir, par exemple, dans *Logique et connaissance scientifique*, Encyclopédie de la Pléiade, 1967, p. 20 :
> faute d'une logique des relations, complétant celle des classes et du syllogisme, et surtout faute d'une algèbre qui eût situé le syllogisme dans une logique propositionnelle plus large, Aristote a manqué la connexion entre la logique et les mathématiques, et s'est donc trouvé enfermé dans les frontières d'un sens commun qualitatif (d'où en particulier sa « physique », si étonnamment proche des concepts spontanés que l'on observe encore aujourd'hui dans le développement des idées physiques chez l'enfant).

Mais les défauts d'Aristote ne sont-ils pas, en partie, ceux de Piaget lui-même ou, serait-on tenté de dire, ceux de ses qualités ? Aristote a régné presque sans partage pendant 2.000 ans sur ce qu'était à l'époque (en un sens assurément bien limitatif) le «monde» intellectuel. Piaget ne devrait pas faire «mieux»... Revenant en deuxième lecture sur l'idée de ce rapprochement, nous sommes tombé sur un texte de T. Kesselring, philosophe collaborateur occasionnel du CIEG et bon connaisseur de Hegel et de Piaget, avec lequel nous sommes heureux de constater notre convergence. Kesselring écrit dans son *Jean Piaget*, Beck, München, 1988, p. 25-26 :
> Comme Piaget l'avait appris de [Arnold] Reymond, Aristote avait déjà analysé les rapports logiques entre les classes et fondé sa syllogistique là-dessus. Dans l'Antiquité déjà, le concept de classe avait relié la pensée logique et la pensée biologique, et Aristote avait accordé une fonction analogue de pont au concept de forme. Piaget utilisera plus tard de la même façon le concept de structure.

[5] Nous reprenons le beau titre du livre de H. Gruber et J. Vonèche sur Piaget.
[6] Voir Piaget, 1980a, 1980b, 1981-1983, 1987, 1990.
[7] Les projets de recherche envoyés par Piaget au F.N.R.S. et leur ordre de succession témoignent de manière éloquente des étapes de l'articulation du projet de recherche de Piaget dans les dernières années de sa carrière scientifique.
[8] Voir Piaget, 1987.
[9] Cet usage de l'expression «sujet épistémique» n'est pas conforme à l'usage classique dans le structuralisme génétique. Là, le sujet épistémique est le représentant type d'une classe de sujets équivalents entre eux, pour ce qui est de leurs structures cognitives. Un tel représentant type abstrait ne saurait être *un sujet en développement*, car il reste attaché à un palier d'équilibre de l'échelle développementale. C'est le sujet normativement autonome dont Piaget parle dans la préface citée — le *sujet de la connaissance valide* — qui est un véritable sujet épistémique *en développement*.

Chapitre 1.2
Les travaux du CIEG sur les raisons

par G. Henriques

Les travaux du CIEG sur la formation des raisons remontent aux années 1979-81, entre lesquelles Piaget s'est éteint. Nous présentons dans ce chapitre les travaux et réflexions du CIEG pendant ces deux années, en cherchant à en rendre une fidèle représentation.

Comme nous l'avons annoncé dans notre chapitre introductif, nous introduisons la problématique des raisons par le biais de sa discussion au sein du CIEG. Il s'agit ici de *restituer*, dans leurs grandes lignes, les démarches transdisciplinaires des collaborateurs du Centre aux prises avec la problématique des raisons. Pour le moment, nous nous abstiendrons d'évaluer ces démarches, si ce n'est de l'intérieur et en des termes qui traduisent, autant que possible, nos préoccupations collectives de l'époque. Nous nous centrerons naturellement sur les *contenus de discussion*, sans négliger pour autant la *pratique de la recherche*, qui répondait aux interrogations soulevées et rétroalimentait la discussion de manière irremplaçable.

Après des préliminaires introduisant la discussion sur les significations de «raison», deux sections de ce chapitre sont consacrées à deux thèmes de discussion *obligés* pour le CIEG, les *raisons dans le discours* et les *raisons dans les sciences*. Nous commencerons par une brève justification de ce choix.

L'ordre de présentation adopté donne la priorité à la discussion sur les raisons dans le discours. Le choix de ce thème de discussion avait paru naturel au CIEG, car la référence au discours allait de soi, indépendamment de toute considération propre à l'épistémologie génétique. Deux remarques suffiront ici : 1) les raisons ont manifestement quelque chose à voir avec le raisonnement, notamment celui qui sous-tend le discours explicatif ou justificatif; 2) le CIEG trouvait là un terrain déblayé d'avance par des études nombreuses et approfondies. Ainsi était-il séduisant de se tourner avant tout vers le discours, quand on cherchait une orientation générale sur les raisons. Il y avait un large accord là-dessus au CIEG; mais nous pointerons opportunément l'insuffisance de cette approche des raisons dans la perspective de l'épistémologie génétique. Comme il était naturel, le CIEG réagissait aussi à des prises de position extérieures touchant à son thème d'étude. Quelques exposés critiques de synthèse leur ont été consacrés lors de séances de travail. Nous nous en ferons l'écho.

Un second thème de recherche obligé concernait les raisons dans les sciences, particulièrement dans la mathématique, la physique, la biologie et la psychologie. Son étude découlait pour le CIEG d'une exigence fondamentale de méthode. Appliquées à la problématique des raisons, les méthodes de l'épistémologie génétique reviennent en effet à 1) déterminer *le rôle des raisons* dans les sciences constituées, déterminer *le rôle de la recherche des raisons* dans les sciences en voie de développement; 2) en chercher les *antécédents génétiques*, sous la forme de connaissances élémentaires, jouant un rôle *fonctionnellement analogue* à celui des raisons dans la connaissance scientifique. Tous ces objectifs épistémologiques se laissaient opérationnaliser aisément, et le CIEG avait accumulé un savoir faire permettant d'y réussir[1].

Après ces deux sections consacrées l'une aux raisons dans le discours et l'autre aux raisons dans les sciences, qui offrent l'intérêt de mieux cerner notre objet d'étude, nous nous appesantirons sur la pratique de la recherche au CIEG. Hors de la référence à cette pratique et à son contexte, l'évocation des discussions sur les raisons resterait désincarnée et à la limite insignifiante : la centration exclusive sur les contenus *soumis à discussion* laisserait échapper le *processus générateur* du savoir épistémologique qui en est issu. Le plan de ce chapitre est sous-tendu par des considérations de cet ordre. En réalité, la pratique de la théorisation — et, plus généralement, la pratique de la recherche — au sein du CIEG fournit le seul véritable *fil conducteur* de ce chapitre d'introduction, qui ne fait appel à aucune autre conception intégratrice.

La quatrième section de ce chapitre aura pour objet de rappeler les références à l'histoire de la philosophie qui ont servi de support à nos recherches. Ayant à systématiser un large éventail de positions sur les raisons, nous trouvons une orientation précieuse, maintenant comme à l'époque, dans le recours à l'histoire de la philosophie ancienne et contemporaine. Remarquons, tout d'abord, que ce recours est dans la meilleure tradition de l'épistémologie génétique, mais sa motivation ne s'est jamais limitée à l'intérêt intellectuel d'une meilleure systématisation. Le fait est qu'à côté de ses travaux directs sur la formation des raisons, le CIEG avait étudié certains auteurs de référence, dont quelques philosophes anciens et modernes. Mettant en évidence ces références du CIEG dans ses travaux sur les raisons, nous ne faisons donc que poursuivre la présentation de sa pratique de recherche. Il apparaît que notre référence à l'histoire de la philosophie est ici *du deuxième degré* : elle a pour objet l'histoire de la philosophie, mais à titre indirect, notre centre d'intérêt y étant la *référence* que le CIEG avait cultivée à cette histoire.

En clôture du chapitre, nous reviendrons sur le XXVe Symposium d'Épistémologie Génétique, qui a couronné les travaux de l'année 1979-80, Piaget vivant encore. Nous présenterons cet épisode en plus grand détail. Outre les précisions sur le fonctionnement du CIEG, la fin du chapitre fournit surtout des renseignements sur *l'état de la théorisation* à une échéance intermédiaire entre le début des recherches et leur conclusion en 1981. Pour la rigueur de la restitution de cet épisode marquant, nous devions exclure toute interférence abusive de réflexions plus tardives. Cela vaut, en particulier, pour le discours de clôture du Symposium, qui n'anticipait que faiblement le progrès de la théorisation pendant l'année suivante. Les autres paragraphes du présent chapitre sont moins regardants en matière de chronologie : une partie mineure des contenus de discussion évoqués ne remonte, en effet, qu'à 1980-81.

DISCUSSION PRÉLIMINAIRE SUR LES SIGNIFICATIONS DE «RAISON»

Nous entrons en matière par le truchement d'une discussion préliminaire sur la *signification* de notre objet d'étude. Mais entendons-nous : prendre la demande de clarification d'un thème de recherche dans le sens d'une *exigence de définition* proprement dite serait excessif. *Définir*, au sens réel, c'est se prononcer sur *ce qu'est* un objet en discussion ; et, en règle générale, on ne peut y répondre qu'à un stade avancé de celle-ci. Dire *ce que sont les raisons* constituait pour nous une partie importante du travail de théorisation *à entreprendre*, dont la reprise systématique est reportée au chapitre 2.1.

On n'entreprend cependant jamais une recherche sans «savoir» à quoi on s'intéresse. Le CIEG *savait*, dès le début de ses travaux, *sur quoi* portait son effort de recherche — et sans doute savait-il aussi (comme nous le savons tous) ce que sont les raisons. Tout le problème était de passer de ce savoir intuitif, nécessairement obscur et implicite, à un savoir *explicite raisonné*, appuyé sur une recherche méthodique et sur une discussion aiguë. Si de définition il peut être question à ce stade de notre présentation, il ne saurait s'agir que d'une définition terminologique et non pas réelle. En analysant les différentes significations de « raison », le CIEG espérait mieux cerner son objet d'étude. Nous nous laissons en cela guider par lui.

La tradition philosophique distingue, à partir de Descartes, les *rationes essendi* (raisons d'être) et les *rationes cognoscendi* (raisons des connaissances). Se référant à Descartes, Spinoza et Schopenhauer, Piaget revient sur cette distinction classique dans son papier de janvier 1980 (voir annexes). J.-B. Grize l'a reprise, à son tour, sous une formulation un peu différente. Commentant, en 1981, le texte de Piaget d'avril 1980, il a distingué entre « la raison d'une vérité » et « la raison d'accepter ou refuser », pour aussitôt postuler que « la raison d'un fait constitue la raison de l'accepter, ce qui est dicté par la Raison ».

L. Apostel a longuement distingué trois espèces de raisons, qu'il a appelées la *raison pratique*, la *raison ontologique* et la *raison inférentielle*, avançant l'hypothèse que « ce n'est que par l'interaction des trois espèces de raisons que la spécificité de la raison se comprend ». Parmi les raisons ontologiques, Apostel distingue encore les *raisons des événements* et les *raisons des états de choses* : « La raison ontologique peut être soit causale (dans le cas de l'événement) sans se réduire à la causalité, soit morphologique (sans se réduire à la structure) : les lois physiques d'invariance sont des conséquences ontologiques — mais non causales — des symétries de la nature ».

Un point capital des exposés d'Apostel est qu'« il y a affinité (et non identité) entre raison pratique et mobile, motif; il y a affinité (et non identité) entre raison ontologique... et cause; il y a affinité (et non identité) entre raison inférentielle et prémisse d'une implication naturelle ». Tous ces points étaient largement argumentés. À nous en tenir à la raison inférentielle, Apostel écrit :

> La raison d'un théorème est parfois identifiée — à tort — à un autre théorème dont on peut déduire le premier... Les prémisses que nous considérons comme les raisons d'une conclusion 1. sont définies par leur rôle dans l'ensemble des présuppositions que nous devons admettre pour que la déduction puisse se faire dans le cas actuel...; 2. mais également définies par leur rôle dans l'ensemble des présuppositions alternatives, constructibles... pour nous au moment...; 3. et enfin elles sont définies par le contraste couplé entre les ensembles où ces prémisses se trouvent ainsi que la conclusion, et les ensembles où elles sont absentes.

Apostel en vient à suggérer, avec toutes les réserves imposées par son scepticisme habituel, une définition *structurale* des raisons (nous voulons dire par là une définition fondée sur la considération de propriétés structurelles). Il se demande entre autres : «Est-ce que la raison d'une proposition est une *proposition*... ou une *configuration de propositions*, ou une *propriété d'une configuration*?» et indique son penchant pour le dernier membre de l'alternative : «Si "x est la raison de y", x et y ne sont pas des entités de même nature, mais... x *est un ensemble particulier ordonné d'entités du même genre que* y».

Apostel et Grize ont commencé, l'un et l'autre, par distinguer différentes acceptions de «raison», pour insister aussitôt sur leur *interdépendance*. Au niveau d'analyse qui est le nôtre pour le moment, nous ne prendrons pas position sur les thèses ou hypothèses évoquées. Mais l'idée de rapprocher toutes les acceptions de «raison» — dont l'étymologie et l'histoire de la langue soulignent la parenté — nous paraît, à première vue, hautement séduisante. Il en va de même de «λόγος», «*ratio*», «raison» et des mots correspondants en d'autres langues. Partout affleurent les mêmes connotations : il s'agira, selon le contexte, du principe ou de la cause, du compte ou de la proportion; mais il s'agira, en toutes circonstances, de «ce qui permet à l'homme de connaître, de juger et d'agir conformément à des principes»[2]. Comme annoncé d'entrée de jeu, avec cette remarque incidente et désengagée, nous ne dépassons pas le seuil d'une définition terminologique. Et nous croyons qu'il est bien de s'en contenter pour le moment.

Dans son exposé du premier jour du XXVe Symposium d'Épistémologie Génétique, le philosophe G.-G. Granger a présenté sa version personnelle de la *rationalité* et du *rationalisme*, sur laquelle nous reviendrons à la fin de ce chapitre. Dans l'exposé de Granger, la raison est de nouveau «la Raison», dont parlait Grize. Tous les courants de la philosophie rationaliste ont en commun, rappelle Granger, l'idée d'un primat accordé à la raison. Mais cette idée serait encore insuffisante pour caractériser le rationalisme. Granger a évoqué, dans un développement plein d'entrain, la *raison duale*, suggérée par les couples nominaux νοῦς–διάνοια en grec, Verstand-Vernunft, en allemand, entendement-raison, en français. Il y voit comme les deux faces d'une même pensée rationnelle. Seul leur équilibre lui permet d'échapper aux excès opposés, qui autrement la guetteraient : le *mysticisme* et le *positivisme*, l'«erreur» de Hegel ou celle de Carnap.

DISCUSSION SUR LES RAISONS DANS LE DISCOURS

En mars 1980, E. Ascher a introduit son exposé au CIEG en affirmant :

> Les concepts de «raison» et «explication» sont étroitement reliés. Se donner ou donner une raison de quelque chose, c'est fournir une explication de ce quelque chose... C'est pourquoi une façon d'approcher le problème de la raison est de commencer par examiner comment une explication fonctionne.

Et de se référer à Kant, pour qui «expliquer veut dire déduire d'un principe que l'on peut connaître et indiquer clairement»[3]. Cette idée de *dérivation à partir de principes* sert de fil conducteur à une longue tradition philosophique, qui remonte bien avant Kant et se poursuit jusque dans la littérature épistémologique contemporaine. Ascher se réfère surtout à Popper (analyse de l'explication causale), à Hempel et Oppenheim (analyse de l'explication scientifique) et à Stegmüller (de nouveau analyse de l'«Erklärung» et «Begründung» scientifiques).

Deux traits saillants communs aux études mentionnées par Ascher sont 1) le rôle central qui y joue *la mise en forme discursive* de la déduction, et 2) l'attention prêtée aux *questions de formalisation*. Ces traits ont suggéré une première approche du problème des raisons : tenter de caractériser le rôle, de toute apparence décisif, des raisons dans le discours, et cela en termes de la *structure du discours lui-même*. Si l'essai réussissait, on pouvait espérer que cela mènerait à une définition des raisons, au moins en première approximation. Telle semble avoir été une partie du plan conçu par Apostel. Ascher, pour sa part, après un travail critique préliminaire, en conclut à des thèses qui s'éloignent des auteurs qu'il cite. Nous abondons dans son sens.

Dans plusieurs interventions au CIEG, Apostel, comme plus tard Ascher, Grize et d'autres, a rapproché *raison* et *question*, citant des auteurs qui préconisent cette approche. Il est clair, en tout cas, que le discours explicatif ou justificatif *répond* à des questions, explicites ou implicites. Dans son exposé du dernier jour du Symposium, Grize a distingué *explication, argumentation* et *motivation*, à partir des questions auxquelles ces différents types de discours répondent, à savoir 1) «Pourquoi est-il ainsi?»; 2) «Pourquoi dire cela?»; 3) «Pourquoi faire cela?». La correspondance entre le triplet <*explication, argumentation, motivation*> de Grize et le triplet <*raison ontologique, raison inférentielle, raison pratique*> d'Apostel (dans l'ordre indiqué) s'impose à l'évidence. L'insistance sur les questions et sur le discours était commune aux deux collaborateurs du CIEG, Apostel soulignant plus les premières et Grize le second.

Eu égard à ce que «dire» est un cas particulier de «faire», on peut subsumer «argumentation» et «motivation» sous la notion englobante «justification», ce qui entraîne une distinction binaire entre «discours explicatif» et «discours justificatif», dont nous nous contenterons pour le moment. Les raisons invoquées pour expliquer quelque chose se distinguent de celles invoquées pour justifier quelque chose (ou pour se justifier) par *ce dont elles rendent compte*. À part cette différence d'objet (ce qu'on explique ou justifie), aucune différence radicale ne paraît les distinguer.

Ce qu'on explique peut être un fait ou, plus généralement, un contenu de connaissance mis en question. À son propos, on se demande ce qu'il est, et pourquoi. On ne justifie, par contre, que ses propres choix (ou ceux dont on se sent solidaire et que l'on *assume*). On dit métaphoriquement qu'en justifiant ses choix, le sujet «s'explique». Ce faisant, il produit un discours. Il se peut que l'objet à justifier soit lui-même de nature cognitive, et la justification porte alors sur les prises de position du sujet. Elle expose, dans ce cas, pourquoi le sujet *accepte ou refuse* ce qu'il accepte ou refuse. La distinction entre explication et justification n'est pas éloignée de celle, classique, entre *rationes essendi* et *rationes cognoscendi*, dont elle est une sorte de transposition sur le plan du discours.

Les questions pourquoi, qui demandent en réponse une explication ou une justification, sont d'un type très particulier et intéressaient beaucoup le CIEG. Demander *pourquoi* un objet est ce qu'il est, ou *pourquoi* un sujet affirme ce qu'il affirme, ne dévoile cependant pas le *contenu implicite* de la question dans sa totalité. Comme Ascher y a fortement insisté, ces questions sont *incomplètes*, et les compléter reviendrait à se demander pourquoi l'objet en cause est ce qu'il est *et non pas autre chose* (ou pourquoi le sujet affirme ce qu'il affirme *et non pas des contenus alternatifs*). Apostel s'est référé à Bromberger et à sa conception de loi «abnorme», que l'on peut mettre en jeu dans un dialogue stylisé de la forme : «Pourquoi A est B? — Aucun A n'est B, sauf si A est C; or, A est C». Pour Ascher, une explication est toujours la réponse à une question pourquoi, mais seule une question *précise* peut en déclencher la recherche. En accord avec Bromberger, il a soutenu qu'on n'explique *que l'anormal*. Quand «on ne trouve rien qui semble exiger une réponse, on est d'abord perplexe...» et on répond à côté.

La logique des questions en général, au-delà des questions pourquoi, était moins pertinente pour les travaux du CIEG sur les raisons. Dans une revue de littérature à étudier, dont il avait pris la charge, Apostel a cité Hurrah, Belnap et Aqvist, sur la logique des questions. Hurrah a formalisé la question comme une *disjonction de réponses* envisagées, mettant dès le départ un ensemble de possibles à la disposition de qui doit répondre. Mais comme une telle formalisation, pour éclairante qu'elle soit, ne capte pas le dynamisme de la recherche des réponses, Belnap et Aqvist y ont ajouté un *élément informel*, sous la forme d'une requête (ou d'un ordre) du type «agis de manière à me faire savoir».

Conclusion provisoire

Au terme de cette présentation sommaire de la discussion du CIEG sur les raisons dans le discours, il nous reste à reprendre l'évaluation que nous en faisions jadis déjà au sein de l'équipe. On était conscient des larges possibilités offertes par l'étude du discours, mais tout aussi des importantes limitations intrinsèques qu'imposerait cette orientation, si elle avait été poursuivie de manière dominante, voire exclusive. Notre conclusion provisoire est qu'il est certes fructueux de caractériser le rôle des raisons dans le discours explicatif ou justificatif, mais qu'il est certainement impossible de *définir les raisons*, fût-ce en première approximation, à partir de ce rôle. À cela s'opposent deux raisons décisives :

1. Il ne semble pas qu'on puisse cerner la spécificité du discours explicatif ou justificatif *en termes de sa structure propre*. Les difficultés rencontrées par les meilleures tentatives en ce sens — qui ont toutes mené à un échec relatif — doivent inciter à une prudente réserve (voir les remarques désabusées d'Ascher, à propos d'auteurs qu'il critique, après un examen bienveillant : «Ces auteurs se sont trop exclusivement intéressés à l'*aspect* déduction et aux problèmes qui découlent de sa formalisation. Ces problèmes paraissent inextricables...»). Il ne s'agit pas là simplement, à notre avis, des difficultés inévitables de toute entreprise de formalisation portant sur le discours et la pensée naturels — comme Piaget en a rencontrées dans ses études sur la logique de l'enfant et de l'adolescent —, mais d'une *insuffisance radicale* de l'approche envisagée. Elles soulignent, par contraste, l'originalité et la fécondité de l'approche piagétienne.

2. Mais supposons, pour les besoins de la discussion, que l'on réussisse à caractériser de manière adéquate — *indépendamment des raisons* — ce qui fait la spécificité du discours explicatif ou justificatif parmi tous les discours possibles. Il n'en restera pas moins à préciser *dans quels éléments* de ce discours on reconnaîtra les «raisons», à moins naturellement de les identifier à la totalité du discours. Or, il est très problémati-

que d'isoler certains éléments du discours, qui seraient «explicatifs» ou «justificatifs» en eux-mêmes. Car aucun élément du discours n'est tel, si ce n'est *par la force du discours tout entier* — et encore faudrait-il y englober toutes ses présuppositions implicites. Les raisons se dissolvent alors dans la structure globale du discours explicatif ou justificatif, et la tâche de sa caractérisation intrinsèque n'en devient que plus urgente. Nous voilà ainsi ramenés à la tâche, assurément hors d'atteinte, de définir des *invariants structurels du discours explicatif ou justificatif*, recouvrant toute son étendue, pendant toute la durée du développement cognitif. Nous n'avons pas avancé d'un pouce par rapport à l'hypothèse *injustifiée* dont nous étions partis pour les besoins de la discussion.

Ce n'est pourtant pas une raison d'abandonner la recherche d'une théorie épistémologique générale des raisons. Pour y parvenir, on devra s'y prendre autrement que nous l'avons envisagé dans ce paragraphe. À supposer que les difficultés rencontrées soient surmontables, on pourra dire, en renversant la perspective, que le discours explicatif ou justificatif est un discours *fondé sur des raisons*, et en tirer, enfin, le principe d'une définition satisfaisante de ces formes de discours. La notion de fondement apparaît décisive dans cette nouvelle perspective, dont elle fournit la clé, permettant de caractériser le rôle des raisons dans le discours. Mais remarquons le renversement de perspective : il ne s'agit plus de définir les raisons *à partir de certaines formes de discours*, mais, à l'inverse, de définir ces formes de discours *à partir des raisons*. La définition des raisons devra comporter, pour sa part — en bonne perspective piagétienne —, une composante génétique, avec la référence *non éliminable* à leur mode de formation.

DISCUSSION SUR LES RAISONS DANS LES SCIENCES

Nous avons déjà souligné que l'étude des raisons dans les sciences constituait pour nous un exercice obligé et un *a priori* méthodologique, accepté de longue date par tous les collaborateurs du Centre. Ce n'était qu'une fois en possession de données approfondies sur le rôle des raisons dans les sciences (ainsi que sur le rôle de leur recherche dans les sciences en formation) que nous espérions aborder de manière fructueuse, dans une étape ultérieure, le rôle des raisons *à des niveaux plus élémentaires*.

Il n'est pas de science où les raisons n'interviennent. Elles sont capitales dans les sciences logico-mathématiques, mais également présentes dans les sciences qui portent sur différents secteurs de la réalité. La détermination précise des raisons sectoriellement valables dans chaque domaine scientifique ne concernait cependant le CIEG que dans la mesure où nous devions *connaître leur rôle*. La *découverte* des raisons dans les sciences n'est en effet pas une affaire d'épistémologie ; c'est une *affaire interne* de chaque science concernée, l'épistémologie n'ayant pas à assumer à ce propos, pas plus qu'ailleurs, le rôle d'une cour de cassation.

En mathématique, des questions importantes se posent sur les raisons des vérités et, à travers elles, des faits mathématiques qu'elles énoncent. Nous ne saurions esquiver tous les problèmes centraux d'épistémologie mathématique qui en découlent. Dans les sciences du réel, le cheminement ordinaire va de l'établissement de régularités empiriques, énoncées sous la forme de *lois de la nature*, à une élaboration théorique dont la tâche première est de *rendre raison de ces lois*. Remarquons que la psychologie ne diffère pas des sciences physiques à ce niveau de généralité. Elle aussi cherche à déterminer les raisons des lois empiriques établies, et on est en droit d'anticiper que, dans la mesure où elle parviendra à se constituer comme une science véritable, elle s'occupera toujours davantage des raisons des faits psychologiques. Comme pour les sciences de la nature, les raisons en psychologie sont *celles des lois*, en l'occurrence des lois psychologiques. Mais, d'un autre côté, les raisons en psychologie se rapprochent des raisons logico-mathématiques, en ce qu'elles concernent, parmi d'autres, *des contenus de connaissance* du sujet.

Ce chapitre donne quelques indications sur la pratique du CIEG au sujet de l'histoire, et sur le rôle du rapport à l'histoire dans les travaux d'épistémologie génétique en général. Mais soulignons avant tout une condition irremplaçable d'un rapport fructueux à l'histoire des sciences : Ce n'est que par la *pratique de la mathématisation* — ou d'un processus fonctionnellement équivalent dans une science autre que la mathématique — que le rapport à l'histoire des sciences peut prendre sa véritable signification. Seule une expérience comme celle-là ouvre l'accès à une *compréhension vécue* de l'histoire des sciences et, par là même, de la *formation des raisons* dans les sciences[4]. Sans cet émerveillement, sans ce rapport d'appropriation personnelle, l'histoire des sciences, dans son intégralité, ne peut que se dégrader, en fin de compte, jusqu'à l'insignifiance.

Ce qui valait pour des travaux épistémologiques portant sur d'autres sujets n'était que plus pertinent pour l'étude de la formation des raisons. Y sont en cause des activités qui remontent très haut dans la psychogenèse, et qui se prolongent jusqu'aux formes les plus avancées de la création scientifique. Nous nous attendions à ce que l'examen de ces formes avancées fournît, de la manière la plus naturelle, une orientation générale de départ, permettant d'aborder l'étude psychogénétique avec quelques idées directrices pour orienter la recherche. Une fois menée à bien, celle-ci permettrait à son tour de corriger (comme d'habitude) les hypothèses initiales, et de rectifier, le cas échéant, les interprétations des données historiques.

Quelques exemples en physique, en biologie et en mathématiques

Apport de F. Halbwachs. — Depuis longtemps, les sciences exactes étaient majoritairement représentées au CIEG par des physiciens. Ils ont offert, comme on l'attendait, une contribution importante à l'étude des raisons dans les sciences. Se prévalant d'une «approche historico-critique en psychologie cognitive», F. Halbwachs a développé, dans quelques exposés, sa conception personnelle sur le rôle des raisons dans la pensée scientifique. Il a fait état d'exemples empruntés aussi bien à l'arithmétique et à la géométrie qu'à la physique et à la biologie. Pour illustrer et préciser les notions soumises à la recherche (dans le cas d'espèce, les raisons et les notions qui s'y rattachent), la démarche d'Halbwachs passait constamment par la présentation et l'analyse, soit 1) d'*exemples historiques* particuliers, soit 2) de *problèmes conceptuels* paradigmatiques. Les précisions obtenues lui servaient ensuite à clarifier — et si possible à étayer — des thèses épistémologiques générales.

Nous serons sommaire dans tout ce paragraphe. Comme exemple du passage d'une loi empirique à un modèle censé fonder les raisons, Halbwachs a mentionné les images optiques, que l'on savait déterminer à partir de la loi qui relie les angles aux indices de réfraction. On obtenait un résultat empiriquement correct, qui pouvait néanmoins intriguer. Huyghens a réussi à *dériver* ce résultat de son modèle ondulatoire, cherchant, pour un point A donné, le point image B où toutes les parties de l'onde lumineuse issue de A arrivent en même temps. Ce faisant, Huyghens atteignait une *raison de la loi empirique* en question.

Halbwachs s'est appesanti sur des cas où les «mêmes» notions admettent différentes définitions, comme celui du *cercle*, que l'on peut définir alternativement 1) comme *lieu géométrique* a) des points équidistants d'un point fixe, b) des points dont les distances à deux points fixes ont une raison constante, c) des points d'où on voit un segment fixe sous un angle constant; mais également 2) par des *propriétés locales ou globales* comme : a) les normales en tout point passent par un point fixe, b) la courbure est constante, c) la courbe est fermée et possède une aire maximale parmi toutes les isopérimètres. Halbwachs a abordé, dans le même esprit, le mouvement uniformément varié, que l'on peut définir en imposant des conditions à quelques-unes, au choix, des grandeurs physiques en jeu. Dans un autre registre, Halbwachs a mentionné les lois de la dynamique classique, que l'on peut dériver, de manière formellement équivalente, à partir a) de la proportionnalité entre la force et l'accélération (Newton), b) d'invariants fondés sur des principes de conservation ou c) du principe de moindre action :

$$\delta \int_{t1}^{t2} L dt = 0$$

faisant intervenir le Lagrangien. Le propos de Halbwachs était de signaler que tout cela *soulève des problèmes* sur les raisons, et qu'il en allait de même pour des propriétés mathématiques, dont quelques-unes très élémentaires. Ainsi en est-il de la commutativité du produit des nombres naturels. Parmi beaucoup d'autres approches, on peut l'établir par le truchement de deux évaluations différentes des cardinaux des produits cartésiens, ce qu'on sait faire de manière concrète, sur différents matériels symboliques, depuis des temps reculés.

S'appuyant sur des exemples historiques, Halbwachs a insisté encore 1) sur *la différence entre la raison et la cause*, et 2) sur ce que la raison fonde, non pas la vérité, mais le *statut* des propositions en question, autrement dit les *modalités du vrai*. Sur un registre qui relève d'une approche dialectique des raisons (voir chapitre 1.3), Halbwachs a touché aux problèmes soulevés par la recherche des *raisons de raisons*. Il y a vu une démarche rétroactive qui remonte à des raisons de plus en plus profondes — ce dont l'histoire des sciences nous offre maints exemples. Sans se limiter à la physique (où de tels exemples abondent), Halbwachs en a évoqué d'autres tirés de la biologie, développant celui des gènes comme support postulé et *raison* de la stabilité héréditaire. Se pose aussitôt à leur propos le problème de la raison de la raison *et de ses limites*, depuis que Mendel a constaté que l'hybridation *n'est pas stable*. L'explication émergente est de nature fonctionnelle et située au niveau cytologique : elle met en jeu les processus de la réplication chromosomique, de la méiose et de la fécondation. Dans cette démarche, qui va de la raison à la raison de la raison, les gènes se trouvent, en fin de course, *matérialisés* et supportés par des macromolécules, ce qui n'était pas le cas au départ.

Apport de C. Piron. — Dans une intervention qui avait précédé celles de Halbwachs, le physicien C. Piron avait distingué trois étapes de la compréhension en physique : celle *de la loi*, celle *de l'explication* et celle *des raisons*. Comme son collègue, Piron a passé en revue un grand nombre de situations de l'histoire de la physique illustrant ses thèses, sans dédaigner une brève incursion dans le domaine de la mathématique. Sa contribution la plus originale réside en ce qu'il ne s'est pas contenté de la distinction courante entre une *démarche empirique* d'établissement des lois de la nature et une *démarche de théorisation,* qui en recherche la compréhension. Partant d'une réflexion globale sur sa discipline, Piron en a brossé un tableau plus compréhensif, où la théorisation se fait *en deux étapes,* dont seule la dernière accède aux raisons. Mais il était entendu que déjà la loi empirique, qui énonce une connaissance de fait, n'est pas simple affaire d'expérience dépourvue d'apport conceptuel. Piron a fait valoir que l'établissement des lois dépend de manière essentielle des paramètres considérés. Le choix des paramètres pertinents (les « bons » paramètres, comme on dit par facilité) revêt une importance capitale dans toute la démarche d'induction de la loi. Dès qu'une loi empirique est découverte, une double démarche de théorisation doit encore intervenir, d'après Piron, pour passer de la loi à l'explication de la loi et, dans une étape ultérieure, de l'explication à la raison. On franchit la première étape *en construisant un modèle*, qui la met en relation avec d'autres lois par des *implications réciproques*. Par exemple, on explique la loi (empirique) de Boyle-Mariotte en introduisant un nouveau concept : l'énergie interne du système constitué par le gaz soumis à des variations de pression et de volume. La prise en compte de l'énergie interne permet d'atteindre l'explication de la loi : on remarque aussitôt que les transformations envisagées *doivent* laisser l'énergie interne inchangée, et ce malgré le changement du volume occupé par le gaz à la suite de ces transformations.

Piron a aussi relevé avec insistance que certains résultats expérimentaux admettent *des explications alternatives*. Par exemple, le résultat déconcertant de l'expérience de Michelson-Morley sur l'invariance de la vitesse de la lumière dans le vide avait été expliqué par la contraction de Lorentz, avant qu'Einstein eût proposé la relativité restreinte. Cette proposition géniale fournissait une explication innovatrice du résultat expérimental en question. Elle a mis les physiciens dans l'obligation de choisir entre les deux explications, relativiste et non relativiste, en compétition. Mais ce choix relevait alors de critères d'un autre ordre que ceux présidant à la simple explication des lois.

Le passage de l'explication de la loi à la raison ne se réduit pas pour Piron au simple *dépassement d'une loi par une autre plus générale* qui l'engloberait ; il suppose un *dépassement de la situation* correspondant à la loi. En clair, on doit pour cela déterminer 1) quand est-ce que la loi « marche » et quand ce n'est pas le cas, et 2) pourquoi elle « marche » quand c'est le cas, et seulement alors. Bref, on doit atteindre et comprendre les *limites de la loi*. Pour celle de Boyle-Mariotte, on invoque les forces de Van der Waals. Autre exemple plus subtil : en étudiant le comportement des équations de Maxwell sous les transformations des groupes de Galilée et de Lorentz, on s'est rendu compte que leur invariance sous le premier groupe impliquerait la variabilité de la constante (!) diélectrique et de la perméabilité magnétique du vide. D'où la décision révolutionnaire d'Einstein, au vu de cette conséquence indésirable : il a préféré le groupe de Lorentz à celui, classique, de Galilée, qui ne garantissait pas l'invariance de certaines lois physiques fondamentales.

Piron a rajouté encore une illustration amusante de ce que serait sa troisième étape en météorologie. Si la première étape se contente de prévoir le temps et la deuxième de l'expliquer, la troisième — pas encore franchie ! — permettra un jour de *changer* le temps, puisqu'elle saisira, au-delà des dépendances fonctionnelles en jeu, *leurs raisons et leurs limites*. La troisième étape en mathématique serait caractérisée par le passage aux conditions nécessaires *et* suffisantes.

Apport de G. Cellérier. — L'histoire de la mathématique exigeait une attention égale à celle prêtée à l'histoire de la physique, et le CIEG a gardé l'équilibre entre les deux. L'étude des raisons en mathématique n'étant naturellement pas du ressort exclusif des mathématiciens professionnels, G. Cellérier a consacré la plus grande partie d'un intéressant exposé à la position de Lakatos sur les preuves et les réfutations. Il y a lieu d'en parler dans le présent contexte, car Cellérier a repris l'étude critique du théorème d'Euler sur les polyèdres. Cellérier a commencé par montrer comment Lakatos s'inscrit sciemment dans la lignée de Duhem et Poincaré, dont le conventionnalisme a revitalisé l'épistémologie nominaliste. Il a rappelé ensuite que Lakatos cible son analyse sur les *suites de théories* soumises à un *programme de recherches*, et qu'il attribue une importance capitale aux démarches de *réparation de théories*, tout en en ignorant la dimension psychogénétique. Cellérier a montré combien Lakatos s'éloigne décidément en tout cela de l'épistémologie formaliste.

Pour bien apprécier l'analyse du théorème d'Euler sur les polyèdres par Lakatos, il faudrait la suivre dans le détail, comme Cellérier en a pris la peine. Il suffira de signaler que le concept de polyèdre en ressort profondément remanié et généralisé. À la fin du processus, c'est un nouveau concept qui émerge, connoté par une notion radicalement nouvelle : la caractéristique d'Euler. Après qu'on eut gagné ce point de vue innovateur, la contribution géniale d'Euler lui-même ne revêt plus le même caractère. Elle nous apparaît plutôt comme une avancée de précurseur, certes riche — ô combien ! — de promesses pour le futur, mais Euler lui-même n'avait pu se douter de leur signification profonde.

Commentant à notre tour la sentence de Lakatos «proofs don't prove anything, they improve», rappelée par Cellérier, nous dirons qu'une preuve mathématique (une démonstration) constitue certes une raison d'affirmer, mais qu'elle n'est pas que cela : elle comporte toujours — et c'est décisif — un *progrès conceptuel*.

Apport de G. Henriques. — Il nous a incombé d'apporter au CIEG une contribution étendue à l'étude des raisons en mathématique. Si toutes nos interventions n'ont pas été consacrées aux raisons en mathématique, elles n'en étaient pas moins imprégnées d'une référence constante à l'histoire de cette discipline et, au-delà de résultats mathématiques particuliers, à la pratique de la mathématisation en général.

Dans l'étude à entreprendre, une certaine priorité nous paraissait revenir naturellement aux théories mathématiques des fondements, qui ont pris une si grande importance de nos jours. La mathématique est au premier rang parmi les sciences pour ce qui est de la reconstruction rationnelle de ses contenus. Il est remarquable que la *reconstitution*, qui en dégage les fondements, procède par des méthodes qui ne s'éloignent guère de celles des disciplines mathématiques reconstruites. Remontant, en ses origines, aux théories les plus élémentaires dont nous ayons conservé le vestige, les reconstitutions mathématiques ont rendu possible de nos jours, en s'approfondissant, une *reconstruction* unitaire qui fusionne en un tout ce qui n'était auparavant que différentes branches plus ou moins disparates des mathématiques et de la logique.

La pureté discursive des théories mathématiques des fondements en fait des objets d'étude privilégiés pour un traitement analytique. Le discours de fondation des mathématiques est lui-même un discours mathématique bien articulé. Quelle que soit la différence de généralité des questions que l'on se pose et la différence de niveau d'analyse impliqué, l'homogénéité entre le discours des théories des fondements et celui des théories mathématiques fondées est frappante. Cela tient d'ailleurs beaucoup plus à la nature de la mathématique qu'à celle du discours. Car, si tout discours mathématique est certes fondateur, il l'est *en tant que mathématique*, et non du fait qu'il est un discours.

Développées depuis la fin du XIXe siècle, les théories mathématiques des fondements ne se bornent aucunement à reconstruire les contenus mathématiques classiques dans plusieurs cadres (considérés plus ou moins satisfaisants d'après les vues adoptées par ceux qui se prononcent), mais elles tendent à se prolonger par une analyse critique de ce qui est ou n'est pas *acceptable comme reconstruction rationnelle*, en modifiant les principes qui s'imposaient aux contenus reconstruits dans les cas où ils s'avéreraient trop restrictifs. C'est-à-dire qu'on reconstitue par là, en même temps que les fondements des contenus classiques, *la signification profonde des activités de reconstruction rationnelle et la tendance interne de la mathématisation en train de se faire*.

Nous avions présenté au CIEG en 1979, au début de l'année académique, un exposé sur Cournot et sur son idée de *l'ordre rationnel*. En accord avec Cournot sur ce point, nous remarquions que, comme celle de toujours, la mathématique moderne dépasse de tous côtés l'ordre purement discursif, dont il dépeignait, en les déplorant, les limitations imposées par son caractère linéaire. Nous avons souligné parallèlement la distance qui s'interpose entre la compréhension d'une démonstration et celle d'un théorème : elle est si considérable que, sur le plan de l'expérience intellectuelle, nul s'étant jamais occupé de mathématique ne saurait l'ignorer.

La compréhension d'une démonstration mathématique est celle d'un enchaînement déductif. Pour y parvenir, on doit saisir la signification de chaque proposition figurant dans la chaîne, ainsi que les liens inférentiels qui les relient d'après des règles qu'on sait, en principe, expliciter. Cela fournit un *contrôle déductif de l'acceptabilité* de la proposition à laquelle on aboutit : la dernière proposition d'une chaîne déductive formellement correcte est, par définition, un *théorème* — et on a *raison de l'affirmer*. Il n'y a rien d'autre à comprendre dans une démonstration. Mais cela ne signifie pas qu'il n'y ait rien d'autre à comprendre dans le théorème démontré. Avoir des raisons de *poser* un contenu de jugement n'est pas encore être en mesure de *comprendre ce qu'il affirme*. On l'admettra plus aisément peut-être dans le domaine des sciences expérimentales, où les raisons d'affirmer sont tirées du contrôle expérimental des résultats. Car on voit combien il serait réducteur de prétendre avoir compris un fait d'expérience sur la seule base du contrôle expérimental de sa production.

Nous voulions montrer que le contrôle déductif en mathématique est *fonctionnellement analogue* au contrôle expérimental dans les sciences de la réalité : son caractère inférentiel fournit des raisons d'affirmer, mais pas automatiquement des raisons de comprendre. Sans ignorer la distinction classique entre *rationes essendi* et *cognoscendi* (voir plus loin dans ce chapitre), nous avons proposé une distinction qui paraît également indispensable : celle des *rationes asserendi* (raisons d'affirmer) et *intelligendi* (raisons qui font comprendre). Elle transcende, en principe, toute limitation sectorielle. Partout où il y a des connaissances fondées, il y a du même coup des raisons de ces deux types, et aucun domaine scientifique n'y est étranger. Dans les sciences expérimentales, des *rationes asserendi* sont présentes dès qu'il y a connaissance d'un fait, et des *rationes intelligendi* dès que ce fait est compris. La compréhension d'un fait par un sujet le lui fait apparaître nécessaire, d'où le recouvrement, dans ce cas, de notre distinction avec celle, couramment admise, entre connaissances *de facto* et connaissances *de jure* et faisant intervenir des modalités épistémiques. Il en va autrement dans le domaine mathématique, où la nouvelle distinction opère entièrement à l'intérieur de ce qui est *compris par le sujet* : pour avoir des *rationes asserendi*, le sujet doit comprendre la démonstration d'un théorème, pour avoir des *rationes intelligendi*, il doit comprendre le théorème.

Mais quelle peut-être la portée épistémologique de cette nouvelle distinction entre deux types de raisons et quelle en sera la traduction psychologique ? Voilà des questions dont nous ne développions pas toutes les implications à l'époque, nous contentant de souligner la capacité prodigieuse de l'épistémologie mathématique comme *révélatrice de problèmes épistémologiques* généraux profonds, pour l'approche desquels elle ouvrait des pistes. Nous finissions le premier exposé de l'année au CIEG en suggérant que l'équilibration des *rationes asserendi* et *intelligendi* serait l'une des principales formes d'équilibration de la connaissance scientifique — et procédions, dans la foulée, à une reconstitution hypothétique de ces processus d'équilibration très particuliers. Comme nous le verrons dans le prochain chapitre, nous adoptions en tout cela une approche *fonctionnaliste et dialectique* que nous trouvons aujourd'hui trop limitative, bien que pertinente.

LA PRATIQUE DE LA RECHERCHE SUR LES RAISONS AU CIEG

Après avoir présenté, en guise d'orientation générale sur notre problématique, deux thèmes principaux de discussion sur les raisons au sein du CIEG, il est temps d'indiquer où cet organisme de recherche puisait la matière de ces discussions. Nous soulignons la complémentarité entre la recherche de matière à analyser et l'élaboration d'ébauches de synthèse. Quelques considérations incidentes sur la pratique de recherche du CIEG aideront à comprendre, d'une manière plus générale, la *dynamique de ses travaux*, et à mieux évaluer ainsi la signification et la portée de leurs résultats.

Les travaux du CIEG sur les raisons ont compris des études psychogénétiques et historico-critiques, avec une nette prédominance des premières sur les secondes, comme d'habitude sous la direction de Piaget. Nous avons déjà signalé l'importance de la référence à l'histoire des sciences pour nos travaux. Son utilisation avait pour but avoué d'illustrer et de préciser quelques éléments de théorisation provisoire. Il faut reconnaître que l'étude historique, de même que la recherche psychogénétique, par le CIEG n'étaient jamais pratiquées pour leur propre intérêt. Un aspect frappant de notre attitude par rapport à l'histoire des sciences, qui peut étonner sinon choquer d'aucuns, est que les enfants et les savants se trouvent, du point de vue adopté, *sur le même plan*. L'épistémologiste généticien les considère et les compare comme autant de *sujets connaissants*, objets d'étude privilégiés. Il n'y a là rien de désobligeant pour les uns ni pour les autres.

D'un autre côté, le CIEG a étudié d'autres auteurs *pour l'intérêt de leurs prises de position épistémologiques*. Nous n'avons pas analysé leur travail cognitif en tant que créateurs de savoir, mais seulement dans le but de confronter leurs positions épistémologiques entre elles et avec les nôtres.

Bien que ces études d'auteurs n'aient constitué en tout qu'une petite partie de notre effort global de recherche, elles méritent l'attention pour le rôle qu'elles ont joué dans notre pratique de la recherche sur les raisons. Parmi les auteurs modernes étudiés par le CIEG, figuraient, de manière non exclusive, Cournot, Duhem, Poincaré, Wittgenstein, Carnap, Popper, Kuhn, Lakatos, Bromberger, Hempel, Oppenheim, Snead et Stegmüller. Quant à Brunschvicg, Lalande et Meyerson, qui n'ont pas été relus à cette occasion — mais qui eussent pu l'avoir été avec avantage —, leur influence se faisait néanmoins sentir, de manière indirecte, à travers leur rôle dans «l'appropriation du problème de la raison» par Piaget (voir le préambule de J.-J. Ducret). En ce qui concerne les auteurs plus anciens, nous y revenons dans la prochaine section de ce chapitre.

Les rapports entre enquête psychogénétique et théorisation

Au premier rang pour ce qui est de l'effort global de recherche du CIEG, l'étude psychogénétique des processus de formation des raisons a comporté 11 expériences (voir la liste en annexe) poursuivies pendant toute l'année 1979-80, chacune à la charge de deux psychologues, avec l'assistance occasionnelle d'autres collaborateurs du CIEG intéressés au détail de l'expérimentation. La question inévitable sur les rapports de la théorie et de l'expérience se reposait ainsi sur le plan même de la recherche épistémologique.

Mais il ne s'agissait pas là pour nous d'une question spéculative. Nous y faisions face *dans la pratique*. Les rapports entre la théorie et les résultats de l'expérimentation étaient vécus dans le cadre des interactions entre les activités qui les produisaient, à savoir la théorisation épistémologique et l'expérimentation psychogénétique sur la problématique des raisons. Ces interactions complexes avaient lieu sur plusieurs plans, de manière aussi subtile, sinon plus, que dans la pratique des sciences expérimentales en général. L'expérimentation et la théorisation étant des activités complémentaires, nous cherchions tout le temps un juste équilibre entre les deux. Cette question pratique délicate exigeait une attention constante et nous obligeait à distinguer les différents niveaux de théorisation qui intervenaient.

Les collaborateurs non psychologues du CIEG étaient tenus informés des détails de l'expérimentation en cours par la présentation des résultats, en des communications régulières lors des séances hebdomadaires du Centre. Ils ne suivaient qu'exceptionnellement la pratique de l'expérimentation. Les expérimentateurs devaient au contraire maîtriser toutes les subtilités conceptuelles impliquées dans leurs recherches, et participer ainsi, à un degré considérable, à une activité de théorisation sans laquelle il n'y a pas de travail épistémologique.

D'où une *asymétrie nette* des rapports entre expérimentation et théorisation. La dernière était au CIEG une activité permanente, partagée par tous, se prêtant à merveille à l'exercice en équipe. Personne ne saurait véritablement la déléguer à d'autres, car si l'on peut fort bien apprendre les théories des autres, personne ne théorise par délégation. Tout autre était la situation de l'expérimentation, où le *partage du travail* était de règle et s'imposait en raison du nombre d'expériences à effectuer.

Le CIEG ne pratiquait pas plus l'expérimentation « pour voir » que la théorisation à vide. L'expérimentation « pour voir » procède sans guidage théorique, la théorisation à vide, sans contrôle expérimental. La première peut facilement se perdre dans les méandres tortueux du phénoménal, la seconde, se fourvoyer, droit devant elle, dans une direction aberrante. Pour que le travail épistémologique ne soit, paraphrasant Kant[5], ni vide ni aveugle, il a impérieusement besoin de *guidage théorique* et de *contrôle expérimental*. Dans la pratique, les échanges entre les chercheurs du CIEG étaient continuels et méthodologiquement justifiés (voir sur ce point la première section du chapitre 3.2 rédigée par S. Dionnet).

Les rapports mutuels sont toujours les plus fructueux. Ceux entre l'expérimentation et la théorisation n'y font pas exception. Considérons d'abord l'apport de la théorisation. La recherche psychogénétique n'aurait pu démarrer sans que nous eussions disposé d'un cadre épistémologique préalable, véritable *organisateur* de tout le plan de recherche en voie de lancement. Par la suite, il était naturellement loisible de remettre ce cadre en question, d'autant plus que nous souhaitions positivement le transformer. Le travail de théorisation a ainsi dû se poursuivre tout au long des travaux.

Il n'en reste pas moins que la théorisation a fourni l'un de ses apports les plus sensibles lors de la définition de notre objet de recherche. L'invention des expériences psychogénétiques a été, comme pour chaque nouveau thème de recherche, un moment décisif des travaux du CIEG sur les raisons. Elle serait tout simplement incompréhensible si on ignorait les problèmes théoriques soulevés dans le milieu intellectuel très particulier du CIEG. Nous y avons mis à contribution toutes les références pertinentes à notre portée : cadres conceptuels et grandes perspectives des sciences contemporaines, données de l'histoire des sciences et savoir acquis sur la psychogenèse des connaissances. De toutes ces sources découlait un cadre heuristique fécond, dont nous avons tiré profit dès la mise en route de l'expérimentation. Il n'a pas cessé de rendre service par la suite.

Considérons maintenant l'apport tout aussi décisif de l'expérimentation. Celle-ci était, en permanence, un instrument précieux de contrôle de la théorie ainsi qu'une source irremplaçable d'inspiration nouvelle. Grâce à elle, le CIEG mettait les théories épistémologiques à l'épreuve, ce dont l'épistémologie générale est redevable au fondateur de l'épistémologie génétique. Ayant à nous déterminer sur des positions épistémologiques contestables, nous avions notre canon de décision et savions comment procéder. Ainsi passions-nous les positions épistémologiques problématiques au tamis de l'expérimentation psychogénétique, en examinant si elles permettaient ou non de mieux comprendre les résultats fins obtenus. Tel est par ailleurs, réciproquement, le secret de l'invention de mainte expérience psychogénétique remarquable. En définitive, la confrontation permanente de la théorie avec les données renouvelées d'une expérimentation bien conçue rendait possibles — et à terme nécessaires — certaines transformations du cadre épistémologique.

On voit, en somme, que les renseignements circonstanciés glanés par l'expérimentation psychogénétique n'épuisent aucunement l'apport de l'expérimentation à la théorisation épistémologique pratiquée au CIEG. L'apport global de l'expérimentation était déterminant car, sans lui, c'est la source même de l'innovation théorique qui aurait tari à courte échéance. Ne serait restée alors qu'une réflexion pure détachée de tout ancrage concret, si ce n'est à des données historiques et psychogénétiques figées. Un tel exercice aurait été bien risqué. Surtout, il se serait vu privé d'un apport revitalisant, source — et même source principale — de l'*innovation théorique*. N'oublions pas que celle-ci était non seulement acceptée mais, comme nous l'avons dit, positivement recherchée par l'équipe de J. Piaget. La théorisation allait toujours, dans les grandes lignes, d'un cadre épistémologique relativement initial vers un autre relativement final, à travers des étapes et niveaux de théorisation intermédiaires; et il est clair que si, au terme du processus, les cadres initial et final auraient été identiques, toute la recherche entreprise eût été vaine.

Nos cadres épistémologiques n'étaient pourtant pas *tirés de l'expérience*, même s'ils comportent des éléments qui, eux, le sont. Ils étaient issus de *processus de reconstitution* (voir leur analyse dans les chapitres 4 et suivants) *portant sur toutes les données recueillies*. C'est là qu'une place privilégiée revenait aux résultats de l'expérimentation, les autres données étant connues d'avance dans leurs grandes lignes. Cela explique pourquoi seule l'expérimentation psychogénétique, renforcée par la recherche historique, pouvait justifier les transformations de cadre épistémologique. Elle ne les déterminait pas pour autant de manière complète et univoque, car nous ne négligions jamais l'acquis épistémologique précédent.

Une analyse plus complète des interactions entre l'expérimentation et la théorisation en épistémologie génétique obligerait à tenir compte de différents niveaux de théorisation. Nous nous contenterons ici d'une brève esquisse.

Les études historico-critiques sur la formation des raisons suggéraient des expériences psychogénétiques qui, une fois réalisées, permettaient la confrontation des attentes théoriques avec les résultats obtenus. Remarquons que les *prises de position* explicites des savants étudiés nous intéressaient moins, dans notre contexte de recherche, que leurs *démarches cognitives*, dont nous reconstituions les mécanismes sous-jacents de manière plausible. Bien que les contenus cognitifs impliqués dans les théories des savants fussent, et de loin, inaccessibles aux enfants que nous interrogions, des comparaisons fructueuses de leurs démarches de recherche des raisons n'en pouvaient pas moins guider nos travaux sur la formation de ces dernières.

Quant aux auteurs de référence, étudiés pour leurs prises de position épistémologiques, notre attitude était naturellement tout autre, puisqu'alors notre objet de recherche était la formation des raisons, et non pas le développement d'une épistémologie naturelle chez l'enfant. En ce cas, c'étaient les prises de position elles-mêmes qui nous servaient de référence, les démarches cognitives dont elles provenaient pouvant être légitimement ignorées de notre point de vue. *Ce cas de figure est atypique en épistémologie génétique.* Comme tout ce qui précède le sous-entend, voici la démarche caractéristique du CIEG à son égard : pour décider entre des positions épistémologiques incompatibles *directement invérifiables*, nous en cherchions, selon la méthode piagétienne éprouvée, des implications également incompatibles mais *vérifiables* par recours à l'expérimentation psychologique.

Au fur et à mesure du progrès de nos travaux, leur cadre épistémologique était réévalué et quelques ébauches de synthèse plus ou moins élaborées ont été proposées. Leur portée et leurs raisons d'acceptation étaient inégales. Comme exemple de ce niveau de théorisation épistémologique intermédiaire, mérite d'être soulignée la contribution des psychologues collaborateurs du CIEG qui, en plus de leur apport comme expérimentateurs, ont élaboré des synthèses théoriques en fonction de leurs travaux psychogénétiques. Ainsi, en janvier 1981 et à partir des données alors recueillies, I. Berthoud, D. de Caprona, E. Rappe-du-Cher, H. Kilcher et A. Sinclair ont-ils proposé un essai de caractérisation psychologique unifiée du niveau de raisons que nous avions appelées tautopraxiques. Ces synthèses ont animé et fait progresser le travail du CIEG sur les niveaux des raisons *d'après leurs processus de formation.*

RÉFÉRENCES À L'HISTOIRE ET À LA PHILOSOPHIE

Références du CIEG à la tradition philosophique

La tradition philosophique distingue classiquement les *rationes essendi* (concernant ce qui est) et les *rationes cognoscendi* (concernant ce que l'on en connaît). Cette distinction reflète celle, bien établie, des points de vue ontologique et épistémologique. Le problème est que, s'agissant des raisons, ces deux points de vue sont *si intimement solidai-*

res, que seule une étude tenant compte de l'un et de l'autre peut faire face à la complexité intrinsèque du thème.

Notre démarche personnelle comportait un détour. Partant de l'histoire des sciences (notamment de l'histoire de la réflexion sur les fondements de la mathématique), nous avons mis en avant la distinction des *rationes asserendi* et *intelligendi*, comme déjà dit plus haut. Elle recouperait transversalement — du moins le croyions-nous à l'époque — celle, classique, des *rationes essendi* et *cognoscendi*. Notre lecture de l'histoire des sciences nous paraissait justifier une *proposition pratique précise* pour le travail de recherche à entreprendre : accorder la priorité à l'étude des raisons comme *principes d'intelligibilité*. Une démarche subsidiaire à mettre en œuvre était de suivre, tout au long de l'histoire des idées, la place accordée, non seulement à la recherche des raisons, imposée par notre thème d'étude, mais aussi à la *conception des raisons comme principes d'intelligibilité*, ce qui nous renvoyait à l'histoire de la philosophie pour les temps qui ont précédé l'épistémologie génétique. Voilà comment l'étude de l'histoire de la philosophie pouvait devenir un *exercice obligé* pour le CIEG, de pair avec celle de l'histoire des sciences, qui l'était sans conteste.

Dès qu'on se réfère à un ordre intelligible des choses et des vérités, la question se pose aussitôt de savoir d'où est-ce que la connaissance tire cet ordre, que ce soit des choses elles-mêmes, des pouvoirs organisateurs du sujet, ou d'interactions supposées irréductibles entre les deux. C'est ainsi que, d'un point de vue méta-épistémologique inhabituel chez lui, Piaget a essayé de rendre plus intelligibles quelques aspects de la succession historique des épistémologies. Mais *tous les grands problèmes épistémologiques touchant à l'origine des connaissances se reposent sur le plan des raisons*. Les auteurs qui abordent notre problématique complexe ne s'y sont guère trompés. Il est intéressant de voir comment chacun d'entre eux trouve sa manière de conjuguer les raisons d'être et les raisons des connaissances, d'après les conceptions fondamentales de son épistémologie.

Parmi les philosophes grecs anciens, les raisons (λόγοι) font leur apparition explicite chez Pythagore, sous la forme de *rapports*. Mais c'est chez Aristote que leur doctrine atteint sa forme la plus avancée, dans sa théorie de la science comme *connaissance des choses par leurs causes*. Le présupposé réaliste, qui venait de loin, est patent chez Aristote : si les raisons ont leur place dans le discours, c'est qu'elles s'appuient, à leur source, sur une *causalité réelle*. Le Stagirite n'avait d'ailleurs renoncé au réalisme mathématique de Pythagore et à celui, transcendant, que Platon avait incorporé dans sa théorie des Idées, que pour proclamer avec d'autant plus d'éclat une *rationalité incarnée dans le réel* et supposée captée par la théorie des quatre causes.

Il fallut la prise de conscience historique du sujet épistémique, du *cogito* de Descartes à la «révolution copernicienne» de Kant, en passant par les projets grandioses — guère réalisables à l'époque ! — de ce génie prophétique que fut Leibniz, pour qu'une autre source de rationalité devienne accessible à la réflexion épistémologique. Celle-ci se tournait naturellement, dès lors, vers le rôle de la structuration endogène. Les contenus qui lui étaient soumis perdaient corrélativement en importance comme source d'intelligibilité, pour devenir à la limite de simples supports d'opérations possibles, inconnaissables sinon comme tels.

La distinction des *rationes essendi* et *cognoscendi* devient, à ce moment, accessible à l'analyse épistémologique, désormais en mesure de la formuler explicitement. C'était un changement énorme au regard de plus de deux mille ans de spéculation philosophique, dont les conceptions fondamentales pervertissaient les rapports du connaître et de l'être. Une distinction utile comme fil conducteur sur le plan méta-épistémologique assumait son statut propre sur le plan des épistémologies explicitement constituées.

Il est d'autant plus révélateur que les auteurs qui introduisent la distinction des *rationes essendi* et *cognoscendi* entreprennent aussitôt à leur égard une démarche assimilatrice, dont les conséquences dans l'histoire de la philosophie seraient incalculables. Les courants rationalistes du début des temps modernes rapprochent, en effet, les raisons des choses et celles des vérités, d'une manière qui tend à les faire coïncider, à la limite. L'idée était de les fonder sur une *application de la déduction à la réalité*, censée seule capable d'y établir des rapports nécessaires, fondant un *ordre rationnel*.

On envisageait ainsi une *déduction à portée réelle*, en anticipant son couronnement éclatant dans la dynamique newtonienne, avec l'étendue immense de ses applications. D'où une *assimilation explicite des raisons et de la causalité*, qui inspire à Piaget les premières lignes de son dernier petit texte épistémologique :

> La raison est aux vérités comme la causalité est aux faits, disait déjà Leibniz ; ce qui implique que pour juger des unes comme des autres, il faut construire des modèles auxquels on puisse se référer.

La formule lapidaire de Leibniz, citée par Piaget, était naturelle dans son contexte épistémologique d'origine. Elle reprenait l'orientation de Descartes, dont le raccourci *causa seu ratio...* établissait déjà implicitement la même *équivalence de rapports*. Une intelligibilité fondée sur l'assimilation entre les raisons et la causalité garantissait à la déduction, d'un coup, sa prise sur la réalité, dont l'ordre n'était désormais que *l'expression d'une déduction et d'un calcul possibles*. L'idée même d'*intelligibilité* devenait de ce fait plus intelligible : n'étant plus fondée sur des intuitions du sens commun, comme dans les épistémologies réalistes précédentes, elle épousait le mouvement qui menait à la constitution de la science moderne en train de se faire.

Spinoza, dont le système philosophique n'était, selon Leibniz, qu'un «cartésianisme immodéré», a poursuivi le développement spéculatif des implications métaphysiques des idées de base de Descartes. Absolutisée l'identification de l'ordre de l'être avec celui de l'intelligibilité, il aboutit à un panthéisme achevé, selon lequel Dieu est *causa sui*. Le raccourci métaphysique de Spinoza n'a, somme toute, retenu de la science de son temps que le formalisme axiomatisable de la géométrie de Descartes, sans s'associer à l'effort d'*assimilation mathématique de l'expérience physique*.

Spinoza a cependant manifesté, dans le domaine propre de la géométrie, une préoccupation salutaire pour le *mode d'engendrement rationnel* des objets, qui lui a valu l'intérêt de Piaget et du CIEG. L'exemple du cercle, défini tour à tour comme lieu géométrique ou comme figure engendrée par la rotation d'un segment de droite, a été repris par Piaget dans son intervention de janvier 1980, et ensuite par Halbwachs et d'autres. On a pris en considération : 1) la référence essentielle à la *production des faits* et à *l'engendrement des choses*, avec l'hypothèse de leur assimilabilité fondamentale à l'ordre rationnel des vérités déductibles ; 2) un dépassement de la *référence exclusive aux genèses réelles*, que la préoccupation pour le mode d'engendrement aurait pu faire craindre. Ces deux considérations peuvent justifier l'incursion du CIEG dans un domaine d'étude qui n'était pas *a priori* d'un intérêt évident pour ses travaux.

Nous n'avions pas à considérer ici la transmission des idées philosophiques que nous venons d'exposer à grands traits, et beaucoup moins encore, de la maturation de la réflexion à leur propos, cela bien que le CIEG s'en soit occupé dans ses travaux sur la formation des raisons. Nous reviendrons au chapitre 3.1 sur cette même tradition, mais ce sera pour y appliquer un autre type d'analyse, où nous tiendrons compte des raisons historiques de quelques mouvements d'idées (ce qui reste en dehors de notre perspective dans le présent contexte). Cette double approche est justifiée. Les auteurs mentionnés le sont ici à titre de *réfé-*

rence pour le CIEG dans ses travaux sur les raisons. Lorsque nous y reviendrons plus loin, nous les envisagerons comme *acteurs d'un processus épistémogénétique*, qui intéressait le CIEG comme *objet d'étude directe*.

Référence à l'«ordre rationnel» d'après Cournot

Une tradition épistémologique vivace, qui remonte à Descartes, Cournot et Wittgenstein — opposés sur ce point à Leibniz et à Frege — insiste sur l'importance des *preuves qui donnent les raisons*. Piaget s'y réfère dans son texte de janvier 1980 où il écrit :

> Quant aux «preuves», il faut, semble-t-il, réserver ce terme aux composés complexes qui combinent en un même tout les *ratio essendi* et les *ratio cognoscendi* comme c'est le cas pour ce qui est des théorèmes à la fois explicatifs et démonstratifs, ce qu'ils ne sont pas tous même en mathématiques comme y insistait encore Cournot.

Vu l'importance de la référence à Cournot, pour Piaget dans toute son œuvre et pour le CIEG dans ses travaux sur les raisons, nous tâcherons de situer les thèses qui, chez cet auteur, nous concernent directement, dans le cadre général de son épistémologie. L'une des idées fondamentales en est de distinguer — et d'opposer en partie — la pensée au discours, l'ordre de l'une à celui de l'autre. De ce que l'ordre de la pensée ne se réduit pas à celui du discours, Cournot en est arrivé à la conception de sa thèse maîtresse sur la distinction entre l'«ordre rationnel» et l'«ordre logique» (ou discursif). Cournot se complaît à souligner l'imperfection radicale de ce dernier[6]. Elle proviendrait de ce que le discours consiste en des *séries linéaires* d'*éléments discontinus* (les signes) :

> l'une des imperfections radicales du discours parlé ou écrit, c'est qu'il constitue une série essentiellement linéaire; que son mode de construction nous oblige à exprimer successivement... des rapports que l'esprit perçoit ou devrait percevoir simultanément et dans un autre ordre; à disloquer dans l'expression ce qui se tient dans la pensée ou dans l'objet de la pensée (*Essai*, § 242)

Et de souligner l'impossibilité de décrire par la parole la continuité des nuances dans un tableau ou dans un paysage, mais aussi, dans un cas moins défavorable pour le locuteur, le jeu réciproque des pièces d'un mécanisme d'horlogerie. Le point décisif en est toujours cette «simultanéité de connexions» se retrouvant dans «tout ce qui fait l'objet des spéculations de l'entendement». Mais cela n'empêche pas Cournot de reconnaître qu'

> Il n'y a que les idées susceptibles de se fixer par des signes qui puissent être identiquement transmises et entrer définitivement dans le système de la science qui s'enseigne et qui s'accroît sans cesse (*Essai*, § 246).

Une conclusion épistémologique s'en dégage pour l'auteur :

> maintenant nous pouvons comprendre que l'ordre rationnel est accommodé à la nature des choses, et l'ordre logique à la nature de nos facultés ; que l'ordre logique est essentiellement linéaire, tandis que nous n'apercevons aucune limite nécessaire à la variété des formes que l'ordre rationnel peut affecter (*Essai*, § 247).

En venant à l'analyse des définitions et des démonstrations, Cournot critique ce que l'on considère d'habitude comme la «perfection de l'ordre logique» :

> tandis qu'on s'attache à perfectionner ainsi l'ordre logique, il faut s'attendre à troubler souvent les rapports essentiels, l'analogie, la symétrie, en un mot l'ordre rationnel entre les diverses parties d'une composition scientifique (*Essai*, § 248).

Une telle «perfection» ne porte, selon Cournot, *que sur la forme*, et entraîne forcément de *sérieux inconvénients*. Quand bien même elle est hautement prisée chez les géomètres, on ne saurait, sous aucun prétexte, lui accorder le dessus. Cournot désapprouve donc 1) toute subordination arbitraire de caractères qui se présentent ensemble, de manière indissociable, sur une même ligne, ainsi que 2) toute disposition artificielle de prémisses et de conclusions, où l'on rejette celles qui sont, en fait, primitives, parmi les notions dérivées.

La critique de l'«esprit géométrique» par Cournot est, à notre avis, pleinement justifiée — mais on ne saurait ignorer combien profondément les mathématiques modernes le dépassent. Plus généralement : nous acceptons de bon gré la distinction de l'ordre rationnel et de l'ordre logique, proposée par Cournot, non sans trouver trop tranchées les oppositions qu'il formule. L'idée d'une disjonction de ces deux ordres nous paraît indéfendable. Nous envisagerions plutôt des situations d'emboîtement, voire plus complexes. Deux remarques appuient ces suggestions : 1) l'ordre discursif, bien qu'incapable d'exprimer les raisons de manière adéquate, *n'y est pas étranger*; 2) l'ordre rationnel, à son tour, *n'est pas inaccessible* à l'analyse discursive, comme en témoigne la communication sociale de quelques-uns de ses éléments constitutifs en des cercles académiques, scientifiques et autres.

Dix ans après l'*Essai*, Cournot[7] a formulé une idée dont le CIEG s'est largement inspiré :

> Saisir les caractères essentiels des choses, c'est saisir la manière dont elles procèdent rationnellement les unes des autres, ou s'engendrent les unes les autres (*Traité*, § 47, cité aussi par Grize).

Beaucoup plus près de nous que Spinoza, Cournot manifeste ainsi le même intérêt pour les *caractères essentiels* des choses, supposés dépendre d'un *processus formateur*. À cet égard, les caractères essentiels s'opposeraient à toutes les autres propriétés ou significations des choses. L'utilisation heuristique de cette thèse de Cournot par le CIEG impose une critique préliminaire un peu plus poussée à son sujet.

Le grand problème inhérent à toutes positions épistémologiques qui font ainsi appel, plus ou moins explicitement, à un *ordre rationnel lié à l'engendrement des choses*, est qu'un tel ordre de procession rationnelle n'existe pas, à proprement parler, sinon pour un sujet épistémique qui le construit par son activité rationnelle. Il y a bien production réelle de faits et engendrement effectif de choses; mais ces productions et engendrements réels *ne s'ordonnent pas d'eux mêmes* dans un ordre rationnel, qui ne saurait être, bien au contraire, que le *résultat* d'une élaboration mentale, source de rationalité de la part du sujet qui le construit. En formulant ses «analogies de l'expérience», Kant[8] a ouvert la voie à ce type de réflexion épistémologique fondamentale *exigée par l'assimilation de la causalité à l'ordre déductif*, au-delà des démarches encore un peu naïves de tous ses prédécesseurs. Piaget l'a suivi sur cette voie, prolongée vers ce qui deviendra un axe central de son épistémologie : la causalité implique une *construction de modèles*, avec *attribution d'opérations aux objets*. L'ébauche de théorie des raisons qu'il nous a léguée procède selon les mêmes lignes. Elle fait appel à des *reconstitutions actives des opérations* qui président à la construction des objets.

À la lumière de ces réflexions, la conception d'un ordre «accommodé à la nature des choses», plutôt qu'à nos facultés — pour reprendre à la lettre la formule de Cournot —, devient problématique, car le prétendu ordre des choses ne nous est donné que *comme objet d'une déduction possible*, et ne se laisse *reconstituer* qu'en tant que tel. S'il en est ainsi, on devrait cesser de parler de *la* raison de tel ou tel fait, de telle ou telle vérité, et encore davantage d'un ordre rationnel *supposé unique*. La raison dépend, en chaque cas, de la reconstitution à laquelle le sujet procède, et celle-ci, à son tour, de la question qu'il se pose (voir les remarques d'Ascher rapportées au prochain chapitre), et cela vaut pour les *rationes essendi* comme pour les *rationes intelligendi*. Voilà pourquoi ces deux types de raisons ne seront jamais entièrement ni adéquatement séparables. Les unes et les autres dépendent d'une reconstruction déductive, à partir d'une reconstitution préalable. Elles ne sont invoquées *qu'en réponse à une question*, fût-elle implicite, dont dépendra leur signification fonctionnelle. En explicitant ses raisons, le sujet produit un discours explicatif ou justificatif. Dans ces conditions, ce discours ne saurait jamais être complètement étranger à l'ordre des raisons, ni celui-ci au discours. Le cas d'objets mathématiques définis par leur mode d'engendrement — que l'on ne saurait prescrire *univoquement* une fois pour toutes — n'y fait pas exception. L'exemple du cercle invoqué par Spinoza et Piaget doit être relativisé en ce sens.

LE XXVe SYMPOSIUM D'ÉPISTÉMOLOGIE GÉNÉTIQUE

Le 25e Symposium d'Épistémologie Génétique s'est déroulé, conformément à la tradition, à la fin du mois de juin 1980, à Genève. Physiquement présent de manière sporadique, Piaget n'a pas pu participer aux discussions. Comme d'habitude, le CIEG a reçu ses invités[9] et leur a présenté une synthèse des travaux de l'année dans le but d'*éprouver sa solidité* face aux objections que nos interlocuteurs ne manquaient jamais de soulever. Piaget assimilait, en plaisantant, les Symposiums d'Épistémologie Génétique à une « soutenance collective de thèse ». Nos invités n'y étaient jamais, en effet, de simples interlocuteurs. Ils assumaient le rôle de jurés indépendants, auxquels nous soumettions les travaux de l'année et devions *rendre raison* de nos constructions théoriques.

Pendant le XXVe Symposium d'Épistémologie Génétique, la plus vive contestation a été le fait d'Apostel, vieil habitué du Centre, dont il a été collaborateur à maintes reprises depuis sa fondation. Apostel nous a adressé deux reproches. Il aurait constaté : 1) un *divorce* relatif entre le discours des expérimentateurs et celui des théoriciens, d'une part, et entre Genève et l'extérieur, de l'autre ; 2) l'*oubli* blâmable de l'histoire des sciences et de quelques thèmes de recherche qui avaient pourtant été proposés. Apostel était venu à Genève au début de l'année académique, mais n'avait pas accompagné les travaux du CIEG par la suite, sauf indirectement.

Le CIEG n'avait certes pas mérité tous les reproches qu'Apostel a formulés à son encontre ; mais le fait même qu'il *les ait formulés* montre bien que le Symposium n'a pas mis en lumière toute la richesse du travail accompli. Il est vrai, par exemple, que l'histoire des sciences — dont la référence avait pourtant fortement marqué les travaux de l'année — n'a pas été mise en valeur au Symposium. Quant aux thèmes de recherche proposés et « oubliés », selon Apostel, il est vrai qu'un tri a été fait parmi les propositions de recherche expérimentale, mais il n'eût guère pu en avoir été autrement, vu leur nombre. Comme d'autres « théoriciens », Apostel cherchait à intéresser des expérimentateurs à ses idées[10] — et y réussissait souvent. Il a repris, au profit de tous, la collaboration avec le CIEG l'année d'après le Symposium, retrouvant sa part active et stimulante dans la dynamique de l'équipe. Nous avons ainsi bénéficié de quelques références intéressantes que les exposés du Symposium n'avaient effectivement pas assez mises en valeur.

Parmi nos invités, Granger, le Moigne, Bouveresse, Apostel et Grize ont présenté des exposés théoriques au Symposium, alternant avec la présentation des résultats expérimentaux. Les vifs débats qui se sont produits étaient habituels et attendus. Mais les discussions ont eu le mérite particulier, dépassant tous les autres, de *fixer un cadre de référence* pour l'année suivante. Apostel et Grize ont poursuivi leur contribution à nos travaux en 1980-81, année où nous avons bénéficié de la collaboration permanente d'Apostel et d'un exposé de Grize lors d'une nouvelle visite au CIEG. Leurs interventions ont dessiné quelques lignes d'approche caractéristiques dont la présentation sera remise au prochain chapitre.

Parmi les autres intervenants au Symposium, Granger s'est situé dans le prolongement des idées que Cournot nous avait inspirées au début de l'année. Son exposé sur «Le logique et le rationnel» partait de l'idée selon laquelle : «Caractériser une philosophie rationaliste par le primat qu'elle accorderait à la Raison ne saurait suffire. Il faut ajouter encore qu'elle rencontre, explore et s'efforce de définir une dualité de cette pensée dont elle reconnaît le primat.»

Granger affirmait que «l'idéal de réduction formelle» est constitutif de l'aspect logique de la pensée rationnelle, et le caractérise «par la triple visée de vacuité, de nécessité et de clôture», de telle manière «que l'objet, en tant que logique, n'est... que le nœud d'un système défini d'opérations; l'opération en tant que logique n'exhibe... que l'un des degrés de liberté du rapport d'un objet aux autres objets du système», ou encore «que l'application de [ces] opérations conformément aux règles peut être indéfiniment [ré] itérée, et que... dualement, les objets ainsi définis ne sortiront pas de son domaine...». À l'opposé, «le rationnel... n'est jamais... détachable d'un contenu...; c'est le choix d'une justification logique, en telle situation, qui est ou non rationnel. En ce sens, la raison est toujours *pratique*, en ce qu'elle est un art d'application de la pensée à des situations».

Granger concluait en affirmant que «logique et raison sont donc des modalités duales de la pensée rationnelle au sens large, en tant que la première subordonne radicalement l'objet à la forme opératoire, et la seconde la forme opératoire à l'objet», leur corrélation étant examinée en tant que *stratégie* et *tactique*.

Des riches exposés de Le Moigne et Bouveresse nous n'indiquerons que l'orientation générale. Animés par des préoccupations intellectuelles qui ne convergeaient avec les nôtres que dans une perspective plus éloignée, ils avaient pour nous un moindre degré de pertinence. Le Moigne a présenté une «théorie de la modélisation systémique» basée sur un postulat d'irréversibilité, un paradigme de complexité et un paradigme d'artificialité. Contre le cartésianisme, dont la visée centrale était de «faire du complexe avec le simple», Le Moigne a soutenu, en se référant à G. Bachelard et à E. Morin, que la science moderne vise à «lire la complexité réelle». S'inscrivant dans cette optique, la science des systèmes — qui est aussi pour Le Moigne une science de l'artificiel — utilise la modélisation de la complexité à des fins d'intervention.

L'exposé de Bouveresse a quant à lui porté sur «Rationalité et scepticisme». Le conférencier s'est attardé sur la «grammaire» des mots «cause», «raison» et «motif» d'après Wittgenstein, se référant aussi, en autres, à Freud et à Russell. Réfutant le scepticisme, Bouveresse a fait valoir que «le doute ne nous parle que dans un contexte de certitude» et que, par conséquent, «il faut des critères et des justifications pour le doute».

Piaget étant empêché, nous avons introduit la discussion finale lors de la séance de clôture du Symposium en cherchant une position de synthèse acceptable pour tous les participants, dont nous reprenions les idées les plus éclairantes à notre avis. Nous ne savions pas alors qu'une année supplémentaire de discussions tenaces sur notre thème d'étude nous obligerait à revenir sur des points plus conflictuels. Comme fils conducteurs pour la discussion, nous avons proposé : 1) l'histoire des sciences; 2) les expériences de l'année (y compris celles non exposées en détail, faute de temps); 3) les suggestions de Piaget dans ses deux interventions pendant l'année écoulée (voir les documents en annexe); enfin, comme il s'imposait, 4) les échanges durant le Symposium. Répondant à Apostel, nous préludions à de longues discussions à venir.

Notons encore que le discours introductif de la discussion finale du Symposium s'achevait sur un thème repris dans la discussion générale, après qu'il eût déjà été touché dans les échanges des jours précédents : celui des *rapports entre les significations et les procédures*, du point de vue de la formation des raisons. Une idée heuristique, d'inspiration piagétienne, était que la formation des raisons ajouterait aux significations et aux procédures une *reconstitution basée sur des implications entre actions inférentielles*. Dans cette optique, nous devions étudier la marche vers la pensée opératoire *sur le plan de l'activité inférentielle*. Même une approche sommaire du rôle des significations et des procédures dans la formation des raisons excluait, selon nous, que ces dernières puissent se situer sur le plan des procédures. Elles n'en relèveraient que par le biais d'une *organisation inférentielle de leurs rapports*. Il nous paraissait donc plausible que le sujet, à la recherche des raisons, procéderait à une réorganisation inférentielle de l'ensemble des procédures pertinentes, et que beaucoup de rapports de procédures seraient inévitablement modifiés, par contrecoup, dans ce processus de réorganisation.

« Raison exprimée » et « raison profonde » ou « déterminante »

Parmi les points que nous avons été amené à exposer dans le discours de clôture, nous ne rapporterons ici, comme contribution à la reconstitution de l'état de la théorisation du CIEG à un tournant difficile de son existence, que la distinction établie par A. Henriques et D. Maurice (1989), entre les *raisons exprimées* par les sujets en situation d'interrogation et les *raisons profondes* non invoquées, qui seules cependant rendent les raisons invoquées intelligibles. Cette distinction rejoint en effet en partie celle que nous avions en vue, et nous avons pu ainsi nous l'approprier. Les raisons mises en avant par les sujets interrogés expriment les *assimilables essentiels* pour le sujet. En spécifiant ainsi les assimilables essentiels, le sujet *leur confère* une signification particulière. Comme l'enfant est, le plus souvent, incapable de la préciser, ici doit intervenir le travail de reconstitution de l'expérimentateur psychogénéticien.

On peut dire, en première approche, qu'est essentiel (ou fondamental) pour un sujet *ce dont la présence ou l'absence détermine un changement de forme d'organisation* — de même qu'une propriété mathématique profonde est celle dont la modification affecterait la structure du système en cause. Le fait de constituer un assimilable essentiel est évidemment, pour un élément donné, relatif au niveau du sujet qui en décide. Les travaux de A. Henriques et D. Maurice ont établi plus spécifiquement, pour le domaine logico-arithmétique qu'elles ont étudié[11], que les raisons exprimées *soulignent les nouveautés structurelles*. Cela fournit une caractérisation précise des assimilables essentiels : ce sont ceux qui relèvent de la structure pertinente en voie d'achèvement la plus avancée dont le sujet dispose.

La thèse d'A. Henriques (1972) contient des renseignements complémentaires sur la psychogenèse des raisons sur lesquels nous avons attiré l'attention lors du Symposium. L'ensemble des recherches sur la preuve qu'elle a réalisé pour sa thèse a montré que le choix des raisons invoquées n'est jamais arbitraire, car ces raisons se rattachent à des assimilables très particuliers. Mais les raisons du choix des raisons restent inaccessibles, en première approche, car elles dépassent les observables directs pour le psychologue. Les assimilables concernés restent ainsi, dans leur grande majorité, dans l'ombre — ce qui renvoie le psychologue à son travail de reconstitution. Pour y faire face, l'auteur a introduit une situation expérimentale dans laquelle des raisons étaient proposées aux enfants sous la forme d'une argumentation explicite. Des observations directes ont ainsi pu être récoltées qui ont montré, sans surprise, que les enfants hiérarchisaient les raisons proposées. Tout se passe comme si, pour eux, les argumentations qui les mettaient en valeur présentaient différents degrés de rationalité. En parfaite cohérence avec ce qui précède, l'auteur a trouvé que la hiérarchisation des enfants *est fonction des assimilables* qui sous-tendent les argumentations proposées. Mais le résultat frappant a été de constater que le choix préférentiel des enfants se porte, *de manière constante*, sur des assimilables *de même niveau ou de niveau inférieur* à celui des raisons qu'ils eussent spontanément invoquées. Contre l'idée, plausible, que les enfants préféreraient des raisons de niveau plus élevé (du point de vue de l'adulte), si on les leur proposait explicitement, ils s'en tiennent, avec une constance remarquable, à des raisons *de leur propre niveau*, voire y préfèrent celles *d'un niveau plus élémentaire* encore.

Ce résultat est explicable. Parmi les raisons proposées, les enfants choisissent celles qui relèvent de la structure pertinente achevée la plus avancée dont ils disposent ; tandis qu'ils eussent spontanément invoqué des raisons qui relèvent de leur structure pertinente *la plus avancée en voie d'achèvement*, possiblement de plus haut niveau que la première. Que les enfants modifient leurs réponses selon les situations où ils se trouvent (ou où on les place) est un fait avéré, qui relève de considérations subjectives fort compréhensibles. Une structuration en voie d'achèvement n'entraîne pas le degré maximal de conviction subjective. Dès lors qu'on leur en offre le choix, il est donc naturel que les sujets se portent de préférence sur les assimilables relatifs aux structures achevées.

Tout ceci montre à l'évidence l'importance du *cadre organisateur des réponses* d'un sujet à la recherche des raisons. A. Henriques et D. Maurice ont appelé du nom approprié de «raisons déterminantes» (= «raisons profondes») les assimilables qui relèvent de ce cadre. Les «raisons déterminantes» font pendant, pour ces auteurs, aux «raisons exprimées» par le sujet, qui n'en explicitent que la petite partie dont celui-ci prend conscience. Le travail cognitif de formation des raisons comporterait ainsi 1) à son niveau le plus profond, *un travail de structuration des assimilables*, menant à la constitution des raisons déterminantes, et 2) *un travail d'explicitation* portant là-dessus et aboutissant, dans une étape ultérieure, à la formulation des raisons exprimées.

L'étude des raisons déterminantes demande un travail de reconstitution psychogénétique de la part de l'expérimentateur, lequel se réfère à — et cherche à dépasser — le travail de reconstitution, rarement abouti, du sujet. L'une des plus grandes difficultés de l'étude de la formation des raisons réside en ce que la vraie nature de la distinction entre un niveau de structuration profonde et celui où s'exerce le travail personnel d'explicitation du sujet serait trahie, si l'on concevait ce dernier travail cognitif comme *se réduisant à l'explicitation* des raisons déterminantes elles-mêmes, qui assumeraient de ce fait le statut de raisons exprimées *sans transformation* de leur part. Le processus de prise de conscience et d'explicitation dans la recherche des raisons est, en réalité, beaucoup plus complexe. Le sujet y procède à une véritable *reconstitution*, fût-elle fragmentaire, des raisons déterminantes. Cela ne va pas sans une *restructuration de l'ensemble des assimilables pertinents*. C'est de ce travail cognitif, avec ses lacunes, que découleront, en définitive, les raisons exprimées par le sujet.

NOTES

[1] Par contraste, on voit que notre thème de recherche eût été pratiquement inaccessible à une équipe non transdisciplinaire.

[2] Définition informelle du *Robert* pour une acception particulière de «raison», dans laquelle il est permis d'entrevoir la *source commune* des différentes acceptions de ce mot, qui en est si riche.

[3] Ascher traduit à partir de *Kr.d.Urteilskraft*, Suhrkamp X, 531. Dans la traduction française de A. Renaut, on peut lire : «Expliquer signifie déduire à partir d'un principe qu'il faut donc pouvoir connaître et indiquer clairement» (*Critique de la faculté de juger*, GF Flammarion, 1995, p. 408), et dans la traduction de A. Philonenko (Vrin, 1974, p. 225) : «Expliquer <Erklären> consiste à dériver <ableiten> d'un principe que l'on doit pouvoir connaître et indiquer».

[4] Là réside le défi le plus excitant dont une fonction d'enseignement scientifique, quel qu'en soit le niveau, peut nous gratifier : rendre plus accessible à d'autres cette expérience sublime, fût-ce dans le cadre le plus trivial. Elle est celle de la science, nous ne dirions pas *in fieri*, mais véritablement *in actu nascendi* — en un mot, de l'épistémogenèse.

[5] Kr.d.r.V., A 51 «Keine dieser Eigenschaften ist der andern vorzuziehen... Gedanken ohne Inhalt sind leer, Anschauungen ohne Begriffe sind blind» (trad. fr. de A. Renault, GF Flammarion, 2001, p. 144 : «Aucune de ces propriétés [pouvoirs?] n'est à privilégier par rapport à l'autre... Des pensées sans contenu sont vides, des intuitions sans concepts sont aveugles»).

[6] *Essai sur les fondements de nos connaissances et sur les caractères de la critique philosophique*, Paris, 1912, § 24.

[7] *Traité de l'enchaînement des idées fondamentales dans la science et dans l'histoire*, Paris, 1922.

[8] Kr.d.r.V., A 181 «Wir werden also durch diese Grundsätze die Erscheinungen nur nach einer Analogie, mit der logischen und allgemeinen Einheit der Begriffe, zusammenzusetzen berechtigt werden...» («Nous serons donc légitimés par ces principes à ne combiner les phénomènes que selon une analogie avec l'unité logique et universelle des concepts», trad. fr. de A. Renault, 2001, p. 252).

[9] Ont été invités, en 1980, L. Apostel, J. Bouveresse, F. Bresson, G. Granger, P. Gréco, J.-B. Grize, J.-L. Le Moigne, S. Papert et A. Szeminska.

[10] Apostel avait proposé que le CIEG entreprenne une étude empirique sur la preuve en interrogeant des enfants et des adolescents de 12 à 18 ans. Cette proposition de recherche a buté sur des difficultés pratiques de réalisation.

[11] Les auteurs indiquent les raisons de leur choix de ce domaine. Leur objet de recherche était de reconstituer la reconstruction des enfants, à qui on demandait de motiver leurs premières réponses. Elles se basaient pour cela 1) sur les nouvelles réponses des enfants (raisons exprimées), et 2) sur les connaissances des chercheurs concernant la psychogenèse. Cela leur a suggéré le choix d'un domaine où ces connaissances préalables étaient nombreuses et solides.

Chapitre 1.3
Trois approches de la problématique des raisons

par G. Henriques

UNE DÉMARCHE DE THÉORISATION PRÉLIMINAIRE

Ce chapitre est de nature intermédiaire entre ceux qui l'entourent. Nous nous sommes limité jusqu'ici à présenter et à commenter la pratique de la recherche sur les raisons au CIEG, sans autre fil conducteur que 1) *la centration sur deux domaines* — le discours et les sciences — auxquels le CIEG s'était particulièrement intéressé, car les raisons y jouent, de toute évidence, un rôle déterminant; et 2) *la mise en valeur de quelques références* du CIEG à des traditions extérieures de pensée. Nous y avons gagné quelques points d'ancrage pour l'étude à entreprendre, sans que la théorisation ne se soit éloignée pour autant de son niveau plancher de départ. Aucune véritable analyse épistémologique des notions centrales qui se rattachent aux raisons n'a encore été mise en train. Nous n'avons même pas encore défini notre objet d'étude, qui reste insuffisamment circonscrit, fût-ce à titre provisoire.

Le présent chapitre ne vise pas à y remédier d'un coup, quand bien même il aborde une nouvelle étape de théorisation sur les raisons. Il importe de spécifier cette démarche de théorisation préliminaire. Elle reste indirecte : elle ne vise ni les raisons, ni les notions centrales qui s'y rattachent, si ce n'est *par le biais d'une réflexion sur leurs voies d'approche* au CIEG. Comme au chapitre précédent, nous partons de la pratique de la théorisation au CIEG, sans que cela débouche sur l'élaboration d'un cadre théorique *axé sur notre problématique spécifique* (nous n'y viendrons qu'aux chapitres 4 à 7). Le présent chapitre n'en est pas moins en avance sur le précédent, en ce qu'il propose *une classification et une sériation* des approches de notre objet d'étude qui nous engage dans une démarche de théorisation préliminaire. Notre attention se portera uniquement ici sur les différentes *directions d'approche* de nos travaux sur les raisons afin d'en cerner les enjeux. Pour qui s'intéresse à cette diversité, un certain degré de systématisation s'impose. Ce sera une préparation utile pour l'analyse épistémologique de fond à entreprendre par la suite.

Nous poursuivons ici trois objectifs : 1) *classer et sérier* les approches théoriques pratiquées au CIEG lors des travaux sur les raisons; 2) *en présenter des exemples* pour illustrer leur mise en œuvre; et 3) en faire une *évaluation critique provisoire*. Nous examinerons successivement des approches de type structural, fonctionnaliste et dialectique de la problématique des raisons, et évoquerons à l'occasion quelques sujets de controverse à leur propos. Ce classement et cette sériation des approches effectivement proposées sont le résultat d'un essai de *regroupement après coup*. L'orientation générale qui y transparaît reste implicite pour le moment. Elle sera *explicitée* plus tard pour s'offrir à la critique.

Deux des approches considérées sont classiques, et d'autant plus les bienvenues qu'elles ont depuis longtemps fait leurs preuves avec succès en d'autres contextes. Ce sont les approches de type structural et fonctionnaliste, dont le CIEG a encore une fois tiré parti dans ses travaux sur les raisons. Nous les reprenons en tête du classement, pour leur statut reconnu. Une troisième direction d'approche est innovatrice, et donc d'autant plus problématique. En relèvent les approches que nous appelons «dialectiques», faute d'un terme approprié. Nous voulons tirer au clair leurs enjeux. Piaget venait d'introduire ce nouveau type d'approche, et le CIEG a confirmé sa pertinence *par l'usage* qu'il en a fait dans l'étude des raisons.

Trois remarques préliminaires encore. Premièrement, ce ne sont pas tant les théories avancées — avec leurs propositions de catégorisation conceptuelle et leurs choix de principes directeurs — qui nous concernent ici avant tout, que les *directions de la théorisation*, en tant que mouvement cognitif de l'équipe au travail. Ensuite, si les approches adoptées ont parfois mené à des controverses très vives, elles ne sont pas pour autant *incompatibles en tant qu'approches*. À tel point qu'on a vu des collaborateurs du CIEG passer avec agilité et élégance des unes aux autres en adoptant successivement leurs démarches caractéristiques. Enfin, la question se pose de savoir *ce qu'on peut légitimement attendre* de telle ou telle approche. Il est, en effet, concevable que toutes n'aient pas les mêmes titres à faire valoir quant à leur apport à la clarification de notre problématique.

L'APPROCHE STRUCTURALE

Aborder les raisons à partir d'une analyse du discours relève largement d'une approche structurale (voir le chapitre précédent), mais l'approche structurale des raisons n'exige aucunement que l'on prenne le discours comme point de départ de l'analyse — ni, à plus forte raison, que l'on restreigne l'objet d'analyse au discours. Piaget a développé, depuis ses travaux classiques, une approche structuraliste de portée très vaste. Il a maintenu avec ténacité que les structures opératoires, successivement introduites au cours de ses recherches, sont en réalité *des structures du sujet* : elles caractérisent *ce que le sujet est capable de faire*, et ne se limitent pas à ce qu'il dit. Nous considérons acquis que l'appel aux structures opératoires rend compte, de manière unifiée, d'une foule impressionnante de faits psychogénétiques, autrement incompréhensibles. L'espoir des avocats d'une approche structurale des raisons était de parvenir à un succès analogue. Leur pleine réussite eût été de *rendre compte des raisons à partir des structures*. La question décisive, qui se posait de façon animée dans les discussions du CIEG — et qui subsiste toujours — est de savoir si, et dans quelle mesure, il s'agissait là d'un *espoir raisonnable*.

Rappelons la controverse qui, au XXVe Symposium d'Épistémologie Génétique, a opposé Apostel à Granger sur la nature des énoncés du type «x est raison de y». Elle a occasionné l'une des discussions les plus vives de ce symposium. Granger soutenait qu'un tel énoncé est toujours *pragmatique* et *fortement connoté historiquement*. Il excluait, par conséquent, contre Apostel, que l'on puisse en faire une théorie à la fois *générale et claire*. Apostel avait vivement réagi. Il voulait bien concéder que 1) la charge de la preuve incombe *à qui soutient la possibilité* d'une telle théorie, et que 2) aucune théorie *effectivement proposée* ne venait étayer cette possibilité à ce jour-là. Mais il n'en pensait pas moins, pour des raisons de principe.

À la fin de la note interne, reprenant l'essentiel de ses interventions de 1980 au CIEG, Apostel formulait quelques vœux, qui contenaient autant de postulats épistémologiques sur ce que nous n'avions pas pu atteindre, et qu'il faudrait néanmoins poursuivre. Il postulait «une structure algébrique qui puisse faire pour "les raisons" ce que les groupements ont fait pour les classifications et sériations», se référant aux structures opératoires, introduites par Piaget pour caractériser le palier du développement cognitif dit «des opérations concrètes». Il se contenterait, au besoin, d'un schéma général pauvre. Mais l'expression «est raison de» dans la formule «x est raison de y» traduit, quand même, pour Apostel, un prédicat que l'on devrait pouvoir caractériser *en termes de la structure des formules où il intervient*. On devrait répondre à des questions comme celle de savoir 1) si ce prédicat est transitif ou non, ou 2) si la conjonction de deux raisons (qu'Apostel traite comme des propositions) est encore ou non une raison. Apostel écrivait des formules comme les suivantes :

(a est raison de b) et (b est raison de c),
a est raison de (b est raison de c), et
(a est raison de b) est raison de (b est raison de c)

et il se demandait si, à partir de (a est raison de c) et (b est raison de c), on peut établir un rapport entre a et b.

La position de Granger était radicalement opposée à ce postulat d'Apostel. Pour Granger, il était vain de prétendre définir la raison *par l'adéquation à des principes* (nous dirions : à des lois de structure) ; et il ne saurait heureusement y avoir de théorie *a priori* de toute raison possible.

Apostel a exprimé son attachement fort à l'*analyse du devenir à l'aide de structures*. Comme lui, nous pensons qu'une telle analyse a toujours été et reste une caractéristique marquante de l'épistémologie génétique. Elle est partie intégrante d'un projet scientifique à maintenir absolument. Cette partie de l'héritage piagétien a marqué le projet de recherches du CIEG sur la formation des raisons. Nous voulions et pouvions l'assumer. Sur ce point fondamental, notre accord avec Apostel était total et sans réserve. Comme lui, nous croyions à la possibilité — et qui plus est à la nécessité — d'une théorie *générale* des raisons. Nos avis se séparaient sur la nature de ce que peut être cette théorie.

Quant à nous, nous excluons la possibilité d'une *structure générale des raisons*. Pour nous, il ne saurait y avoir de définition structurelle de la raison en général, car elle ferait appel à une structure *qui n'existe pas*. Mais avant de formuler notre propre essai théorique qui, comme celui d'Apostel, n'est ni purement historiciste — malgré la référence à l'histoire —, ni purement pragmatique — malgré la référence à l'action —, nous prendrons le temps d'examiner d'autres types d'approche de la problématique des raisons. Celle d'Apostel évoque, pour nous, une chimère dangereuse, à laquelle il faut résister de toutes ses forces (comme Apostel en conviendrait sans doute) : l'illusion d'une théorie générale, définitive, *de toute raison possible*, non seulement passée ou présente, mais également à venir. Si jamais, par absurdité, une telle théorie se trouvait constituée, elle pourrait prétendre au statut de super-logique, à laquelle non seulement toute logique, mais *le développement même de la logique* devrait se soumettre pour être rationnel. Embrassant, de droit, toute explication ou justification possibles au-delà de celles qui sont actuellement accessibles, ce monstre figé hypothéquerait le futur pour toute sa durée.

En opposition à cette version immodérée et funeste de l'approche structurale, il y a lieu d'en cultiver une version modeste. On peut rejeter toute prétendue définition structurale de la raison en général, et n'en accepter pas moins l'idée de raisons *essentiellement trans-procédurales et solidaires de structures*. Une analyse structurale des raisons — à portée forcément *sectorielle*, d'après ce qui précède — reste même indispensable, et la formalisation est un outil irremplaçable pour cette tâche.

Pour passer des théories sectorielles à une théorie des raisons *à portée générale*, on replacera les structures dans le cadre enveloppant d'une théorie radicalement nouvelle, *tenant compte de la formation des raisons et de leur développement*. L'étude des raisons prend en partie, de ce point de vue, l'allure d'une *induction épistémologique* sans extrapolations incontrôlées — somme toute assez analogue à la recherche « naturaliste » sur les structures mathématiques dans l'esprit bourbakiste. Qu'il n'y ait pas une structure de toutes les raisons possibles correspond dès lors, très naturellement, à ce qu'*il n'y a pas non plus de structure de toutes les structures*.

Dans cette version modeste de l'approche structurale, une question importante se pose : celle des *rapports entre les raisons et les structures opératoires* du sujet. Lorsque des sujets se trouvent à des paliers d'équilibre du développement cognitif, il est naturel que les raisons qu'ils invoquent fassent essentiellement appel aux capacités opératoires qui en sont caractéristiques. Et c'est bien ce que les recherches entreprises par le CIEG ont permis de confirmer et de préciser sur beaucoup de points.

L'étude des raisons a ainsi fourni un nouvel argument *pour légitimer l'attribution de structures au sujet naturel* — à commencer par l'enfant. Des structures jouant un rôle dans la recherche et dans la formation des raisons chez le jeune sujet ne sauraient se réduire à de purs artefacts théoriques. On distinguera soigneusement les structures *que révèlent les capacités opératoires du sujet* (structures opératoires au sens de Piaget) et les structures formelles, *objets idéaux* d'une tout autre nature. Créées par les mathématiciens des siècles derniers, ces dernières sont devenues familières aux utilisateurs des mathématiques courantes.

Une autre question qui s'impose du point de vue psychogénétique est de savoir si ces rapports entre raisons et structures opératoires sont réciproques ou à sens unique. Des structures opératoires générales et stables ne supposent-elles pas un cadre développemental où les raisons interviennent dès le départ ? Une approche purement structurale des raisons préjugerait en faveur de l'unilatéralité des rapports.

L'idée directrice de Piaget était, au contraire, en son approche la plus récente, de placer les raisons *au centre des processus cognitifs*, qui précèdent l'élaboration de structures opératoires achevées (au sens où il les avait définies). Dans cette optique, nous nous attendions à trouver des raisons à tous les niveaux cognitifs, et l'un de nos objectifs principaux était de *dégager leur rôle formateur* par rapport aux nouveaux systèmes, dans le prolongement de ceux qui avaient rendu possible la formation des raisons.

L'APPROCHE FONCTIONNALISTE

On peut aborder les questions épistémologiques fondamentales sur *ce que sont les raisons* et sur leur *mode de formation* par le biais d'une interrogation sur leur *rôle dans le fonctionnement cognitif*. Cette considération est au départ de l'approche fonctionnaliste des raisons. Essentiellement limitée, comme la précédente, dans son apport à la compréhension des raisons, elle n'en est pas moins extrêmement féconde et le CIEG y a trouvé une voie royale d'accès à son objet d'étude. Faisant porter son analyse sur les *conduites de recherche des raisons*, sur les *besoins cognitifs qui les déclenchent*, tenant compte du détail des démarches des sujets engagés dans ces recherches et des contextes fonctionnels respectifs, le CIEG s'est assuré un angle d'attaque de sa problématique, qui s'est avéré fructueux et vraiment irremplaçable tout au long de ses travaux.

Nous nous sommes engagé dans cette approche, sans exclusivité, avec la majorité de l'équipe. Parmi les collaborateurs du CIEG venant du champ disciplinaire des sciences exactes, le physicien E. Ascher a beaucoup contribué — nous le verrons plus loin — par ses interventions tout en finesse au travail collectif de théorisation à orientation fonctionnaliste et dialectique.

Examinons maintenant plus en détail quelques points importants dans une approche fonctionnaliste des raisons.

1) Les raisons sont le *produit de conduites de recherche* d'un type particulier, que l'étude épistémologique doit identifier. Ces conduites relèvent entre autres du *contexte fonctionnel* où elles prennent place. Les raisons sont le produit d'une activité cognitive; elles ne sont jamais le simple résultat de rencontres fortuites au cours du développement, fût-ce lors d'interactions sociales, notamment avec les détenteurs de l'autorité et du savoir. Les raisons ne se trouvent préformées nulle part, même si, une fois trouvées, elles assument le statut de «vérités éternelles». Ce qui est raison pour un sujet à un moment donné de son développement cognitif dépend de son contexte fonctionnel. Le contexte codétermine un type particulier de recherche. Celle-ci aboutit ou non à la réussite dans la formation de raisons *par et pour le sujet*.

2) La recherche des raisons n'est jamais une activité arbitraire. Elle est la réponse du sujet à un *besoin cognitif* dont la nature détermine ce qui sera éventuellement accepté comme raison par le sujet. Comme conduite de réponse, la recherche des raisons apparaît en des situations qui posent un problème au sujet, ce qui est une autre manière de dire qu'elles créent chez lui un besoin cognitif dont la nature très particulière reste à déterminer.

3) On dit parfois que la situation qui fait problème «pose une question» au sujet. Cette formulation est évidemment métaphorique. Il ne saurait, tout d'abord, s'agir là d'une question verbale, comme celles que les sujets eux-mêmes posent et se posent. Mais, indépendamment de la distinction entre questions verbales ou non, dire qu'une situation «interroge le sujet» est un raccourci douteux pour exprimer qu'elle lui présente une *occasion d'interrogation*, qui est en réalité celle *du sujet par lui-même* — et non par la situation où il se trouve (à l'exception naturellement du cas où, dans son contexte fonctionnel, se trouve un interlocuteur qui l'interpelle).

Cela montre que, si la recherche des raisons est effectivement une conduite de réponse à des besoins cognitifs du sujet, on doit intégrer dans son étude celle des *demandes auxquelles elle répond*. Ces dernières sont l'expression du besoin cognitif qui les déclenche. À travers son expression, nous cherchions, en fait, à atteindre la *nature du besoin cognitif* lui-même.

Nous appelons «demande», au sens le plus large, toute expression d'un besoin, non nécessairement cognitif. Dans le cas particulier d'un besoin cognitif, nous appelons «question» la demande qui l'exprime. Il y a lieu de distinguer différents types de demandes et de questions, selon le contexte fonctionnel et les intérêts du sujet. Sauf dans les cas dégénérés (sur lesquels nous reviendrons tout à l'heure), les questions et autres demandes expriment les besoins de leurs auteurs. Le sujet peut les formuler dans plusieurs buts : soit, premièrement, de faire part de ce besoin à autrui pour lui demander de l'aide, soit, secondairement (questions que l'on se pose à soi-même), de préciser son propre besoin cognitif vis-à-vis de soi-même, comme première étape vers sa satisfaction éventuelle. Les demandes, au sens propre, celles dont le but est d'obtenir de l'aide, ne sauraient s'adresser qu'à autrui. Pour recouvrir l'acception secondaire mentionnée, nous généralisons la notion de demande pour y inclure la formulation d'impératifs pratiques adressés à soi-même, dans le but de résoudre un problème, cognitif ou non, ou tout simplement d'arriver à comprendre.

4) Parmi toutes les questions, le CIEG s'intéressait particulièrement aux questions *pourquoi*, car c'est en y répondant que l'on invoque des raisons. La classe des questions *pourquoi* est ainsi proprement incluse dans la classe des questions, et celle-ci, de nouveau proprement, dans la classe des demandes. Remarquons, avant toute autre précision, que ni les questions ni les réponses n'ont à être forcément verbales. En particulier, la formulation explicite d'une question pourquoi n'est pas requise pour déclencher une conduite de recherche des raisons; le besoin cognitif auquel elle répond y suffit.

Les questions «pourquoi» explicites peuvent à l'occasion exprimer un besoin cognitif spécifique du sujet. Elles ne sauraient en aucun cas le constituer. De manière corrélative, on ne doit pas confondre les conduites de réponse du sujet avec les réponses verbales qu'il produit éventuellement — que ce soit à des questions posées par autrui ou à celles qu'il se pose lui-même. La recherche des raisons constitue en elle-même, indépendamment de son aboutissement éventuel, une conduite de réponse du sujet. La formulation explicite des raisons — s'il y arrive — n'en sera qu'un produit.

5) Cela étant, une formulation *qui détermine* plus ou moins précisément le besoin cognitif à satisfaire constitue un premier pas très important de la conduite de réponse. Utilisée par Ascher, l'expression suggestive «mise en question» désigne le noyau central actif de ce qu'on appelle traditionnellement la position du problème. Approchant la problématique de la raison, la stratégie d'Ascher était (comme déjà dit plus haut en analysant le discours explicatif ou justificatif) de partir de l'étude du *fonctionnement de l'explication* pour ensuite y «situer la raison». Il soulignait en particulier le fait qu'«une explication doit répondre à une question précise» :

Hempel et Oppenheim disent bien qu'une explication répond à la question « pourquoi »... mais, dans leur schéma, la question ne figure plus... On a une réponse, mais souvent on ne sait pas à quelle question précise. On prétend expliquer un fait au lieu de répondre à une question au sujet de ce fait... On agit comme si un fait en soi demandait une explication et comme si, à propos d'un fait, il n'y avait qu'une seule question que l'on pourrait se poser.

Ascher poursuit :

Il s'ensuit (i) que la mise en question est essentielle et (ii) que la simple question « pourquoi » n'est pas suffisante, est encore trop vague. Elle constitue seulement le côté positif de la question. Pour être précise, elle doit être complétée par son côté négatif. Une question précise, qui déclenche une explication, est toujours de la forme : « Pourquoi ceci et non pas cela ? », « Pourquoi ainsi et non pas autrement ? », où évidemment le « cela » et l'« autrement » sont explicités.

6) Pour en revenir de l'explication aux raisons, nous tenons pour acquis que *la mise en question est essentielle* et que la simple question *pourquoi* est encore insuffisante. Mais c'est en abordant des questions épistémologiques de ce genre que la confrontation des idées théoriques avec les données psychogénétiques recueillies par expérimentation directe pouvait nous apporter des renseignements que la simple réflexion épistémologique — étayée par l'étude des textes où se sont déposées les couches précédentes de cette même réflexion — ne saurait remplacer.

Des recherches antérieures du CIEG avaient abondamment montré que les côtés positifs et négatifs d'un problème sont loin d'être perçus de manière symétrique par les sujets en face d'une tâche cognitive. Ces études ont démontré que les aspects négatifs des questions sont systématiquement négligés à certains âges. Des sujets qui seraient capables *en absolu* de saisir ces aspects négatifs, ne les négligent pas moins souvent dans leur démarche cognitive effective, où ils n'en tiennent pas suffisamment compte. D'où le grand nombre de situations, pas toutes équivalentes entre elles, qui se présentent concrètement au psychologue. Les aspects négatifs des questions seront, chez certains, sous-entendus, chez d'autres purement et simplement ignorés. Les implications psychogénétiques de ces deux situations sont profondément différentes, et le psychologue doit impérativement en tenir compte.

7) Nous savions bien, par ailleurs, que la prise de conscience est toujours incomplète et sélective. La mise en question, dans un processus de recherche des raisons, ne peut que refléter cette incomplétude et cette sélectivité de la prise de conscience. On y assiste souvent, de manière significative, à des déplacements de centration et à des transformations complétives de la mise en question elle-même. Il serait donc réducteur de prétendre que la mise en question doit nécessairement précéder le processus de recherche des raisons. Toute sorte de rétroactions font au

contraire que la mise en question continue de s'élaborer progressivement pendant le déroulement de ce processus.

Le psychogénéticien qui rend compte de ces élaborations complexes doit reconstituer aussi bien la mise en question que le processus de recherche des raisons en son intégralité. Car ni l'un ni l'autre ne sont des observables directs. Les interrogations explicites des sujets et tout ce qu'ils peuvent dire sur les questions qu'ils se posent ne sont que des *indices* qui guideront le psychologue dans son travail de reconstitution. Au mieux, ils peuvent suggérer la mise en question effective du sujet, sans jamais révéler directement pour autant *les vraies questions* qu'il se pose — celles qui intéressent le travail de reconstitution psychogénétique au plus haut degré. Retenons pour le moment de tout cela que la *mise en question* était pour le CIEG un objectif de recherche aussi essentiel que difficile à saisir.

8) La plus grande partie du matériel sur lequel le travail de théorisation du CIEG s'appuyait a été recueillie grâce à la méthode clinique piagétienne de recherche psychogénétique. L'utilisation de cette méthode dans nos travaux sur la recherche des raisons soulève des problèmes aigus, auxquels il était indispensable de prêter une attention particulière. Dans une situation intersubjective d'interrogatoire clinique, l'intérêt cognitif des chercheurs porte sur les processus cognitifs des sujets interrogés. Il est alors clair d'emblée que les intérêts cognitifs des différents acteurs en interaction seront très différents.

Le psychologue qui a conçu son plan de recherche apporte avec lui ses intentions et ses anticipations sur les besoins cognitifs qu'il voudrait induire chez le sujet, particulièrement à l'aide des questions qu'il lui pose. Mais les besoins cognitifs effectifs du sujet en situation d'interrogatoire peuvent s'éloigner beaucoup des anticipations de l'interrogateur. La mise en question par le sujet divergera alors de celle que le psychologue cherchait à induire, car l'intervention du psychologue ne détermine qu'une partie du contexte du sujet, alors que la mise en question effective relève du contexte fonctionnel du sujet *dans son intégralité*. Ainsi, le sujet ne peut-il que reconstruire les questions posées par l'expérimentateur, en les complétant ou en les déformant toujours à sa manière, et en les traduisant, quoi qu'il arrive, en des termes pour lui significatifs selon son contexte fonctionnel. Qui oublierait cette évidence élémentaire courrait tout droit vers des interprétations arbitraires.

9) S'ajoutent encore au point précédent les complications propres aux *questions dégénérées*, qui constituent la trame même de l'interrogatoire clinique. Les questions d'interrogateur, scolaire ou clinique, constituent

précisément l'exemple type de questions dégénérées. La téléonomie des questions dégénérées est tout autre que celle des questions originaires authentiques, où le sujet exprime un besoin cognitif véritable et formule une demande le concernant. Dans les situations expérimentales de nos recherches, les questions posées par les expérimentateurs étaient, en leur grande majorité, des questions dégénérées, la vraie question que le psychologue se posait n'étant pas communiquée aux enfants et adolescents. Cependant, en tant qu'*objets d'investigation*, ces enfants et adolescents fournissaient en fin de compte au psychologue une aide cognitive inestimable, mais par des voies dépassant leur compréhension.

Il y a pourtant des cas où la situation empire et où, dans les situations expérimentales des recherches psychogénétiques, les questions dégénérées des interrogateurs induisent chez les enfants et adolescents interrogés des mises en question elles aussi dégénérées, qui ne sauraient alors déclencher une véritable recherche des raisons. Le besoin cognitif qui pourrait pousser à la recherche des raisons ne se faisant pas sentir, l'enfant reste perplexe et, dans son désarroi, s'en tire en répondant n'importe quoi. C'est ce qui arrive quand il est incapable de reconstruire les questions de l'expérimentateur et ainsi de les rendre significatives dans le contexte fonctionnel. Le psychologue doit être attentif à cette possibilité, pour éviter les pièges inhérents à sa méthode de recherche.

10) Nous venons d'évoquer quelques problèmes capitaux inhérents à une approche fonctionnaliste des raisons. D'autres seraient à relever à un niveau moins fondamental. Par exemple, nous aimerions recueillir des renseignements sur l'agencement caractéristique des *procédures de recherche des raisons*, si jamais il y en avait un. La réponse à de telles questions relève de l'analyse procédurale. Il serait intéressant de reconstituer et, si possible, de modéliser les mécanismes en jeu dans les processus auxquels nous faisons appel. Des questions ont été soulevées à ce propos, notamment par B. Inhelder, lors du XXVe Symposium d'Épistémologie Génétique. Il suffira de dire, sans entrer en discussion sur le fond, qu'elles étaient moins urgentes pour nous que celles touchant à la définition de notre objet de recherche.

11) Il faut reconnaître, enfin, une lacune beaucoup plus grave que la précédente. Elle ne se laisse remédier par aucun ajout ou inflexion de l'approche esquissée, car elle dénote une *limitation intrinsèque de l'approche fonctionnaliste*. Nous n'avons pas spécifié la nature de certaines composantes fonctionnelles essentielles des processus invoqués. Par exemple, nous n'avons pas spécifié la nature du besoin cognitif qui déclenche la recherche des raisons. Il est pourtant indispensable de le

faire, car quelle justification peut-on donner pour des hypothèses concernant un besoin cognitif qu'on n'a même pas caractérisé ?

Plus radicalement : supposant accordé que les raisons sont le produit de certaines conduites de recherche, qui répondent, à leur tour, à un besoin cognitif d'un certain type, cela ne suffit pas encore pour une définition fonctionnelle des raisons, à moins de spécifier la nature de ces conduites et de ce besoin *sans y faire intervenir les raisons*, ce qui nous entraînerait dans un cercle manifestement vicieux. Or, une approche purement fonctionnaliste des raisons *est* incapable d'apporter une telle spécification.

Comme il n'y a pas de définition structurale des raisons, il n'y en a pas non plus de définition purement fonctionnelle. Ainsi, pour qui garde l'espoir de définir les raisons, il ne reste qu'à tenter une approche fondamentalement différente. L'approche fonctionnaliste est prodigieusement féconde, et en même temps décevante si, nous trompant sur ses possibilités, nous songions à en faire le socle d'une épistémologie des raisons. À qui lui demande de fournir ce dont elle est capable, l'approche fonctionnaliste des raisons garantit, au contraire, une large récompense pour y avoir recours avec discernement.

L'APPROCHE DIALECTIQUE

Le mot « dialectique » contient la racine de « λόγος » et un préfixe qui peut exprimer, entre autres, suivant les cas, la médiation ou la diachronie. *Ce mot prête à ambiguïté.* Il désigne l'*art du dialogue*, mais tout aussi bien, en d'autres contextes, le *cheminement* laborieux du λογος enfanté dans la douleur. L'approche dialectique — que nous invoquons — véhicule l'idée centrale de *mouvement cognitif*. Ses racines sont anciennes. Révisée et profondément modifiée par Piaget en fin de carrière, elle est particulièrement appropriée pour l'étude des raisons. Nous dirions même qu'il n'existe pas un autre thème dont l'étude ait autant à gagner d'une approche dialectique.

Les approches structurale et dialectique ne présentent guère des points de contact directs. En revanche, l'une et l'autre en présentent de nombreux (et très éclairants) avec l'approche fonctionnaliste. De ce fait, cette dernière occupe une position charnière entre les deux autres approches. Structure-fonction est un de ces couples de termes opposés corrélatifs que l'on a remarqués de longue date. On a observé aussi que les approches structurale et fonctionnaliste se complètent avantageusement, et Piaget est un maître consommé du passage fructueux de l'une à l'autre. Mais on n'a guère songé à rapprocher les idées fonctionnalistes de ce noyau central de la dialectique qu'est, pour nous, le mouvement cognitif.

Nous tentons de conjuguer les approches fonctionnaliste et dialectique dont le couplage nous paraît indispensable pour aborder pertinemment le fonctionnement cognitif. L'idée irréductible de *mouvement* nous paraît s'imposer dans son étude. Si, en tant que fonctionnement, il relève manifestement d'une approche fonctionnaliste — ce qui va de soi —, nous pensons qu'il appelle, en tant que cognitif, une approche dialectique. Le fonctionnement cognitif constitue, en effet, un mouvement ininterrompu, impossible à capter par des contenus figés se succédant les uns aux autres. Il n'existe que dans le *passage continuel des contenus cognitifs les uns aux autres*, dans un même mouvement s'étalant dans la durée. Entité à deux faces indissociablement liées (lesquelles ne se laissent, en effet, séparer que par la pensée), le fonctionnement cognitif appelle la double approche que nous préconisons, sans alternative possible.

Chez Piaget, l'approche dialectique prend son essor comme une inflexion de son approche précédente en termes de processus d'équilibration. Dans *Les formes élémentaires de la dialectique* (1980a) où il expose les résultats du CIEG en 1977-78 (deux ans avant les travaux sur les raisons), il en esquisse l'idée centrale dans l'*Introduction* :

> Notre interprétation consiste donc à supposer que la dialectique constitue l'aspect inférentiel de tout processus d'équilibration... En un mot, l'objectif central de cet ouvrage sera d'analyser la formation de la dialectique en tant que construction de nouvelles interdépendances constituant l'aspect inférentiel de l'équilibration et procédant par implication entre actions en tant que porteuses de significations.

Il précise davantage son interprétation dans les *Conclusions générales* du même ouvrage, où il ajoute :

> Quant au moteur commun de ces diverses interdépendances, il est sans doute à chercher dans les rapports de plus en plus étroits entre le «possible» et le «nécessaire»...

Reprenant l'image des deux faces du fonctionnement cognitif pour l'appliquer aux processus d'équilibration, nous pouvons dire que, sur le long terme, l'approche de Piaget a consisté (1) à s'intéresser tout d'abord aux *aspects fonctionnels de l'équilibration*, où interviennent, entre autres, les proactions, les rétroactions, les interactions, les perturbations et leurs compensations, les mécanismes cognitifs, dont surtout ceux de régulation et, plus particulièrement, d'autorégulation, pour n'en arriver que bien plus tard (2) à une prise en compte satisfaisante des aspects qu'il appelle «inférentiels» des mêmes processus. Comme «autre face» dialectique derrière les aspects fonctionnels mentionnés se laissent alors apercevoir des aspects d'une autre nature, eux aussi omniprésents, dont les *interdépendances de significations* pourraient jouer le rôle de catégorie englobante.

Anticipant sur le prochain chapitre, nous pouvons dire qu'il n'y a pas d'objet de connaissance sans signification, ni de signification sans des interdépendances multiples. Cet «aspect inférentiel» de l'équilibration cognitive procède par des *implications formatrices de significations*, que nous appelons, de ce fait, *implications constituantes*. Piaget parle d'«implications entre actions... porteuses de significations» et les appelle simplement «implications signifiantes» dans *Vers une logique des significations* (1987).

Armé des résultats des deux années précédentes, Piaget a juste pu esquisser son approche «dialectique» de la formation des raisons. Mais il faut souligner combien cette approche dialectique revue par Piaget diffère de tout ce qu'on avait connu auparavant sous le nom de dialectique. Parallèlement aux couples *structurel-structural* et *fonctionnel-fonctionnaliste*, utilisés plus haut — et, dans une certaine mesure, au couple *historique-historiciste* utilisé à l'occasion —, il nous manque ici un couple d'adjectifs (dialectique-dialecticiste ferait l'affaire), permettant de parler d'une approche «dialecticiste» piagétienne, si le mot existait.

Il y a là plus qu'une nuance. L'approche piagétienne des raisons est certes *dialectique à un premier degré*, en ce que la recherche (personnelle et en équipe) du théoricien Piaget sur la formation des raisons procède de manière dialectique. Mais là n'est pas la question. Deux points sont décisifs : 1) Piaget attribue des *formes élémentaires de processus dialectiques* aux sujets, à commencer par ceux de bas âge, et 2) il fait intervenir de tels processus, à tous les niveaux, *dans la formation des raisons*. En ce sens précis, on peut dire que le CIEG a adopté, entre autres, l'approche «dialecticiste» (c'est-à-dire *dialectique à un deuxième degré*) dans ses travaux sur la formation de raisons.

Tout au début de son court papier d'avril 1980, Piaget écrit :

> La raison est aux vérités comme la causalité est aux faits, disait déjà Leibniz; ce qui implique que pour juger des uns comme des autres, il faut construire des modèles auxquels on puisse se référer. Mais, dans le cas de la causalité, ce modèle est fait d'opérations que le sujet attribue aux objets extérieurs après les avoir construites pour lui, tandis que dans le cas des raisons, le modèle consiste en *reconstitutions*, sous des formes simultanées, des opérations successives au moyen desquelles le sujet avait construit les êtres...
>
> Les instruments utilisés par ces modèles consistent naturellement en implications signifiantes mais dont nous pouvons *distinguer trois types*.

Ayant à revenir sur toutes ces questions au chapitre suivant, il suffira d'indiquer, pour le moment, quelques grandes lignes de l'approche dialectique (au deuxième degré) des raisons pratiquée au CIEG en réaction aux suggestions de Piaget. Nous avons recherché des raisons qui se laisseraient caractériser par des aspects inférentiels de différents types de processus d'équilibration. Les contributions de Piaget avaient focalisé l'attention sur deux types de processus envisageables : d'un côté, l'équilibration des proactions et des rétroactions, dont l'aspect inférentiel constitue l'équilibration des implications proactives et rétroactives, et, de l'autre côté, de manière moins explicite, l'équilibration du possible et du nécessaire. Les processus d'équilibration dont les aspects inférentiels peuvent servir de *base à une approche dialectique des raisons* font toujours intervenir un couple «dialectique» de corrélatifs antagonistes, comme le sont les proactions et les rétroactions, ou le possible et le nécessaire.

Remarquons, en passant, que ces deux couples appartiennent à des contextes théoriques éloignés. Proaction-rétroaction — comme aussi différentiation-intégration et ouverture-fermeture, qui seraient également dignes d'être pris en compte — ont pour cadre propre la biologie et la théorie générale des systèmes. Ce sont des couples cybernético-systémiques. Possible-nécessaire, comme affirmation-négation, relèvent directement de la logique et de l'épistémologie. Ce sont des couples logico-épistémiques. Ces cinq couples dialectiques donnent lieu, sans exclusivité, à des processus d'équilibration qui sont tous importants dans le cadre de notre étude. Pendant ses quatre dernières années sous la direction de Piaget, le CIEG a largement inscrit ses travaux dans la sphère de ces thèmes. Remarquons que chaque couple mentionné renferme un véritable antagonisme dialectique, et non pas une simple opposition ou polarité statique.

Dans son intervention de janvier 1981 au CIEG, qui prolongeait son exposé au XXVe Symposium d'Épistémologie Génétique, Grize a fait, entre autres, l'exégèse des papiers de Piaget, et a pris position par rapport à celui d'Apostel. Il y remarque notamment :

[Les papiers de Piaget] me paraissent répondre à deux questions :

1. Qu'est-ce que donner raison du fait que x est a? Rép. : C'est plonger x dans un système où a est nécessaire... a) Faire ceci, c'est reconstruire l'objet x, le reconstituer dit Piaget... b) S'il y a système, ou modèle dit parfois Piaget, il doit y avoir fermeture. La question se posera donc de la raison de la raison, etc.

2. Quelle est la nature d'un tel système? Rép. : Une construction de l'intelligence qui coordonne trois types d'«implications».

Suit une reconstitution de l'analyse de Piaget à propos d'un exemple emprunté à Spinoza. Piaget l'avait présenté ainsi :

> Si l'on définit un cercle comme une figure où toutes les droites menées du centre à la circonférence sont égales, on n'atteint pas l'essence du cercle mais seulement l'une de ses propriétés ou significations, tandis qu'en le caractérisant comme une figure décrite par une ligne quelconque dont une extrémité est fixe et l'autre mobile, on fournit sa « raison » en tant que processus formateur.

Voici, dans ses grandes lignes, la reconstitution proposée par Grize : Soient E une circonférence engendrée par la rotation d'un segment, E' les rayons de circonférence égaux et E_1 la longueur d'un segment invariante dans la rotation. E' est une conséquence de E et E_1 en est une condition. On a alors le diagramme

$$E_1 \xleftarrow{\text{implication rétroactive}} E \xrightarrow{\text{implication proactive}} E'$$

L'implication proactive E E' est ce qui rend la conséquence E' nécessaire. L'implication rétroactive E_1 E est ce qui rend la condition E_1 nécessaire. On trouve là, en somme, *la raison nécessaire du fait contingent* de l'égalité des rayons d'une circonférence : contingente, cette égalité le serait, en effet, dans la paraphrase de Grize, si on la détachait de son fondement, qui réside dans un processus formateur. On peut reprendre à ce propos la citation de Piaget :

> En un mot, le propre des raisons est de consister en *reconstitutions* dont les étapes s'enchaînent par la réunion des implications proactives et rétroactives en un système simultané à base d'implications entre implications...

Tout cela suggère que la nécessité émerge d'un processus d'équilibration entre des implications proactives et rétroactives ; et cela laisse entrevoir la nature de ce processus. À titre complémentaire, relevons *le rôle du possible* dans la formation des raisons. Celles-ci consistent, selon Piaget (voir citation plus haut dans ce paragraphe), en de « nouvelles interdépendances », dont le moteur commun « est sans doute à chercher dans les rapports de plus en plus étroits entre le "possible" et le "nécessaire" ». Cherchant toujours à situer les raisons dans le processus d'explication, Ascher développe pertinemment sa thèse à ce sujet :

> Dans une explication, on met... en relation des possibilités non réalisées... et un état de fait... On explique donc l'écart d'un état de choses par rapport à un ou à plusieurs autres états privilégiés... Dans une explication satisfaisante, l'état de choses que l'on explique... n'est pas un cas isolé, mais un cas parmi d'autres, dont chacun aurait pu être expliqué par une modification appropriée de l'explication avancée. Il faut pouvoir indiquer les circonstances dans lesquelles les états de comparaison auraient pu se réaliser.

Chapitre 2.1
Les significations et les raisons
Une démarche de définition informelle

par G. Henriques

CARACTÉRISATION GÉNÉRIQUE DES RAISONS

Le fil conducteur que nous avons trouvé dans la pratique de la théorisation (et plus généralement dans la pratique de la recherche) au sein du CIEG est irremplaçable. Il ne se réduit pas à un simple artifice de présentation. L'eussions-nous lâché et d'un coup toute la théorisation — à commencer par la démarche de définition informelle que nous abordons maintenant — resterait coupée du mouvement cognitif qui l'a produite, même dans le cas où, par bonheur, elle eût été cohérente et bien agencée. Aussi nous revendiquons sciemment cette approche indirecte. Sa place en tête d'une démarche de théorisation d'ensemble nous paraît pertinente : il fallait restituer d'emblée au CIEG son rôle original d'agent cognitif, acteur des recherches.

Il n'en faut pas moins reconnaître que la notion des raisons reste obscure à ce stade de notre présentation. Si, jusqu'à présent, nous avons pu nous soustraire à la tâche de définir notre objet d'étude, c'est seulement parce que notre approche indirecte s'accommodait d'un faible degré de systématisation. Au contraire, pour le traitement systématique de la problématique des raisons, nous avons besoin, d'entrée de jeu, d'une caractérisation suffisamment précise de la notion centrale étudiée. Cela nous impose une démarche informelle assez complexe. Son exposition constitue l'objectif du présent chapitre.

Piaget avertit d'emblée que la tâche n'est pas facile, quand il commence son papier de janvier 1980 dans les termes suivants :

> Il est fort difficile de définir la raison du fait qu'elle entretient de multiples rapports avec les significations et leurs implications tout en présentant des caractères spécifiques n'appartenant qu'à elle, et du fait de son dynamisme...

Enchaînant sur la différence entre *ratio cognoscendi* et *ratio essendi*, Piaget poursuit :

> En d'autres termes, la «raison» est l'une des significations de l'objet ou de l'événement considéré, mais une signification qui entraîne les autres par implications signifiantes.

Cette définition est condensée, mais assez claire. Piaget l'explicite dans une suite de considérations au contenu très riche, dont quelques-unes demandent cependant un commentaire explicatif, voire une reformulation. Quand, à la page suivante, il écrit que :

> la raison d'une vérité (empirique ou déductive) est donc un système de transformations qui modifient ou enrichissent les implications signifiantes de départ et leur confèrent un caractère nécessaire...

nous saisissons avec empressement l'idée profonde qu'il veut transmettre. Il n'empêche que la raison ne saurait être, en même temps, *une signification* et *un système de transformations*.

Vu la difficulté du sujet, nous nous contenterons, dans un premier temps, d'une définition générique des raisons ; autrement dit : nous nous demanderons *quel type d'entité sont les raisons*. Une définition générique établit à quelles grandes catégories de la pensée se rattache une notion étudiée. À partir de là, il est facile de la *distinguer* des notions apparentées appartenant à d'autres catégories. De telles mesures de prophylaxie intellectuelle servent à éviter de fâcheuses confusions. Une définition générique n'est, en somme, qu'une première étape, modeste mais non sans valeur, vers l'aboutissement d'une démarche complète de définition.

Il ne faut pas sous-estimer une démarche de définition bien engagée. Elle peut être la clef pour la réussite d'une entreprise de conceptualisation. Dans notre tâche cognitive actuelle, n'ayant pas de définition des raisons à proposer d'emblée, nous amorçons une démarche de définition, dont l'accomplissement, si on l'atteint, nous pourvoira de ce que nous cherchons. Cette démarche ne peut être que progressive. Elle comporte des étapes rationnellement enchaînées, dont chacune suppose les précédentes et ouvre l'accès aux suivantes. Sauf rares exceptions, les possibilités conceptuelles ne sont pas toutes données d'un coup. Le mouvement cognitif a ses propres chemins, que l'on ouvre en cheminant. Le cheminement de la définition a ses propres méandres, et une démarche de caractérisation générique peut y jouer un rôle appréciable.

Piaget rappelait la maxime de Spinoza «omnis determinatio est negatio»[1]. Dans *Les formes élémentaires de la dialectique* (1980a), il ajoute : «Il faut admettre en retour qu'*omnis negatio est determinatio*, ces deux implications réciproques exigeant l'une et l'autre des constructions dialectiques». Gardant cela présent à l'esprit, nous entamerons la définition des raisons par une caractérisation *générique négative*. Nous avons affaire à une notion suffisamment complexe pour qu'une telle approche négative préliminaire se justifie pleinement.

Commençons par examiner toutes les notions relatives à des procédés ou démarches qui, malgré leur caractère éminemment rationnel, ne sauraient *se confondre* avec les raisons elles-mêmes. Nous envisageons notamment : 1) les démarches de *vérification* d'une hypothèse mathématique ou expérimentale; 2) les démarches d'*explication* d'un événement ou d'un état de choses; 3) les démarches de *justification* d'un choix comportant une décision du sujet, où il y a encore lieu de distinguer, du point de vue de l'objet en question : la justification d'un comportement, de l'utilisation d'une procédure, d'un calcul, etc., ou encore, dans un autre registre, la justification du soutien d'une assertion; 4) les démarches de *démonstration*, dans le cadre d'une théorie suffisamment précise — éventuellement axiomatisée; et 5) les démarches de *validation* d'une théorie scientifique ou préscientifique. Notons, en passant, qu'il y a lieu de distinguer a) la démonstration d'une proposition dans un cadre théorique de référence, et b) la justification du soutien qu'on lui accorde éventuellement.

Tous ces procédés — et d'autres apparentés — sont *rationnels*, ou ont vocation à le devenir. Ils cherchent des raisons, les trouvent, s'y fondent, les font valoir. Gardons-nous toutefois de les identifier purement et simplement aux raisons qui, elles, ne sont pas des démarches, des manières de procéder. Les raisons relèvent de ce que le sujet connaît ou peut connaître, plutôt que de sa manière d'agir : ce sont des *contenus de connaissance*, rehaussés par une *valeur spécifiquement cognitive* qui leur est propre. À leur tour, les procédés rationnels ne sont rationnels qu'à titre indirect — précisément parce que *fondés sur des raisons*.

Nous voilà ramenés à la question de départ : à quel genre d'entités appartiennent les raisons ? Face à cette tâche de définition positive, notre meilleure proposition est de reprendre la première formulation de Piaget : «La raison est l'une des significations de l'objet ou de l'événement considéré...».

Toute autre chose que des procédés, les raisons *sont des significations*. Les significations constituent le genre, la grande catégorie de la pensée à laquelle les raisons se rattachent, comme une espèce ou sous-catégorie bien caractérisée contenue dans le genre. Nous invoquons une distinction épistémologique capitale : celle entre *activités cognitives* et *contenus cognitifs*, entre νόησις (noèse) et νόημα (noème). Comme les raisons, qui en constituent, à notre sens, un cas particulier remarquable, les significations se trouvent du côté des seconds et non pas des premières.

Comme il arrive souvent lors d'avancées conceptuelles fondamentales, l'histoire de la distinction épistémologique entre les activités cognitives et les contenus cognitifs est contournée. Husserl en revendique hautement le mérite de la clarification lorsqu'il introduit la différence entre : «Les composantes proprement dites des vécus intentionnels et leurs corrélats intentionnels (ou les composantes de ces corrélats)»[2]. La référence de ce passage à Brentano, quoique non explicite, n'en est pas moins manifeste, si l'on tient compte de la vigueur avec laquelle cet auteur souligne le caractère *intentionnel* de tout acte de conscience. La distinction épistémologique en jeu n'est pourtant pas due à Brentano, mais à son disciple Twardowski[3]. Celui-ci proposait cependant une distinction à trois, et non pas à deux membres, suivant en cela la tradition plus ancienne de Bolzano qui, dans sa monumentale *Wissenschaftslehre*[4], à l'époque passée presque inaperçue, distinguait *Akt*, *Inhalt* et *Gegenstand* (acte, contenu et objet). La référence de Husserl à Bolzano et à Twardowski est explicite dans son important ouvrage mentionné ci-dessus. Au § 129, significativement intitulé «"Inhalt" und "Gegenstand"; der Inhalt als "Sinn"», Husserl écrit :

> Nous prenons pour point de départ l'expression courante si équivoque de contenu de conscience. Par contenu, nous entendons le «sens», dont nous disons que, en lui ou par lui, la conscience se rapporte à un objet en tant qu'il est le «sien»... Tout «noème» a un «contenu», à savoir son sens; par lui, le noème se rapporte à «son» objet (trad. fr. P. Ricœur, p. 436).

Citant Twardowski, Husserl s'emploie à combler ce qu'il y trouve insuffisant. Tout en restant réservé sur la fécondité de l'approche phénoménologique en épistémologie, nous n'en partageons pas moins sans réserve, avec Husserl et l'école logique polonaise, le sens de l'importance de l'analyse conceptuelle.

Revenons-en aux raisons. Elles présentent des degrés de complexité qui varient suivant le niveau du sujet et la complexité de sa tâche cognitive. Sans affirmer pour autant que «la raison d'une vérité... est un système de transformations», nous préservons la relation établie par Piaget entre les raisons et les systèmes de transformations qui modifient les implications signifiantes de départ, leur conférant un caractère nécessaire. Il faut distinguer soigneusement l'intervention instrumentale indispensable des transformations et de leurs systèmes dans la *formation des raisons*, d'un côté, et de l'autre les significations qui en découlent et parmi lesquelles se trouvent les raisons. Nous en resterons donc à la première formulation de Piaget, selon laquelle «la "raison" est l'une des significations», certes relative à des systèmes de transformations.

MISE EN QUESTION DE LA NOTION DE SIGNIFICATION

Les significations soulèvent, à leur tour, nous l'admettons volontiers, des problèmes de caractérisation très délicats, sans la maîtrise desquels il eût été vain d'aborder la définition des raisons. Mais c'est une autre question à laquelle, fort heureusement, le CIEG s'était déjà attaqué pendant l'année précédant les travaux qui nous occupent. Du point de vue de son histoire, tout s'est passé *comme si* le CIEG s'était préparé pendant un an — et, sans doute bien plus longtemps encore — aux travaux qu'il allait entreprendre sur les raisons. Cela n'est certes qu'une reconstruction après coup d'un enchaînement cognitif certainement beaucoup plus aléatoire que ce que cette manière de présenter les choses peut suggérer.

Toujours est-il que les significations ont constitué l'horizon rapproché des travaux du CIEG sur les raisons. L'argumentation à développer par la suite en faveur de la thèse que «les raisons sont des significations» (argumentation justificative) n'a sa place que dans le cadre d'une *épistémologie des significations*, dont l'épistémologie des raisons reste ainsi — dans notre optique comme dans celle de Piaget — lourdement *dépendante*. Tout en poursuivant notre démarche de définition générique des raisons, il faut donc reprendre ici quelques idées directrices de l'épistémologie des significations.

En première approximation, une signification est un contenu de connaissance que le sujet attribue aux objets en fonction de leur assimilabilité à ses schèmes. D'un point de vue technique, cette attribution est formalisable dans le calcul logique des prédicats du 1er ordre. Mais on n'a là qu'une approximation imparfaite. Certes, après le recours conjugué à des méthodes d'analyse historico-critique et psychogénétique en épistémologie, Piaget, en naturaliste logicisant, prisait le recours à des formalismes permettant de représenter les résultats de ces analyses. Il s'était essayé de longue date, non sans succès, à la formalisation de sa logique opératoire, qui s'écartait sur des points essentiels, en particulier par sa visée même, de l'approche classique en logique. Vers la fin de sa carrière, Piaget a repris son essai, en collaboration avec R. Garcia. En est issu *Vers une logique des significations* (1987), dont Piaget dit au début de son *Introduction* : «Le principal but de cet ouvrage est de compléter et de corriger notre logique opératoire dans le sens d'une logique des significations». Cependant, les travaux du CIEG sur les significations en 1978-79 ont débordé de loin le cadre logique entendu au sens étroit. Ils ont surtout permis d'approfondir la *signification* de «signification». Revenir là-dessus en détail nous mènerait trop loin et nous obligerait à presque doubler la longueur de notre texte. Nous ne saurions cependant nous dispenser de toute démarche de définition des significations, dont la notion est si lourdement mise à contribution dans l'étude des raisons. Mais notre démarche bute d'emblée sur des difficultés inéluctables, qui proviennent de la très grande généralité de son objet. Mal orientée et mal conduite — si elle voulait s'imposer une obligation de résultat impossible à satisfaire —, elle mènerait sûrement à l'échec[5].

Il est judicieux de commencer, de nouveau, par une caractérisation négative des significations, ce d'autant plus que notre démarche se trouve facilitée après ce qui a déjà été dit sur les raisons. Toutes les notions explicitement écartées de la définition générique des raisons l'ont été du fait qu'elles *n'étaient pas des significations*. Comme toute sorte de procédés plus ou moins rationnels, les procédés cognitifs mentionnés sont toujours porteurs de significations multiples ; mais ils ne sont pas à identifier pour autant aux significations ! La distinction mentionnée entre *activités cognitives* et *contenus cognitifs*, entre *noèses* et *noèmes*, reste pertinente dans ce contexte plus large, où elle apparaît dans toute sa généralité.

Ce qu'il y a de nouveau à retenir est que, si cette démarche va assez loin dans une voie de définition négative, elle est entièrement inopérante pour une caractérisation générique *positive* des significations. Dire que celles-ci sont des *noèmes* — des contenus de connaissance — reviendrait simplement à dire (utilisant un mot grec pour esquiver une difficulté conceptuelle) que les significations sont des significations, les *noèmes*, dans une acception généralisée très naturelle, n'étant en effet rien d'autre que les significations, affublées d'un mot savant.

On peut certes recourir à la formulation d'après laquelle «une signification est un contenu de connaissance», pour suggérer l'emboîtement des significations dans les *contenus en général*, abstraction faite de la distinction entre contenus *cognitifs* et autres. Mais ce serait encore un expédient voué à l'échec. La notion de contenu ne s'y appliquerait alors que de manière analogique. Or, à ce niveau de généralité, elle est entièrement dépourvue de contenu positif. Nous n'avons rien à faire ici d'une telle notion, puisque dire qu'une signification est un contenu sans y ajouter aucune détermination conceptuelle particulière ne fournit nul renseignement sur ce qu'est une signification.

La question de savoir à quel genre d'entités appartiennent les significations reste et restera sans réponse, mais cela pour une bonne raison : *il n'y a pas de catégorie plus compréhensive que celle de « signification ».* Ne pouvant que constater l'échec de la recherche d'une définition générique positive des significations, nous y voyons un fait épistémologique positif. Il nous apprend qu'*avec les significations on atteint une catégorie suprême*[6]. Celle-ci ne se laisse donc pas englober dans une autre plus vaste, que l'on pourrait alors invoquer dans une définition générique. Au-delà des significations, il n'y a plus lieu que pour des emboîtements analogiques ou tautologiques. Aussi on n'aura d'autre choix qu'entre deux options oiseuses : dire qu'une signification est un contenu en général, ou qu'une signification est une signification.

LE CERCLE COGNITIF PRIMORDIAL

Est-ce à dire que nous ne connaissons pas tous, fût-ce de manière confuse, la signification de « signification » ? Aucunement. L'inexistence d'une caractérisation générique positive d'une notion ne nous condamne pas à l'ignorer et ne voue pas à l'échec toute tentative de détermination conceptuelle à son égard. Notre démarche de caractérisation informelle doit se poursuivre par d'autres voies, et l'épistémologie génétique n'est pas en plus mauvaise posture pour cela que la phénoménologie ou le positivisme.

Précisons l'enjeu de notre démarche. L'approche génétique ne nous permettra certes pas de forger une définition générique positive, qui à notre sens n'existe pas. Mais l'objectif n'est pas d'acquérir une connaissance qui nous ferait défaut ; il est de clarifier *une connaissance confuse possédée dès le départ*. L'approche génétique est précieuse pour cela. Elle nous renseigne sur les processus qui mènent à la constitution des significations : grâce à quoi nous pouvons, dans une large mesure, les *identifier*, les *comparer*, puis, de manière indirecte, les *évaluer* et les *comprendre*.

D'un point de vue psychogénétique, un double processus est en jeu dans la constitution des significations : 1) un processus d'interprétation de données, qui assument pour le sujet le statut d'« assimilables cognitifs » plutôt que d'« observables », statut épistémologique mal caractérisé ; 2) un processus d'attribution des contenus cognitifs ainsi constitués aux objets, qui sont alors *investis de significations*. Relevons qu'il ne s'agit pas là de deux mouvements cognitifs qui se succéderaient dans le temps, mais de deux moments d'un seul mouvement cognitif complexe, qui ne sont distingués que par l'épistémologiste. Le premier moment de ce mouvement d'ensemble crée la signification en tant que contenu cognitif virtuel. La seule utilisation que le sujet en fait dans sa connaissance effective est cependant d'en investir, ou refuser d'en investir les objets qu'il considère ou sur lesquels il agit. *Le sujet ne connaît que dans l'acte de jugement.*

Ajoutons aussitôt une autre considération importante. On ne saurait entrevoir d'où les significations tirent leur plasticité, ni d'où le mouvement cognitif tire son dynamisme et sa grande liberté dans leur usage, si on ne saisissait pas, par la même occasion, les multiples rapports de dépendance entre les significations. D'où les deux principes qui s'imposent : 1) Il n'y a pas de significations qui ne soient pas relatives à d'autres significations. 2) Jamais des rapports de significations ne se constituent sans qu'à leur source ne soient en jeu *des dépendances multiples*. En bref, *les significations et les implications sont indissociables*. Dans l'introduction de *Vers une logique des significations* (1987), Piaget affirme que

> toute signification résultant d'une assimilation de l'objet considéré à un schème du sujet, et réciproquement toute assimilation étant source de significations, une succession causale d'observables peut déjà donner lieu à des implications entre significations : par exemple, un objet *x* étant soit posé sur un support *y* permettant de l'amener à soi, soit posé à côté ou au-delà de ce support, il y aura implication entre significations si le sujet comprend qu'en ce second cas, il ne sert à rien de tirer *y*, la relation ou action « poser sur » acquérant de ce fait la signification d'une « raison »... C'est ainsi que dès le schème le plus élémentaire, encore préprogrammé, qui est celui de la tétée, il y a déjà implications (entre déplacements et réussites ou échecs) lorsque le nourrisson, ayant mal placé sa bouche, doit modifier sa position pour l'ajuster au mamelon.

Nous voilà en présence d'un véritable cercle cognitif. Car non seulement *toute implication porte sur des significations*, mais aussi réciproquement, *toute signification suppose des implications*, et aucune ne se constitue qu'en s'appuyant sur elles. Nous y voyons *le cercle cognitif primordial*, parce qu'il est à la source de toute circularité cognitive ultérieure, et qu'il ne renvoie pas, à son tour, à un autre cercle cognitif plus fondamental encore.

Piaget, épistémologiste naturaliste, était bien placé pour cerner sa raison profonde : il la trouvait dans la *source organique du fonctionnement cognitif*. Le sujet connaissant est, en effet, indissociablement relié à un organisme qui ne serait pas viable si, dès ses premiers instants de vie, ses activités n'étaient pas coordonnées entre elles de manière à *préserver leur fonctionnement d'ensemble*. Les exemples invoqués par Piaget sont suggestifs. Ils montrent que les coordinations des schèmes d'action du sujet entraînent non seulement des rapports entre les *résultats des actions coordonnées* — rapports que le sujet *peut constater* dès que ces résultats se produisent —, mais surtout des rapports d'implication entre les significations *qui anticipent ces résultats*, ce qui a une portée beaucoup plus considérable.

La réflexion de Piaget là-dessus venait de loin. Il en propose une version élaborée dans *La naissance de l'intelligence* (1936), où les significations apparaissent dès le premier chapitre sur *l'exercice des réflexes*. Quant aux implications, c'est surtout dans son chapitre de *Conclusions* que Piaget, se référant à Claparède, s'en occupe. Piaget écrit dans le premier chapitre :

> Pour ce qui est des significations, nous avons vu combien les actes de succion se différencient selon que le nouveau-né a faim et cherche à téter, qu'il suce pour se calmer ou encore qu'il joue en quelque sorte à sucer. Il semble donc bien qu'ils présentent une signification pour le nourrisson lui-même... Or, une signification est nécessairement relative à d'autres, même sur le plan élémentaire des simples reconnaissances motrices.
>
> D'autre part, l'existence d'une organisation est attestée par le fait des recherches orientées. C'est... une chose remarquable... que la recherche précoce dont fait montre le nourrisson mis en contact avec le sein. Cette recherche... est à concevoir... comme la première manifestation d'un dualisme entre le désir et la satisfaction, donc entre la valeur et le réel, entre la totalité qui se complète et la totalité incomplète, dualisme qui réapparaîtra sur tous les plans de l'activité future...

Les *Conclusions* de *La naissance de l'intelligence* sont pour Piaget une bonne occasion de passer en revue les «théories de l'intelligence», et surtout de se situer par rapport à Claparède, dont il reconnaît sa dépendance sur des points essentiels. Piaget souligne l'évolution de Claparède entre *La psychologie de l'intelligence* et *La genèse de l'hypothèse*[7]. Tout autant pour leur intérêt intrinsèque que pour leur rôle de référence dans la formulation achevée de la «théorie de l'assimilation» sur laquelle Piaget conclut, il vaut la peine de reprendre ici, de manière condensée, quelques citations de Claparède par Piaget, toutes tirées de *La genèse de l'hypothèse* :

> L'implication est un processus indispensable à nos besoins d'ajustement. Sans elle, nous ne saurions profiter de l'expérience... L'implication plonge ses racines dans les couches motrices de l'être... L'organisme nous apparaît, dès ses manifestations les plus réflexes, comme une machine à impliquer... Impliquer, c'est attendre, et c'est tendre vers ce que l'on attend.

Piaget n'a cessé de développer par la suite les idées maîtresses de son ouvrage de 1936. Ses travaux plus récents, comme *Les formes élémentai-*

res de la dialectique (1980a), dépassent l'étude des relations entre les significations et l'assimilation cognitive, pour rapporter l'ensemble des considérations au vaste cercle cognitif qui relie les significations aux implications constituantes. Les significations ne sont plus que des *nœuds de réseaux de significations*, caractérisés par les implications qui les relient aux autres nœuds du réseau, ceux qui l'entraînent et ceux qu'il entraîne. Attendu que de telles implications constituantes interviennent bien avant l'articulation des premières propositions, on ne saurait *les réduire à de simples connecteurs interpropositionnels*. Leur circularité primordiale affecte toute démarche de définition des significations et des implications, car on ne saurait aborder les unes ou les autres sans les aborder toutes les deux à la fois.

La situation se complique encore davantage avec les différents niveaux de significations et d'implications, et leurs profondes différences de structure — malgré la continuité fonctionnelle qui les relie. Il est heureux que cette difficulté supplémentaire soit la clef pour la solution de la précédente. On conçoit aisément, en effet, que les significations d'un certain niveau soient points de départ et d'aboutissement d'implications tandis que celles-ci permettent, à leur tour, que de nouvelles significations se constituent, avec le passage à des niveaux de plus en plus élevés.

Nous refusons l'idée faussement simplificatrice d'un niveau plancher absolu de significations. On notera cependant que la circularité et la récurrence ascendante posent des problèmes beaucoup moins graves en ce qui concerne la formation des significations, que dans le cadre plus complexe des fondements des connaissances. Si A dépend de B, qui à son tour dépend de..., lequel dépend de A, de même que si A_1 dépend de A_2, qui dépend de... à l'infini, aucun élément de la série ne sera fondé en définitive, si les raisons invoquées ne sont pas *intrinsèquement mieux établies* que les conséquences qu'elles sont censées fonder dans leur ensemble. Il en va autrement dans le cas des significations, pour lesquelles, en principe, il n'y a pas de problème à ce que A dépende de B, qui à son tour dépend de..., lequel dépend de A : la pensée peut embrasser d'un coup l'ensemble de ces dépendances et, par cette voie, saisir également d'un coup toutes les significations qui en découlent.

Les cercles génétiques présentent leur forme la plus claire lors d'une véritable *alternance de générations*, comme on en trouve, de manière paradigmatique, en biologie, avec l'alternance des sporophytes et des gamétophytes, ou, plus généralement, des générations diploïdes et haploïdes des organismes à reproduction sexuée[8]. Un schème d'alternance de générations est, en soi, parfaitement clair; mais la situation devient problématique dès qu'on soulève la question fatidique sur « ce qui était au début ». Remarquons surtout que ce problème, pourtant très général, *ne se transpose pas* automatiquement aux significations, où il n'y a souvent pas lieu de demander *lesquelles précèdent et lesquelles s'ensuivent*. Les significations peuvent s'appuyer réciproquement entre elles, sans que la pensée soit pour autant condamnée à osciller indéfiniment entre les unes et les autres.

Piaget aborde le problème de la circularité des connaissances dans le premier et dans le dernier chapitre des *Formes élémentaires de la dialectique* (1980a). Dans ses *Conclusions*, il écrit notamment :

> Un quatrième caractère couramment invoqué pour caractériser la dialectique est l'intervention de circularités ou spirales dans la construction des interdépendances. Leur différence avec les cercles vicieux tient essentiellement au fait que la dynamique de ces interactions comporte nécessairement un aspect de succession tel que tout progrès dans le sens de la construction proactive provoque des remaniements rétroactifs enrichissant les formes antérieures du système considéré. C'est ainsi que dans le cas des prédicats, concepts, jugements et inférences du chap. I cet ordre, qui est celui de la construction, entraîne son inverse au plan des justifications...

DÉDUCTION ET RÉDUCTION

Après avoir procédé à la caractérisation générique des raisons, notre démarche de définition informelle, un moment interrompue par le retour sur le concept générique « signification », doit se poursuivre en spécifiant *quelles significations sont les raisons*. Nous privilégierons de nouveau une approche indirecte, et chercherons à répondre par la voie d'une forme d'interrogation sur les origines de la pensée rationnelle.

Nous nous laisserons guider par deux suppositions : 1) tout en l'intégrant dans une épistémologie des significations, une théorie adéquate des raisons doit *reprendre l'essentiel de la conception piagétienne de l'abstraction réfléchissante*; 2) une telle théorie doit, par la même occasion, *revaloriser l'objet cognitif et les modèles que le sujet s'en fait*.

Un sujet qui cherche des raisons est en *mouvement cognitif*. Avant de trouver les raisons, ce sujet *raisonne*. C'est la nature particulière du raisonnement qui mène à la découverte des raisons que nous devons reconstituer.

La pensée rationnelle s'oppose d'emblée à ce qui constitue, en fait, l'attitude spontanée primaire de la pensée, à savoir saisir son objet de manière immédiate. À l'opposé de cela, la pensée rationnelle suppose une capacité réflexive de *distanciation*; elle vise à *une saisie médiatisée de l'objet*, avec un retour sur ses *conditions d'engendrement*. Il s'ensuit que ce que le sujet saisit de manière plus ou moins immédiate ne peut, du fait même du caractère immédiat de la saisie cognitive, que rester *en deçà de la rationalité*. Dépassant le niveau de cette connaissance prérationnelle rudimentaire, le rationnel ne saurait être *que fondé*. Sa signification renvoie, par conséquent, à d'autres qui la fondent : elle ne saurait être immédiate.

La marche vers la rationalité n'est pas dépourvue d'analogie profonde avec la marche de l'intelligence sensori-motrice vers son accomplissement. Piaget écrit à ce sujet dans *La naissance de l'intelligence*, chap. III :

Du simple réflexe à l'intelligence la plus systématique, un même fonctionnement nous paraît se prolonger au travers de tous les stades, établissant ainsi une continuité entière entre des structures de plus en plus complexes. Mais cette continuité fonctionnelle n'exclut en rien une transformation des structures allant elle-même de pair avec un véritable renversement des perspectives dans la conscience du sujet. Au début de l'évolution intellectuelle, en effet, l'acte est déclenché tout d'une pièce et par un stimulus extérieur... Au terme de l'évolution, au contraire, toute action implique une organisation mobile à dissociations et regroupements indéfinis...

Comment s'opère un tel renversement ? Grâce à la complication progressive des schèmes...

Pour la clarté de l'analyse, il convient de distinguer 1) les *implications*, qui sont des relations constitutives des significations, avec lesquelles elles coexistent, de manière synchrone, à l'intérieur du cercle cognitif primordial, 2) des *inférences*, qui sont déjà des raisonnements articulés et, comme tels, solidaires d'un mouvement cognitif de plus ou moins grande échelle. Nous parlons métaphoriquement de *mouvement cognitif*, pour suggérer qu'il y a là une *activité dirigée*, capable d'induire des modifications de l'état cognitif du sujet, et de ce fait créatrice de nouveautés. Parler de directionnalité du raisonnement reste pourtant insuffisant, car cela ne rend pas compte de la principale raison de sa complexité. Le raisonnement ne présente pas, en réalité, une simple mais une *double* directionnalité qu'il importe de distinguer : celle du *mouvement cognitif* et celle du *lien de conséquence*.

Dans son mouvement cognitif, le sujet passe de certaines significations d'un objet considéré à d'autres significations du même ou d'autres objets, suivant différents types d'enchaînements. Parfois, il ne fait que suivre les enchaînements plus ou moins aléatoires de sa mémoire associative ou de sa fantaisie. Ces cas ne sont pas sans intérêt pour le psychologue et pour l'épistémologiste, à qui des questions intéressantes se posent à leur sujet. Tant que le mouvement cognitif ne suit pas des liens plus ou moins contraignants de conséquence basés sur des implications, ils n'en restent pas moins en dehors du domaine de la logique. Limitons nous aux cas qui seuls intéressent le problème des raisons.

La déduction et la réduction comme mouvement cognitif

Si une signification A implique une autre B — auquel cas nous écrivons A $\Rightarrow$ B, sans exiger que les significations en jeu soient des contenus de jugements —, le sujet peut passer de la première à la seconde par un mouvement cognitif qui suit le lien de conséquence, B étant alors une *conséquence nécessaire* de A. Mais le sujet peut aussi bien, à l'opposé, remonter le lien de conséquence et passer de B à A, cette dernière signification étant alors *condition suffisante* de B, qu'elle implique. Tandis qu'un point de vue strictement logique ne prend en considération que les antécédents, les conséquents et le lien spécifiquement logique de conséquence qui les relie entre eux, un *point de vue épistémologique* doit tenir compte du mouvement cognitif, qui procède dans l'un des deux sens indiqués : soit en passant de ce qui est antécédent logique à ce qui en est conséquent logique — cas où le mouvement cognitif *suit le lien de conséquence* en en respectant le sens : il va de la condition à la conséquence nécessaire ; soit, inversement, de ce qui est conséquent logique à ce qui en est antécédent logique — cas où le mouvement cognitif est de sens opposé au lien de conséquence qui, lui, ne saurait s'inverser : le mouvement cognitif remonte alors de la conséquence à la condition suffisante.

Remarquons que nécessité et suffisance sont ici des *modalités de significations*, en fonction des jugements où elles interviennent : une signification est nécessaire, quand elle est conséquence d'une autre qui l'implique ; elle est suffisante, quand elle est condition d'une autre qu'elle implique. Il n'y a aucune raison, dans un cas comme dans l'autre, de se limiter aux significations qui consistent déjà, à leur tour, en des *contenus de jugements*.

Surmontant le penchant spontané primaire de la pensée, qui vise la saisie immédiate de ses objets, les premiers raisonnements qui saisissent les objets de manière médiate ne font que suivre les liens de conséquence : de nouvelles significations sont inférées et anticipées à partir de significations préalablement saisies. Piaget parle à ce propos d'*implications signifiantes proactives*. Nous appellerons simplement *déduction* le mouvement cognitif qui les fait valoir. En ce sens le plus général, la déduction est le raisonnement par lequel *le sujet infère les significations impliquées comme conséquences nécessaires de celles dont les objets étaient déjà investis.*

Quand Piaget écrit :
> Un second groupe d'implications relie un élément E non pas à ses conséquences ultérieures mais à ses antécédents ou «conditions préalables», lesquelles peuvent être multiples mais non suffisantes pour autant : nous parlerons à ce propos d'implications «rétroactives»...

(texte d'avril 1980), il prend en considération le mouvement cognitif de sens opposé,
> chaque découverte proactive pouvant conduire à des remaniements rétroactifs.

Il conclut provisoirement que
> Nous pouvons alors définir les «raisons» comme les liaisons plus ou moins complètes dont la réunion constitue le fondement.

Piaget distingue ainsi trois types d'implications signifiantes. Faisant pendant à «déduction», nous appellerons «réduction» le mouvement cognitif qui remonte le lien de conséquence logique et atteint les conditions suffisantes.

Déduction et *réduction* sont les deux grandes formes élémentaires de raisonnement, au sens le plus général que nous adoptons. Toutes les autres formes de raisonnement n'en sont que des composés plus ou moins complexes. On les retrouve à l'œuvre dans les sciences, où les raisonnements sont, en principe, particulièrement explicites et méthodiquement élaborés. D'où le grand intérêt d'examiner leur fonctionnement dans ce cadre de référence.

Considérons d'abord les sciences déductives, comme la mathématique. Un rôle central y revient à la *démonstration*, qui n'est rien d'autre qu'un enchaînement déductif. D'un point de vue méthodologique, le statut de la démonstration est capital en mathématique, car elle y constitue l'unique moyen de contrôle de la vérité des assertions. Il serait pourtant incorrect d'en conclure que les sciences déductives ne laissent guère de place, ou seulement une place secondaire, aux *raisonnement réductifs*.

Il serait surtout erroné de prétendre que la *preuve*, qui est déterminante en mathématique, comme ailleurs, est une conduite déductive. Laissant de côté ces propositions mineures appelées «corollaires» — que l'on infère par déduction directe à partir de propositions plus générales, qui les impliquent —, la preuve des théorèmes se fait toujours par réduction. Quand un mathématicien cherche à démontrer une proposition — qui deviendra «théorème» du fait qu'il la démontre —, la proposition envisagée est saisie par le raisonnement en marche bien avant qu'il n'aboutisse. Le mouvement de la preuve elle-même constitue un raisonnement réductif : il remonte de la proposition aux conditions suffisantes *qui permettront de l'inférer*. Ce n'est qu'une fois celles-ci trouvées que le mathématicien peut inverser le sens du mouvement cognitif — mais non celui du lien de conséquence, qui reste indépendant de la démarche du sujet, en toute circonstance —, et aboutir, enfin, à la démonstration déductive cherchée[9].

Le contrôle de la vérité des assertions à contenu empirique se fait par induction, et consiste en des *vérifications*. On aurait cependant tort d'opposer déduction et induction, y voyant les deux grandes formes fondamentales du raisonnement, ce qu'elles ne sont pas. À notre avis, c'est la réduction, plutôt que l'induction, qui fait pendant à la déduction.

L'induction repose sur une suite de vérifications; tant que celle-ci reste incomplète, l'induction restera non probante de manière apodictique. La vérification, à son tour, est une démarche fondamentalement déductive et non pas réductive comme la preuve. Tandis que celle-ci «remonte» (réduction) d'une proposition à démontrer à ses conditions suffisantes, la vérification «descend» (déduction) de la proposition à vérifier à quelques-unes parmi ses conséquences nécessaires. On teste alors ces conséquences, qui confèrent, si l'issue du test est positive, une plus ou moins grande *plausibilité* à la proposition du départ. — Notons, en passant, que la démarche de vérification n'est aucunement réservée aux sciences expérimentales. Les sciences déductives, dont les mathématiques pures et appliquées, ne s'en privent pas et y ont même largement recours, à titre subsidiaire. Ainsi, par exemple, avant la démonstration du dernier théorème de Fermat par A. Wiles en 1994, on a prétendu avoir vérifié ce «théorème» (encore non démontré à l'époque) pour tous les exposants jusqu'à 4.000.000.

RECONSTITUTION ET RECONSTRUCTION

Après le déblayage de terrain auquel nous avons donné la priorité, notre thèse fondamentale est que, parmi toutes les significations, les raisons se caractérisent *par une double référence* : à un *processus de reconstruction de l'objet cognitif*, où elles jouent le rôle de *fondement*, et à des *activités de reconstitution*, qui engendrent les significations *qui joueront ce rôle*.

À la fin de notre démarche — si elle réussit —, un type bien caractérisé de définition s'imposera pour les raisons : elle sera simultanément *fonctionnelle* et *génétique*, du fait de la référence au rôle des raisons dans la connaissance et à leur mode de formation par reconstitution du fondement. Qu'il en soit ainsi, et notamment que le mode de formation des raisons *doive intervenir* comme composante non éliminable de leur définition, voilà qui met en évidence et qui justifie après coup de manière indirecte la spécificité d'une approche épistémologique seule à même d'aborder cette notion capitale de manière adéquate.

La formation des raisons suppose des activités qui reconstituent les préalables génétiques, tout en les remaniant profondément. Encore une fois, un détour par l'épistémologie mathématique garantira, dès le départ, une certaine orientation générale sur le rapport intime, aussi bien que sur la dualité à préserver, entre les *préalables génétiques* et les *fondements rationnels* — étant entendu que seuls les derniers, à l'exclusion des premiers, constituent des raisons. Toujours est-il que le raisonnement déductif à partir des fondements (*reconstruction rationnelle*) n'est opérant qu'une fois ceux-ci constitués par un raisonnement réductif (*reconstitution fondatrice*). *Réduction suivie de déduction*, telle est la démarche fondatrice de la mathématique dans son mouvement d'ensemble. Nous nous proposons de montrer qu'il en va de même, toute proportion gardée, dans les autres domaines de la connaissance.

Des activités de reconstitution se retrouvent partout en mathématique. Pour mieux déterminer leur signification et leur portée fondamentale, remarquons qu'elles proviennent d'un retour réflexif systématique de la pensée mathématique sur elle-même. Comportant à tous les niveaux des rétroactions qui les éloignent, souvent de manière appréciable, de l'engendrement primordial des objets sur lesquels porte la réflexion, les activités de reconstitution en mathématique laissent une grande liberté de jeu à la reconstruction rationnelle. Le mathématicien vise en effet — et cherche à spécifier — les conditions de validité les plus générales, à un moment donné de l'élaboration de la branche qu'il étudie. De ce point de vue, *seuls les caractères essentiels des objets s'imposent* de manière contraignante, tout le reste étant laissé à la discrétion d'une *reconstruction rationnelle libre*.

Les recherches sur les fondements logico-mathématiques ne visent en tout cas pas à reconstituer la genèse psychologique réelle des notions considérées. Quel que soit l'intérêt que celle-ci revêt pour l'épistémologiste, elle n'en reste pas moins radicalement en dehors du domaine des mathématiques formelles. Une différence subsiste entre ces deux perspectives générales de reconstitution possible : l'une vise, à la manière des psychologues des fonctions cognitives, comme, dans un autre domaine, des historiens et plus particulièrement des archéologues, une *reconstitution réaliste* des mécanismes de construction, dont les notions en cause relèvent *dans leur engendrement primordial effectif*; et l'autre, une *reconstruction idéale*, sur un nouveau plan, souvent avec des instruments cognitifs d'un haut degré d'originalité comparés à ceux qui avaient présidé à la construction primordiale.

Si l'on élargit le cadre d'analyse pour tenir compte des activités de reconstitution qui interviennent dans la formation des raisons en général, la dualité radicale entre les préalables génétiques et les fondements rationnels — que l'épistémologie mathématique permet de saisir en toute netteté — subsiste. Les uns et les autres faisant l'objet d'activités de reconstitution, il est évident que leur comparaison intéresse hautement l'épistémologie des raisons. Mais soulignons surtout qu'une reconstitution réaliste d'un développement historique quel qu'il soit, et en particulier celle du fonctionnement mental intervenant dans une genèse réelle, n'a en principe *aucun privilège* sur les autres formes de reconstitution, du point de vue du «réfléchissement» qui mène à la formation des raisons.

Une reconstitution satisfaisante du fonctionnement mental effectif du sujet ne saurait être le fait que du psychologue, mettant en œuvre toutes les ressources techniques de ses méthodes propres — bien que le psychologue et le sujet puissent coïncider en fait, sinon de droit, dans certains cas qui ne nous intéressent pas particulièrement. Cela suffit à montrer que les reconstitutions réalistes, cernant aussi fidèlement que possible le déroulement effectif d'une genèse, ne sauraient être jugées nécessaires à la formation des raisons.

Qui le prétendrait exclurait la formation des raisons jusqu'à des stades avancés; car on sait bien que de telles reconstitutions du fonctionnement mental, ainsi d'ailleurs que de n'importe quel autre développement historique, supposent un haut niveau de développement de qui s'en occupe. Ce qui, à l'opposé, renforce l'intérêt de la formation des raisons pour l'épistémologie génétique est la possibilité d'en suivre, comme nous le soulignerons plus loin, les étapes successives tout au long du développement cognitif. Mais si les *reconstitutions* réalistes ne sont pas nécessaires à la formation des raisons, elles n'y suffisent pas non plus. Rien ne garantit, en effet, qu'elles se prolongent par une réflexion qui rendrait possible une véritable *reconstruction* rationnelle.

En somme, les préalables génétiques et les fondements rationnels dégagés par voie réflexive sont les uns et les autres pertinents pour une épistémologie des raisons, mais à des titres très différents. Les derniers sont *homogènes* aux raisons, n'étant en fait que des raisons d'un niveau supérieur. Les premiers *ne sont pas des raisons*, mais ils n'en fournissent pas moins à l'épistémologiste des données irremplaçables pour l'élaboration d'une théorie des raisons.

Le sujet, qui *reconstruit* son savoir sur la base de raisons saisies par ses activités de *reconstitution*, n'est pas la source directe ni du psychologue ni de l'historien, l'un et l'autre étant astreints par méthode à reconstituer fidèlement des déroulements historiques réels; il est plutôt celle du mathématicien qui, comme tout autre esprit créateur engagé dans une entreprise de reconstruction rationnelle libre, reformule sans cesse les résultats de ses constructions et leurs concepts de base. L'épistémologiste généticien est à mi-chemin entre ces deux types d'intérêt cognitif : astreint par méthode à des reconstitutions qui relèvent, tour à tour, de l'un et de l'autre, il n'a pas à choisir entre les deux, et doit réaliser la transdisciplinarité dans sa propre tête, le dialogue interdisciplinaire aidant.

Les raisons psychologiques des phénomènes cognitifs (pourquoi le sujet connaît ce qu'il connaît et pourquoi il le connaît de la manière dont c'est le cas) sont importantes pour les recherches épistémologiques. Quel que soit leur intérêt permanent, elles ne sauraient pourtant constituer notre objet central d'étude. Sont à distinguer à ce propos : 1) la recherche des raisons des connaissances du sujet, où il ne s'agit naturellement que d'une recherche *par le psychologue*, de raisons *pour le psychologue*, et 2) la recherche *par le sujet* des raisons *pour ce sujet* — où il s'agit alors de raisons de l'objet connu en tant que connu, en parfaite continuité avec la recherche des raisons dans les sciences.

REPRISE COMPENDIEUSE

Nous pouvons mieux replacer maintenant nos considérations introductives sur les approches possibles de notre problématique dans le cadre général de l'épistémologie génétique. Celle-ci a pour méthode d'analyser le développement des connaissances, non pas pour y rester, mais pour, à partir de là, se prononcer sur l'objet connu *d'après sa constitution interne*. Pour en revenir au problème des raisons, si, prolongeant l'information tirée de l'histoire des sciences, la contribution du psychologue sur ce qu'est une raison pour un sujet dans un contexte donné reste indispensable, la question centrale incontournable est de savoir ce qui fait que les différentes raisons sont des raisons.

Pour être en mesure d'y répondre, nous avons dû nous engager dans une longue démarche de définition informelle. À son terme, nous risquerons une formulation concise : *une raison est une signification saisie par une activité de reconstitution, et jouant le rôle de fondement dans une reconstruction cognitive.*

1) *Une raison est une signification.* Cette formulation, qui remonte à Piaget, constitue la caractérisation générique des raisons. Suivant le niveau où elles se situent, celles-ci peuvent être d'un degré de complexité très variable. Il n'en reste pas moins que l'unité du complexe significatif en cause permet de dire, dans tous les cas, qu'une raison est *une* signification. La notion de signification renvoie, à son tour, au cercle cognitif le plus fondamental, celui des significations et des implications constituantes, comme nous y avons longuement insisté. Le complexe notionnel autour de cette caractérisation générique des raisons est si important que l'on doit savoir gré à Piaget de nous l'avoir légué, au bout d'une démarche de conceptualisation persévérante et étalée dans le temps.

2) *Les raisons sont saisies par des activités de reconstitution engagées par le sujet.* Piaget le dit, de manière condensée, en affirmant que « le propre des raisons est de consister en *reconstitutions* dont les étapes s'enchaînent... ». Plus explicitement : les reconstitutions en cause sont des activités de pensée *qui saisissent des raisons.* Eu égard à l'impératif de précision propre à toute définition, même informelle, nous remarquerons que les activités de reconstitution appartiennent au versant noétique de la connaissance : ce sont des *activités cognitives*; tandis que les raisons (et les significations en général) appartiennent au versant noématique correspondant : ce sont des *contenus cognitifs*. On ne saurait les identifier. À cette nuance près, la formulation profonde de Piaget met en évidence la *composante génétique* non éliminable de la définition informelle des raisons. La référence aux activités de reconstitution — qui saisissent les raisons — ne prendra toute son épaisseur qu'après l'étude détaillée des processus de formation des raisons, dans les prochains chapitres. Ces activités rentrent dans la vaste classe des raisonnements réductifs (au sens général du paragraphe précédant) et sont centrales dans l'épistémogenèse.

3) *Les raisons jouent le rôle de fondement dans une reconstruction cognitive.* La formulation originale de Piaget est « Nous pouvons alors définir les "raisons" comme les liaisons plus ou moins complètes dont la réunion constitue le *fondement* ». Ce texte profond et hautement condensé est elliptique. Y est implicitement question de la *composante*

fonctionnelle, elle aussi non éliminable, de la définition informelle des raisons, avec la référence — à expliciter ultérieurement — au rôle des raisons dans la reconstruction cognitive. Les raisons constituent le *fondement*, en tant que *conditions suffisantes pour cette reconstruction* (déduction après réduction préalable).

Il serait fâcheux que la formulation concise proposée plus haut fasse illusion sur la réelle complexité des germes de définition lancés par Piaget. Nous ne faisons, pour le moment, que dresser un cadre dont le seul mérite sera d'«encadrer» ce qu'il pourra.

La filiation piagétienne de l'essai de synthèse proposé est manifeste. Y décèlera-t-on, malgré nous, quelque distorsion systématique de l'équilibre théorique visé par Piaget? Nous n'en préjugeons pas. Comme on ne saurait en juger qu'à la lumière d'un autre essai de reconstitution du Piaget théoricien des raisons, la parole est à qui voudra s'y essayer.

Pour en revenir à l'état de la discussion en 1980-81, nous nous contenterons de citer à nouveau la synthèse proposée par Apostel, pour montrer que Piaget était à l'époque différemment interprété et évalué :

> une fois ces concepts construits, le sujet peut examiner leurs propriétés sans se référer à leur mode de construction... Pour Piaget alors... il peut déduire ou induire correctement, mais il ne s'occupe pas de raisons. Il peut cependant aussi reconstituer au palier supérieur la genèse constructive des concepts qu'il a introduits et déduire (à l'aide des moyens de déduction du palier supérieur) les propriétés de ces concepts à partir de leur processus de construction reconstitué...
>
> Le problème posé au Centre par Piaget est alors : 1. À quels âges cette utilisation de la genèse pour explorer les propriétés intervient (si elle intervient)? 2. Comment cette exploitation de la *construction* pour l'*exploration* évolue-t-elle? 3. Est-ce que cette démarche est un moteur important du développement cognitif? À mon sens, il a été difficile de donner des réponses claires à ces questions...

Apostel présente, en quelques pages, les raisons de ses réserves, sur la base de trois alternatives selon lui non élucidées : 1) Les sujets introduisent-ils leurs concepts d'une manière canonique ou individuelle? 2) Les reconstructions en cause se veulent-elles réalistes ou purement «idéelles» (*sic*)? 3) Doit-on lire l'opposition proactif-rétroactif de manière synchronique ou diachronique? Apostel indique, et justifie, sa préférence pour les seconds membres des alternatives 1) et 3) dont eût pu s'inspirer un développement théorique positif. À l'encontre de cela se dressait, aux yeux d'Apostel, l'alternative centrale 2), à laquelle il ne voyait apparemment pas d'issue possible, ses deux membres lui semblant également insatisfaisants pour des raisons différentes. Après un examen séparé des raisons pratiques, inférentielles et ontologiques, il formule, en conclusion, ses reproches :

1. Je crois que la proposition faite par J. Piaget admet plusieurs interprétations. 2. Je crois que dans chacune de ces interprétations, elle est incomplète. 3. Je crois qu'elle n'est *pas* incompatible avec les propositions que je fais moi-même... 4. Je crois que les interactions anticipatives et réorganisantes qui, selon lui, constituent *un des facteurs*... de la raison n'ont pas été décelées par la plupart des expériences faites.

Nous concédons volontiers à Apostel les deux premiers points qu'il relève. Quant à savoir «avec quoi la proposition de Piaget est compatible ou incompatible», la marge d'appréciation reste large, ce qui ne laisse *a priori* aucun avantage, ou désavantage, à quiconque voudra se prononcer librement à ce sujet. La question qui nous paraît la plus intéressante n'est pas celle d'une *compatibilité statique*, vite dépassée, mais de reconstituer le «Piaget asymptotique» auquel nous nous référions dès le premier chapitre, celui qui, par empêchement définitif, ne s'est jamais pleinement exprimé. Le quatrième point d'Apostel est le plus important pour nous. Il mérite une discussion dépassionnée et factuelle, que nous ne pouvons que renvoyer à la synthèse qui conclut le chapitre 3.2 consacré à la présentation de quelques résultats psychogénétiques.

Si, en suivant Piaget, nous faisons lourdement appel à la genèse dans la définition même des raisons, c'est, comme nous l'avons déjà souligné, dans le sens de ces reconstitutions qui fondent une reconstruction cognitive et qui impliquent toujours un *dépassement*. S'interrogeant sur de telles reconstitutions (qu'il appelait étrangement «reconstructions idéelles»), Apostel tendait à répondre négativement à la question de savoir si on pouvait en attendre un rôle capital dans la psychogenèse. Il n'en savait pas moins pertinemment que les sujets avancent le plus souvent comme «raisons» des considérations qui n'ont rien à voir avec des caractéristiques de la genèse réelle qui en «expliqueraient maximalement» toutes les autres caractéristiques. Insatisfait, il s'en remet provisoirement à sa conception de la raison comme propriété de configurations de motifs, prémisses et causes, dont nous avons dénoncé l'insuffisance, sans pour autant la rejeter d'emblée. À notre sens, seules les reconstitutions *qui fondent une reconstruction cognitive avec dépassement* fournissent un principe de définition adéquat pour ces propriétés de configurations *qui caractérisent les raisons*.

NOTES

[1] En particulier dans ses derniers ouvrages *Les formes élémentaires de la dialectique* (1980a) et *Vers une logique des significations* (1987).
[2] *Ideen zu einer reinen Phenomenologie und phenomenologischen Philosophie*, § 88 (M. Nijhoff, Den Haag; 1950, publication posthume). Trad. fr. P. Ricœur, *Idées directrices pour une phénoménologie*, Gallimard, 1950 p. 303.
[3] La référence de base à ce sujet est la *Habilitationsschrift de K. Twardowski, Zur Lehre vom Inhalt und Gegenstand der Vorstellungen*, Vienne, 1894. Twardowski a étudié la philosophie à Vienne auprès du maître allemand, avant de devenir, de retour dans son pays d'origine, le «fondateur» de l'école logique polonaise, sans avoir cependant été lui-même un logicien au sens moderne du terme.
[4] 1937, 4 volumes.
[5] Ce ne serait pourtant pas peine entièrement perdue : on aurait l'occasion de se pencher sur les raisons de ce mauvais résultat pour en tirer les conséquences.
[6] Cet énoncé soulèvera des objections faciles de ceux qui confèrent au mot «catégorie» une charge sémantique plus lourde que celle requise dans le présent contexte. Anticipant cette éventualité, nous acceptons volontiers toute modification de notre formule qui resterait compatible avec la démarche générale de définition informelle proposée.
[7] E. Claparède, *La psychologie de l'intelligence, Scientia*, XI, 1917, et *La genèse de l'hypothèse, Archives de Psychologie*, vol. XXIV, 1933.
[8] Le cas proverbial de l'œuf et de la poule ne se complique que légèrement quand on considère des organismes soumis à des métamorphoses.
[9] Citée au chapitre 1.2, la thèse d'A. Henriques contient des renseignements sur les conduites de preuve aux niveaux les plus élémentaires. Indépendamment de l'attente initiale de l'auteur, elle confirme le caractère fondamentalement réductif du raisonnement des enfants qui fournissent des preuves, en parfaite analogie avec leurs aînés mathématiciens. A. Henriques se réfère à T. Kotarbinski, *Gnoseology*, Oxford, Pergamon Press, 1966, traduit du polonais, dont nous nous sommes aussi inspirés dans ce paragraphe. Signalons que Kotarbinski a été élève de Twardowski, le fondateur de l'école logique polonaise, dont Lukasiewiez, Lesniewski et Tarski comptent parmi les plus illustres représentants.
Notons, pour référence, que la classification des raisonnements en déductifs et réductifs apparaît déjà chez Lukasiewicz, *O nauce*, dans *Poradnik dla Smoukow*, vol. 1, Varsovie, 1915, cité par Kotarbinski. Ce dernier écrit dans *Gnoseology*, Partie IV, chap. premier, sur le raisonnement :
> All reasonings are usually divided into deductive and reductive, the former being from reason to consequence, and the latter, from consequence to reason... Inference consists in finding a consequence of a reason which has previously been accepted as true, and verification in finding a consequence, previously accepted as true, of a given reason. Explanation consists in finding a reason of a consequence previously accepted as true, and proving, in finding a reason, previously accepted as true, of a given consequence.

Les raisons et les conséquences auxquelles Kotarbinski fait appel dans son texte sont des *propositions* et non pas des significations, au sens plus général que nous adoptons, suivant Piaget. Il suppose la *vérité* de quelques-unes de ces raisons ou conséquences — ce dont il ne saurait être question s'agissant de significations —, s'exposant ainsi à la critique de K. Ajdukiewicz dans son compte-rendu de l'ouvrage de Kotarbinski (ce compte-rendu est reproduit dans les annexes de *Gnoseology*) :
> if the relation between reason and consequence is interpreted as it is by the author, then transition from truth to truth and from falsehood to falsehood will be both deduction and reduction, transition from falsehood to truth will be deduction only, and transition from truth to falsehood will be reduction only.

Chapitre 2.2
La formation des valeurs cognitives

par G. Henriques

PROBLÈMES INHÉRENTS À LA CONSTITUTION DE VALEURS EN ÉPISTÉMOLOGIE

Il est des cas exceptionnels où l'on s'acquitte d'une tâche intellectuelle par une simple définition. Il en est ainsi quand il ne s'agit que de délimiter un objet d'étude ou encore, dans un contexte polémique, de rejeter d'emblée une approche qui manquerait l'essentiel de la question. Mais une démarche de définition ne constitue, en règle générale, qu'une étape préliminaire d'un mouvement cognitif plus vaste, dont les acteurs doivent savoir tirer parti par la suite dans la mise en train de travaux plus consistants.

En ce qui concerne notre thème d'étude, il va de soi qu'une simple définition des raisons ne saurait nous tirer d'affaire à si petits frais. Nous n'avons là rien de plus et rien de moins qu'un *point de départ* pour un travail de plus longue haleine, dont le contenu ne se laisse atteindre que dans le cours de la recherche épistémologique subséquente. Encore faut-il reconnaître que ce point de départ n'en est véritablement pas un, au sens propre, dans le présent cas. La définition informelle proposée est, comme explicitement signalé, *fonctionnelle et génétique*. À ce titre, elle ne peut que dépendre intrinsèquement de considérations dont nous n'avons indiqué jusqu'à présent que la nature générale.

Une situation gênante de ce type est au cœur des difficultés *conceptuelles* du présent chapitre. Voici, en termes généraux, comment elle se présente : 1) On commence par caractériser une notion à titre provisoire. 2) On utilise par la suite le résultat de ce travail préliminaire dans un contexte dont la clarification est condition préalable pour rendre effective la caractérisation conceptuelle admise.

Concrètement : nous voulons étudier *la formation des raisons*. Pour ce faire, nous ne saurions nous passer d'une orientation conceptuelle générale sur la notion en cause, permettant de répondre à la question : formation *de quoi ?* Nous avons donc bien besoin d'un concept *possédé dès le début*. Mais il arrive que la notion apparemment insaisissable de raison ne se laisse caractériser, de manière satisfaisante, *qu'en termes de processus formateurs* : sont des raisons les significations qui résultent de certains *processus spécifiques*, qu'il est alors impératif de caractériser, à leur tour.

Mais si l'essentiel de ces processus est, précisément, d'aboutir à la formation de raisons ? Nous voilà de la sorte en train de raisonner dans un cercle. Pis encore : c'est notre approche qui inévitablement y mène. Nous sommes-nous fourvoyé, ou peut-on voir, au contraire, dans cette circularité — *assumée et revendiquée* — le principe même d'un savoir réfléchi sur les raisons ?

Quoi qu'on en décide, on doit faire face à de redoutables problèmes de constitution en épistémologie. Ceux concernant les raisons ne sont pas, somme toute, si éloignés de ceux qui se posent déjà sur la constitution des significations en général. On remarquera cependant une particularité des raisons : leurs processus de constitution sont toujours, en fait, des processus de *reconstitution*. Le mode de formation des raisons les intercale entre plusieurs strates de connaissances, dont la valeur cognitive est très différente. Il y a d'un côté, et tout d'abord, le niveau des connaissances *sur lesquelles portent les processus de reconstitution*. D'un autre côté, et après la reconstitution, une nouvelle strate de connaissances de plus haut niveau se forme, *fondée sur les raisons préalablement dégagées*.

Cette distinction métaphorique de niveaux traduit une différence réelle de *degrés d'intelligibilité*. N'est en effet intelligible pour un sujet que ce qu'il déduit à partir de principes, qui ne sauraient provenir, en dernière analyse, que de réductions préalables. Si ces principes sont, à leur tour, déduits de principes plus hauts comme cela peut se produire, le sujet n'en est pas plus capable pour autant de déduire à la fois tous les principes qu'il invoque. Peut-être en déduira-t-il de nouveaux plus tard, conférant une nouvelle intelligibilité aux conséquences qui en découlent. Mais ce sera, encore et toujours, à partir de principes qui, eux, ne seront *pas tous* déduits.

Il ne suffit en tout cas pas d'invoquer la saisie des raisons par des activités de reconstitution, pour atteindre d'emblée leur formation *en tant que raisons*. On doit spécifier, dans chaque cas, leur *capacité fondatrice* par rapport aux significations qui en découlent, comme conséquences intelligibles dans leur diversité. En bref, on doit indiquer ce qui les fait être des raisons.

Est ici en question le rôle des raisons dans la reconstruction cognitive (par déduction) et la *valeur qu'y puisent* les connaissances fondées. Ces dernières ont été appelées ἐπιστήμη par les Grecs, qui leur accordaient déjà un statut d'excellence. Nous en dérivons l'expression «valeur épistémique», dont nous nous servirons aussitôt pour dire que *le problème de la formation des raisons ne fait qu'un avec celui de la valeur épistémique*.

Cela nous engage à expliciter *le point de vue axiologique* en épistémologie. Il ne relève pas pour nous de considérations secondaires, mais fournit, à notre sens, l'angle d'approche seul adéquat pour cette discipline. Notre position est bien arrêtée sur ce point. En même temps, et avec égale détermination, nous soutenons *le point de vue génétique* en axiologie cognitive.

Pour la clarté de l'exposé, la distinction — terminologique *et* conceptuelle — entre «valeur des connaissances» et «valeur cognitive» sera utile. Il y a des valeurs des connaissances qui ne sont pas des valeurs cognitives, comme il y a des valeurs cognitives qui ne sont pas des valeurs des connaissances, au sens propre. Pour s'en convaincre, on remarquera à première vue que les connaissances peuvent être objet d'étude de différentes sciences, qui les considèrent sous leurs angles propres. Parmi ces sciences, il y en a qui s'intéressent plus ou moins directement à certaines *valeurs* des connaissances, qui ne sont pas toutes, comme on s'en convainc aussitôt, des valeurs *cognitives*. Entre la valeur adaptative de la discrimination de la silhouette d'un prédateur, la valeur sociale du savoir-faire de différents corps de métiers (enseignants y compris) chez les humains, la valeur économique du savoir de l'expert qui offre ses services, la valeur esthétique du savoir dans ses expressions les plus sublimes, les différences *de nature* sont si considérables, qu'on pourrait hésiter à faire appel, à leur propos, à un concept général *commun* indifférencié «valeur des connaissances».

De valeurs, il s'agit certes, mais pas de valeurs *spécifiquement cognitives* : elles concernent des connaissances, comme elles eussent pu s'appliquer à d'autres substrats. *Les valeurs cognitives n'ont de sens qu'appliquées aux connaissances en tant que telles et à leurs objets*. C'est du reste *sur* la base de sa valeur cognitive qu'une connaissance peut être indirectement porteuse de valeurs *autres* que cognitives.

La *valeur épistémique* — qui nous concerne au plus haut degré — est en même temps une valeur des connaissances et une valeur cognitive. Mais il nous a paru impossible d'aborder pertinemment la problématique de sa constitution, sans l'intégrer dans celle, plus large, de la *constitution des valeurs cognitives en général*. Quand bien même la valeur épistémique soit la valeur cognitive suprême comme on l'admet implicitement depuis les Grecs, elle n'est pas pour autant une valeur première. Elle en suppose d'autres plus générales et plus fondamentales.

Telles sont les *valeurs de signification*, directement issues du cercle cognitif primordial exposé au chapitre précédent. Cela nous oblige à nous en occuper, à ce titre et pour déterminer leur rôle en axiologie cognitive. Nous ferons appel, à leur sujet, à un grand processus d'«investissement cognitif» dans lequel nous voyons, pour sa généralité et son caractère fondamental (paraphrasant ce que Piaget dit de l'assimilation dans sa théorie de l'intelligence), *le fait premier en axiologie cognitive*.

L'INVESTISSEMENT COGNITIF

L'épistémologie piagétienne attribue un rôle central à l'assimilation cognitive, dont le nom, soigneusement choisi, met en valeur les racines biologiques chères à Piaget. En tant qu'assimilateur actif, le sujet construit ses connaissances. Les choses qui l'entourent, avec leurs caractéristiques propres, n'y jouent que le rôle d'*assimilables* plus ou moins vicariants. À ce tournant de notre analyse, il importe de souligner un aspect corrélatif, non moins important pour nous : ce grand assimilateur qu'est le sujet est en même temps — et indissociablement — un grand *investisseur cognitif*. Les objets qu'il assimile sont, du même coup, *interprétés et investis de significations multiples* : aucun n'est connu sinon comme *objet d'investissement cognitif*. Les considérations à développer par la suite feront voir pourquoi, et en quel sens, les significations sont des valeurs dont le sujet investit les objets, et non pas des valeurs des connaissances, au sens propre.

Pour la clarté de notre propos, il convient de nous arrêter un moment sur les différentes acceptions d'«investir», et, corrélativement, sur les constructions grammaticales que ce verbe admet. Certes, les significations qui en découlent pour «investissement» ne sont pas toutes également pertinentes pour notre propos, mais nous n'en avons cure. On peut construire «investir» avec un ou deux compléments nominaux spécifiques; dans le dernier cas, deux schémas de construction laissent à l'un ou à l'autre complément le rôle d'objet direct, d'après la convenance du locuteur. Celui-ci peut dire : « S investit A de B », ou alternativement : « S investit B dans A », selon que son intérêt s'adresse de préférence à l'un ou à l'autre de ces compléments du verbe. Le premier schéma de construction, avec un complément d'objet direct et un complément instrumental, nous paraît plus fondamental du point de vue linguistique. Dans notre contexte épistémologique, nous avons à notre disposition des énoncés du type : « Un sujet S investit un objet A du contenu cognitif (signification) B ». Ce n'est pas une formulation d'usage, ni dans le langage courant, ni dans celui, technique, de l'épistémologie. Mais une autre formulation rigoureusement parallèle est, par contre, bien établie dans un contexte politique : « Tel ou tel détenteur d'autorité investit tel ou tel acteur public subordonné d'une certaine fonction, pouvoir, droit ou dignité ». Nous nous autoriserons d'exemples analogues pour couvrir quelque hardiesse de formulation que nous nous permettrons.

En épistémologie, nous n'accorderons qu'un rôle subordonné à la formulation alternative mentionnée, où la métaphore financière (ou psychanalytique) vient presque inéluctablement à l'esprit : le contenu cognitif (virtuel) B assume le statut de « capital » à la disposition du sujet, qui l'emploie — ou « place » — à telle ou telle enseigne A, dans une entreprise cognitive. C'est B que l'on construit alors comme complément d'objet direct, A étant « dégradé » par sa fonction grammaticale locative. Concédons que la métaphore « capitaliste » peut être éclairante, et garde une certaine pertinence en épistémologie. C'est la « dégradation » de l'objet qui nous gêne. Pour être complet, signalons une métaphore suggérée par une construction beaucoup plus ancienne d'« investir », comme terme technique du langage militaire. Dans cette optique, l'objet de connaissance « cerné » est assimilé à un objectif encerclé, dont le sujet partirait à l'assaut.

Ce ne sont évidemment ni l'étymologie ni la grammaire qui nous concernent ici, ni même la détermination sémantique la plus générale du mot « investissement ». Vu l'importance de la notion en cause, nous voulions simplement préciser dans quel sens nous parlons d'« investissement cognitif », en poursuivant en somme la démarche de définition informelle du chapitre précédent, en en étoffant le contenu. Rappelons qu'ayant recouru aux significations dans une démarche de caractérisation générique des raisons, nous les avons replacées au sein du cercle cognitif primordial. Pour donner du relief au point de vue axiologique en épistémologie des raisons, nous élargirons ce point de vue en revendiquant le statut de valeurs à plein titre pour les significations en général.

Une première approche envisageable serait de considérer la valeur des significations *pour le sujet* comme «capital cognitif» à sa disposition. «C'est de la richesse des significations dont il dispose que le sujet lui-même est riche en tant que sujet connaissant» — pourrait-on dire de ce point de vue. À ce titre, la valeur des significations est *fonctionnelle* : c'est grâce à ce que le sujet en fait que les significations sont, pour lui, des instruments de pouvoir cognitif et de pouvoir tout court. Cette approche a sa propre «vérité» dans une perspective légitime mais subalterne, car elle ne traduit pas, à notre sens, l'appréhension la plus profonde des significations *en tant que valeurs*.

L'opposition permanente entre *être* et *avoir* réapparaît ici en axiologie cognitive. Nous venons de gloser sur la valeur que les significations peuvent *avoir* pour le sujet, mais cette approche — insuffisante — laisse dans l'ombre la valeur cognitive que les significations *constituent*. Or, si les significations ont certes une valeur pour le sujet qui en fait usage, avant tout elles *sont* une valeur cognitive : elles constituent *la* valeur cognitive des objets qui en sont investis. Aucun objet n'a, en réalité, de valeur cognitive — et, plus radicalement, aucun n'est *objet* pour le sujet —, sinon *investi de significations*. La différence décisive entre la valeur possédée et celle constituée par les significations est que cette dernière n'est pas une valeur des significations, mais *des objets*.

Tout cela nous ramène à la théorie piagétienne de l'intelligence et au rôle de *fait premier* revendiqué pour l'assimilation. À travers sa mise en équation *intellegere = assimilare*, Piaget était sûr d'exprimer la nature profonde de l'intelligence. À la fin du chapitre premier de *La naissance de l'intelligence* (1936), il écrit :

> La psychologie ne peut débuter que par la description d'un fait premier, sans pouvoir l'expliquer lui-même. L'idéal d'une déduction absolue ne saurait conduire qu'à une explication verbale. Renoncer à une telle tentation, c'est choisir à titre de principe une donnée élémentaire susceptible d'un traitement biologique en même temps que d'une analyse psychologique. L'assimilation est telle.

Sous le titre *L'assimilation fait premier de la vie psychique*, le même paragraphe développe les considérations suivantes :

> Trois circonstances nous poussent à considérer ainsi l'assimilation comme la donnée fondamentale du développement psychique. La première est que l'assimilation constitue un processus commun à la vie organique et à l'activité mentale, donc une notion commune à la physiologie et à la psychologie...
>
> En second lieu, l'assimilation rend compte du fait primitif généralement admis comme le plus élémentaire de la vie psychique : la répétition... La chose n'est intelligible que si la conduite répétée présente une signification fonctionnelle, c'est-à-dire revêt une valeur pour le sujet lui-même. Mais d'où vient cette valeur? Du fonctionnement comme tel...

En troisième lieu, l'assimilation englobe dès l'abord dans le mécanisme de la répétition cet élément essentiel par quoi l'activité se distingue de l'habitude passive : la coordination entre le nouveau et l'ancien, laquelle annonce le processus du jugement... C'est en quoi l'assimilation est grosse de tous les mécanismes intellectuels et constitue une fois de plus, par rapport à eux, le fait réellement premier.

L'argumentation serrée se poursuit, des toutes premières jusqu'aux dernières pages de cet ouvrage capital, où des idées longuement mûries trouvent une formulation définitive. La force de la démonstration de Piaget invite à s'interroger sur la portée *épistémologique* de ce «fait premier de la vie psychique» qu'il invoque. Ce sera pour nous une occasion d'examiner le rapport entre l'«investissement cognitif», où nous voyons la source primordiale des valeurs de connaissance — qui culminent dans la formation des raisons — et le «fait premier» de la théorie piagétienne de l'intelligence.

Une distinction grammaticale nous permettra, encore une fois, d'entrer en matière à ce sujet. Quand il est question d'intelligence, on peut se demander intelligence *de qui* et intelligence *de quoi*. Mais si l'on fait intervenir «l'intelligence de quelqu'un» et «l'intelligence de quelque chose» dans un même contexte, on doit prendre garde à ce que la préposition «de» *n'a pas le même sens* les deux fois. On est en présence d'une situation typique où, à partir d'une phrase du type «S *intellegit* A», on détermine le nom dérivé «intelligence», de manière alternative — à discrétion du locuteur —, comme «intelligence de S» (génitif subjectif), ou «intelligence de A» (génitif objectif). Le français privilégie la première construction (l'intelligence étant considérée tout d'abord comme *une capacité du sujet*), sans interdire la seconde (qui souligne *ce qui est saisi* par le sujet[1].

Il n'en reste pas moins que la construction d'«intelligence» avec un génitif objectif est beaucoup moins dans l'esprit du français (ou des langues romanes en général) que de l'anglais, par exemple. Dans certains contextes, notamment ceux où l'on s'intéresse davantage aux *objets de saisie* intellectuelle qu'à *l'activité assimilatrice* de saisie, «intellection» est moins équivoque qu'«intelligence». Notre intérêt actuel se porte de préférence sur le versant noématique de la connaissance — auquel les significations et les raisons appartiennent —, plus que sur le versant noétique correspondant, d'où relève l'intelligence-assimilation. C'est pourquoi il est naturel de nous centrer plutôt *sur l'intellection de* A que *sur l'intelligence de* S, quand bien même il s'agit en réalité de l'intellection de A par S.

Nous espérons contribuer ainsi à éclairer la véritable portée *épistémologique* de l'assimilation. Peut-on raisonnablement l'invoquer à titre de fait *épistémique* primordial, ce que Piaget, pour sa part, n'a pas fait ? Nous n'hésitons pas à l'affirmer, la condition étant qu'on accepte de conceptualiser l'assimilation cognitive en tenant explicitement compte des contenus noématiques que sont, d'après nous, les significations et les raisons.

La notion d'« investissement cognitif » sous-tend une perspective épistémologique qui veut rendre pleinement justice aux objets et aux contenus noématiques. C'est parce que le versant objectif inséparable de l'assimilation est *investissement cognitif* que la potentialité épistémogénétique du fonctionnement assimilateur est garantie dès le début. L'*a priori* fonctionnel de Piaget serait, du reste, incapable d'assumer son rôle potentiellement fondateur, s'il n'y était pas voué dès le début par une nécessité intrinsèque.

Les raisons, *principes d'intelligibilité*, seraient elles-mêmes inintelligibles en dehors du cadre fourni par l'investissement cognitif. La valeur épistémique n'émerge que sur la base de valeurs de signification plus générales. Investis des significations qui leur sont conférées par le sujet, les objets assimilés sont intelligibles, parce que *rattachables à des domaines d'intelligibilité* successivement et progressivement élaborés. Piaget a souligné l'importance de l'assimilation réciproque des schèmes du sujet, et y a vu une condition de tout développement cognitif possible. Nous dirons parallèlement, que l'assimilation *objective* de domaines d'intelligibilité auparavant non connectés est condition irremplaçable d'une capacité d'intellection approfondie.

L'ÉPISTÉMOGENÈSE

Soutenue par l'investissement cognitif, l'épistémogenèse est le second — et, semble-t-il, le dernier — processus formateur de valeurs cognitives. Après les innombrables valeurs de signification dont les objets de toute sorte sont investis, il n'y a, en réalité, qu'une seule nouvelle valeur constituée par l'épistémogenèse, la *valeur épistémique*.

Les significations et la valeur épistémique ne se situent pas sur le même plan. Tandis que les valeurs de signification sont directement conférées aux objets, la valeur épistémique *rehausse certaines connaissances* que le sujet en forme. Dans une formulation naïve, on dirait que les connaissances valides (au sens de la valeur épistémique) sont les seules connaissances « véritables », les autres n'en étant que prétendues.

La conscience de cette distinction est aussi vieille que la réflexion épistémologique. Elle a trouvé une expression saisissante, en forme poétique, dans la première partie du fragment où Parménide oppose les voies de la δόξα (doxa) et de l'ἀλήθεια (aletheia). Il n'en reste pas moins que le problème de la valeur épistémique ne recouvre pas celui, classique, de la vérité qui, depuis sa formulation explicite par Aristote jusqu'aux études analytiques contemporaines, en passant par la tradition scolastique médiévale et ses prolongements modernes, a hanté sans relâche la réflexion logique et philosophique. Cet effort intellectuel soutenu a abouti, chez Tarski, à un traitement parfaitement rigoureux : il fait dépendre la définition de « vérité » de celle, récursive, de « satisfaction d'une formule par une assignation de valeurs aux variables libres » — une interprétation des symboles primitifs de la langue étant supposée donnée.

Comme les valeurs de vérité, la valeur épistémique est une *valeur des connaissances*, et s'écarte en cela des significations, qui sont des valeurs cognitives des objets — à ne pas confondre avec les représentations que le sujet en forme éventuellement. Cette distinction est première en axiologie cognitive. Grâce aux significations dont ils se chargent par investissement cognitif, les objets assument *pour le sujet* des valeurs cognitives particulières. En l'absence d'investissement cognitif, la valeur cognitive des objets s'évanouit, jusqu'à ce qu'à la limite, en l'absence totale de signification, il n'y ait purement et simplement pas d'objet pour le sujet. En ce sens, l'investissement cognitif est bien la source première de toute valeur cognitive. Mais, encore une fois, si les valeurs qui en résultent — les significations — sont des valeurs cognitives, elles ne sont pas, à proprement parler, des valeurs des connaissances.

Les valeurs des connaissances, qu'elles soient valeur épistémique ou valeur aléthique (valeur de vérité), ne se constituent pas avant que le sujet ne passe d'une saisie cognitive immédiate des objets — déjà source d'investissement cognitif et, par conséquent, de significations — à une saisie *médiatisée par déduction*, qui dépend, à son tour, d'une *réduction fondatrice*. Parmi les valeurs des connaissances, la valeur épistémique a le premier rôle, et aucune autre n'en est indépendante. La valeur de vérité est une valeur d'adéquation extrinsèque, la valeur épistémique, une valeur de fondation intrinsèque. Personne n'accède à la première sinon sur la base de la seconde. Aussi ne saurait-on juger de l'une qu'en faisant le détour par l'autre, ce qui exige la *médiation du raisonnement*. En ce qui concerne leur constitution, les valeurs de vérité renvoient, en dernière analyse, à des processus épistémogénétiques qui les sous-tendent. La vanité de l'entreprise voulant comparer — idéalement — les contenus de connaissance avec «ce qui est» est tellement manifeste qu'on ne se serait pas si longtemps obstiné à la poursuivre, si ce n'était faute d'une conception claire de l'approche indirecte, par le biais de la valeur épistémique.

D'un point de vue génétique, la valeur épistémique renvoie à la formation des raisons. Ont une valeur épistémique les connaissances déduites à partir de fondements reconstitués, autrement dit reconstruites après *retour réflexif sur leurs conditions d'engendrement*. Si les valeurs de signification résultent immédiatement des processus d'investissement cognitif, la valeur épistémique repose sur un processus de raisonnement plus complexe, qui s'achève par une déduction *à partir de raisons*. Mais le moment crucial de l'épistémogenèse précède cette phase terminale déductive. Car *la formation des raisons anime le processus épistémogénétique dans sa totalité*. Sa phase déductive, où le nouvel acquis cognitif déploie explicitement sa richesse, n'est qu'un prolongement du processus fondateur, après inversion du sens du raisonnement.

Toute reconstruction rationnelle est une reconstruction simultanée du successif. Ce dernier est dépassé, non pas dans le sens que le sujet le «simultanéiserait», ce qui serait difficile à saisir de manière intelligible — quitte à interpréter cette expression étrange dans le sens que nous suggérons par la suite, mais dans le sens que le sujet 1) y décèle *les liaisons essentielles et permanentes* sous-jacentes à la multiplicité et/ou au devenir, et 2) *les intègre dans des formes d'organisation* qui dépassent leurs conditions d'application initiales. Ainsi n'y aura-t-il jamais, en particulier, *une* reconstruction rationnelle s'opposant à toutes les autres concevables : la reconstruction peut aller en plusieurs sens, qui sont autant de directions de dépassements possibles.

Toujours est-il que l'établissement de fondements rationnels suppose un dépassement. Cela est dû à la recherche des conditions de validité les plus générales possibles à un certain moment du développement, au-delà de celles qui avaient présidé à la construction primitive. Si la reconstruction ainsi opérée procède ainsi d'une *reconstitution des mécanismes de construction*, on voit que ce n'est pas pour l'intérêt «archéologique» de savoir ce qui est arrivé et ce qui a pu être atteint lors de la construction initiale, dans le passé, mais pour *mettre au point les instruments mêmes du dépassement*.

Les caractères essentiels des mécanismes de construction — ceux qui déterminent les conditions les plus générales de leur application valide — *sont seuls retenus* (il s'agit là, naturellement, de caractères essentiels pour le sujet, à un moment donné de son développement cognitif). La reconstitution fondatrice et la reconstruction rationnelle sont *toujours sélectives* (abstraction).

Vu leur importance, les processus de reconstitution fondatrice, qui constituent le noyau central de la réduction épistémogénétique, demandent une analyse plus détaillée. Toute reconstitution comporte une *transposition* de la situation ou des événements à reconstituer *sur* un nouveau plan dont les éléments assument, de ce fait, une signification symbolique (au sens large) par rapport à ceux du plan initial. La théorie qui nous sert de référence à ce propos est celle, piagétienne, de l'« abstraction réfléchissante ». La transposition, dont nous venons de parler, y apparaît sous le nom de « réfléchissement » — néologisme dénotant un processus où Piaget a vu une condition nécessaire de la réflexion. Mais il est clair que la réflexion et la transposition sont solidaires. C'*est le raisonnement réductif de reconstitution fondatrice, suivi d'une reconstruction rationnelle, qui forme l'unité fonctionnelle appropriée* pour notre étude.

Dans la mesure de ses capacités (limitées par l'équipement cognitif disponible), le sujet est libre de choisir le support matériel ou purement symbolique dont il se servira dans ses activités de reconstitution. Celles-ci peuvent avoir lieu sur le plan de la représentation mentale ou consister en des actions matérielles; mais, dans un cas comme dans l'autre, il y aura transposition de la situation à reconstituer, quels que soient les matériaux utilisés pour cela. Il n'en reste pas moins qu'un bon choix du matériel représentatif peut être décisif pour le succès ou pour l'échec relatif des activités de reconstitution. Ce n'est naturellement qu'en tant que support de ces activités que les matériaux utilisés nous concernent. Plus importantes que le matériel lui-même sont les transformations auxquelles le sujet le soumet par ses activités. Corrélativement, c'est le degré de *plasticité du matériel vis-à-vis des transformations possibles* qui en détermine les qualités positives — ou, au contraire, limitatives — pour le rôle qui lui est dévolu.

Les processus de reconstitution entraînent une *réorganisation des réseaux de significations* sur le nouveau plan auquel on les transpose. Supplantant celle qui la précède, la nouvelle organisation repose sur les systèmes de transformations et de mises en correspondance dont le sujet dispose alors. Nous appelons « calculs » les systèmes de transformations par lesquels le sujet *produit un équivalent fonctionnel* de la situation à reconstituer, la transposant sur un plan symbolique (ce qui inclut la représentation par des actions matérielles).

Les calculs interviennent aussi bien en des situations de résolution de problèmes que dans certains cas de pure recherche de la compréhension.

Dans le premier cas, le sujet cherche un équivalent fonctionnel du résultat à obtenir. En toutes circonstances, il reconstitue les transformations du niveau de départ, soit celles qui ont permis d'engendrer l'objet considéré, soit, si la situation problématique le demande, celles qui eussent permis la production de la solution recherchée — eût-elle été directement accessible.

La reconstitution, qu'elle soit mentale ou par l'action matérielle, est la *production d'un équivalent symbolique d'une action*, parfois complexe, à des fins de *réflexion sur le mode d'engendrement de ses résultats* actuels ou possibles. Les calculs y sont des auxiliaires puissants. Dans une grande mesure, la qualité relative des matériels de reconstitution s'évalue d'après la force des calculs auxquels ils servent de support.

Il faut surtout tenir compte de ce qu'un calcul n'est pas une simple transposition des systèmes de transformations en jeu avant le «réfléchissement», mais que, dans les cas les plus intéressants, s'y ajoutent des opérations plus riches, dépourvues d'équivalent direct sur le plan d'origine. Par rapport à la situation du départ telle que le sujet se la représente *après reconstitution*, ces nouvelles opérations ajoutent *une touche d'idéalité*. Ce qui devient significatif ne l'était pas nécessairement avant. Et le réseau des significations, ainsi élargi, déborde — souvent de manière essentielle — celui sur lequel il vient se greffer.

Tout cela sollicite la réflexion du sujet. Dans l'abstraction réfléchissante, celui-ci fait certes abstraction de ce qui n'est plus pertinent, car non essentiel du nouveau point de vue qu'il adopte. Mais le nerf de ce processus capital du développement cognitif ne réside pas en ce que, grâce à lui, le sujet abstrait, mais en ce qu'il *choisit de retenir ce qu'il retient*. Piaget a souligné jadis le moment décisif du réfléchissement. Dans son premier papier de 1980 au CIEG, il fait appel aux activités de reconstitution pour rendre compte de la formation des raisons. La dernière approche épistémologique de Piaget dépasse et englobe virtuellement les précédentes, en fournissant le meilleur fil conducteur pour la compréhension de l'épistémogenèse.

NÉCESSITÉ ET SUFFISANCE

La valeur épistémique traduit l'idée logique fondamentale de nécessité sur le plan axiologique, en y ajoutant, d'après les travaux du CIEG sur le possible et sur le nécessaire et la théorisation que Piaget en a faite : 1) l'étude de sa formation et 2) la considération de son renforcement possible. La déduction garantit aux significations déduites, en toute généralité, le caractère de *conséquences nécessaires* de celles dont on les dérive. Dans le cas particulièrement important de connaissances déduites *à partir de raisons*, elles en seront donc des conséquences et, de ce fait, elles-mêmes nécessaires comme les raisons, bien qu'à titre dérivé. Mais le poids principal du travail épistémogénétique revient sans conteste à la formation des raisons elles-mêmes, ce que confirmeront les chapitres suivants. On y verra que, si toute reconstitution réussie procède par réduction, ce qui frappe surtout à l'examen de l'histoire et de la psychogenèse est le caractère *réductionniste* des premières tentatives d'accès à la valeur épistémique, notamment de celles qui se soldent par un échec relatif. Après coup, ce n'est pas étonnant : le réductionnisme n'est qu'une forme immature de réduction épistémogénétique.

La grande vection de l'épistémogenèse se caractérise par le passage progressif de reconstitutions insuffisantes à d'autres moins insuffisantes (tendant vers la suffisance), avec le renforcement de la nécessité des connaissances reconstruites à partir des fondements reconstitués. Dans sa quête de la valeur épistémique — ce qui veut dire dans sa recherche de *connaissances nécessaires* —, le sujet ne peut que faire le détour par une recherche de conditions *suffisantes*. Cela peut être un travail de longue haleine, car les raisons suffisantes ne sont jamais acquises d'un coup, sauf dans les situations triviales où une reconstitution sommaire suffit. Le sujet commence, le plus souvent, par des reconstitutions insuffisantes ; mais il ne s'en aperçoit pas toujours, tant s'en faut. La *réduction à des raisons insuffisantes* fournit la clé génétique de tout réductionnisme. Que l'on ne s'y méprenne pourtant pas. Le pathos réductionniste se fourvoie certes et n'est qu'une sorte de déviation intellectuelle infantile. Elle est pourtant celle d'une passion intellectuelle légitime incoercible : *l'épistémogenèse est tout d'abord* — et essentiellement — *réductive*.

Le grand intérêt de l'étude des conditions suffisantes réside, en premier lieu, en ce que les raisons doivent en être, ce qui est décisif. Mais, à titre subsidiaire, s'y ajoute *leur accessibilité à l'étude psychogénétique*, caractère important pour des recherches en épistémologie génétique. La nécessité se signale, apparemment, par son caractère monolithique et absolu, l'idée même de degrés de « nécessitation » étant une nouveauté « genevoise » aux airs d'hérésie intolérable. On comprend facilement, par contre, que le sujet puisse s'approcher par degrés de la saisie de conditions suffisantes — ce que l'expérience confirme. Des situations où il en est ainsi sont du plus haut intérêt en épistémologie génétique, et le CIEG ne s'est pas privé d'en tirer parti.

À considérer le couple de notions corrélatives nécessité-suffisance, on voit que la première jouit d'un plus grand prestige dans la tradition épistémologique, tandis que la seconde, pourtant duale du point de vue logique, a pour elle le bénéfice d'une accessibilité plus directe à l'expérimentation. Là où le sentiment intime de nécessité surgit d'un coup et à titre subjectif — ce qui voile la complexité des mécanismes sous-jacents —, la suffisance des conditions envisagées par le sujet n'est que *l'aboutissement d'un processus* dont le psychogénéticien peut suivre les étapes et mettre en évidence les mécanismes de transition.

L'accès à la nécessité *socialement agréée* est médiatisé, de manière parfaitement analogue, par une quête soutenue de conditions suffisantes. Ce qui est évident à l'échelle de l'histoire n'en apparaît pas moins clairement à petite échelle, dans les situations de discussion où chaque interlocuteur défend ses positions en tenant compte de celles des autres. La pratique habituelle de la discussion révèle impitoyablement, à qui sait en profiter, le mal-fondé de mainte prétention intellectuelle. Mais même ceux pour qui cette pratique n'est jamais devenue une seconde nature peuvent à l'occasion s'apercevoir, grâce à elle, de l'insuffisance de leurs reconstitutions. C'est ce qui arrive quand ils se voient obligés d'inclure dans le champ d'intelligibilité à reconstruire, outre ce qu'ils y eussent de toute manière inclus comme sujets isolés, tout ce dont ils doivent tenir compte comme sujets engagés en des discussions qui rebondissent sans cesse. La réduction épistémogénétique devient *plus exigeante*, quand le domaine à réduire prend des proportions énormes, à l'occasion d'échanges d'idées entre plusieurs interlocuteurs. Le sujet se rend compte, à la longue, de sa propre «insuffisance» comme réducteur épistémogénétique *individuel*. Il doit apprendre à en devenir un toujours meilleur dans la confrontation à ces autres réducteurs que sont ses semblables, qui l'aident et qu'il aide dans la quête commune d'un *savoir fondé*, qui ne saurait l'être que sur des *raisons suffisantes*.

L'ÉQUILIBRATION DU POSSIBLE ET DU NÉCESSAIRE DANS LA FORMATION DES RAISONS

Si les notions de nécessité et suffisance sont duales quant à l'implication des significations — ce qui suggère fortement qu'on les traite conjointement —, on ne saurait aborder l'étude épistémologique de la modalité «nécessité» sans tenir compte de sa corrélative, la «possibilité». Une certaine subordination du nécessaire au possible va de soi, car il n'y a de nécessité que sur le plan des rapports entre possibles. Le propre des raisons est de *subordonner*, réciproquement, *le possible au nécessaire*, lui conférant le statut de *nécessairement possible*. On distinguera, du reste, l'«ouverture» sur de nouveaux possibles de leur actualisation éventuelle, la première pouvant précéder la seconde de beaucoup. Si celle-ci est à caractère déductif, celle-là provient d'un raisonnement réductif. L'actualisation de nouveaux possibles est à caractère proactif dominant (déduction), tandis que l'ouverture sur d'autres nouveaux possibles s'appuie sur de nouvelles reconstitutions, à caractère dominant rétroactif (réduction).

La formation des raisons révèle une multiplicité de plans superposés de possibilités et de nécessités. Il y a tout d'abord les possibilités sur lesquelles se basent les activités de reconstitution — appelons-les *possibilités antécédentes* (par rapport à la formation des raisons) —, auxquelles s'ajoutent les nouvelles possibilités fondées sur la reconstitution — appelons-les *possibilités conséquentes* (à la formation des raisons). Les possibilités antécédentes étaient fondées, à leur tour, sur des nécessités qui les précédaient ; et les possibilités conséquentes en conduisent tôt ou tard à de nouvelles, par *nécessitation majorante* (réduction épistémogénétique ultérieure). La formation des raisons *relève du nécessaire en voie de formation*; mais elle se trouve ainsi *intercalée entre deux niveaux de construction de possibles*.

Soulignons, pour clore ce paragraphe, ce qui nous paraît le plus important à ce sujet, à savoir les *interdépendances des raisonnements déductifs et réductifs en jeu dans la formation du possible et du nécessaire*. Reformulons et développons notre propos en des termes fonctionnalistes. Il se produit souvent un certain déséquilibre (momentané ou persistant) entre les raisonnements proactifs et rétroactifs, ce qui entraîne, en langage piagétien, une certaine irréversibilité de la pensée. *La formation des raisons est le résultat d'une équilibration progressive de ces processus*. C'est ce que nous avions voulu exprimer au CIEG (à l'aide d'une métonymie sans doute quelque peu équivoque) par le raccourci : «Les raisons sont le résultat de l'équilibration progressive du possible et du nécessaire».

Cette version de l'approche fonctionnaliste garde un certain intérêt comme hypothèse envisageable. Elle suggère la possibilité de niveaux épistémogénétiques qui ne seraient pas caractérisées *par des conditions d'équilibre* — tendance piagétienne classique —, mais qui seraient *des niveaux d'équilibration au sens propre*. Nous en développons les implications au chapitre 4.1 et 4.2.

CONSTITUTION ET ASSIMILATION RÉCIPROQUE DES DOMAINES D'INTELLIGIBILITÉ

Le cercle épistémique se résout de lui-même dès qu'on se rend compte que *l'épistémogenèse est récurrente*. Le sujet *réduit* les significations problématiques à des raisons suffisantes — d'où leur multiplicité, initialement inconsistante, *se laisse déduire* à l'intérieur d'un champ d'intelligibilité commun. Mais la réduction épistémogénétique, qui n'est pas l'œuvre d'un jour, ne saurait jamais être totale et définitive. Le même sujet procédera plus tard, dans d'autres contextes, à des nouvelles réductions. À l'occasion, il en discutera avec ses pairs, qui sont aussi d'éventuels contradicteurs et, dans les cas les plus stimulants, d'aussi bons, voire de meilleurs «réducteurs épistémogénétiques» que lui. Les raisons sont des *principes d'intelligibilité*. Mais de tels principes, en formation et réformation presque ininterrompue, imposent au sujet de toujours nouvelles tâches de réduction épistémogénétique, dont il s'acquittera de son mieux, sans pour autant en être quitte une fois pour toutes.

Comme les raisons, les champs d'intelligibilité sont multiples et diversifiés. Ils coexistent, juxtaposés ou superposés, en des situations qui deviennent vite concurrentielles, voire conflictuelles. Piaget a magistralement développé une approche fonctionnaliste de ce type de situations. Sa théorie de l'équilibration rend compte des processus cognitifs en jeu dans le dépassement des situations de conflit. La réussite *épistémologique* de cette tentative n'est pas totale. Cela n'empêche pas que la dernière version de la théorie piagétienne de l'équilibration garde un grand mérite : elle a mis en évidence les processus cognitifs *dont la contrepartie noématique répond aux problèmes* qui ne cessent de se poser en épistémologie des raisons.

Fidèle à la démarche constante de l'épistémologie génétique, notre analyse portera prioritairement sur le renforcement de l'intelligibilité. Aucune subtilité d'analyse épistémologique générale ne saurait remplacer les études fines de cas d'épistémogenèse effective. Mais, en guise d'introduction à ces études, il y a lieu d'indiquer quelques mécanismes généraux à l'œuvre en des contextes très variés. Le principal en est *l'assimilation réciproque* de plusieurs domaines d'intelligibilité. Une remarque préliminaire à ce propos : le caractère réciproque de l'assimilation en cause n'entraîne aucunement des rôles équivalents pour les domaines concernés. Le contraire est vrai, et nous y reviendrons : chaque domaine d'intelligibilité garde son statut propre dans le processus d'assimilation où il intervient.

Pour une meilleure orientation dans ce domaine délicat, nous commencerons par considérer les situations idéales où le sujet (éventuellement mathématicien) est en possession de totalités bien organisées dès le départ. Si leurs formes d'organisation s'y prêtent, ce que nous supposerons être le cas — normalement réalisé en mathématique —, le sujet peut en tirer parti pour construire des correspondances privilégiées : elles obéissent à des lois que l'on résume en disant qu'elles respectent les formes d'organisation en cause. Les instruments de telles mises en correspondance sont appelées *morphismes de structure* (ou simplement «morphismes», au sens habituel). D'après des définitions qui se laisseraient facilement expliciter, il est entendu que 1) les objets source et but de ces correspondances sont des totalités structurées d'avance, et que 2) les correspondances à établir respectent leurs formes d'organisation.

On se convainc aussitôt que tel n'est pas le cas dans l'immense majorité des situations effectives, qu'il s'agisse du développement individuel ou de la construction historique des connaissances scientifiques. Rien n'y change de se limiter à des formes d'organisation spécifiées d'avance. Du point de vue psychogénétique, les premiers domaines d'intelligibilité sont toujours fragmentaires et mal articulés. Dans ces conditions, les totalités que le sujet construit seront prévisiblement *mal structurées*. Mais il arrive parfois, plus tard, qu'une situation très intéressante se produise : le sujet dispose d'une totalité structurée d'avance *du côté source* d'une *correspondance* à construire, tandis que l'objet but reste encore *objet à structurer*. Et que voit-on ? Le sujet tâche d'y pourvoir précisément par l'intermédiaire de la correspondance, qui sert alors au transport de structure.

Nous caractériserons ce type de situation en appelant, de manière suggestive, *morphismes déductifs* les correspondances qui servent ainsi au transport d'une forme d'organisation. Cette expression véhicule l'idée d'un mouvement cognitif de transport de structure par une correspondance : la forme d'organisation de l'objet but est activement *déduite* à partir de la forme correspondante de l'objet source. Dans un tel cas, le mouvement cognitif, appuyé sur la correspondance, a le même sens que le lien de conséquence, qui relie la forme d'organisation donnée au départ sur l'objet source à celle qui en est dérivée sur l'objet but correspondant. Comme nous l'avons écrit ailleurs[2], les formes d'organisation, comme toutes les formes, dépendent génétiquement des instruments de transfert qui permettent leur abstraction. Dans le cas en question, ces instruments (que nous continuerons à appeler «morphismes», dans le sens généralisé adopté par le CIEG) servent au transport de la forme

— qui est alors une structure, ou forme d'organisation — sur des totalités auxquelles elle *ne s'appliquait initialement pas*.

Le cas des *morphismes réductifs*, non moins importants pour l'épistémogenèse, est fonctionnellement réciproque. Imaginons une situation où le sujet est confronté à une totalité insuffisamment structurée pour les besoins de la tâche qu'il se propose — ou, tout simplement, pour arriver à comprendre ce qui se passe. Le sujet cherche à contourner cette insuffisance gênante. Pour cela, il peut recourir à des mises en correspondance avec d'autres totalités, dont la structuration lui pose moins de problème. Sa tâche cognitive initiale se trouve ainsi *réduite* à une tâche analogue, plus abordable. Dès qu'une organisation satisfaisante a pu être imposée à un objet but de correspondance convenablement choisi — ce qui suppose l'intervention de systèmes de transformations fonctionnant comme des calculs (voir plus haut dans ce chapitre) —, le sujet peut *revenir à l'objet source* de la correspondance, en en inversant le sens. La correspondance inverse fonctionnera comme un morphisme de transport de structure du type précédemment considéré. L'objet but de la correspondance directe joue le rôle d'objet source du morphisme réciproque, par lequel le sujet retourne à l'objet dont l'intérêt l'avait engagé dans tout ce processus de mise en correspondance. Dans le cas des morphismes réductifs, le mouvement cognitif appuyé sur les correspondances est *de sens opposé* au lien de conséquence, qui relie la forme d'organisation *construite* — dans une première étape — sur l'objet but, à celle *que le sujet en dérive* sur l'objet initial.

On imagine quel grand rôle les morphismes réductifs peuvent jouer dans l'épistémogenèse. Pour des raisons tactiques, ils vont toujours de totalités non aisément structurables à d'autres plus aisément structurables pour le sujet, de manière à ce qu'une fois la structuration de celles-ci menée à bien, la correspondance réciproque puisse fonctionner comme morphisme de structure, transférant une certaine forme d'organisation.

Ces thèmes d'étude sont autant d'objets de choix pour des analyses formalisantes. Sans entrer dans les détails d'une discussion qui demanderait un développement considérable, remarquons que l'étude de ces instruments cognitifs serait un bon moyen de faire avancer la compréhension des activités de reconstitution sous-jacentes à la formation des raisons. Elle permet de saisir sur le vif *l'aspect constructif* de la réduction épistémogénétique, dont nous avons indiqué quelques mécanismes.

Il importe de distinguer, en chaque cas, ce que le sujet considère et traite comme pouvant ou devant être dépassé, de ce qu'il considère et traite comme essentiel. La formation des raisons suppose cette distinction, faite par le sujet lui-même. Bien qu'à titre très secondaire, l'épistémogenèse est, effectivement, un *processus d'abstraction*.

FIL CONDUCTEUR PROPOSÉ

Dans ce qui précède, nous avons apporté quelques principes de réponse aux difficiles *problèmes de constitution* qui se posent à tous les niveaux en épistémologie. Les significations se constituent par investissement cognitif. Les raisons sont solidaires de la constitution récurrente de domaines d'intelligibilité. Les premiers de ces domaines se forment lors des premières reconstitutions épistémogénétiques, par transposition symbolique au sens large, ce qui remonte sans doute aux premières activités intelligentes du petit enfant (intelligence sensori-motrice). L'assimilation reproductrice, récognitive et généralisatrice, à laquelle Piaget fait appel dans *La naissance de l'intelligence*, y suffit.

Par la suite, tout est affaire de *renforcement de l'intelligibilité*, ce qui va de pair avec l'élargissement des domaines concernés. De puissants processus d'assimilation réciproque viennent seconder et prolonger la reconstitution épistémogénétique. Il s'agit là, bien entendu, d'une *assimilation de domaines de connaissances*, parallèle à — mais différente de — l'assimilation réciproque postulée par la théorie piagétienne de l'intelligence, qui porte prioritairement sur les *schèmes d'action* du sujet.

Ainsi se constituent de vastes univers d'intelligibilité, sans commune mesure avec les archipels fragmentaires des niveaux précédents[3]. L'intégration des parties de ces grands domaines est assurée *par leur assimilation objective*, par le jeu des mises en correspondance. Les raisons issues de reconstitutions portant sur de telles bases sont incommensurablement plus puissantes que les raisons locales, liées à des contextes limitatifs. Nous avons là un fil conducteur utile pour l'étude de la réduction épistémogénétique à l'échelle de l'histoire, et surtout pour la caractérisation des niveaux psychogénétiques de reconstitution.

NOTES

[1] Par exemple, H. Wallon parlait d'«intelligence des situations»; cela illustre parfaitement le dernier usage grammatical, moins ordinaire.
[2] G. Henriques (1990).
[3] Nous empruntons cette image suggestive à A. Henriques.

Chapitre 3.1
Reconstitution épistémogénétique et Reconstruction rationnelle à l'échelle de l'histoire

par G. Henriques

LE PRIMORDIAL, LE PRINCIPAL ET L'ÉLÉMENTAIRE

De tout temps l'homme a cherché des raisons, de tout temps il en a trouvé par reconstitution épistémogénétique. Il importe de remonter aux premières reconstructions rationnelles dont l'histoire a gardé la trace, pour voir qu'elles dépendent, invariablement, de reconstitutions préalables des fondements. Cela montre comment le fondement peut affecter des significations très éloignées en différents contextes. Ainsi, le fondamental peut-il être, d'après le cadre où on le reconstitue, tantôt le primordial, tantôt le principal, tantôt l'élémentaire.

Les Grecs disposaient d'un mot riche et ambigu comportant toutes ces significations de manière indifférenciée : ἀρχή. L'ἀρχή peut être le commencement, l'origine (dont nous avons la trace par exemple dans «archaïque», «archéologie», «archétype»); elle peut être la cause, le fondement, le principe, le gouvernement, l'autorité (dont nous avons la trace dans «archiduc», «monarque», voire «archipel» : la mer principale, l'Egée); elle peut être, enfin, l'élément constitutif. Il est instructif que l'ἀρχή soit intervenue, dans toutes ces significations, en des reconstitutions épistémogénétiques de grand importance historique. D'où l'intérêt cognitif qu'on aura à suivre dans le détail ces reconstitutions *archaïques*, point de départ pour passer à d'autres, qui ont permis des reconstructions rationnelles mieux élaborées et plus satisfaisantes.

Parmi d'innombrables récits mythologiques, quelques-uns des plus vénérables comportent une déduction systématique de ce qui est et de ce qui se passe à ce qui était ou s'est passé au commencement. «*Il en est ainsi* (à savoir, de la sorte dont on s'interroge sur la raison), *puisque ceci et cela s'est produit au commencement*», voilà le modèle d'un discours explicatif qui résonne aux oreilles des hommes depuis des temps immémoriaux. Ces récits *expliquent*, en effet, ce qu'ils prétendent expliquer, mais souvent pas grand-chose d'autre. Tel est leur défaut majeur : leur caractère *ad hoc*.

Il n'en est pourtant pas forcément ainsi. Le «mythe» du big bang n'en est précisément pas un, à proprement parler, parce qu'il repose sur une réduction épistémogénétique d'une ampleur proportionnée à sa prétention cosmologique. Lorsqu'il déclare qu'«il en est ainsi, puisqu'au commencement...», ce qu'on certifie avoir eu lieu alors n'est, dans l'énoncé de la théorie, que le résultat d'une *réduction* portant sur le plus large éventail de données disponibles. On peut donc le retenir comme hypothèse scientifique légitime, jusqu'à meilleure information. *Le sérieux de la réduction se mesure à l'aune de la reconstruction rationnelle qu'elle rend possible*[1].

Le commencement peut tenir lieu de principe, mais d'autres candidats à ce rôle ont été envisagés. Les grandes doctrines dualistes et monistes font appel à des principes agissant en permanence. En Perse, les Zoroastriens ont développé une doctrine dualiste extrême, dans laquelle le Bien et le Mal, aboutissement d'une réduction profonde — mais sommaire — fonctionnent comme *principes explicatifs universels*. Le yin et le yang, dont la conception se rattache à des préoccupations intellectuelles différentes, et surtout à une tout autre vision du monde, n'en jouent pas moins, en Chine, un rôle fonctionnellement analogue dans la reconstruction rationnelle de l'immense domaine soumis à l'enquête.

Allant beaucoup plus loin dans la réduction, Parménide a développé, en Grèce, le monisme ontologique le plus strict qu'on ait jamais conçu. Après l'exposé sur les deux voies, mis dans la bouche de la déesse, il démontre par un raisonnement métaphysique que *l'Être est, le non-être n'est pas*, excluant radicalement toute multiplicité et tout devenir, et ne laissant subsister qu'une sphère matérielle, homogène et immobile, après une réduction qui supprimait tout ce qui pouvait faire problème. Point de place, après cela, pour une quelconque reconstruction rationnelle dans ce système entièrement statique, où le résultat de la réduction épistémogénétique est absolutisé. Une doctrine si outrancière n'en a pas moins fortement impressionné les épigones aussi bien que les adversaires de

Parménide, et a exercé une influence durable. Toute gênante qu'elle fût, l'argumentation semblait imparable. Seul Platon a réussi, le premier, à la réfuter, dans le *Sophiste*.

Remontant plus loin dans le temps, on rencontre chez les premiers φυσιολόγοι (philosophes de la nature) Ioniens l'idée d'une explication universelle par des *principes constitutifs matériels*. Telle était l'Eau pour Thalès de Milet, d'après le témoignage d'Aristote dans le *De coelo*. Mais il serait trop simple de tout résumer en disant que Thalès a affirmé « Tout est Eau », à quoi d'autres auraient répondu « Tout est Air (ou Feu, ou...) », en ne retenant que le résultat d'une réduction épistémogénétique passée sous silence. Le point capital est, sans doute, que les φυσιολόγοι réduisaient la diversité protéiforme de la φύσις (Nature) à une ἀρχή (principe) dont ils pouvaient la dériver — dans les limites d'une approximation dont ils se contentaient.

Le cas de Thalès est particulièrement incertain, par manque de documentation. Le fil conducteur de la réduction qui mène à l'Eau est-il de nature météorologique ou plutôt physiologique ? Les érudits ne sont pas unanimes. Sénèque rapporte que Thalès aurait expliqué les tremblements de terre du fait que la terre flotte sur l'eau, ce qui rappelle irrésistiblement les cosmogonies mythologiques, auxquelles l'univers intellectuel de Thalès ne serait pas étranger. S'il mérite cependant d'être appelé par Aristote ἀρχηγός (fondateur) de la philosophie naturelle, c'est que la reconstitution unificatrice — dont il déduit ce qui est déjà une *philosophie* — est elle-même *naturelle*, à la différence de ses devanciers mythographes, pour qui (comme pour Homère et Hésiode) la référence à Poseidon procurait une explication *suffisante* des tremblements de terre.

Après la réduction à l'ἄπειρον (Infini) chez Anaximandre, Anaximène a franchi un pas très important en dégageant un *mécanisme de transformation* qui ouvrait l'accès à un champ d'intelligibilité beaucoup plus cohérent que chez tous ses prédécesseurs : celui de condensation-raréfaction. L'Air, principe invisible le plus largement répandu, reprend le rôle de l'Infini d'Anaximandre. « Tout est Air » prend un sens intelligible, dès qu'on le comprend comme l'affirmation que l'Air, substance originelle, peut devenir tout, et que tout peut devenir Air. L'Eau est Air condensé : l'expérience montre, en effet, que l'Eau peut se former par condensation. Mais là ne s'arrête pas le processus. Par condensation ultérieure, l'Eau devient Terre, Pierre, etc., tout le processus étant réversible : par une transformation opposée, l'Air chaud raréfié devient Feu, dont sont formés les Astres. Ainsi, chacun à son échelle, l'Homme et le Cosmos, respirent-ils, le souffle de l'Âme tenant tout ensemble.

Anaxagore prolonge cette tradition, tandis qu'Empédocle s'aligne sur le rationalisme de Parménide, certes de manière beaucoup moins stricte que ne le font les atomistes. D'Anaxagore est la maxime sans appel « rien ne naît ni ne périt ». Reprise par tant d'autres, dont Lucrèce est l'un des plus connus, elle exprime, de la manière la plus catégorique qui soit, un *principe universel de conservation* basé sur la tradition de réduction épistémogénétique à laquelle il se rattache. Mais d'Anaxagore est aussi la maxime insigne « tout est dans tout », dont l'interprétation est moins aisée. Rappelons que, pour Anaxagore — comme, par une convergence curieuse, pour Kanada, illustre atomiste indien —, les substances élémentaires sont en nombre infini : « Comment le cheveu peut-il provenir de ce qui n'est pas cheveu et la chair de ce qui n'est pas chair ? »[2] D'où la théorie des *homéoméries* qui sont, pour Anaxagore, des particules élémentaires semblables entre elles et au tout, de telle manière qu'il n'y aurait pas d'éléments plus simples que les substances naturelles ou, autrement dit, que toutes les substances naturelles seraient élémentaires.

Mais c'est le concept même d'élément qui fait ici problème. Il paraît que, selon Anaxagore, chaque homéomomérie contiendrait en elle des portions plus petites de toutes les autres, d'où une interprétation plausible pour la formule « tout est dans tout ». Il nous reste à mentionner le νοῦς, principe ordonnateur sans mélange, avec deux attributs : la connaissance *et* le mouvement, dont le rapprochement nous ravit. Anaxagore arrive à la conception, moins étrange qu'on ne le penserait à première vue, d'une espèce de principe de Carnot inversé, où l'entropie diminuerait sans cesse : tout étant confondu au départ, la différenciation s'opérerait par la suite, sous l'action du νοῦς. Il n'empêche que Platon et Aristote reprochaient surtout à Anaxagore son insistance, à leurs yeux excessive, sur les causes mécaniques.

Empédocle a tempéré le rationalisme extrême de Parménide en remplaçant l'Être par quatre éléments éternels et immuables, soumis à deux forces, φιλία et νεῖκος (Amitié et Dispute), sans équivalent chez Parménide. Elles rappellent plutôt, avec leur coloration psychologique, le νοῦς d'Anaxagore, en y ajoutant une opposition dynamique dualiste. Pour Empédocle, le mélange et la proportion des éléments sont censés expliquer toute la diversité qualitative du monde. Les cycles cosmiques de génération et destruction (γένεσις et φθορά) ne seraient affaire que d'*agrégation et séparation* des éléments, sous l'action de φιλία et νεῖκος? Ils comportent quatre phases qui se répètent sans fin : unité complète, dissociation progressive, séparation complète, restauration progressive de l'unité. À la clôture de chaque cycle, la sphère de Parménide se reforme, le mélange parfait valant l'homogénéité. Dans la première phase du cycle suivant, la sphère, ainsi reformée, joue le rôle d' « œuf cosmique »[3].

Démocrite, comme avant lui sans doute déjà Leucippe (dont on ne sait presque rien), sont en progrès sur Empédocle, en ce que leur réduction épistémogénétique fait abstraction de toute donnée qualitative. Le fragment le plus remarqué de Démocrite, dont la citation reste incontournable, est : « Le doux et l'amer, le chaud et le froid, la couleur ne sont que des opinions ; il n'y a de vrai que les atomes et le vide ». Chez Démocrite, tout mouvement et tout changement sont soumis à ἀνάγκη (la Nécessité), mais il s'agit là, sans doute, d'une nécessité *interne*, découlant du mouvement naturel des atomes, en opposition radicale à tout *deus ex machina*.

Aristote a prétendu que l'atomisme dérive de la doctrine de Parménide sur l'Être, et en a analysé finement la filiation *reconstituée*. L'accord et les désaccords des deux doctrines sont également saisissants. Parménide a conçu l'Être un et immobile ; les atomistes ont morcelé l'Être de Parménide, tout en en laissant à chaque partie (atome) les propriétés originelles, à deux importantes réserves près : ils admettaient d'autres formes que la sphère, et acceptaient le déplacement des atomes dans le vide. Parménide a affirmé que le non-être n'est pas ; les atomistes l'ont contredit sur ce point, soutenant que le vide (non-être) n'existe pas moins que les atomes.

Le résultat de la réduction épistémogénétique des atomistes est, en principe, extrêmement dépouillé ; mais les épigones de Démocrite n'en ont pas moins sollicité toutes les ressources de leur imagination débordante pour reconstruire le chatoiement du monde. Lucrèce les dépasse tous sur ce point : la dureté des corps s'expliquerait par leurs atomes entrelacés, les atomes des liquides seraient ronds, ceux de la fumée et de la flamme, pointus ; et il se surpasse dans sa spéculation pittoresque sur les atomes de lait, de miel, d'absinthe, etc. On voit à quel point l'austérité des compositions opératoires — *base de l'intelligibilité propre à l'atomisme* — faisait violence au penchant du poète vers les significations concrètes.

LES RAISONS COMME RAPPORTS

Avec la référence à Pythagore, que nous évoquons maintenant, nous faisons encore violence à la chronologie ; mais une transition naturelle se laisse aménager cette fois-ci. « Il a dit que les principes des nombres sont les principes des choses», affirme Aristote à propos de Pythagore. Si la doctrine pythagoricienne est certes inaccessible dans son expression originelle, il paraît bien établi que Pythagore plaçait les nombres dans l'espace réel et les identifiait aux éléments constitutifs des figures, comme une sorte d'atomes spatiaux. L'intérêt persistant de la fraternité pythagoricienne pour les nombres figuraux remonte sans doute au maître fondateur. Cela étant, il n'est pas incongru de voir en Pythagore, avec G. Milhaud, le «premier atomiste», car la conception même des nombres figuraux implique — sans contenir explicitement — toutes les possibilités transformationnelles de la géniale schématisation atomistique.

Sur un terrain plus solide, on trouve chez Pythagore les premières références explicites aux *raisons* (λόγοι), dans le cadre de la toute première réduction épistémogénétique complètement réussie : celle *basée sur le nombre*. Les principes des nombres, censés être aussi les principes des choses, sont, en fait, des raisons. Or, pour Pythagore, *les raisons sont des rapports*.

Ce point capital fait de Pythagore un cas singulier pour notre étude historique. Il est si important qu'il faudra nous y appesantir. Question préliminaire : des rapports peuvent-ils constituer des raisons, au sens de la définition du chapitre précédent ? Pour y répondre, nous chercherons à *reproduire* (reconstitution de reconstitution !) la réduction épistémogénétique de Pythagore, pour examiner les possibilités de reconstruction rationnelle qu'elle ouvre.

Il est bien établi que la réduction pythagoricienne porte sur trois domaines, qu'à première vue rien ne rapproche : l'harmonie musicale, les rapports intrafiguraux de grandeurs et ceux inhérents aux révolutions des corps célestes. Réduisant, cas par cas, ces domaines à leurs «raisons», Pythagore a trouvé — à sa plus grande excitation intellectuelle — qu'elles étaient *les mêmes* dans les trois domaines.

Les raisons de l'harmonie musicale sont des *rapports définis* entre différentes longueurs, qu'il s'agisse des cordes vibrantes de la lyre, de flûtes ou d'autres instruments musicaux analogues. Les rapports sont déterminants, car ils *suffisent* pour garantir l'harmonie ; les longueurs absolues, au contraire, sont dépourvues de pertinence.

Concernant les triplets qu'on appelle, aujourd'hui encore, pythagoriciens (comme <3,4,5>, <5,12,13> et une infinité d'autres, connus depuis l'antiquité), des *rapports définis* garantissent la configuration de triangle rectangle pour des triplets de points dont les distances respectent ces rapports. Pourvu qu'on ait (en notation moderne) $a^2+b^2=c^2$, on est assuré d'avance que toute configuration triangulaire de proportion a : b : c entre ses côtés sera un triangle rectangle — et Pythagore le savait sur la base d'une *démonstration mathématique*. De nouveau, les rapports sont déterminants, les distances absolues étant sans importance.

Les corps célestes observent des *rapports numériques définis* dans leurs révolutions. C'est sans doute la «vérité» cachée de la légende, d'après laquelle le Maître — Lui, comme disaient ses disciples — aurait entendu l'harmonie des sphères de son vivant. Rappelons que cette pureté épistémique n'est pas restée longtemps sans mélange chez les Pythagoriciens. D'anciennes quêtes futiles en ont laissé des traces : quel est le nombre de la justice, du mariage, de tel ou tel individu, d'un cheval...? Se le demandant, on ne songeait pas que c'était bien mal saisir ce qu'est le nombre.

Quoi qu'il en soit de ces dérives, la réduction de Pythagore a constitué, coup après coup, trois domaines d'intelligibilité qui, à la fin, par un processus d'*assimilation réciproque et symétrique*, se sont trouvés n'en constituer qu'un seul. Autrement dit, pour ne pas laisser dans l'ombre le principe assimilateur essentiel, chacun de ces trois domaines s'est trouvé assimilé — cette fois-ci par une assimilation *fortement asymétrique* — à un quatrième et seul véritable *domaine d'intelligibilité fondamental*, celui des nombres. «Les principes des nombres sont les principes des choses», voulait dire aussi, du point de vue de l'épistémologie implicite de Pythagore, que les nombres sont essentiels. Exprimant l'essence des choses, ils sont la source de toute intelligibilité que l'on peut y mettre à jour.

Mais en est-il vraiment ainsi? Las! il n'y a pas eu que le ridicule comme menace pour la fraternité pythagoricienne; elle était pour ainsi dire condamnée d'avance à se fracasser sur les irrationnels (ἄλογοι). Il faut avoir saisi la puissance de la réduction épistémogénétique de Pythagore pour imaginer la profonde déception qu'a provoquée la découverte de son *insuffisance*. Car insuffisante elle était, ainsi que l'a révélé la découverte des irrationnels. Les irrationnels choquaient. Si les raisons sont des rapports, des rapports sans rapport sont des raisons sans raison.

En clair, des rapports intrafiguraux ont été découverts, troublants en ce qu'ils n'avaient pas de rapport numérique correspondant (au sens communément accepté à l'époque). Ce qui eût pu conduire à une démarche géniale de *complétion de la raison insuffisante*, n'a mené qu'à l'échec et au désespoir. L'effort salutaire de dépassement, requis pour se sortir d'une si grande épreuve intellectuelle, était trop ardu pour l'époque. Les Grecs se sont résignés, par la suite, à chercher d'autres principes d'intelligibilité, le nombre les ayant hélas durablement déçus.

Quelle est la valeur épistémique des réductions passées en revue ? L'humanité doit à Pythagore les premières raisons *explicites*, et leur triomphe dans la découverte de ce qui fut, sans doute, la première loi expérimentale précise. Les raisons invoquées étaient les *rapports de nombres, significations fondamentales* dont tous les objets ont été *investis*. La loi expérimentale découverte était celle de l'harmonie musicale. D'Anaximandre et Anaximène aux atomistes, la raison restait implicite : plus que l'ἀρχή invoquée, elle résidait dans la signification qui la rendait opérante. L'Infini et l'Air, comme un peu plus tard les atomes, étaient des *principes* en raison de leur signification fondamentale, qui était de pouvoir tout devenir, par des mécanismes reconstitués, que l'on se représentait. Les raisons étaient donc bien, à chaque nouvel essai, les *significations fondamentales*, dont tous ces auteurs investissaient les objets *pour en permettre une reconstruction rationnelle*.

LES RAISONS DE L'INTELLIGIBILITÉ

Les deux grandes philosophies de la Grèce ancienne, celles de Platon et d'Aristote, soulèvent des problèmes et exigent des considérations d'un autre ordre. On y est de prime abord moins frappé par le rôle d'une éventuelle réduction épistémogénétique que par celui de la déduction, qui est massive. Mais la puissante unité systématique de l'une et l'autre de ces deux philosophies reste incomprise, tant qu'on ne remonte pas aux principes fondamentaux dont elles sont déduites. Il y a là, pour le lecteur contemporain, un travail de reconstitution à entreprendre à partir des œuvres, en inversant la démarche du raisonnement déductif des auteurs. Mais ceux-ci n'en tiraient pas moins eux-mêmes leurs principes d'une réduction épistémogénétique, qui n'a pu que *précéder* la déduction. En quoi a-t-elle pu consister ? Une reconstitution plausible suggère qu'elle a dû différer de tout ce que nous venons d'analyser jusqu'à présent.

Partout, les raisons sont des principes d'intelligibilité. Mais Platon et Aristote ne se sont pas limités à la quête d'intelligibilité commune à tous les humains, ils se sont préoccupés des raisons de l'intelligibilité *constituée*. Recourant à un mot pesant, lourd de sens et d'histoire, on peut appeler «réduction transcendantale» une réduction épistémogénétique qui répond à cette préoccupation intellectuelle[4]. Une telle dénomination se justifie du fait que 1) cette réduction *transcende tout domaine particulier* de connaissances, en s'étendant, de droit, à n'importe quel objet concevable; 2) elle n'envisage aucun objet particulier que, précisément, *en tant qu'objet de connaissance*. Ainsi définie, la «réduction transcendantale» est synonyme de *réduction épistémologique*.

Quant aux réponses apportées, elles reflètent les progrès successifs de l'élaboration des questions qu'on se posait. Le fait est qu'avant la prise de conscience du sujet épistémique et de son rôle actif dans l'organisation des connaissances, la seule intelligibilité concevable était celle d'un ordre rationnel *des choses elles-mêmes*, supposé donné en dehors du sujet connaissant, indépendamment de son approche. C'est ainsi que Pythagore projetait dans les choses des principes d'intelligibilité, dont la source véritable résidait — et réside toujours — dans les activités organisatrices du sujet. La formule déjà citée «les principes des nombres...» résume une prise de conscience réfléchie de la rationalité propre à la mathématique en train de se constituer. Elle manifeste déjà *l'attribution réaliste* des conquêtes rationnelles du sujet aux choses sur lesquelles ses activités s'exercent.

Chez Pythagore, la réflexion épistémologique n'était pas plus qu'une ébauche prometteuse; chez Platon elle s'épanouit en un système cohérent et bien articulé. L'inspiration centrale n'en reste pas moins proche chez les deux auteurs, et on a pu remarquer que l'évolution des idées de Platon, dont témoigne la chronologie de ses dialogues, se poursuit comme un mouvement ininterrompu, qui de Socrate remonte à Pythagore.

Comme Parménide, Platon opposait la connaissance à l'opinion fondée sur l'autorité ou l'habitude. Sa quête fondamentale portait sur l'universel, immuable et permanent, qu'il ne rencontrait nulle part en ce bas monde. D'où son recours aux Idées. La réalité mondaine en tirerait, par *participation*, toute intelligibilité, voire son existence même.

Les thèses centrales de l'épistémologie de Platon font ainsi résonner un accent transcendant. La source de la rationalité qui lui a servi de modèle rend compréhensible sa méfiance à l'égard des apparences, projetées comme des ombres sur les parois de la caverne. Fidèle à Socrate, Platon accordait aux idées morales la plus haute dignité. Parmi toutes, τό καλόν (le Bien), que ni même l'Un ne dépassait, était suprême. La dialectique — examen socratique des présuppositions implicites du raisonnement des interlocuteurs — primait sur tous les autres exercices intellectuels, y compris ceux de la mathématique.

La réduction platonicienne est une *réduction épistémologique*, car les objets investis par les significations sur lesquelles elle porte directement sont *les connaissances elles-mêmes*. Mais à quoi Platon réduit-il les connaissances, de quelle signification fondamentale dérive-t-il ce qu'il déduit ? De leur *relation aux Idées*, pivot de la théorie de l'ἀνάμνησις (réminiscence). Nous connaissons, parce que nous aurions, en des moments privilégiés, une vision fugitive des Idées. Elle nous rappelle ce que nous aurions *contemplé* dans une existence précédente, oubliée au milieu des soucis de tous les jours. L'interrogation par Socrate de l'esclave de Ménon en est, pour Platon, une démonstration éclatante.

La contemplation des Idées dans une existence révolue, et le souvenir jamais complètement éteint qu'elle nous en laisse pour l'éternité, supportent, en somme, toute la charge déductive dans le système de Platon. Comme les anciens mythographes, Platon *postule* ainsi un événement décisif, *situé dans un passé directement inaccessible*. L'événement supposé *explique* ce pour quoi il est invoqué, garantissant en prime une forme d'intelligibilité très pure.

La rapidité avec laquelle la raison invoquée par la réduction platonicienne a été remise en question et rejetée peut être vue comme un témoignage *en faveur de Platon*. Sa reconstitution, insuffisante certes, mais géniale, ouvrait la voie à sa propre remise en cause radicale. À l'instar de Platon, celle-ci tirerait sa valeur d'une nouvelle réduction épistémologique approfondie.

Créateur du deuxième grand système philosophique chez les Grecs, Aristote ne s'est éloigné du réalisme mathématique de Pythagore et de Platon que pour mieux incorporer l'ordre rationnel *dans les choses elles-mêmes*. Ses intérêts de naturaliste logicisant « plutôt que mathématisant » l'amenaient à vouloir s'en rapprocher. La doctrine aristotélicienne des Formes, relayant celle, platonicienne, des Idées, n'en devenait que d'autant plus ouvertement réaliste, et le νοῦς ποιητικός (Intellect agissant) restait, malgré son nom, fort éloigné du sujet épistémique.

L'épistémologie aristotélicienne n'en marque pas moins un progrès indiscutable sur celle, platonicienne, de la réminiscence. Les Formes sont pour Aristote un élément universel postulé dans les choses. Les objets ne seraient *classables* que grâce à des Formes préexistant en eux, indépendamment de la connaissance. Les Formes seules permettraient ainsi que les choses soient connues, classées, définies. Mais si les objets sont inséparables de leurs Formes préexistantes, Aristote n'en prétend pas moins que l'intellect accède à des Formes détachées des objets, par abstraction à partir des empreintes sensorielles.

La doctrine de l'abstraction des Formes par l'Intellect agissant (producteur de l'empreinte intelligible imprimée dans l'intellect passif) domine la philosophie aristotélicienne et y joue le même rôle que la théorie de la réminiscence chez Platon. *La relation des connaissances aux Formes* constitue la *signification fondamentale* dont Aristote les investit. Cette signification supporte toute la charge déductive de l'épistémologie qui en découle. Le système grandiose d'Aristote, que nous n'avons pas à résumer ici, est fortement marqué par ce parti pris épistémologique.

On se méprendrait lourdement sur Aristote, si on ne comprenait pas que son système, plus encore que celui de Platon, est une *théorie générale de la connaissance valide*, du point de vue de la validité logique, mais aussi et surtout comme véritable *théorie générale de la science*. Grand enregistreur de données d'observation de toute sorte, Aristote s'est surtout préoccupé de l'explication, de la généralisation et de la mise en ordre systématique du savoir. Non content, à l'instar des autres membres de l'Académie, de pratiquer la réduction épistémogénétique, il en a élaboré le noyau théorique central : *la science est la connaissance des choses par leurs causes*. Celles-ci prennent chez Aristote un sens beaucoup plus large que celui que nous leur donnons : elles peuvent être matérielles, formelles, efficientes ou finales.

Mais les Formes dominent partout. Exigeant une correspondance stricte entre les sciences et les genres, Aristote fait correspondre, en dernière analyse, chaque science à une Forme. Telle est, sans doute, la source première de son intérêt permanent pour le classement, poussé par endroits jusqu'au compartimentage. Mais, en opposition à Platon, qui se référait à des principes éternels (les Idées), extérieurs et hétérogènes par rapport aux choses, Aristote ne fait appel qu'à des principes homogènes : sensibles quand il est question de choses sensibles, éternels, de choses éternelles.

Des réductions épistémologiques aussi différentes que celles de Platon et d'Aristote n'en restent pas moins profondément apparentées. L'Aristote éternellement vivant dans son système serait un miracle invraisemblable pour qui ignorerait sa période de formation à l'Académie, à l'ombre tutélaire de Platon. On y croisait, parmi d'autres savants, Théétète et Eudoxe, les plus grands mathématiciens grecs de l'époque. La réduction épistémogénétique fonctionnait à plein régime chez une pléiade d'intellectuels qui mettaient l'art dialectique en pratique en échangeant leurs vues. Depuis ces vieux temps, des générations sans nombre ont profité de leur exemple, puisant inspiration à ces sources.

SAUVER LES PHÉNOMÈNES

La contribution d'Eudoxe à la science grecque est inestimable. Parmi tant de génies, il n'est second, sans doute, que par rapport à Archimède. Euclide a recueilli, dans ses livres arithmétiques, la théorie des proportions d'Eudoxe, qui surmonte enfin la crise des irrationnels. Sa rigueur ne le cède en rien à la théorie moderne des nombres réels, œuvre collective de quelques grands mathématiciens du XIXe siècle, qui ont mené à bien ce qu'on a appelé plus tard, d'un nom suggestif, l'«arithmétisation du continu».

Mais Eudoxe n'a pas été seulement un arithméticien hors pair ; il est aussi celui qui a résolu le «problème de Platon», qui relevait de la géométrie cinématique appliquée à l'astronomie. N'ayant pas à relever l'intérêt mathématique de la solution de ce problème, nous soulignerons, par contre, son cadre épistémique, qui est en fait un cadre épistémologique platonicien. Accordé que les astres, comme toutes les autres choses, ne sont que des apparences, l'Académie ne se dispensait pas pour autant d'y réfléchir en profondeur. Platon avait demandé une reconstitution, dont ces apparences feraient l'objet : il voulait *sauver les phénomènes* (σώζειν τά φαινόμενα), ce qui voulait dire, à la lettre, «sauver les apparences». Le problème technique soulevé était de trouver des mouvements sphériques, dont la composition reproduisît ceux des «astres errants» (les planètes). Eudoxe y a répondu par son célèbre système de sphères homocentriques, dont les axes de rotation formaient des angles explicitement calculés. Diversement modifié par la suite, ce système a connu la célébrité et devait exercer une fascination durable.

L'obsession des sphères a obéré tous les progrès de l'astronomie, jusque et y compris à Copernic et Tycho Brahe. Entre-temps, on avait remplacé les sphères homocentriques par des excentriques (déférents et épicycles). Un long travail de calcul, fondé sur des réductions préalables, a été poursuivi sans relâche pendant tout le Moyen Âge, jusqu'à l'aube des temps modernes. Rien ne permet de mieux mesurer la force de cette véritable obsession que de suivre pas à pas la longue marche de Kepler aux prises avec les «caprices» de la planète la plus excentrique connue à l'époque, Mars. À la fin de labeurs incalculables, les sphères et les cercles s'étant révélés *insuffisants pour la réduction requise*, le pas décisif du passage aux ellipses — et encore s'agissait-il d'un pas minimal ! — a été franchi, et la pseudo-nécessité, plus forte que tous les monstres mythiques, enfin vaincue.

LA DÉDUCTION MATHÉMATIQUE ET SES POINTS DE DÉPART

Analyser, fût-ce de manière sommaire, les mathématiques grecques dans leur ensemble, nous mènerait trop loin. Elles sont les seules branches de la science ancienne qui satisfont intégralement aux exigences de scientificité conçues de nos jours. Dans leur forme la plus achevée, dont les *Éléments* d'Euclide constituent le paradigme, elles se présentent comme un exposé déductif à partir d'axiomes, mais sans que les *schèmes déductifs* employés soient eux-mêmes spécifiés (comme on le demande aujourd'hui). On a certes décelé quelques lacunes mineures dans l'appareil axiomatique d'Euclide, analysé du point de vue contemporain. Mais, pour l'essentiel, le degré de perfection des mathématiques grecques et la maîtrise technique qui l'accompagne créent l'illusion d'un miracle *surgissant d'un coup*. Ce qui n'est qu'un effet de perspective historique — dont il faut certes tenir compte —, n'en révèle pas moins la singularité des mathématiques parmi les sciences.

Toute déduction à partir d'axiomes soulève le problème de l'origine des principes invoqués, qu'il s'agisse de vérités supposées évidentes — point de vue ancien —, ou de thèses (ou hypothèses) librement admises pour le rôle qu'on leur assigne dans la déduction prévue — point de vue hypothético-déductif moderne. Nous prétendons que les axiomes proviennent d'une réduction épistémogénétique *qui précède nécessairement la déduction prévue*. La question sur l'origine des axiomes ne peut que mener, en de telles conditions, à deux autres, portant respectivement 1) sur les domaines de connaissances qui servent de base au raisonnement réductif, et 2) sur le *processus de la réduction* elle-même et sur les mécanismes généraux qu'il met en jeu.

Nous admettons qu'il peut exister et qu'il existe forcément une intelligibilité mathématique encore dépourvue de fondement axiomatique, mais assez consistante pour servir de base à un *processus d'axiomatisation*. Cet ensemble de questions, sur lequel nous reviendrons à propos des réductions axiomatiques en mathématique contemporaine, est à tel point central pour notre argumentation que celle-ci se trouverait en porte-à-faux si un contradicteur éventuel ébranlait nos postulats. Nous procédons, nous aussi, par réduction — en l'occurrence, *extramathématique* — en épistémologie mathématique, en utilisant l'histoire de la mathématique comme base du raisonnement qui cherche à justifier ces postulats.

CONFIGURATIONS ET INDIVISIBLES

À l'importance intrinsèque d'Euclide, d'Archimède, d'Apollonius, de Diophante — comme à celle de Platon, d'Aristote et d'autres auteurs sur lesquels nous passerons — s'ajoute le rôle qu'a joué la réception de leur œuvre, traduite en différentes langues dès le Moyen Âge. Il y a là matière abondante pour des études historico-critiques, cherchant 1) à établir des liens de dépendance, intéressants sur le plan des idées en général ; mais plus spécifiquement (du point de vue que nous adoptons ici) cherchant 2) à reconstituer quelques *réductions épistémogénétiques secondaires*, dans l'enchaînement d'une longue tradition épistémique. Aussi indispensables soient-elles, nous ne nous embarquerons pas dans de telles études fines et ne mentionnerons, sur une période plus que millénaire, que deux auteurs éloignés dans le temps, le docteur médiéval parisien N. Oresme et le contemporain de Galilée, B. Cavalieri.

L'ouvrage le plus intéressant d'Oresme est le *Traité des configurations*[5], où l'auteur introduit certaines figures bidimensionnelles pour représenter la distribution (spatiale ou temporelle) des intensités de certaines «qualités», comme la chaleur ou le mouvement (Oresme appelait «vitesse» cette intensité de mouvement). Il y introduit, en outre, le concept fécond de «quantité d'une qualité», que mesure l'aire totale de la configuration représentant la distribution des intensités. La «quantité de chaleur» fournit ainsi une évaluation globale de la chaleur répartie dans un corps, et la «quantité de mouvement» mesure, tout simplement, l'espace parcouru (quand on part, comme l'auteur le fait, d'une distribution temporelle de vitesses). Dès lors, Oresme réussit en particulier à calculer l'espace parcouru par un mobile animé d'un mouvement uniformément varié, en redécouvrant ainsi, par une méthode originale et suggestive, le résultat établi au Merton College à Cambridge : l'espace à calculer est égal à celui qu'aurait parcouru un mobile animé d'un mouvement uniforme, de vitesse égale à la vitesse moyenne du mouvement considéré.

Avant l'essor des études médiévistes, on croyait que des résultats si innovateurs par rapport à la science grecque n'avaient été accessibles qu'au génie et aux nouvelles méthodes de Galilée. Nous savons qu'il n'en a rien été. La nouvelle intelligibilité, instaurée par Oresme, repose sur une *assimilation réciproque du qualitatif et du figural*, enrichissant chacun d'entre eux de significations provenant de l'autre. En particulier, sa remarquable *figuration du mouvement* en a permis un traitement géométrique, avec déduction fondée sur des raisons.

Mais, dans ce cas d'espèce, il importe surtout de voir comment ces raisons se sont formées. La démarche épistémogénétique fondamentale d'Oresme est la réduction offerte par la méthode des configurations. Grâce à elle, Oresme *reconstruit* l'espace parcouru comme «quantité totale de mouvement», par un raisonnement qui évoque irrésistiblement, chez le lecteur contemporain, le calcul intégral.

Cette évocation n'est guère extravagante. Mais plutôt que de penser à Cauchy, Riemann ou Lebesgue, le sens de l'histoire commande de se référer à Archimède qui, le premier, a maîtrisé admirablement de telles démarches d'«intégration» mathématique. Laissant aux historiens le souci d'établir l'existence d'influences directes, on ne saurait qu'être frappé par la parenté des démarches. On se réfère volontiers, et pour cause, à la «méthode d'exhaustion», qui reste un modèle impeccable de rigueur déductive, dont l'idée fondamentale (d'après les données qui nous sont parvenues) remonterait à Eudoxe.

Mais l'histoire montre que cet acquis précieux de l'antiquité classique n'a jamais été de maniement aisé : il bridait sévèrement l'intuition mathématique, dont il ne servait qu'à *reconstruire les résultats après coup*, de manière déductive. Depuis la découverte en 1906 de la lettre d'Archimède à Eratosthène *Sur la méthode*, on sait que, dans sa démarche de découverte introduisant la réduction préalable à la déduction, le grand mathématicien recourait à une méthode beaucoup plus «intuitive», qui lui permettait de déterminer des aires, des volumes et des barycentres. Il considérait, entre autres, des surfaces formées par la réunion de cordes parallèles, ou des solides constitués par des sections parallèles, en ne se privant pas d'y appliquer les principes de la statique, découverts par lui-même, chaque fois que cela lui permettait d'avancer vers son but cognitif.

Cela nous amène naturellement à Cavalieri, dont la *Géométrie*[6] est, elle aussi, basée sur la méthode de «sommation par tranches». Cavalieri découpe les figures qu'il mesure par des faisceaux de droites parallèles, pour les figures bidimensionnelles, et de plans parallèles, pour les figures tridimensionnelles. Les sections obtenues constituent ce qu'il appelle des *indivisibles*, et sa méthode n'est qu'un procédé de mesure à partir d'eux. La réminiscence de Démocrite, par l'intermédiaire d'Archimède, est manifeste[7].

Relevons quand même deux différences de taille chez Cavalieri : 1) les indivisibles ne sont, chez lui, que des «atomes» mathématiques et non pas physiques[8], qui ne servent qu'au calcul de la mesure (en particulier, la direction des faisceaux sécants est arbitraire); 2) ces «atomes» ne sont pas ultimes et absolus, mais relatifs à une certaine dimension. Ainsi, les atomes des corps tridimensionnels sont-ils des sections planes, ceux des figures bidimensionnels, des sections linéaires. On eût pu poursuivre et dire que les atomes des lignes sont des points, mais cela ne concernait plus la tâche métrique que Cavalieri se proposait. On voit par là que ces «atomes» relatifs sont tels qu'il peut y avoir des atomes d'atomes, et même des atomes d'atomes d'atomes.

Comme raisonnement à partir de raisons, le «principe de Cavalieri» (dont nous omettons l'énoncé complet) permettait un développement déductif rigoureux du calcul, et ce de manière incomparablement plus commode que la méthode d'exhaustion. Mais nous nous centrerons, comme partout dans ce chapitre, sur le rôle des raisons dans le développement théorique considéré. La reconstruction, qui permet le processus de mesure, ne devient accessible que sur la base d'une *reconstitution des significations fondamentales* des figures. Reconstituant leur mode de formation à partir d'indivisibles, Cavalieri *reconceptualise* les significations des figures bi- et tridimensionnelles. Celles-ci se trouvent ainsi modifiées et enrichies, car *sous-tendues par des raisons*.

LE PARALLÉLISME PENSÉE-ÉTENDUE ET L'HARMONIE PRÉÉTABLIE

Le mouvement historique d'idées qui a provoqué un changement épistémologique radical chez Descartes et Leibniz provenait d'une source double sur le plan de l'évolution des sciences elles-mêmes. Il y a eu tout d'abord 1) la prise de conscience des opérations à l'intérieur des mathématiques, liée à la *constitution de l'algèbre*, qui ne porte sur aucun contenu déterminé qui viendrait s'ajouter aux opérations elles-mêmes; et ensuite 2) la création d'une *géométrie cinématique* et d'une *dynamique mathématisée* dont les instruments essentiels étaient l'algèbre elle-même (interprétée à l'aide de figures par la méthode des coordonnées de Fermat et Descartes) et cette généralisation de l'algèbre à l'étude du continuum géométrico-cinématique qu'était le calcul infinitésimal.

Le parallélisme entre la construction d'instruments de représentation intelligible et la prise de conscience du sujet épistémique est flagrant chez Descartes. La *res cogitans* et la *res extensa* devenaient simultanément intelligibles — objets d'«idées claires et distinctes» —, tout opposées que fussent leurs caractéristiques essentielles. Pour Descartes, elles sont intimement solidaires, car l'une peut concevoir l'autre, qui lui fournit, en retour, l'occasion de prendre conscience de ses propres pouvoirs.

Il est à noter que la construction de nouveaux instruments intellectuels servant à la représentation du mouvement y a été pour beaucoup. Jusqu'alors pierre d'achoppement de tout essai d'interprétation rationnelle, le mouvement devenait, d'un coup, objet de représentation intelligible et point de départ de nouvelles représentations des choses et du monde, sur le modèle des articulations cinématiques — et dynamiques chez Newton et Leibniz —, assimilées par voie de déduction. Tandis que le développement des techniques permettait la construction de mécanismes de plus en plus perfectionnés, le prototype de la machine assumait un rôle grandissant dans la représentation du monde. Les «animaux-machines» de Descartes en fournissent un exemple extrême.

Comme il est inévitable, la *déduction* puissante, qui s'épanouit dans *Le Monde, ou Traité de la lumière*, avait été précédée d'une non moins puissante *réduction fondatrice*. La reconstruction mécaniste de Descartes, qui a servi de modèle pour les temps modernes, s'est pourtant révélée *insuffisante* sur toute la ligne, en contraste flagrant avec la contribution proprement mathématique de l'auteur.

La réduction épistémologique à la *res cogitans* est un cas exemplaire de réification contestable, dont Kant lui fait grief à juste titre[9]. Le sujet reste, pour Descartes, une substance : il appartient en fait à l'un des deux seuls types de substances qu'il reconnaît, la substance divine mise à part. Des conceptions ontologiques critiquables sont toujours, on peut le préjuger, la conséquence et le signe d'une réduction épistémologique insuffisante. Le réducteur Descartes n'a pas tout à fait bien saisi la nature de la réduction épistémogénétique qu'il pratiquait avec talent. Mais, quoi qu'il en soit, le progrès de la réduction épistémologique depuis Platon et Aristote était immense.

Après le mécanisme de Descartes, le dynamisme développé dans la monadologie de Leibniz témoigne, une nouvelle fois, *des progrès et de l'insuffisance persistante* de la réduction épistémologique chez les rationalistes continentaux du XVIIe et du XVIIIe siècles. En analyse mathématique, le remplacement des indivisibles par les différentielles infinitésimales a permis à Leibniz d'asseoir le calcul différentiel et intégral sur des bases autrement plus solides et fécondes que les auteurs des générations précédentes. Ses choix judicieux de notations lui ont assuré, à la longue, le dessus sur les techniques dérivées de la méthode des fluxions de Newton.

En philosophie, Leibniz attribue un grand rôle à des principes d'inspiration logico-mathématique évidente, comme ceux d'identité — indiscernabilité en tout contexte —, raison suffisante et continuité. Personne n'a mieux que lui fait passer sa prise de conscience du dynamisme opératoire dans son épistémologie explicite.

Les monades étaient un essai de solution original d'un problème qui se posait avec acuité à son esprit : comment concilier la fermeture mathématique, dont témoigne toute structure achevée, avec l'accession à une connaissance adéquate du monde extérieur ? Le *parallélisme pensée-étendue* de Descartes devient chez Leibniz *harmonie préétablie des monades* : entièrement fermée sur elle-même, chacune d'entre elles n'en refléterait pas moins pleinement la totalité de l'univers (ensemble des monades).

LA PREMIÈRE GRANDE RÉDUCTION UNIFICATRICE EN MÉCANIQUE

Avec Newton, la réduction épistémogénétique en physique fait un saut qualitatif. Il est celui qui a réduit les mouvements des astres, des marées et des projectiles aux mêmes principes. Les principes de la mécanique et la loi des forces centrales inversement proportionnelles au carré des distances — loi de la gravitation universelle — unifiaient un domaine d'intelligibilité immense par *déduction à partir de significations fondamentales*.

La démarche réductrice fondamentale de Newton est tout à fait remarquable. Il a commencé par «découvrir» les lois de Kepler dans le fouillis inextricable des textes du grand mathématicien et astronome parti, à son tour, des fines observations de Tycho Brahe sur Mars. Ce travail préliminaire n'était pas facile et le mérite de Newton y est déjà considérable. Rien ne se laissait entreprendre sans assurer, tout d'abord, *un point de départ pour le raisonnement*. Il fallait distinguer, chez Kepler, l'essentiel du secondaire, ce que Kepler lui-même n'avait su réaliser que très imparfaitement. *C'est pendant que la réduction est en train de se faire que l'essentiel émerge comme objet d'abstraction raisonnable* : il est ce qui permet à la réduction d'aboutir.

Des lois de Kepler, Newton savait déduire, par sa méthode des fluxions (sa version personnelle de l'analyse infinitésimale), les accélérations en jeu dans les mouvements planétaires, ce qu'il a fait. Son principe fondamental de la dynamique $f=m.a$ imposait alors une expression déterminée pour la force produisant ces mouvements. Au terme de sa démarche réductrice, Newton arrivait à une loi des forces centrales, dont il pouvait *déduire en retour* les lois de Kepler. Telle a été, dans les grands traits, la géniale réduction Kepler ⇐ Newton : le second a *expliqué* les lois empiriques du premier ; il les a *réduites* à une loi dynamique d'une tout autre portée, la loi de gravitation universelle.

Cependant, la *réduction épistémologique* n'atteint pas, chez Newton, le même niveau de profondeur que ses réductions épistémogénétiques en mathématique et en physique. Comparativement, elle n'a pas la force de pénétration de Descartes ou Leibniz, mais n'en est pas moins vigoureuse. En témoigne le passage souvent commenté :

> Je n'ai pu parvenir à déduire des phénomènes la raison des propriétés de la gravité, et je n'imagine point d'hypothèses [hypotheses non fingo]. Car tout ce qui ne se déduit point des phénomènes est une hypothèse, et les hypothèses [...] ne doivent pas être reçues en philosophie expérimentale. Dans cette philosophie, on tire les propositions des phénomènes, et on les rend ensuite générales par induction [...]. Et il suffit que la gravité existe, qu'elle agisse selon les lois que nous avons exposées, et qu'elle puisse expliquer tous les mouvements des corps célestes et ceux de la mer[10].

Reconnaissant d'emblée n'avoir encore trouvé la *raison* des propriétés de la gravitation, Newton ne se laisse pas aller à des suppositions dans un sujet où il n'est pas en mesure de « déduire la raison à partir des phénomènes ». Il appelle « hypothèses » tout ce qui ne se laisse pas ainsi « déduire »; et maintient catégoriquement qu'elles « n'ont pas de place dans la philosophie expérimentale ». D'après Newton, il est assez de savoir 1) que la gravité existe effectivement ; 2) qu'elle agit d'après les lois qu'il expose ; 3) qu'elle suffit en tout ce qui concerne les corps célestes et la mer.

Pour écarter de vaines querelles de mots, essayons de reconstituer les notions « déduire » et « hypothèse » utilisées par Newton. Tout le passage cité repose sur la distinction établie entre ce qu'on peut et ce qu'on ne peut pas « déduire » des phénomènes, les propositions de la dernière classe étant appelées « hypothèses ». Il est pourtant clair que les propositions générales d'une science théorique n'ont pas à se laisser « déduire des phénomènes », d'après l'énoncé de Newton pris à la lettre, mais qu'elles servent plutôt de *principes qui les expliquent*. Le raisonnement qui mène à de tels principes n'est pas déductif, mais réductif.

S'il en est ainsi, la distinction cruciale, plutôt que celle de Newton, interviendra entre ce à quoi les phénomènes *se laissent* et ce à quoi ils *ne se laissent pas réduire*. Appelant « suppositions infondées » (traduction proposée pour « Hypotheses ») celles auxquelles les données à expliquer (« Phenomena ») ne se laissent pas réduire, il est légitime et raisonnable de leur refuser toute place distinguée dans la science et dans la philosophie.

Tout autre est le statut des véritables hypothèses, qui gardent leur place dans la science, et y jouent même un rôle central irremplaçable. Newton ne s'y opposerait probablement pas, si on arrivait à s'entendre — mais la réserve n'est pas mince ! — sur quelques notions épistémologiques de base, incluant la distinction entre induction et réduction, la seconde, et non la première, constituant la véritable contre-partie de la déduction. Il accepte l'impénétrabilité, la mobilité et l'impetus des corps (solides), ainsi que les lois des mouvements et de la gravitation, dont aucune n'est, à la lettre, expérimentalement *constatée, ni constatable*, mais qu'on a cependant *raison d'accepter*, puisque (dans le langage de Newton) elles «se déduisent des phénomènes». À mieux cerner le type de raisonnement en jeu, nous dirions : puisque les «phénomènes» (données expérimentales) s'y réduisent.

Une réciproque de la formulation de Newton est vraie : les phénomènes se déduisent des lois fondamentales de la physique, qui sont, précisément, *fondamentales* parce qu'il en est ainsi. Telle est la véritable *signification de l'induction*. Newton y fait appel pour justifier une généralité qu'il conçoit manifestement, en bon empiriste, comme étant de nature purement extensionnelle. En réalité, l'induction consiste en une simple suite de vérifications, à laquelle ne viennent s'ajouter que quelques raffinements de méthode sur le choix des cas qu'il convient de vérifier.

La vérification, dans les sciences expérimentales, consiste bien, à son tour, en une déduction *qui tient compte des* «phénomènes». Mais ces derniers n'y sont pas point de départ, comme chez Newton — pour qui «Propositiones deducuntur ex Phaenomenis» —, mais *point d'arrivée de la déduction* : la vérification procède systématiquement *du moins connu au connu* — et non pas, réciproquement, du connu au moins connu.

Lorsque Newton fait débuter la déduction «ex Phaenomenis», nous sommes d'accord sur un point : la démarche naturelle du raisonnement en physique est de partir, chaque fois qu'il y a de nouveaux faits à expliquer, des faits expérimentaux eux-mêmes pour en chercher les raisons. Nous acceptons d'y voir, si l'on veut s'exprimer ainsi, un véritable raisonnement «ex Phaenomenis», tout en sachant que la constitution du «phénomène» suppose déjà une démarche complexe d'investissement cognitif préalable, dont aucune épistémologie empiriste n'a jamais pu rendre compte de manière satisfaisante. Mais le point capital est que ce raisonnement «ex Phaenomenis» ne saurait être de type déductif, car pour déduire, on a besoin de *principes* dont on puisse dériver les conséquences qui en découlent. Le raisonnement global, qui accède à l'intelligibilité par la formation des raisons, ne peut ainsi que nécessairement débuter par une phase réductive.

Dans la controverse qui a opposé Newton et ses partisans, d'un côté, aux Cartésiens, à Leibniz et à tout le courant rationaliste, de l'autre, chaque camp a bien compris un aspect fondamental des graves problèmes épistémologiques soulevés, en en méconnaissant d'autres. Newton et les Anglais ont eu raison de faire partir la recherche en physique de l'expérience, mais leur réduction épistémologique était beaucoup trop courte. Les rationalistes continentaux ont eu raison de soutenir, plus ou moins explicitement, que nulle intelligibilité ne réside hors de ce que l'on déduit à partir de principes. Mais ils n'ont pas fait pour autant entièrement justice à la Raison. Leur réduction épistémologique restait, elle aussi, trop courte, leur conception des principes ignorant *l'épistémogenèse*.

Les experts de Newton ont remarqué que la première proposition du passage cité contient un aveu singulier, rehaussé à nos yeux par le contraste avec l'affirmation de *suffisance* à la fin du texte. Pour Newton, *il est assez de savoir* ce qu'énoncent les trois points repris plus haut. Dans notre interprétation — reconstitution épistémologique —, Newton a réussi sa réduction épistémogénétique *mathématique*, sinon sa réduction proprement *épistémologique*. Nous lui donnons acte de ce que sa colossale prétention de suffisance à l'échelle de l'univers n'est pas démesurée : elle est *fondée* et donc *légitime*. Pourquoi donc ne pas s'arrêter là, et chercher, en vain selon Newton, «la raison des propriétés» de ce qui était déjà une raison mathématique fondamentale de *tout* ce qu'il avait entrepris d'expliquer en mécanique céleste et terrestre ? Laissons aux experts le soin d'en discuter. Quelques faits sont clairs pourtant.

On sait que les Cartésiens et Leibniz ont vivement reproché à Newton son idée d'une force agissant instantanément à distance. Elle violait les principes fondamentaux des conceptions mécanistes, mais des esprits autrement orientés pouvaient, eux aussi, en être heurtés. Que dire de Newton lui-même ? Il en a été raillé et l'avait sans doute anticipé. Concevait-il cependant une autre tâche intellectuelle que d'essayer de «sauver les phénomènes»? Des faits expérimentaux qui rendront la mécanique newtonienne *insuffisante* ne sont apparus que beaucoup plus tard. Einstein — qui n'était pourtant pas plus rationaliste que Newton — était intellectuellement préparé à chercher une autre «raison». Mais, pour y arriver, il avait fallu attendre la contribution d'un autre grand savant britannique, Maxwell.

L'ÉLECTROMAGNÉTISME ET LES RÉDUCTIONS RELATIVISTES

Maxwell accomplit l'exploit d'unifier les théories de l'électricité et du magnétisme, en obtenant en prime une théorie ondulatoire de la lumière. Sa théorie électromagnétique est une seconde synthèse grandiose, réunissant un vaste ensemble de données expérimentales à l'intérieur d'un *domaine d'intelligibilité unifié*. Nous passerons sur l'intéressante épistémologie personnelle de l'auteur, pour ne retenir que son apport à la physique. Remarquons cependant qu'il n'y a presque plus d'hommes de science de valeur dont le travail scientifique ne soit pas couplé à un travail de réduction *épistémologique*, plus ou moins complètement thématisée.

La mathématique ayant fait des progrès entre-temps, les physiciens en ont tiré parti dans la recherche des propriétés d'invariance de leurs systèmes d'équations fondamentaux, ce qui n'était, du reste, pas dépourvu d'une signification proprement physique. Les propriétés d'invariance sont essentiellement relatives à des systèmes de transformations munis d'une structure de groupe. Eu égard à l'interprétation physique de ces systèmes, il était naturel de les comparer entre eux, pour voir comment les équations de la physique se comportent sous les transformations étudiées.

Aux mains d'Einstein, cette approche a révolutionné la physique. Grand physicien, et bon connaisseur de la mathématique de son temps, Einstein a vu dans le fait que les équations de Newton et de Maxwell n'avaient pas le même groupe d'invariance (leurs groupes d'invariance sont, respectivement, ceux de Galilée et le Lorentz) une raison *exigeant le remaniement des équations*. La relativité restreinte en est issue. Quelques années plus tard, poussant plus loin son idée directrice, Einstein a profondément modifié sa première théorie de la relativité pour y incorporer l'action de la matière sur la géométrie de l'espace-temps, rendant superflue la force gravitationnelle. L'incongruité gênante de l'action instantanée à distance était levée du même coup.

LA SUFFISANCE PERDUE — ET RÉTABLIE

Toutes les branches des sciences physiques sont aujourd'hui confrontées à une accumulation sans précédent de données expérimentales exigeant des révisions théoriques fréquentes. Mais le paradigme d'intelligibilité établi par Einstein reste acquis. Sont considérées satisfaisantes

— et sont donc acceptées — les théories qui rendent compte de toutes les données disponibles à une certaine époque, permettant de les déduire à partir de principes d'une grande généralité. Mais cette généralité est tout autre que celle envisagée par Newton, quand il écrivait « les propositions [...] sont rendues générales par induction », en se méprenant dans l'analyse de son travail, dont la démarche dépassait de toutes parts le cadre étroit de son épistémologie. La généralité féconde est celle *des principes fondamentaux*, qui se reconnaissent à leur capacité fondatrice. Ils proviennent toujours de *réductions épistémogénétiques*.

Si les contemporains y réussissent mieux que leurs prédécesseurs, c'est que l'état actuel de la science le permet. Aucune autre considération ne montre avec plus d'éclat l'influence limitative de l'« état du savoir » — donnée cumulative résultant de l'apport épistémogénétique des générations qui se succèdent — sur les possibilités épistémiques *ouvertes* à chaque nouvelle génération. Il s'agit bien d'une influence limitative, car l'état du savoir *ne prédétermine* aucunement la direction à prendre dans le futur ; il offre un simple éventail de *possibilités* qui, en s'actualisant, en ouvrent de nouvelles, non données au départ.

L'histoire montre que tous les grands (et moins grands) *réducteurs épistémogénétiques* ont été des individus, voire, en des cas exceptionnels, des individus sévèrement isolés. La situation la plus fréquente est celle de sujets qui ont eu la chance de bénéficier d'un environnement stimulant. Toute avancée épistémique se produit par rapport à un acquis de départ, ne fussent à la limite, d'entrée de jeu, que des potentialités biologiques héritées. Newton avait ainsi raison de reconnaître qu'il voyait si loin parce qu'il s'était hissé sur des épaules de géants ; mais s'il a pu le faire, c'est aussi grâce à ses « yeux » pénétrants, pourrait-on ajouter sans offenser sa modestie.

Reprenons l'étude de la nécessité et de la suffisance à la lumière de ce qui précède. Les progrès de la physique ont continuellement rendu *insuffisantes* des raisons qui avaient été considérées — et qui étaient provisoirement — suffisantes. Le *passage de la suffisance à l'insuffisance* est la règle constante de l'épistémogenèse à longue échelle, aussi régulier que le passage compensateur, à plus courte échelle, de l'insuffisance à la suffisance.

On n'a pas là deux passages simplement réciproques l'un de l'autre. Celui des significations devenues insuffisantes aux raisons suffisantes résulte de chaque nouvelle étape de réduction épistémogénétique. Grâce aux progrès de la déduction ainsi rendus possibles, *les domaines d'intelligibilité s'élargissent* en recouvrant des secteurs de plus en plus vastes du savoir. Le passage de la suffisance à l'insuffisance est, pour sa part — plus encore que la contradiction si hautement prisée par Hegel et les dialecticiens de son école — *l'aiguillon de la quête d'intelligibilité*, qui impose de toujours nouvelles tâches intellectuelles.

Mais comment se fait-il que des raisons, suffisantes à un moment, cessent plus tard de l'être, et à quoi cela se doit-il ? La réponse tient en un changement de l'état du savoir. Celui-ci étant de nature essentiellement intersubjective, il est naturel que le passage de la suffisance à l'insuffisance se produise régulièrement sur un plan *collectif*, le retour compensateur de l'insuffisance à la suffisance étant lui surtout affaire de *création individuelle*.

La nécessité étant corrélative de la suffisance, les conséquences nécessaires d'une raison suffisante cessent-elles de l'être lorsque celle-ci n'est plus suffisante ? Aucunement, car la suffisance n'est que *relative* à un état du savoir, et en fait régulièrement en voie d'être perdue, ce qui est heureux pour le progrès de la science ! Rien d'analogue pour la nécessité. «Quand on sait une fois, on sait pour toujours», disait jadis un enfant à un collaborateur du CIEG. À son niveau, il avait compris que *la nécessité ne se perd jamais* ou, si l'on veut, qu'une «nécessité» qui se perd n'est pas véritable, mais subjective et prétendue (une «pseudo-nécessité»).

Ce n'est pas dire que la nécessité soit absolue. Elle est, au contraire, essentiellement relative, non pas à l'état du savoir, comme la suffisance, mais aux conditions suffisantes, d'où découlent des conséquences nécessaires. À vrai dire, *seul est nécessaire le lien inférentiel*, reliant des significations entre elles : la nécessité d'un contenu de jugement n'est que l'expression de ce lien.

Les conséquences nécessaires d'une raison périmée au cours de l'histoire continuent donc d'en être des conséquences nécessaires, quand bien même la prétendue suffisance de la raison en cause se soit évanouie, s'étant avérée illusoire. Cela met en lumière la relativité essentielle de la nécessité et de la suffisance l'une par rapport à l'autre. Les raisons provisoirement suffisantes (comme celles trouvées par Newton en mécanique) continuent d'être — et «continueront», mais de manière *intemporelle* — des raisons suffisantes de tout ce qui en découle de manière nécessaire, malgré leur insuffisance *définitive* reconnue dans le cours du temps.

La suffisance que peuvent ainsi revendiquer les raisons inhérentes aux théories physiques *est mathématique*. Mais mathématique est aussi *toute* intelligibilité en physique, à part celle que les physiciens puisent, éventuellement, dans leur réflexion épistémologique.

LES RÉDUCTIONS AXIOMATIQUES EN MATHÉMATIQUE CONTEMPORAINE

Les temps modernes n'ont fait qu'accroître la place, déjà importante, que la réduction épistémogénétique en mathématique avait prise chez les Grecs. Fallait-il s'attendre à un si grand rôle de la réduction en mathématique, science que l'on dit purement déductive ? Comme aucune autre science, la mathématique peut, en effet, se constituer de manière purement déductive, à condition cependant de disposer d'une base axiomatique adéquate. Car, si le discours mathématique est, par sa nature, un discours qui fonde, la question se pose de savoir d'où est-ce qu'il tire ses fondements, et notamment ceux de sa capacité fondatrice. Rapportées au chapitre 1.2, les discussions du CIEG sur le discours explicatif ou justificatif gardent toute leur pertinence à propos de la mathématique ; et l'incapacité du discours qui fonde à établir ses propres fondements est manifeste, fût-il discours mathématique.

Hautement prisée et constamment utilisée en mathématique depuis les Grecs, la méthode axiomatique met en évidence la structure du discours et tout ce qu'il peut fournir par sa force propre. Elle explicite les points de départ du discours démonstratif (les axiomes) ; mais, par artifice de méthode, ne les analyse autrement qu'en termes de structure. Le recours aux techniques de formalisation a rendu à cette approche son dernier degré de pureté. Mais là où l'axiomaticien recule par méthode, pour délimiter les domaines où sa démarche déploie sa pleine efficacité, l'épistémologiste généticien peut et doit se poser les questions décisives sur *l'origine des fondements*. En faisant cela, il ne fait cependant que marcher sur les pas du mathématicien, pour qui une reconstitution qui fonde ne saurait être que récurrente, comme on le voit à chaque nouvelle étape de refondation des mathématiques.

Sans revenir sur l'œuvre monumentale d'Euclide, c'est aux *Grundlagen der Geometrie* de Hilbert qu'il convient de faire référence. Ils représentent en effet pour notre époque — dont leur publication a constitué l'un des événements fondateurs en mathématique — la contrepartie des *Eléments* d'Euclide. Comme leur titre l'indique, les *Grundlagen* établissent les fondements d'une discipline particulière, la géométrie, qu'ils prennent dans un sens très large. Tout le déroulement de cette entreprise fondatrice repose sur la méthode axiomatique, amenée à son plus haut degré de perfection. Toutefois, considérée comme branche de l'ensemble plus vaste des mathématiques dans leur totalité, la géométrie soulève de nouveaux problèmes de fondation et de coordination. Plus tard dans sa carrière, Hilbert s'est attelé avec un succès certain à leur solution en inventant, chemin faisant, la métamathématique. Comme on le voit à travers cet exemple si précieux pour l'épistémologue, le problème des *fondements de fondements* ne cesse et ne cessera sans doute jamais de se poser, à tous les niveaux, en mathématique.

Lors d'une intervention au CIEG, Piron avait souligné l'importance, pour la physique, de prendre en compte les *limites de validité des théories*. Or, il en va de même en mathématique. En ce domaine, ces limites relèvent de la théorie des modèles. On sait maintenant construire, pour beaucoup de systèmes d'axiomes, des structures qui les satisfont et en sont des modèles, et d'autres qui ne les satisfont pas (et n'en sont donc pas des modèles). Ce que l'on commençait à apercevoir depuis la construction des premiers modèles de géométries non euclidiennes — qui, événement historique, avaient établi leur *non-contradiction conditionnelle* — a été énormément amplifié par Hilbert.

Sa contribution a été d'examiner, dans le plus fin détail, l'apport de chaque axiome, après les avoir classés. La question de l'indépendance réciproque des axiomes ayant été réglée par la construction de modèles appropriés, Hilbert a analysé, pour chacun d'eux, quelles conséquences lui étaient imputables, en développant dans ce but une technique remarquable. Remplaçant systématiquement chaque axiome par sa négation, Hilbert a analysé jusqu'aux dernières conséquences ce qu'il en résultait pour la théorie, ainsi qu'on l'avait fait auparavant pour le postulat des parallèles. Comme résultat accessoire, à côté de quelques résultats métamathématiques avant la lettre, Hilbert a obtenu des modèles intéressants d'une poignée de géométries exotiques : finies ou infinies, euclidiennes ou non euclidiennes, arguésiennes, archimédiennes non arguésiennes, non archimédiennes, et beaucoup d'autres encore. Il procédait ainsi à une véritable *expérimentation axiomatique*[11], qui n'a pas son pareil et qui constituait une innovation géniale.

GÉNÉRALISATIONS COMPLÉTIVES ET RÉDUCTIONS STRUCTURALES

Même lorsque le mathématicien dispose de principes suffisants pour sa démarche déductive, la conduite de la preuve, décisive en mathématique, n'en reste pas moins fondamentalement réductive — d'où l'omniprésence de la réduction épistémogénétique en mathématique. Outre la preuve et la réduction axiomatique, déjà examinées, deux grands types de réductions mathématiques sont particulièrement remarquables : les réductions structurales et celles consécutives à des processus de généralisation complétive[12].

La *complétion opératoire* est un processus de généralisation largement utilisé en mathématique. Quand le mathématicien se trouve empêché d'effectuer les opérations qui l'intéressent par des limitations inhérentes au domaine sur lequel il opère, il préfère *élargir* ce domaine (s'il peut le faire), plutôt que de restreindre l'exercice opératoire, qu'il affectionne par-dessus tout. Les objets l'intéressent certes, mais seulement pour autant qu'ils ne gênent pas ce dernier. Il arrive heureusement souvent que de tels problèmes de limitation opératoire soient surmontables sans qu'on soit obligé de renoncer à des objets qui auraient fait problème. De manière surprenante, la solution consiste au contraire dans l'introduction de nouveaux objets.

Voici le premier exemple historique d'un tel processus de complétion. Certaines opérations sur les nombres (comme la soustraction, la division, la résolution d'équations algébriques, certains passages à la limite) se laissent ou ne se laissent pas effectuer, selon la notion plus ou moins large de « nombre » qu'on adopte. C'est là un cas *paradigmatique*. La notion de nombre a été élargie par complétion opératoire, en des étapes successives, pour rendre possibles en toute généralité des opérations qui, chaque fois, ne l'étaient pas dans le cadre original.

Ce processus de complétion opératoire, le premier jamais produit, s'est étalé sur des siècles. Par la suite, on est venu à bout de tels problèmes beaucoup plus vite. Mais il n'en a pas moins fallu *reconstruire*, à chaque nouvelle reprise, les domaines des opérations en jeu à partir de nouveaux principes. Dans ces processus, on a dû reconstituer chaque fois les significations fondamentales (les raisons) dans leurs nouveaux contextes. Dans le cas des nombres, c'est la *notion de nombre* elle-même qui en est ressortie modifiée.

Il suffira d'indiquer encore un autre cas plus récent. Pour que certaines opérations importantes de l'analyse infinitésimale (comme la dérivation des fonctions, la résolution d'équations fonctionnelles de différents types) deviennent possibles en des situations où elles ne le seraient pas, si on retenait le domaine original de leurs opérandes, on a généralisé la notion de *fonction*, comme on l'avait fait longtemps auparavant pour celle de nombre. Les objets mathématiques ainsi introduits sont appelés « distributions ». Contrairement au cas des nombres, on a modifié cette fois-ci le nom des objets, en même temps qu'on en a généralisé le concept. À part cette différence verbale révélatrice, l'analogie des deux cas de généralisation opératoire mentionnés est profonde.

La *réduction structurale* est, quant à elle, un raisonnement par lequel le mathématicien dégage une forme de structure commune à plusieurs domaines opératoires. La démarche qui mène aux formes de structure doit assurer que les domaines opératoires envisagés se correspondent en détail. De telles correspondances privilégiées sont appelées «morphismes». Nous n'en ferons pas ici l'analyse, et renvoyons le lecteur intéressé à l'étude que nous leur avons consacrée ailleurs[13]. Il suffira de signaler que, grâce aux morphismes, on est fondé à *abstraire* une forme d'organisation commune aux domaines qu'ils relient. Cette forme d'organisation est thématisée sous le nom de «structure mathématique». On connaît un grand nombre d'espèces de structures, mais seulement une poignée de types fondamentaux.

La démarche d'analyse structurale est très féconde. Les propriétés qui se rattachent aux structures (les «propriétés structurelles») ont toujours une signification profonde, et méritent d'être considérées fondamentales. Il n'est donc pas surprenant que l'on ait trouvé des raisons très puissantes par voie d'analyse structurale, comme l'histoire de la mathématique n'a cessé de le montrer depuis Galois.

LE SYNTHÉTIQUE A PRIORI ET LA DÉDUCTION TRANSCENDANTALE

Nous terminerons ce chapitre en nous appesantissant sur Kant, le philosophe dont l'approche a le plus profondément marqué l'épistémologie contemporaine. La dette intellectuelle de toutes les générations qui l'ont suivi est immense à son égard. Commençons par souligner que si Kant en est revenu à des thèses transcendantalistes, ce n'était pas, comme déjà chez Platon avant lui, pour s'éloigner de la rationalité propre à la science de son époque — mais, bien au contraire, pour la justifier et pour en tirer des conséquences épistémologiques générales. À en juger *par le résultat* — le système de philosophie spéculative qui ressort de la *Critique de la Raison pure* —, il y a pourtant lieu d'être déçu.

La philosophie spéculative de Kant se présente, du début jusqu'à la fin, comme une *philosophie de l'apparence*. De l'intuitionnisme phénoméniste (certes «transcendental») de l'*Esthétique transcendantale*, au début de la *Critique* — dont la justification est d'une faiblesse déconcertante, eu égard au poids théorique qu'il est appelé à supporter tout au long de la démarche critique —, jusqu'à la dénonciation de l'«apparence transcendantale», dans la *Dialectique transcendantale* (2ᵉ partie de la *Logique transcendantale*), où la Raison pure est soumise au feu de la critique, Kant poursuit sans relâche la tâche d'«abolir le savoir», qu'il s'était assignée[14]. Tirant le bilan global de son entreprise critique au début du *Canon de la Raison pure*[15], Kant écrit :

> Le plus grand et peut-être l'unique profit de la philosophie de la raison pure n'est sans doute que négatif; c'est qu'elle n'est pas un organe qui serve à étendre les connaissances, mais une discipline qui sert à en déterminer les limites, et au lieu de découvrir la vérité, elle n'a que le mérite silencieux de prévenir les erreurs. (Trad. fr. par A. Tremesaygues et B. Pacaud, Paris : PUF, 1968, p. 538.)

À la fin, Kant laisse certes quelques convictions vigoureuses au lecteur qui l'aurait intégralement suivi dans sa démonstration — mais rien, paradoxalement, que des certitudes portant sur des *apparences*. Entre les prétendues intuitions phénoménales *a priori* et les raisonnements dialectiques fallacieux qui, passant outre les avertissements du philosophe critique, feraient un usage de la Raison autre que purement régulateur, la synthèse de l'entendement dans les *jugements synthétiques a priori* occupe la place centrale de la *Critique*, dans l'*Analytique transcendantale* (1ʳᵉ partie de la *Logique transcendantale*) — et constitue le véritable pivot de la démonstration de Kant.

Dès l'*Introduction*, où il met en perspective le travail à entreprendre, Kant fixe le rôle capital que les jugements synthétiques *a priori* joueront dans la *Critique*. Leur prééminence tient, pour Kant, à ce qu'ils constituent les seules connaissances *simultanément fécondes et nécessaires*, sans lesquelles il n'y a pas de science capable de progresser. Nous esquissons ici une brève *analyse de l'analyse* à laquelle Kant soumet les connaissances «synthétiques *a priori*», nous intéressant davantage à sa démarche exemplaire qu'aux thèses explicites qu'il formule. Que fait Kant?

1) Il distingue une classe de connaissances, les «jugements synthétiques *a priori*», dont il avait reconnu le rôle dans les sciences en train de se faire. Qu'une telle dénomination s'avère problématique, c'est indiscutable. Mais la démarche générale de Kant n'en est pas pour autant invalidée. Bien sûr, Kant ne pouvait pas soupçonner quels gros problèmes soulèverait sa prétendue distinction entre les jugements analytiques et synthétiques. Des désaccords subsistent toujours à ce sujet, et les difficultés soulevées par l'apriorité ne sont pas moindres. Kant remarque avec profondeur (début de l'Introduction, 2ᵉ édition) :

> Quand bien même toute notre connaissance débute avec l'expérience, cela ne prouve pas qu'elle dérive toute de l'expérience. (Trad. fr. par A. Tremesaygues et B. Pacaud, Paris : PUF, 1968, p. 31.)

C'est en souverain, au nom du ministère critique qu'il s'était attribué, que Kant révise le rapport des connaissances à l'expérience, prenant le risque d'infléchir le sens de quelques expressions techniques consacrées du langage philosophique. Ainsi en a-t-il été d'«*a priori*», expression reprise de la tradition aristotélicienne. Elle traduit, chez Kant, un rapport à l'expérience beaucoup plus subtil que celui d'*antériorité* (au sens temporel : acception littérale de l'expression).

Toute précaution nécessaire du côté de la terminologie étant prise, nous saluons la liberté que Kant se donne sur le fond du problème. Dans la foulée, nous nous accorderons quelque latitude pour *repenser* le rapport des connaissances à l'expérience. Une considération guide notre démarche : on peut espérer qu'un amendement du sens de ce rapport fondamental n'empêchera pas la démarche critique de porter ses fruits, pourvu que la classe des connaissances «synthétiques *a priori*» (qu'il serait préférable de dénommer de manière moins ambiguë) reste *identifiable* — comme elle l'était chez Kant — *par son rôle dans l'épistémogenèse*. Une manière sûre de compromettre cette démarche serait en tout cas d'en ignorer la réelle complexité.

2) Ayant ainsi mis en évidence un type de connaissances décisives pour la Critique, Kant s'interroge sur leurs *conditions de possibilité* (début de la section VI de l'Introduction)

> Le vrai problème de la raison pure tient dans cette question : comment des jugements synthétiques «a priori» sont-ils possibles? (Trad. fr. par A. Tremesaygues et B. Pacaud, Paris : PUF, 1968, p. 43.)

Une tâche est ainsi assignée à la Critique. Kant la mènera à bien.

3) L'*Analytique* étudie, plus spécifiquement, les concepts purs de l'entendement et les principes des jugements synthétiques (respectivement dans ses deux livres, l'*Analytique des concepts* et l'*Analytique des principes*). Kant «déduit» dans les termes suivants les réponses aux questions posées d'une analyse des *conditions de possibilité de l'expérience en général* (fin de la 2e section du chapitre 2 de la L'analytique des principes) :

> Le principe suprême de tous les jugements synthétiques est donc que tout objet est soumis aux conditions nécessaires de l'unité synthétique du divers de l'intuition dans une expérience possible... les conditions de la *possibilité de l'expérience* en général sont aussi des conditions de la *possibilité des objets de l'expérience* et ont pour ce motif une valeur objective dans un jugement synthétique a priori. (Trad. fr. par A. Tremesaygues et B. Pacaud, Paris : PUF, 1968, p. 162.)

Ici, de nouveau, les formulations explicites de Kant, avec leurs énumérations prétendument systématiques (par paquets de 12, de manière invariable!) des catégories (de quantité, de qualité, de relation et de modalité, trois dans chaque groupe) et des principes («axiomes de l'intuition», «anticipations de la perception», «analogies de l'expérience» et «postulats de la pensée empirique en général»), sont beaucoup moins importantes que la démarche subtile et féconde qui y conduit.

On peut retenir la démarche globale de Kant sans souscrire à toutes ses grandes thèses. Laissant tomber la lourde machinerie noétique à laquelle Kant a cru devoir recourir dans la *Critique*, nous pensons néanmoins que sa géniale réduction épistémologique était foncièrement correcte et doit être précieusement retenue. Si tel est le cas, on doit pouvoir «reconstruire» Kant, en gardant toutes les significations fondamentales qui découlent de sa réduction épistémologique, sans que cela engage à reproduire sa reconstruction *critique* personnelle :

1) Les connaissances auxquelles nous attribuons le rôle des «connaissances synthétiques *a priori*» de Kant sont celles qui *rentrent dans le cadre d'une reconstruction rationnelle du sujet.*

(a) «Synthétiques», elles le sont en tant qu'activement *reconstruites*. Nous postulons une *synthèse déductive* de la part du sujet, sur le modèle de ce que l'on fait constamment en mathématique. Kant, dont nous nous éloignons sur ce point, ne saurait en convenir. Prisonnier d'une forme périmée de logique[16], il ne voyait dans le «raisonnement logique» qu'une procédure explicitant ce qui était déjà *contenu* dans les majeures des syllogismes. Pour lui, la démarche logique est, dans son ensemble, *analytique* : légitime donc et nécessaire, mais inféconde. La connaissance ne saurait progresser sur cette voie. Toute autre est, pour Kant, la démarche de la connaissance mathématique, où la déduction est censée partir *de constructions particulières appuyées sur les formes a priori* de l'intuition sensible.

Remarquons que si ce genre d'intuitionnisme kantien ne faisait déjà pas justice aux derniers progrès de la géométrie de son temps, il deviendra complètement inadéquat après la géométrie et l'*analysis situs* de Riemann. Plus grave : la conception kantienne d'une *déduction purement analytique* n'a pas tardé à produire les effets proprement ravageurs qu'elle contenait en germe. Ils éclatent dans la *Dialectique transcendantale*, où la Raison — qui est pour Kant la «faculté des principes», distinguée de l'entendement, «faculté des règles» — est ravalée au rang de faculté purement régulatrice, et de «siège de l'apparence transcendantale»[17] dès qu'elle ose sortir de ce rôle.

S'il était vrai que tout raisonnement se faisait par des syllogismes, la difficulté relevée par Kant quant à la justification des majeures de ces syllogismes serait insurmontable[18]. D'où sa conclusion d'une Raison *incapable d'accéder aux raisons* — conclusion suprêmement décevante, quel que soit le mérite, et il est grand, de la critique à laquelle Kant a soumis la métaphysique. Mais, outre que tout raisonnement n'est pas déductif, toute déduction, tant s'en faut, n'est pas syllogistique.

b) Les connaissances qui rentrent dans une reconstruction rationnelle conçue par le sujet sont *a priori*, puisque *déduites*. Elles ne sont pas tirées de l'expérience, mais *dérivées à partir de raisons*. La confrontation à l'expérience, à des fins de vérification et quand le domaine d'intelligibilité en cause en relève, n'aura lieu, en tout cas, qu'après la reconstruction.

Quand bien même l'interprétation proposée pour l'*a priori* cherche à suivre Kant au plus près, nous reconnaissons qu'elle ne reprend pas pleinement son sens original, mais l'affaiblit. Qu'on n'y voie surtout pas une vaine querelle de mots. Le vrai problème est celui de trouver une détermination conceptuelle pertinente en épistémologie. Si l'apriorité veut bien dire, comme pour Kant, *indépendance par rapport à l'expérience*, de quelle indépendance s'agit-il si on se laisse guider par l'épistémogenèse effective aux échelles de l'histoire et du développement cognitif individuel ? Kant pensait à l'indépendance qui résulterait *de l'imposition des formes a priori* du sujet aux données de l'expérience. Il n'a manifestement pas pu soupçonner le rôle de l'intelligence sensori-motrice. Le plus gênant est qu'il en ait été réduit à asseoir son épistémologie, en premier lieu, *sur les formes de la sensibilité*.

Nous sommes comblés d'aise par la redéfinition kantienne de l'apriorité comme indépendance, et non pas antériorité, par rapport à l'expérience. Mais notre conception se départit, dans son contenu positif, des thèses de Kant : *Au sens de son épistémogenèse effective* est *a priori* pour le sujet ce qu'il *déduit indépendamment de l'expérience*. Se pose alors la question de savoir *d'où sont tirées les raisons* dont le sujet déduit ce qu'il déduit. Sont-elles indépendantes ou non de l'expérience ? Mais c'est un autre problème.

2) La tâche principale assignée à la Critique, et dont Kant s'est acquitté, était d'expliquer comment les jugements synthétiques *a priori* étaient possibles. Si l'on modifie la notion de ce dont on cherche à expliquer la possibilité, l'explication elle-même doit être modifiée. La tâche «critique» qui nous incombe, après la redéfinition des connaissances «synthétiques *a priori*», est tout simplement d'expliquer *comment de*

nouvelles connaissances peuvent rentrer dans le cadre d'une reconstruction rationnelle. La réponse est, naturellement : «par déduction à partir de raisons», le seul point problématique étant d'élucider la *formation* de ces dernières. C'est le problème auquel cet ouvrage est consacré.

Ici éclate au plein jour notre différence par rapport à Kant. Pour celui-ci, la Raison n'accède pas aux raisons, et si elle croit y accéder, c'est qu'elle se leurre. Nous ne saurions, évidemment, en convenir. Si, suivant Kant et toute la tradition scolastique, nous devions parler de la Raison comme d'une «faculté», nous la définirions comme «faculté des raisons», c'est-à-dire *la capacité à en former*. Plus explicitement, tout en schématisant, la Raison est notre capacité de *réduire le connaissable à des raisons*, et de le récupérer après coup, par reconstruction, sur un nouveau plan, *en l'en déduisant*. Bref, en donnant à «raisonnement» le sens fort que nous envisageons, la Raison est la *capacité de raisonner*.

3) La *Critique de la Raison pure* ignore les problèmes de formation, car, pour Kant, toute la machinerie «esthétique» et noétique se trouve constituée dès le départ, et le sujet n'a qu'à s'en servir à l'occasion de l'expérience[19]. Les concepts purs de l'entendement et les principes des jugements synthétiques seraient, eux aussi, constitués dès le départ. Kant en donne les listes. D'où et comment les a-t-il obtenues? Kant décrit en détail sa démarche, dont il souligne l'importance dans la *Préface* de la 1re édition de la *Critique* :

> Je ne connais pas de recherches plus importantes pour l'étude approfondie du pouvoir que nous appelons entendement et pour la détermination des règles et des limites de son usage que celles que j'ai placées dans le deuxième chapitre de l'*Analytique transcendantale* sous le titre de *Déduction des concepts intellectuels purs*; ce sont aussi celles qui m'ont le plus coûté, mais, comme je l'espère, ce n'est point peine perdue. (Trad. fr. de A. Tremesaygues et B. Pacaud, Paris : PUF, p. 8.)

Il procède, nous dit-il, par «déduction transcendantale des concepts purs de l'entendement». Mais en quoi consiste une «déduction transcendantale», d'après Kant? En une «analyse des conditions de possibilité de l'expérience en général», dont il affirme, emphatiquement, qu'elles «sont en même temps conditions de la possibilité des objets de l'expérience». L'un ne saurait être donné sans l'autre, ni l'expérience sans les objets d'expérience, ni ceux-ci sans celle-là. Quelles en sont les conditions de possibilité, en général? Voilà l'objet du travail *analytique* de Kant, constituant la «déduction transcendantale».

Mais il est évident que cette «déduction transcendantale» n'est pas une déduction, au sens où nous prenons ce terme. Le mouvement cognitif de Kant *remonte* de l'expérience en général à ses conditions de possibilité; tandis que le lien de conséquence est de sens inverse : il *redescend* de ces conditions à l'expérience qu'elles rendent possible. La prétendue «déduction transcendantale» est, en fait, *la réduction épistémologique centrale de la Critique*. Kant, qui n'a pas explicitement reconnu le rôle irremplaçable du *raisonnement réductif*, l'a pratiqué de manière exemplaire.

NOTES

[1] Juste un exemple de la puissance de cette reconstruction rationnelle, parmi une foule d'autres possibles : l'observation montre que les proportions d'hydrogène et d'hélium sont partout les mêmes dans l'univers à très grande échelle ; la théorie du big bang explique cette constance observée par la formation de ces éléments avant l'expansion et la différenciation ultérieures de l'univers.
[2] H. Diels und W. Kranz, *Die Fragmente der Vorsokratiker*, 59 B 10 («59» désigne la partie de ce recueil qui concerne Anaxagore, et «B10», le 10e fragment se rapportant à son œuvre). 1re Berlin, 1903.
[3] Il est curieux d'observer que ces conceptions, déjà presque atomistiques, trouvent un écho chez Aristote, par ailleurs vivement opposé à l'atomisme. Il remarque qu'on peut obtenir des arrangements très différents avec les mêmes éléments, tout comme on peut composer une tragédie et une comédie avec les mêmes lettres, en en modifiant l'arrangement (*De generatione et corruptione*, liv. I, chap. II, §5).
[4] Cette acception de «transcendental» n'est pas exactement celle consacrée par Kant, qui n'est, du reste, pas l'inventeur du mot.
[5] *Tractatus de configurationibus qualitatum et motuum*, Paris, 135 ? (la datation précise est impossible).
[6] *Geometria indivisibilibus continuorum nova quadam ratione promota*, Bologna, 1635.
[7] Quand bien même notre préoccupation actuelle ne soit pas d'établir des influences ni des dépendances, rappelons que les ἄτομος de Démocrite étaient déjà des indivisibles.
[8] Démocrite aurait anticipé les «atomes» géométriques d'Archimède et Cavalieri quand il dit que «la sphère est toute angle», en suggérant une reconstitution qui réduit la sphère, courbe partout, à un polyèdre. Archimède rapporte que Démocrite aurait calculé les rapports de volume de cylindres et cônes, prismes et pyramides. L'aporie soulevée au sujet de deux coupes contiguës d'un cône est particulièrement significative : sont-elles différentes ou égales ? On se défend avec peine de songer aux «antinomies de la raison pure» : dans le premier cas, le cône serait une figure «à étages», tel les premières «pyramides», comme celle de Djoser à Saqqara (Egypte) ; sinon, on ne voit pas en quoi le cône différerait d'un cylindre.
[9] Voir le 1er chapitre *Von den Paralogismen der reinen Vernunft*, livre II de la *Dialectique transcendentale* dans la *Critique de la raison pure*, en particulier la critique du *cogito, ergo sum* dans A346.
[10] *Philosophiae Naturalis Principia mathematica*, Amsterdam, 1714, p. 487.
[11] Expression suggestive empruntée à F. Gonseth.
[12] Voir G. Henriques (1978).
[13] Voir G. Henriques (1990).

[14] Kr.d.r.V., BXXX «Ich musste also das Wissen aufheben, um zum Glauben Platz zu bekommen...» («Je dus donc abolir le savoir afin d'obtenir une place pour la croyance», p. 24 de la trad. fr. par A. Tremesaygues et B. Pacaud, Paris : PUF, 1968).
[15] Kr.d.r.V., A795.
[16] Voir le début de la préface de la deuxième édition : «Ce qu'il faut encore admirer en elle [la logique], c'est que, jusqu'à présent, elle n'a pu faire, non plus, aucun pas en avant et que, par conséquent, selon toute apparence, elle semble close et achevée» (trad. fr. par A. Tremesaygues et B. Pacaud, p. 15).
[17] Voir le sous-titre de la deuxième section de l'introduction de la Dialectique transcendantale : «*Von der reinen Vernunft als dem Sitze des transzendentalen Scheins*».
[18] Voir tout le morceau *Vom logischen Gebrauche der Vernunft* (*De l'usage logique de la raison*) dans l'*Introduction* de la *Dialectique transcendantale*.
[19] Kant se sert d'une métaphore embryologique pour expliciter sa position à ce propos : «En conséquence, il ne reste que la seconde [explication] (qu'on pourrait nommer un système de l'épigenèse de la raison pure), à savoir que les catégories, du côté de l'entendement, renferment les principes de la possibilité de toute expérience en général» (trad. fr. par A. Tremesaygues et B. Pacaud, Paris, PUF 1968, p. 144). Il est curieux que Kant ne ressente pas son transcendantalisme apriorique comme une position «préformiste», mais l'assimile à un «système de l'épigenèse». Pour souligner le contraste, Kant ajoute un peu plus loin que l'appel — à la manière de Leibniz, qu'il ne cite pas dans ce contexte — à toute forme d'harmonie préétablie (qu'il évoque par périphrase) constituerait «eine Art von Präformationssystem der reinen Vernunft» («une sorte de système de préformation de la raison pure», trad. fr. p. 145).

Chapitre 3.2
Enquêtes psychogénétiques

Sur le plan de l'expérimentation en psychologie génétique, les raisons ont été abordées à travers 11 situations expérimentales dont on trouvera la liste en annexe de cet ouvrage. Les 5 chapitres expérimentaux qui sont publiés dans ce chapitre ne constituent donc pas la totalité de la base psychogénétique réunie pendant l'année 1979-1980. Ils correspondent aux équipes de chercheurs qui ont pu être contactés (20 ans après les travaux initiaux !), qui ont accepté de reprendre leurs données en tenant compte de la réélaboration du cadre théorique fournie par Gil Henriques et dont les recherches n'avaient pas été publiées entre-temps comme cela avait été le cas pour « La propriété de divisibilité par 4 du nombre qui mesure le périmètre d'un carré » (G. Piérault Le Bonniec et E. Rappe Du Cher, 1982) ou « Construction et interruption de circuit électrique » (L. Apostel, C. Monnier et Merzaghi, 1983). Par ailleurs, on trouvera en annexe la recherche « Le rallye » dont la rédaction a été conservée par ses auteurs sous la forme qu'elle avait en 1980. Ce texte est par conséquent un témoignage d'une analyse des données pratiquée cette année-là.

Section 1
Cadre Conceptuel et méthode

par Sylvain Dionnet

Les anciens travaux du Centre International d'Epistémologie Génétique de Piaget étant aujourd'hui certainement largement méconnus, notamment dans la spécificité de leur démarche, il paraît utile, avant de présenter les recherches sur les raisons et leurs résultats, d'aborder quelques caractéristiques de l'organisation de ses activités. Son fonctionnement fournit en effet une clef essentielle pour interpréter ses productions (Dionnet, 1998). En particulier, l'univers conceptuel qui guidait les débats autour du thème annuel et la méthode d'investigation utilisée présentaient une telle originalité aussi bien l'une et l'autre que dans leur interaction, voire leur intrication, que, sans cette connaissance, il est bien difficile de saisir le sens des faits avancés. C'est dans ce cadre organisationnel unique que les quelques résultats qui seront mentionnés ci-après peuvent trouver une signification. Par conséquent, avant d'aborder la psychogenèse des raisons, il est nécessaire d'apporter quelques précisions sur trois points : le cadre conceptuel piagétien dont est issu le thème des raisons, les déterminants de la méthode tant dans leur filiation psychologique qu'épistémologique et enfin le lien tout à fait particulier entre la méthode et le thème des raisons.

LE CADRE CONCEPTUEL DE LA RECHERCHE DES RAISONS

Lorsqu'il est proposé en 1978, une double filiation relie le thème des raisons aux autres thèmes qui ont jalonné les activités du CIEG et, bien sûr, la construction théorique piagétienne. La première, sur le long terme, correspond à une problématique de fond issue du questionnement général piagétien qui pourrait être présentée comme la recherche des sources et des conditions de la rationalité. En effet, très tôt, le problème de la raison constitue un élément central et moteur de l'orientation de la recherche piagétienne (Piaget, 1933). On peut même considérer que l'ensemble de l'œuvre «tourne autour» de ce problème comme J.-J. Ducret le développe longuement en préambule de cet ouvrage. La deuxième filiation conceptuelle à laquelle le Centre peut se référer quand il aborde les raisons provient des travaux réalisés durant la période 1969-1979 qui a précédé le choix de ce thème (Ducret, 2000). Dirigées vers la recherche de mécanismes propres à la dynamique de la construction cognitive, ces recherches ont réintroduit massivement le sujet psychologique dans la recherche épistémologique. Ainsi, les modalités de *la prise de conscience*, le passage de *la réussite à la compréhension* conduisent inexorablement à statuer un sujet comme, d'une part, un individu créateur, producteur de nouveauté, de *nouveaux possibles*, et, d'autre part, un individu organisateur, producteur d'ordre, de *nécessité*, à travers la multitude de ses expériences.

Avec ce retour du sujet-acteur le choix du thème des raisons va se trouver en relation directe avec la conception piagétienne du sujet psychologique capable, comme tous les organismes intelligents, d'établir des coordinations, mais aussi, plus spécifiquement, de réfléchir sur sa propre action. Cette double appartenance se trouve clairement explicitée par Piaget quand il aborde les formes d'activités créatrices propre à l'abstraction réfléchissante dont une d'entre elles est justement «la capacité de dégager les "raisons" des coordinations utilisées jusque-là sans justification intrinsèque» (Piaget, 1977). En effet, dans la construction piagétienne, si le développement psychologique observé chez le sujet renvoie à un processus constant (et inexorable) d'expansion des coordinations d'actions, ces dernières ne peuvent être envisagées qu'associées à un autre processus, réflexif, en l'occurrence d'abstraction réfléchissante, par lequel le sujet prend pour objet les coordinations elles-mêmes. Il en va de cette option fondamentale du constructivisme piagétien d'un sujet acteur et auteur de ses propres constructions cognitives, animé d'un perpétuel besoin de comprendre. Cependant, s'il apparaît clairement que les raisons se trouvent rattachées chez le sujet à la compréhension, une autre clarification doit être apportée. En effet, le sujet peut chercher à comprendre un phénomène, une situation, un «objet» d'une manière générale du point de vue piagétien, ou il peut chercher à comprendre la logique de sa propre action. Dans ce dernier cas, il s'agit, pour le sujet, de se prendre lui-même comme objet, non pas d'un point de vue physique mais cognitif. Pour distinguer ces deux acceptions de la compréhension, la proposition de Piaget a été celle de réserver à la première le domaine de l'explication causale, et à la seconde, la recherche des raisons qui seraient à situer dans les «questions que se pose le sujet au cours de ses efforts de compréhension» (Piaget, 1980c). C'est aussi dans ce sens que la position de Leibniz, largement référée par Piaget, a été mise en exergue dans les travaux des raisons sous la forme «la raison est aux vérités comme la causalité est aux faits» (Piaget, 1980d). En d'autres termes, le sujet, dans sa recherche de compréhension, va juger de la logique de ses propres actions ou de ses propres affirmations, parallèlement, ou en plus, de l'explication causale des phénomènes auxquels il est confronté.

Si les raisons trouvent ainsi leur place aussi bien dans le projet général piagétien que dans l'architecture conceptuelle prêtée au sujet, restait la question de leur dynamique, en particulier du niveau de fonctionnement cognitif pertinent. Cet aspect ne peut être abordé sans être remis dans la perspective de la réorientation du cadre théorique apparu les dix dernières années d'activité de Piaget. Globalement, on peut avancer que, du point de vue du fonctionnement cognitif, toutes les recherches effectuées pendant cette période ont pour objectif d'éclairer le problème du passage de la réalisation de l'action à l'établissement de coordinations inférentielles. D'un point de vue épistémologique, le problème est crucial pour le constructivisme piagétien puisqu'il s'agit, ni plus, ni moins, de comprendre comment la connaissance peut naître de l'action réalisée sans tomber dans le piège de l'empirisme le plus classique. L'hypothèse proposée par Piaget est que «le caractère le plus général des états conscients, depuis les prises de conscience élémentaires, liées aux buts et résultats des actions, jusqu'aux conceptualisations de niveaux supérieurs, est d'exprimer des significations et de les relier sur un mode de connexion que nous appellerons faute de mieux l'"implication signifiante" (Piaget, 1974b, p. 240). Cette option va être renforcée et approfondie à travers une étude spécifique quelques années plus tard (Piaget & Garcia, 1987). La logique opératoire élaborée dans les années 1930 et qui avait prévalu dans les explications piagétiennes pendant quarante ans, triomphante pour relier la structure de la connaissance à la logique de l'action, apparaissait peu judicieuse pour traduire les mécanismes du fonctionnement cognitif. En effet, si le recours à la logique opératoire, très proche de la logique mathématiques, se justifie dans la perspective de la construction de structures formelles régissant des grands systèmes inférentiels et déductifs, il n'en est plus de même pour traduire la dynamique de l'attribution de significations et la réorganisation continuelle de celles-ci dans la réalisation des actions. Dans ce cas, on est plutôt placé devant des significations aux contours beaucoup plus mouvant qui ne se laissent pas aborder par des valeurs de vérité mais plutôt par leurs relations entre elles. Ainsi, une signification peut inclure/ou être incluse dans une autre signification et la question devient celle de savoir comment le sujet passe de l'une à l'autre. En conséquence, même si l'attribution de signification reste du ressort d'une activité inférentielle, elle est beaucoup moins régie par le calcul propositionnel que par la pertinence que le sujet lui attribue dans une situation donnée. Trois types d'implications vont être distinguées. L'une, proactive «qui consiste à anticiper à partir de l'élément E sa ou ses conséquences E' découlant nécessairement de la présence de ses actions» (Piaget, 1980b.). Il s'agit, en l'occurrence, de la direction naturelle de l'action effective qui projette le résultat attendu mais aussi qui découvre, dans l'action, de nouvelles propriétés des objets. La seconde implication est appelée rétroactive. Elle correspond à la démarche inverse qui «relie un élément E non pas à ses conséquences ultérieures mais à ses antécédents ou conditions préalables» (Piaget, 1980b). Ce deuxième type d'implication sollicite perpétuellement les éléments cognitifs en place et leur organisation (les conditions préalables). À ce titre, cet échange pro/rétro actif est susceptible de conduire à des remaniements cognitifs. Mais le jeu de ces deux implications signifiantes n'assure pas la compréhension. En effet, on pourrait imaginer un processus d'action/rétroaction conduisant à la réussite sans compréhension de la part du sujet. C'est un troisième type d'implication signifiante, mettant en œuvre les raisons, qui va être chargé de ce rôle de mise en relation des implications pro et rétroactives dans un réseau de significations visant la compréhension.

Ce cadre conceptuel conditionnait les opérationnalisations, dans le sens où les situations les plus à même de se laisser interpréter en termes de raisons devaient être celles qui, d'une part, permettaient assez de remaniements de la part du sujet pour que les deux mouvements de pro et rétroaction s'expriment et engendrent éventuellement des changements de signification, et, d'autre part, supportent un questionnement qui conduise le sujet le plus loin possible dans la compréhension de sa propre démarche. La technique piagétienne d'entretien clinique était probablement la seule à pouvoir répondre à ces exigences. Toutefois, cette technique ne pouvait être efficace dans la recherche épistémologique que dans la mesure où elle s'insérait dans un réseau d'échanges sur les significations à attribuer aux faits observés. C'est lors des réunions du Centre International d'Epistémologie Génétique que des liens étaient établis entre les éléments issus des entretiens avec les sujets et les apports théoriques issus de la réflexion critique à l'intérieur du cadre conceptuel défini par le thème de l'année.

UNE MÉTHODE-THÉORIE

Une clarification de la méthode est incontournable pour la compréhension du fonctionnement du centre d'épistémologie. Comme pour le cadre conceptuel, elle dépend d'une double filiation, psychologique et épistémologique. Mais, quand il s'agit de l'étude des raisons, ce détour par une réflexion sur la méthode devient encore plus indispensable à cause du statut accordé au sujet dans l'approche piagétienne.

Une méthode centrée sur l'individu : la filiation psychologique

La filiation psychologique est ancienne et trouve son origine dans la pratique médicale de l'entretien clinique centré sur le patient, que Piaget a découvert lors d'un séjour scientifique en France au début de sa carrière (Piaget, 1976). Le choix de cette méthode a été justifié par la nécessité de dépasser aussi bien les limitations de la méthode des tests que celle d'observation qui avaient cours en psychologie de l'enfant à cette époque. À la première, il reprochait de « fausser l'orientation d'esprit de l'enfant » et de produire des résultats « inutilisables pour la théorie faute de contexte suffisant » (Piaget, 1926). Cette critique s'appuie sur la nécessaire standardisation des questions d'un test qui entraîne son incapacité à prendre en compte les variations des compréhensions individuelles dans toute leur variété et, danger encore plus grand, le risque d'orienter les réponses par défaut d'adaptation de la question. Concernant la méthode d'observation, Piaget soulignait qu'elle ne peut atteindre ce qui organise la pensée, caché à la simple observation, et qu'elle ne permet pas de contrôler les faits observés et interprétés par l'observateur. Pour atteindre la structure interne du raisonnement individuel tout en respectant l'originalité de la pensée de chaque sujet, il va être fait appel à la méthode clinique qui présente les avantages des tests et de l'observation sans leurs limitations. D'une part, c'est une méthode expérimentale parce que « le clinicien se pose des problèmes, fait des hypothèses, fait varier les conditions en jeu et enfin contrôle chacune de ses hypothèses au contact des réactions provoquées » (Piaget, *op. cit.*). D'autre part, le contexte dans lequel ces réponses sont données est respecté puisque tout entretien se situe dans l'univers de problème proposé par l'expérimentateur. Ainsi, la méthode clinique permet d'atteindre ce niveau de fonctionnement cognitif caché à la simple observation en recourant à une interaction sujet-expérimentateur orientée par une problématique qui délimite les frontières à l'intérieur desquelles les questions sont posées. Restée quasiment inchangée pendant les 60 années d'investigations piagétiennes, l'utilisation de cette méthode avait pourtant un prix : la nécessité de multiplier les sources de variation dans la situation expérimentale. En effet, une fois rejetées les possibilités offertes par l'approche expérimentale traditionnelle avec la standardisation des conditions permettant une comparabilité stricte des réponses et une validation statistique indépendante de l'expérimentateur, le principal problème à maîtriser était celui de la représentativité des comportements sélectionnés pour étayer la théorie. Pour atteindre cet objectif, l'expérimentation piagétienne a spontanément introduit une triple source de variation permettant à la fois d'élargir la base de données tout en cherchant à contrôler différentes sources d'invalidation. La première concerne le sujet lui-même. Elle s'est traduite par la multiplication des entretiens avec des sujets d'âges différents. Cette stratégie vise à contrôler, a minima, les différentes sources de variations, comme les différences individuelles, sociales, etc. La seconde s'est manifestée à travers les variations de questions posées dans l'entretien qui permet d'adapter l'investigation à la spécificité cognitive du sujet interrogé. Cette pratique vise bien évidemment à contrôler la pertinence des réponses par rapport au problème présenté par l'expérimentateur, mais aussi à explorer et à délimiter l'« espace mental » ou le « contexte cognitif » à partir duquel le sujet se représente le problème, la situation, les questions. Enfin, la troisième source de variation a été introduite dans la multiplication des dispositifs et situations expérimentales en rapport avec le thème abordé. L'espace, le temps, la logique élémentaire, la généralisation ou la contradiction ont donné lieu, pour chacun, à de multiples dispositifs expérimentaux. Cette situation a été poussée à l'extrême lors de l'étude de la causalité où ce ne sont pas moins de cent dispositifs expérimentaux qui ont été élaborés ! Dans le cas des raisons, l'opérationalisation a donné lieu à plusieurs centaines d'entretiens qui, bien qu'orientés en fonction d'une problématique commune, étaient tous extrêmement personnalisés, tant du point de vue des questions que de leur organisation, et recueillis à travers une dizaine de dispositifs différents dont quelques-uns sont décrits dans les pages suivantes.

Du point de vue de l'investigation psychologique, il est évident que cette pratique se distingue fortement d'une approche expérimentale stricte de type de celle qu'on peut utiliser en laboratoire pour des aspects très spécifiques du comportement. Contrairement à une conception qui se proposerait d'étudier séparément les fonctions psychologiques, cette méthode est centrée sur l'individu dans sa totalité en tant qu'« être cognitif » qui a sa propre cohérence interne et qui utilise massivement, dans toute leur complexité, ses ressources cognitives pour résoudre le problème posé par son interlocuteur. Du point de vue de l'utilisation des réponses obtenues dans un but de construction théorique, cette méthode a moins pour but d'identifier la cause d'un comportement particulier que d'insérer une réponse fournie par un sujet dans une famille de comportements observés chez un ensemble d'individus et de dispositifs expérimentaux. L'extrême importance attribuée à l'adaptation des questions au sujet interrogé fait que l'organisation des réponses ne peut être conçue sans son correspondant chez l'expérimentateur au niveau de l'organisation des questions. Or, cette organisation des questions dépend elle-même des réponses fournies précédemment par le sujet interrogé, de la comparaison avec des réponses enregistrées chez d'autres sujets à propos du même dispositif ou de dispositifs similaires et, enfin, de l'état de réélaboration théorique de la problématique qui guide le questionnement. C'est en cela qu'on peut parler de méthode-théorie par l'intermédiaire de laquelle l'expérimentateur cherche à donner un sens à un faisceau de preuves concordantes en fonction d'une visée épistémologique générale.

Une méthode critique : la filiation épistémologique

Beaucoup plus connue pour sa psychologie, la théorie piagétienne relève pourtant, fondamentalement, de l'épistémologie. C'est par conséquent une erreur d'appréciation de juger des résultats de la composante psychologique uniquement en fonction de la psychologie alors qu'elle doit toujours être replacée dans son interaction avec la composante épistémologique. Réciproquement, c'est précisément cette interaction qui donne aussi sa spécificité à l'épistémologie génétique piagétienne. Confrontée à des épistémologies spéculatives ou restrictives, parce que limitées à un champ disciplinaire, l'épistémologie génétique a transformé la question du fondement des connaissances en l'associant à une solution méthodologique qui fait intervenir l'investigation psychologique. Ainsi, « au lieu de se demander ce qu'est la connaissance en général ou comment la connaissance scientifique est possible, ce qui entraîne naturellement la constitution de toute une philosophie, on peut se borner par méthode au problème "positif" suivant : comment s'accroissent les connaissances ? Par quels processus une science passe-t-elle d'une connaissance déterminée, jugée après coup insuffisante, à une autre connaissance déterminée jugée après coup supérieure par la conscience commune des adeptes de cette discipline ? [...] C'est de cette épistémologie génétique ou scientifique que nous parlerons ici pour montrer en quoi la psychologie de l'enfant est susceptible de lui apporter un concours peut-être non négligeable » (Piaget, 1970, p. 37-38). Il s'ensuit la première règle de l'épistémologie génétique qui est « une règle de collaboration : son problème étant d'étudier comment s'accroissent les connaissances, il s'agit alors, en chaque question particulière, de faire coopérer des psychologues étudiant le développement comme tel, des logiciens qui formalisent les étapes ou états d'équilibres momentanés de ce développement et des spécialistes de la science se rapportant au domaine considéré ; il s'y ajoutera naturellement des mathématiciens assurant la liaison entre la logique et le domaine en question et des cybernéticiens assurant la liaison entre la psychologie et la logique » (Piaget, 1970, p. 16). Ces deux longues citations restituent pleinement la place de la recherche psychologique dans la réalisation du projet épistémologique piagétien et l'organisation de l'activité du CIEG.

Si le recours à la recherche en psychologie, en particulier chez l'enfant, est présentée comme un moyen de mise à l'épreuve des hypothèses avancées sur l'évolution des concepts étudiés, c'est toutefois le relativisme temporel de l'état des connaissances et la construction commune d'une intercompréhension qui établissent les faits épistémologiques. Le relativisme temporel est traduit par la conscience que l'étude épistémologique aborde des changements d'organisation, marqués temporellement. Ce qui est perçu comme norme à un certain moment peut être dépassé quelques temps plus tard. La dynamique de la connaissance, dans la perspective piagétienne, fait que la connaissance a vocation à être toujours dépassée, la plupart du temps par intégration dans un cadre plus large. C'est d'ailleurs cet aspect de transformation continuelle des normes qui rend le recours à l'étude de l'enfant particulièrement attractif puisque ce dernier apparaît comme un modèle de changement. Mais ce relativisme temporel se double d'un second, conceptuel, des cadres de références qui permettent d'interpréter les comportements observés à un certain moment. C'est le rôle attribué à l'interdisciplinarité, qui n'est pas une fin en soi mais une nécessité aussi bien théorique que méthodologique pour construire le fait épistémologique. L'appel aux psychologues, logiciens, mathématiciens, etc., ne se justifie que par la complémentarité, potentielle, des cadres de référence propres à chacun de ces champs de connaissance. Ainsi, cette construction à l'aide d'une lecture provenant de plusieurs organisations conceptuelles introduit dès l'origine la diversité et le relativisme dans le fait épistémologique et dans le fait psychologique. Non seulement l'ancrage constructiviste dépasse le réalisme des faits en les rapportant à un cadre assimilateur, mais il écarte aussi l'idéalisme de l'épistémologue, en soumettant les observations à une communauté d'interprétations. En cela, la méthode rejoint la théorie épistémologique dont elle va constituer une dimension essentielle et permet de parler, ici aussi, de méthode-théorie.

Cette conception a une conséquence fondamentale sur la nature de la connaissance abordée aussi bien par le travail épistémologique proprement dit que par les faits psychologiques qui lui sont associés. En effet, si toute élaboration conceptuelle dépend de cet échange entre interlocuteurs, alors toute connaissance désincarnée doit être écartée. Par exemple, dans le cas des recherches des raisons, il ne s'agit pas de la recherche kantienne de la Raison, mais de la recherche des raisons que les hommes se donnent ou découvrent dans leur activité de sujets réflexifs. Piaget ne s'illusionne pas sur une éventuelle objectivation des faits de pensée indépendamment du producteur de cette pensée et du contexte conceptuel dont dépendent les interlocuteurs. Connaissance, sujet de la connaissance et sujet connaissant sont intrinsèquement reliés. De ce fait, le recours à la psychologie dans le domaine de l'activité épistémologique se justifie d'autant plus. L'entretien conduit par le psychologue-épistémologue constitue un milieu épistémique, un milieu de construction de connaissances, dans lequel le sujet, comme l'interrogateur, sont indissociables. L'un comme l'autre sont producteurs de faits qui sont autant psychologiques que potentiellement épistémiques. L'univers des réponses ne peut être intrinsèquement séparé de l'univers des questions puisque, si l'expérimentateur participe des réponses dans son adaptation constante au sujet, celui-ci participe des questions par la forme de ses réponses. En un mot, le sujet interrogé et le psychologue partagent le même fait parce qu'ils partagent une cognition commune du dispositif physique à propos duquel le questionnement est réalisé. Par contre, ils ne partagent pas forcément les mêmes significations, la même compréhension et les mêmes raisons. En effet, l'interaction doit être replacée dans une perspective épistémologique génétique en fonction de laquelle on recherche le point de rencontre entre la compréhension du phénomène par l'expérimentateur et celle du sujet. Concrètement, le psychologue et l'épistémologue qui, dans le CIEG, ne faisaient qu'un, poursuivent leur investigation à travers les entretiens jusqu'à trouver des sujets qui produisent des réponses qui sont proches des leurs. Cette compréhension commune ou partagée est donc un critère pour considérer que la recherche est conclue. Mais cette conception ne peut être envisagée que si on reconnaît en l'autre, en l'occurrence l'enfant la plupart du temps, l'appartenance à une communauté humaine qui partage une cognition commune. Dans la méthode d'investigation piagétienne, le sujet a non seulement un statut d'« autre cognitif » voire d'« alter ego cognitif » mais aussi d'« autre épistémique ». Les réponses des enfants sont considérées dignes d'intérêt par le psychologue et l'épistémologue parce qu'ils reconnaissent en elles des composantes, même parcellaires, de leur propre compréhension. Ainsi, ce qui constituera la base factuelle psychologique de l'épistémologie génétique ne doit pas être compris comme un discours « sur » l'objet, en l'occurrence le comportement d'autrui, mais constitutif de la méthode utilisée dans le recueil des faits au niveau de l'interaction chercheur-sujet et chercheur-chercheur. Bien sûr, cette filiation épistémologique de la méthode utilisée au CIEG trouve ici une de ses limites, à la frontière de la philosophie, avec l'exigence d'un référentiel de valeurs humanistes auxquels les acteurs de cette institution doivent souscrire, explicitement ou implicitement. En définitive, toute l'interaction et par conséquent la méthode elle-même repose en quelque sorte sur une «présomption de rationalité» (Engel, 1993) généralisée. Si, dans la recherche psychologique à fin épistémologique, le sujet est, bien sûr, un objet d'étude, il participe de la même collectivité cognitive, de la même humanité que l'expérimentateur. Sur ce point, on notera que l'approche piagétienne se différencie nettement d'une perspective «objectiviste» et en grande partie «mécaniste» largement répandue dans la recherche actuelle des instruments de connaissance, comme celle manifestée par la perspective cognitiviste contemporaine. Par contre, on retrouve cette position dans la conception habermassienne de la rationalité. La théorie de l'agir communicationnel présente d'ailleurs de nombreux points de rapprochement avec ce qui a été mis en pratique pour le recueil des faits dans le cadre du CIEG.

Méthode et raisons

De quelle rencontre participe un adulte épistémologue en recherche de faits et un enfant épistémologue en devenir?

Les particularités de l'échange entre un sujet et son interlocuteur, propre à la méthode d'entretien utilisée, deviennent ici un élément central de l'établissement des faits. Dans la situation d'entretien, l'expérimentateur met le sujet *sous pression fondatrice* pour l'inciter à fournir les significations profondes de sa compréhension des situations ou phénomènes. En effet, toute l'interaction se situe dans cet espace défini par la sollicitation d'une reconstitution des réponses (sur quoi sont-elles fondées?) et d'une reconstruction rationnelle des actions ou des affirmations (comment peuvent-elles s'organiser?). D'une part, le sujet est confronté à une incitation continuelle de l'expérimentateur à approfondir les explications, justifications ou autres déclarations qu'il a pu émettre à propos de ses propres actions et de ce qu'il a réalisé. D'autre part, l'organisation de ses réponses traduit l'effort de rationalisation ou de reconstruction rationnelle des actions elles-mêmes. Mais, si l'expérimentateur, comme l'enfant, ne s'impliquent dans la situation qu'à partir de ce qu'ils peuvent assimiler de celle-ci, une différence fondamentale va constituer l'origine de la dynamique de l'échange entre les deux interlocuteurs. Le sujet va traiter le produit de ses mécanismes d'abstraction simple ou réfléchissante, tandis que l'expérimentateur prendra pour base, en plus de sa propre intelligibilité du dispositif, les éléments issus de la comparaison des réponses du sujet avec d'autres éléments provenant d'autres rationalités manifestées par d'autres sujets interrogés. C'est de cette disparité que naît le dynamisme de l'échange constituant pour l'expérimentateur-épistémologue comme pour le sujet interrogé la source de nouvelles significations. Toutefois, une différence, notable, va distinguer les deux protagonistes. Si le sujet peut construire de nouvelles significations lors de la situation d'entretien, l'expérimentateur va reconstruire une évolution des raisons à partir des différences de rationalités qu'il a pu repérer chez les sujet. Par conséquent, l'épistémologue va reconstruire les étapes d'une genèse dont la vection est reconstituée par la signification qu'il attribue aux niveaux de rationalité les uns par rapport aux autres. En d'autres termes, les limites de l'intelligibilité des situations manifestées par les réponses des sujets deviennent, pour l'expérimentateur-épistémologue, les étapes d'une évolution qui permet de les comprendre.

Peu de thèmes abordés par Piaget ont présenté une telle proximité entre la visée théorique et la méthode utilisée. D'une part, le statut accordé au sujet dans l'exploration de la genèse d'un concept ou d'un mécanisme cognitif est celui de partenaire de l'interaction structurante et, d'autre part, l'objet d'étude, les raisons, est l'émanation directe de ce besoin fondamental de comprendre, partagé, de principe, par les interlocuteurs de l'entretien piagétien. Pour l'expérimentateur, interagir avec un sujet-interlocuteur pour mieux comprendre l'émergence et l'évolution des raisons, c'est à la fois recueillir des informations sur l'attribution de significations à propos d'un dispositif et d'un questionnement, et mieux comprendre les raisons de son propre questionnement. Dans un tel cadre et en fonction de ces particularités, la méthode apparaît en très forte interaction avec le thème traité. Si les raisons sont l'émanation directe de ce besoin fondamental de comprendre, il est forcément partagé, simultanément, par les deux interlocuteurs de l'entretien piagétien. Toutefois, cette perspective est envisageable dans la mesure où on attribue au sujet interrogé la même visée de compréhension que l'expérimentateur. Nul doute que cette assertion traverse toute la théorie piagétienne et qu'elle constitue une limite et une source de critique permanente. Elle relève de l'engagement humaniste et universaliste de Piaget et de cette « présomption de rationalité » mentionnée précédemment. À ce titre, l'évolution des raisons décelée par le chercheur-épistémologue piagétien à travers les comportements de ses interlocuteurs reflète les transformations du cadre de référence que tout individu construit pour donner du sens à son environnement. La présentation des recherches ci-après en reflète la grande diversité mais aussi les principales régularités.

Section 2
Recherche sur le milieu

par Ioanna Berthoud-Papandropoulou et Helga Kilcher

À l'instar d'autres propriétés géométriques, la position de « milieu » est à la fois l'objet d'intuitions précoces chez l'enfant (il sait se mettre lui-même ou poser un objet au milieu d'un espace délimité) et un concept dont la compréhension suppose la construction d'un ensemble de relations spatiales de sa part, relations qui ont déjà été bien étudiées dans le passé (Piaget, Inhelder & Szeminska, 1948). Le but de cette recherche est de suivre le développement des raisons que les enfants peuvent fournir pour rendre compte de l'adéquation de la position de « milieu » qu'ils viennent de déterminer (raisons manifestées aussi bien dans les actions du sujet que dans ses verbalisations). Devoir expliquer ses propres choix implique pouvoir en reconstituer la signification sur un autre plan. Il s'agira donc de mettre en évidence les différentes étapes de reconstitution de l'objet « milieu » (en tant qu'endroit privilégié d'une figure, et/ou dans ses relations avec d'autres éléments de cette figure, etc.). Notre analyse a pour base théorique la conception des raisons en tant que « reconstitutions de l'objet ou de l'événement à comprendre » (Jean Piaget, 1980c). Son propos n'est donc pas le concept géométrique du milieu en tant que tel, mais les différents procédés que le sujet met en œuvre pour manifester sa compréhension de ce que cela signifie que de pouvoir poser un objet au milieu d'un espace délimité.

MÉTHODE

Matériel

- Sept figures géométriques découpées dans du carton (fig. 1). Cinq sont de forme régulière : rond (20 cm diamètre) ; triangle isocèle (base 21 cm, hauteur 29 cm), rectangle (25 cm x 16 cm); carré (20 cm de côté) et anneau (17 cm diamètre, largeur 4 cm). Deux figures sont de forme irrégulière : « patate » (largeur maximale 28 cm) et « nuage » (hauteur maximale 27 cm; largeur variant de 4 à 15 cm);

- petits objets en bois pour servir de marques du milieu (bonhomme, sapin);
- une dizaine de bandelettes étroites en carton, de longueurs variables de 5 à 40 cm; plusieurs petits cailloux;
- une paire de ciseaux.

Procédure

En guise d'introduction on demande au sujet « d'expliquer ce que c'est que le milieu de quelque chose » et de « donner des exemples de milieu ». Puis, l'expérimentateur lui présente chacune des figures dans l'ordre suivant : rond, triangle, rectangle, patate, nuage, carré, anneau. Pour chaque figure, l'enfant est invité d'abord à « trouver le milieu, et à poser le bonhomme ou le sapin sur le milieu » et ensuite à justifier l'emplacement déterminé : « Pourquoi le milieu est-il là (emplacement choisi)? Pourquoi n'est-il pas là (autre endroit sur la figure, décentré)? ». On incite l'enfant à se servir de bandelettes ou d'autres moyens, par exemple de cailloux, pour expliquer que l'emplacement indiqué est bien le milieu de la figure.

Population

34 enfants âgés entre 3;8 et 9;11 ont été interrogés, répartis de la manière suivante :

Age	Nombre
3;8-5;10	14
6;1-6;9	6
7;1-7;5	5
8;2-8;10	5
9;4-9;11	4

RÉSULTATS

La tâche de trouver le milieu des figures présentées a été menée à bien sans aucune difficulté par tous les enfants interrogés, à l'exception de quelques enfants âgés de 8-9 ans concernant les figures irrégulières. Pour la grande majorité des sujets, la détermination de l'emplacement milieu se fait au moyen d'une évaluation perceptive, et s'accompagne d'un sentiment d'évidence.

La tâche d'expliquer l'emplacement choisi a, elle, donné lieu à un ensemble de conduites évoluant avec l'âge des sujets; elles s'éloignent toutes de l'évidence perceptive. Nous les avons groupées en trois niveaux de reconstitution de l'objet «milieu» qu'il s'agit pour les sujets de fonder. Les conduites décrites sont révélatrices des significations attribuées au «milieu» en relation notamment avec les bords de chaque figure, et nous verrons que ces significations sont différentes aux trois niveaux dégagés.

Niveau I (4-6 ans)

Après avoir placé le bonhomme au milieu de chaque figure, les enfants utilisent les bandelettes à disposition pour souligner cet endroit privilégié, par exemple en posant une croix sur le milieu, mais dont les branches n'atteignent pas les bords de la figure, ou en l'entourant par un enclos triangulaire ou rectangulaire (fig. 2a et 2b). Les justifications des enfants nous permettent d'inférer que ces procédés servent à mieux démarquer le milieu du reste de la figure. En revanche les bords ne sont pas utilisés par ces enfants comme une propriété importante dans leur démonstration : comme Henriques l'a suggéré, il s'agit ici d'une «monstration».

Exemples

Marc 3;8 (fait avec des bandelettes un enclos rectangulaire autour du bonhomme qui est au milieu du rectangle) *S'il y a une barrière, il* (bonhomme) *peut plus partir* (fig. 2c).

Alex 6;1 (fait avec des bandelettes un enclos autour du milieu du triangle). — Et pourquoi on utilise les bandes? — *Pour montrer le plus vite possible où c'est le milieu* (fig. 2d).

Lorsqu'ils utilisent des cailloux pour expliquer l'emplacement du milieu, les enfants en remplissent toute une zone, qui est circulaire même pour les figures non rondes, autour du milieu choisi (fig. 2e et 2f). Ces actions sont des indices supplémentaires du fait que les enfants de ce niveau n'attribuent pas de signification aux bords des figures quand il s'agit d'en expliquer le milieu.

Les contre-suggestions d'un autre emplacement que celui choisi sont immédiatement refusées par les enfants classés ici qui s'empressent de rétablir le milieu, en donnant des justifications tautologiques.

Exemple

Ali 4;6 Pourquoi le milieu n'est-il pas là (endroit décentré sur la figure ronde)? — *Parce que c'est tout faux.*

Les enfants de ce niveau emploient de nombreux arguments circulaires selon lesquels le milieu est là où il est parce qu'il n'est pas ailleurs et réciproquement qu'il serait faux de le situer ailleurs parce que sa place est bien au milieu.

Niveau II (6;6-8 ans)

Il est caractérisé par des procédés qui mettent en relation le milieu et les bords des figures. Les sujets manifestent cette mise en relation soit d'une manière globale et qualitative en cherchant des surfaces égales, soit de manière plus métrique en cherchant à obtenir une égalité de distances de part et d'autre du milieu choisi, et cela dans une ou deux dimensions de la figure. Au-delà de leurs différences sur le plan géométrique, ces procédés témoignent d'une égale attribution de signification au milieu dans ses rapports avec les bords.

Exemples

William 6;9 (pose deux bandelettes en croix sur le rectangle qui touchent et dépassent les bords, et montre les surfaces qui en résultent) *C'est la même grandeur, les mêmes carrés* (puis il applique le même procédé au rond, au triangle et à la figure irrégulière, fig. 3a à 3d).

Annick 7;1 (pose sur le triangle le long de la hauteur, deux bandelettes égales qui partent des bords et se rejoignent au milieu de la figure) *J'ai mis les bandes et après j'ai vu que c'est au milieu* (qu'elle se rencontrent), *attends je vais faire autrement* (même procédé mais en horizontal) (fig. 3e et 3f).

Que ces procédés soient globaux ou métriques, ils ont en commun ceci : le sujet attribue une signification nouvelle aux bords de la figure qui lui permet d'expliquer l'emplacement choisi comme milieu, mais il s'agit d'une prise en compte «centrifuge» : les enfants cherchent à ancrer le milieu, déjà donné, à certains points du périmètre; les différentes figures, qu'elles soient régulières ou irrégulières, subissent d'ailleurs un traitement analogue, ce qui ne sera plus le cas au niveau suivant.

Niveau III (8-9 ans)

Les enfants classés ici mettent en œuvre un ensemble de procédés qui servent à véritablement déterminer l'emplacement-milieu. Autrement dit, la nouveauté de ce niveau est que les enfants cherchent non plus à argumenter un emplacement préalablement déterminé avec certitude, mais à créer cet emplacement. Leurs raisons deviennent dès lors fondatrices (génératrices) de l'objet qu'il s'agit d'expliquer. Les relations milieu-bords ont ainsi changé de significations, ce qui oblige les enfants à tenir compte des propriétés spécifiques de chaque figure. Ainsi, un des nouveaux problèmes à résoudre consiste à savoir quels points du périmètre il faut pour fonder le milieu.

Exemple

Car 8;5 (décrit ainsi sa propre démarche pour la figure ronde) *Je place le sapin là où je crois que c'est* (milieu hypothétique); *je mesure si c'est grand comme ça* (rayon hypothétique fixé avec pouce et index), *on part comme ça* (rotation autour du pouce sur la figure ronde donnée) *et on regarde si c'est toujours la même chose* (si le nouveau contour engendré par cette rotation coïncide avec le périmètre de la figure donnée) (fig. 4a).

Pour la figure du rectangle, certains sujets utilisent les deux diagonales dont le point de croisement constitue le milieu de la figure (fig. 4b). Ce procédé s'avère impossible pour le triangle; les sujets, ne se contentant plus du milieu de la hauteur comme milieu de la figure entière, se pose alors la question de savoir où situer le milieu le long de l'axe de symétrie (fig. 4c).

En ce qui concerne les figures irrégulières, en particulier le nuage, les enfants de ce niveau se refusent à leur trouver un milieu, ce qui confirme le souci typique des enfants de ce niveau de respecter tout le périmètre de chaque figure.

Contrastant donc avec les significations du niveau précédent, la relation milieu-bords est abordée par les sujets dans une perspective « centripète » et non « centrifuge », autrement dit d'une tentative d'engendrer — et de fonder ainsi — le milieu en partant du bord de chaque figure.

CONCLUSIONS

Trois niveaux de raisons hiérarchiques ont pu être dégagés. Les raisons du premier niveau peuvent être qualifiées d'*illustratives* : elles servent en effet à mieux marquer ou à surdéterminer cet endroit privilégié qu'est le milieu ; l'enfant cherche à renforcer ce qu'il s'agit de justifier, d'où le caractère circulaire et « tautopraxique » de sa démarche. Nous pouvons inférer que ce type de raison consiste à attribuer au milieu une signification qui l'oppose de manière radicale aux bords. Les raisons du niveau II peuvent être qualifiées d'*argumentatives* (on a la solution et on argumente alors pour la fonder), l'enfant cherchant à relier le milieu à certains points privilégiés du bord pour prouver l'exactitude de l'emplacement choisi, et cela quelle que soit la figure de départ. L'enfant fait appel à des procédés aisément généralisables, mais il utilise pour point de départ ce qu'il est censé expliquer. Enfin, les raisons du niveau III sont à proprement parler *fondatrices* en ce sens que l'enfant cherche à véritablement engendrer à partir d'elles ce qu'il doit expliquer. À ce niveau, le milieu est compris et reconstitué par le sujet soit comme l'aboutissement de procédures qui ont leur origine à l'extérieur de lui (c'est-à-dire au périmètre) soit comme un point donné à titre hypothétique qu'il s'agit de vérifier, en engendrant la figure qui le contient comme milieu. Dans les raisons de ce niveau, l'objet « milieu » reçoit une signification élargie qui l'intègre aux significations des autres propriétés des figures.

Loin d'être une chronique des activités perceptives ayant servi à déterminer le milieu, la recherche des raisons consiste en une reconstitution sur un autre plan que celui du *savoir-faire*. Le développement des raisons va de la justification de « ce qui est » vers la recherche des conditions qui servent à produire « ce qui est », et c'est là que pourrait résider leur caractère *rétroactif* et *proactif* au sens des « conditions préalables » évoquées par Piaget et considérées comme le propre des raisons (Jean Piaget, 1980d).

Fig. 1 — Figures géométriques présentées.

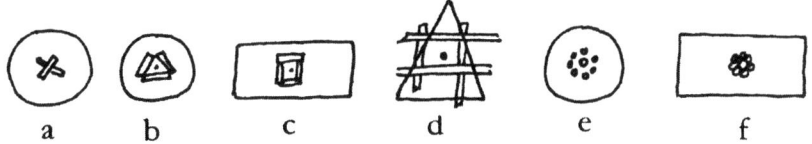

Fig. 2 — Procédés utilisés au niveau 1 pour justifier l'emplacement-milieu.

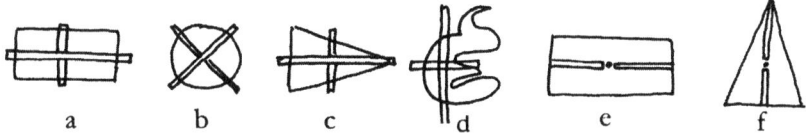

Fig. 3 — Procédés utilisés au niveau 2 pour justifier l'emplacement-milieu.

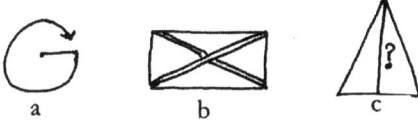

Fig. 4 — Procédés utilisés au niveau 3 pour justifier l'emplacement-milieu.

Section 3
Les raisons de l'optimalisation d'un coloriage[1]

par Sylvain Dionnet

Un simple coloriage de carte peut conduire à des questions fondamentales. Pendant plusieurs siècle, une donnée d'observation factuelle, connue sous le terme de *problème des quatre couleurs*, a tenu en échec les meilleurs mathématiciens. En effet, les cartographes avaient observé depuis longtemps que «quatre couleurs sont toujours suffisantes pour colorier n'importe quelle carte tracée sur le plan, ou sur la sphère en respectant la condition que deux pays voisins de cette carte ne soient pas recouverts de la même couleur» (Le théorème des quatre couleurs, *Revue du palais de la découverte*, 12, 1978). Cette régularité empirique a trouvé une explication en 1976 à l'aide d'une démonstration mathématique proposée par Appel et Haken (1977) fondée sur la définition d'un ensemble inévitable de configurations dont toute carte normale est constituée. Selon ces auteurs, pour toute carte, on retrouve des configurations de pays dont aucune n'exige pour son coloriage un minimum de 5 couleurs ou plus. Par conséquent, quatre couleurs suffisent pour colorier n'importe quelle carte en respectant la règle de non contiguïté de régions de même couleur. Toutefois, cette démonstration n'est pas «classique» dans le sens où elle a recourt à la capacité des ordinateurs d'engendrer des configurations de pays. En d'autres termes, la démonstration proposée actuellement ne peut se passer de la réalisation d'une carte, fût-elle virtuelle.

Opérationnaliser la recherche des raisons à travers une tâche inspirée par le problème des quatre couleurs offre plusieurs avantages. Le premier est d'ordre historique et épistémologique. L'explication de la réductibilité des cartes à un coloriage de quatre couleurs au maximum est passé en quelques siècles du *constat factuel* quasiment tautologique du type « Il faut quatre couleurs parce que je peux colorier avec un maximum de quatre couleurs toutes les cartes que je rencontre », à une démonstration formelle qui fait intervenir la maîtrise conceptuelle de l'engendrement de cartes (*cf.* Appel & Haken). Un autre avantage est d'ordre méthodologique concernant l'opérationnalisation sur le terrain de la psychologie de cette recherche à but épistémologique. Rappelons que nos données sont recueillies à l'aide d'un entretien clinique avec les enfants. En d'autres termes, même si un dispositif physique sert de support, nous nous centrons sur les productions verbales considérées comme des *produits de pensée* nous permettant d'atteindre l'organisation conceptuelle du sujet. Or, une tâche qui ne nécessite que le coloriage de différentes plages d'un dessin est facilement compréhensible et réalisable par des enfants très jeunes et permet aussi de limiter l'influence d'explications ad hoc ou de connaissances spécifiques acquises dans l'univers scolaire. Par conséquent, du point de vue de l'observateur que nous sommes, puisque la réalisation et même la réussite en fonction de la règle imposée pour le coloriage peut être atteinte par la majorité des sujets, les différences entre les explications recueillies sont plus facilement attribuables à un changement dans les raisons qui les fondent. Partant, on se rapproche assez de l'évolution de la conjecture des quatre couleurs qui a montré que si la réalisation concrète du coloriage n'a pas posé de problème, le fondement de cette régularité a fait appel à des raisons différentes.

TECHNIQUE

On soumet au sujet un dessin présenté comme la carte d'un « pays » constitué de différentes « régions » (voir figure 1). La tâche est de colorier tout le pays de telle manière que deux régions « qui se touchent » n'aient pas la même couleur. Une fois la consigne comprise à l'aide d'un exemple, la technique se décompose en deux étapes :

a) le coloriage de la carte en fonction de la règle de non-contiguïté de couleurs identiques avec des questions relatives à la possibilité d'utiliser un minimum de couleur, en l'occurrence la carte proposée exige un coloriage avec un minimum de trois couleurs, et des propositions de réaménagement ou de remplacement des couleurs utilisées par le sujet.

b) le dessin des différentes régions à partir d'une carte qui ne comporte que la frontière extérieure (figure 2), de telle sorte que la carte puisse être coloriée avec un minimum de 2, 3 ou 4 couleurs.

POPULATION

25 enfants de 4;9 à 12;6 ans de l'école primaire genevoise ont été interrogés.

RÉSULTATS

Chercher à mettre en évidence le développement des raisons fournies par les sujets dans la tranche d'âge prise en compte, c'est chercher à atteindre ce qui fonde pour chacun, intimement, la compréhension des phénomènes observés. Il s'agit par conséquent d'atteindre le « pourquoi » des explications avancées au-delà des connaissances ponctuelles ou des instruments cognitifs construits dans la psychogenèse qui permettent d'organiser et reconstruire l'action réalisée. Pour rendre compte de ce qui fonde l'explication fournie par les sujets, nous prendrons appui sur le protocole de cinq enfants qui illustrent les principales étapes de cette *évolution de raisons*.

Niveau 1. L'action réalisée comme raison

Niveau 1a (Flo, 5;7)

À ce stade, la règle de non-contiguïté de deux couleurs identiques est interprétée au niveau de l'organisation de l'action de coloriage qui repose elle-même sur une correspondance entre le changement de région à colorier et le changement de couleur. À chaque changement de région, le sujet change de couleur. La propriété « voisin de » des régions est traduite par celle de « successeur » dans l'action de coloriage. En d'autres termes, on passe d'une couleur à l'autre et non d'un voisin à l'autre.

Les couleurs sont répétées dans des séquences telles que celle Jaune-Rouge-Vert utilisée par Flo qui sera répétée jusqu'à la fin du coloriage soit en distançant les placements pour « qu'il y ait assez de place », soit dans le coloriage de proche en proche (figure 3; dans chaque figure, la lettre correspond à la couleur et le chiffre à l'ordre du coloriage). La réduction du nombre de couleur est envisagée au même titre que leur augmentation « parce qu'il y a assez de place ». Lors de la réalisation, Flo déclare qu'on ne peut pas utiliser 2 couleurs « parce qu'on peut pas mettre la même couleur après parce que ça touche ». Par conséquent, si la réduction est bien envisagée en fonction d'une séquence avec alternance de deux couleurs, la réalisation conduit Flo à rejeter cette possibilité parce que la « distance » entre les placements ne peut être respectée.

En d'autres termes, deux couleurs ne permettent pas une assez grande distanciation de couleurs.

La phase de construction de la carte est cohérente avec cette représentation de la tâche. Les frontières entre régions ne sont pas dessinées puisque c'est la succession de couleurs qui compte. Le successeur d'un coloriage est strictement d'une autre couleur. Une séquence de 4 couleurs est répétée plusieurs fois en prenant garde à distancer les placements de la même couleur (voir figure 4).

La raison est dans le résultat de l'action. Comme celui-ci correspond à une configuration spatiale de couleurs, la raison peut être figurale. Par exemple, Flo justifie le fait d'avoir 3 couleurs parce que le dessin «n'a que trois bouts», ou elle justifie le choix des placement dans la construction de la carte par l'espace qui les sépare. Cette raison est autant tautologique que tautopraxique puisque le résultat est autant la raison du choix de couleurs que de la réussite ou échec de l'action.

Niveau 1b (Pat, 7;0)

Le principal changement qui apparaît à ce niveau est le début de la prise en compte de la contiguïté des régions pendant l'activité de coloriage. Dès lors, même s'ils ne sont pas complètement maîtrisés, les placements de couleurs commencent à être reliés à des contraintes spatiales spécifiques à la carte.

L'anticipation du nombre de couleurs nécessaires est envisageable et fondée sur la possibilité de répliquer une couleur déjà utilisée «quand ça touche pas». L'action de coloriage repose sur la coordination entre le changement de couleur et la distance relative des différentes régions à colorier. Pat distancie les placements et reprend les mêmes couleurs «où il est possible» (figure 5). L'utilisation d'une nouvelle couleur est nécessitée par l'impossibilité d'utiliser une couleur déjà utilisée.

La réduction du nombre de couleurs est envisagée. Par exemple, pour deux couleurs, Pat réalise un coloriage en alternant les deux couleurs. Quand l'échec est constaté un réarrangement n'est pas envisagé. Par contre, Pat propose de supprimer des pays. Il en est de même avec trois couleurs. Après plusieurs essais, ce sujet réalise une carte avec trois couleurs (figure 6) et justifie cette réussite par le fait que «c'est parce que j'ai commencé là (R1)». La réduction du nombre de couleur est beaucoup plus dépendante de ce qui organise la réalisation de l'action physique (localisation du point de départ, distance entre deux placements, alternance des couleurs, etc.) que des caractéristiques intrinsèques à la carte. Or, si, sur le plan de la procédure, le choix du point de départ est pertinent puisqu'il peut favoriser ou défavoriser l'utilisation d'un minimum de couleurs, il n'est pas pertinent du point de vue de la compréhension du problème posé.

Dans l'item de construction de carte, la contiguïté des régions tend à être annulée. La carte réalisée pour nécessiter trois couleurs (figure 7) présente une série de régions distinctes les unes des autres et, de plus, la partie centrale (6) n'est pas envisagée dans le décompte des couleurs.

En définitive, ces sujets commencent à intégrer la contrainte de non-contiguïté de deux couleurs identiques dans l'action effective de coloriage d'une carte déjà dessinée mais pas au niveau de la représentation conceptuelle du problème où la représentation figurale globale continue à primer. Cela les conduit à fournir comme « pourquoi » de la réussite en 3 couleurs, l'action qui a conduit à la réussite d'une manière tout à fait tautopraxique, sans thématisation des changements qu'ils ont introduits dans l'action au fil des différents essais pour en arriver là.

Pour les sujets de ce niveau, c'est bien dans l'action effective et efficiente que se situe la raison profonde de ce qui est observé en termes de changements de configuration de couleurs au niveau de l'objet.

Niveau 2. L'organisation de l'action comme raison (Val, 7;6)

L'élément essentiel à ce niveau est l'intégration de la notion de voisinage comme contrainte centrale dans la représentation du problème. En conséquence, dans la réalisation de la tâche, on passe d'un voisin à l'autre et non plus comme au niveau précédent d'une couleur à l'autre. Tout le problème que se posent ces sujets est d'organiser l'action de coloriage pour que deux voisins ne reçoivent pas la même couleur.

L'anticipation d'un nombre de couleurs exigible pour la carte donnée est possible avec pour justification la possibilité de répliquer la couleur plusieurs fois et d'alterner son placement. Val distancie les placements, ce qui conduit à des couples de couleurs éloignées l'une de l'autre (figure 8).

L'optimisation est envisagée lors d'une série de coloriages. Ainsi, Val, après un premier coloriage, va envisager et réaliser un coloriage en quatre couleurs en justifiant la réussite par la possibilité de reprendre trois fois la même couleur (figure 9).

La réduction à trois couleurs est envisagée en proposant d'augmenter le nombre de régions de la même couleur. Même si la réalisation conduit

à un échec, ce type de résolution du problème présente plusieurs caractéristiques :
- la carte est considérée d'emblée comme un tout ;
- le placement des couleurs est dépendant d'un coloriage par distanciation des couleurs identiques ;
- on peut toujours changer la couleur d'une région ;
- le nombre de couleur dépend de la réalisation du coloriage (justification a posteriori).

Cette étape dans l'évolution de la résolution du problème posé est cruciale puisqu'elle comporte deux éléments essentiels : 1) la possibilité de réarrangement des couleurs par la rupture avec une association simple couleur-région, 2) la prise en compte de la carte dans son ensemble et non plus comme une succession de régions rencontrées au fil du coloriage. Le résultat est la conséquence des problèmes de contiguïté rencontrés progressivement pendant la résolution.

La phase de construction de la carte nécessitant n couleurs apporte un élément supplémentaire dans la connaissance de ce type de résolution. En effet, il apparaît un traitement des frontières relatives des régions les unes par rapport aux autres qui permet d'envisager une première interprétation en termes de voisinage tel qu'il apparaîtra pleinement au niveau suivant. Cependant, devant sa première réalisation envisagée pour nécessiter trois couleurs et la difficulté rencontrée avec le coloriage de la région 8, Val supprime la région 8 et crée la région 9 au lieu d'envisager une nouvelle organisation des couleurs (figure 10).

Niveau 3. À la recherche de la structure cachée (Nic, 9 ; 0)

La généralisation de la relation de voisinage est une des caractéristiques de ce niveau de résolution du problème. Ce changement est associé à une représentation de la carte comme présentant une structure stable, spécifique, indépendamment des réorganisations de coloriage.

La réduction du nombre de couleur à son minimum est envisageable sans difficulté particulière en grande partie du fait que les réarrangements de couleurs sont aisés. La carte est décomposée en groupes de voisins avec la recherche d'une configuration qui limite le nombre de couleurs. Chacun de ces blocs est organisé autour d'une région particulière considérée comme centre.

Ainsi, Nic envisage-t-il d'emblée 4 couleurs parce que « si on prend ici (1) une couleur, alors on doit prendre 3 autres couleurs différentes pour les autres (2, 3, 4) et après on peut reprendre la couleur de 1 en 5, mais il faut des couleurs différentes en 7, 8 et 9 » (figure 11).

Mais l'idée du minimum? « Oui, on peut avoir un minimum plus petit mais faudrait changer le dessin (la forme des régions) ; mais si on laisse comme ça, le minimum c'est 4. »

Mais pour savoir combien de couleurs tu vas utiliser, tu t'occupes de toute la carte ou de morceaux? « Je m'occupe d'abord petit à petit et si je peux continuer à mettre que 3 couleurs, ça fait trois couleurs [...] je regarde les couleurs autour de la région (5) par exemple, ça touche 6, 7, 4 alors il faudra forcément une autre couleur ».

La tâche de construction de la carte exigeant 3 couleurs au minimum est régie par les mêmes contraintes que celles considérées précédemment pour justifier du nombre de couleur minimum : « Il fallait pas qu'il y ait 1 région qui touche 4 autres régions, parce que si y'en a une région au milieu, un rond, alors fatalement faudra une autre couleur » (figure 12).

Pour passer à une carte exigeant 4 couleurs, Nic va séparer une des régions 3 en deux (figure 13). *Ça nécessite 4 couleurs?* « Oui, R en 1, B en 2, V en 3, alors fatalement on est obligé de mettre une autre couleur en 3 parce que ça touche les autres. » *Mais en 3 tu peux remettre la couleur de 2?* « Ah oui, mais y a 5 alors fatalement ! »

Au-delà de la représentation de la tâche en ensemble de voisins et la capacité de réarrangements des couleurs, les sujets de ce stade de résolution de la tâche fondent la majeure partie de leur action et de leurs explications sur une configuration de voisinages spécifique à la carte. Pour le sujet, c'est l'adéquation ou non du coloriage à cette structure spatiale particulière qui engendre la réussite.

Niveau 4. Les débuts de la raison génératrice (Cat, 12;0)

Une étape supplémentaire est franchie quand la justification donnée par le sujet repose conjointement sur les coloriages possibles et la contrainte locale de l'irréductibilité d'une configuration. La carte nécessite n couleurs parce que les réarrangements au niveau de l'ensemble de la carte ont été épuisés et qu'il y a une configuration locale qui nécessite ce nombre de couleurs.

La carte est traitée dans son exhaustivité et le coloriage est anticipé en fonction de son optimalisation. « Par exemple, 1 et 3 (figure 14) se touchent pas, ça peut faire la même couleur et aussi 2 qui touche ni 1 ni

3, puis 8, 7, 9 ça fait une autre couleur et 4, 5, 6 une autre couleur qui se touche pas. Ça fait 3 couleurs. »

La réduction à deux couleurs est rejetée et justifiée par le fait que la région 8 et la région 9 « touchent toutes les autres ».

Les propositions de répartitions alternatives de couleurs sont traitées en fonction de stratégies de placement. La proposition de 5-2-2 est envisagée en fonction de la stratégie : « On essaie de trouver 5 régions qui ne se touchent pas pour mettre les 5 rouges et après on voit si ça marche avec 2 verts et après avec les 2 bleus. Mais là, ça marche déjà pas avec les 5 rouges alors ça pourra jamais marcher avec 5-2-2. »

C'est à l'épreuve de construction de cartes exigeant n couleurs que les sujets révèlent encore plus leur différence par rapport à ceux des autres niveaux : production d'une carte damier pour une carte 2 couleurs, production avec un décalage de frontière exigeant 3 couleurs, production plus délicate d'une carte 4 couleurs anticipées comme une carte où « il faut qu'il y ait une région qui aille pas avec trois autres régions pour la couleur et oblige à utiliser une quatrième couleur, il faut une région qui touche trois autres pays et même si on change les couleurs on doit en prendre une quatrième ». Cette explication est très caractéristique de ce niveau. Elle associe prise en compte de la totalité de la carte, configuration locale irréductible et réarrangements potentiels. La carte produite (figure 15) intègre ces différentes composantes à travers la particularité de la région 5.

On pourrait parler, à ce niveau, de raison génératrice dans le sens où ces sujets se situent du point de vue des conditions d'engendrement de la carte et des organisations ou réorganisations qui conduisent à nécessiter un nombre minimum donné de couleur.

CONCLUSION

Une double évolution semble se dessiner à travers les comportements observés lors de la résolution de ce problème entre 5 et 12 ans. La première est en terme d'instruments cognitifs utilisés pour assimiler le problème, trouver une solution et contrôler l'action à mettre en œuvre. La seconde est beaucoup plus profonde, en termes d'organisation des significations attribuées à l'objet et aux instruments utilisés pour l'assimiler.

La première évolution se laisse saisir à travers le schéma global fourni par la psychologie génétique. Les premières étapes se situent à l'intérieur des limites des instruments de mises en correspondance strictes entre la couleur et la place qu'elle occupe. Elles dépendent aussi de possibilités limitées d'effectuer des classifications multiples des ensembles de placements de couleurs. Le contrôle figural est encore largement dominant. Une représentation de la tâche en termes de voisinage, qui prend en compte progressivement l'ensemble de la carte, est peut être aussi dépendante de la genèse des instruments de traitement propres à la logique des propositions pour traiter de la relation « voisin de ».

Par ailleurs, le choix d'une couleur doit être pertinent localement mais, en même temps, doit pouvoir être traité en fonction des autres localisations dans la carte qui correspondent à des régions qui ne sont pas contiguës. Or, pour être efficient, même dans cette situation limitée à une carte fractionnée en un nombre limité de régions, ce raisonnement doit pouvoir compter sur la capacité d'engendrement de toutes les configurations possibles en fonction de tous les arrangements envisageables qui souscrivent à la règle imposée. C'est le propre du fonctionnement opératoire formel que de contrôler l'action et sa représentation à partir de telles capacités de traitement puisque cela fait appel conjointement à un raisonnement hypothétique et une capacité d'engendrement de possibles généralisée.

Parallèlement, on peut repérer une évolution des fondements à partir desquels le sujet évalue son action. Le constat du résultat de l'action prime les premières explications et semble suffire à la compréhension pour les sujets du premier niveau. On peut parler dans ce cas de raisons figurales ou praxéofiguratives tant le résultat, une configuration de couleurs, et le coloriage lui-même sont confondus. Dans les étapes suivantes, cette première raison, très proche de l'action effective, tautopraxique, est de plus en plus enrichie du traitement représentatif des contraintes spatiales internes à l'objet et des contraintes issues de la règle qui conditionnent le placement des couleurs. La topologie de la carte et l'organisation des non-contiguïtés de couleurs vont fournir des raisons centrées respectivement sur l'objet, sa forme étant mentionnée comme la raison du nombre de couleurs utilisé ou sur les placements, le groupe de couleurs irréductible pour pouvoir colorier la carte en fonction de la contrainte fonde le nombre de couleurs. Une étape supplémentaire est franchie quand la raison consiste à se placer du point de vue de l'engendrement de la carte. Cette raison génératrice place le sujet dans une position de décentration par rapport aux contraintes de la situation. C'est la possibilité d'engendrer l'objet tel qu'il est observé qui est prise comme le fondement de l'action sur l'objet et la base de la compréhension.

Notons enfin qu'à ce dernier niveau, et toutes proportions gardées, on se rapproche de ce qui est considéré actuellement comme la démonstration de la conjecture des 4 couleurs fondée majoritairement sur la capacité, informatique, à engendrer des configurations de cartes coloriées.

NOTE

[1] Ce chapitre expose les résultats de l'enquête conduite au Centre Internationale d'Epistémologie Génétique (CIEG 1979-1980) en collaboration avec Joël Guyon.

ENQUÊTES PSYCHOGÉNÉTIQUES   223

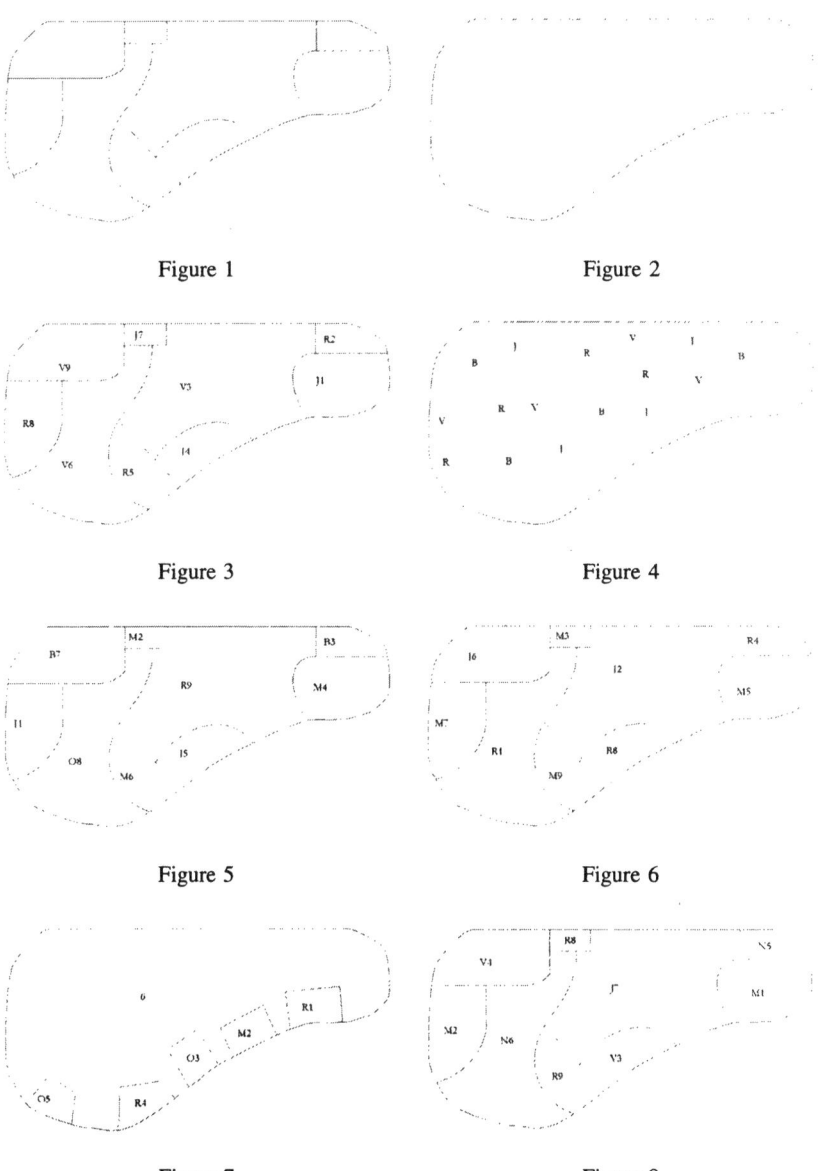

Figure 1

Figure 2

Figure 3

Figure 4

Figure 5

Figure 6

Figure 7

Figure 8

224   LA FORMATION DES RAISONS

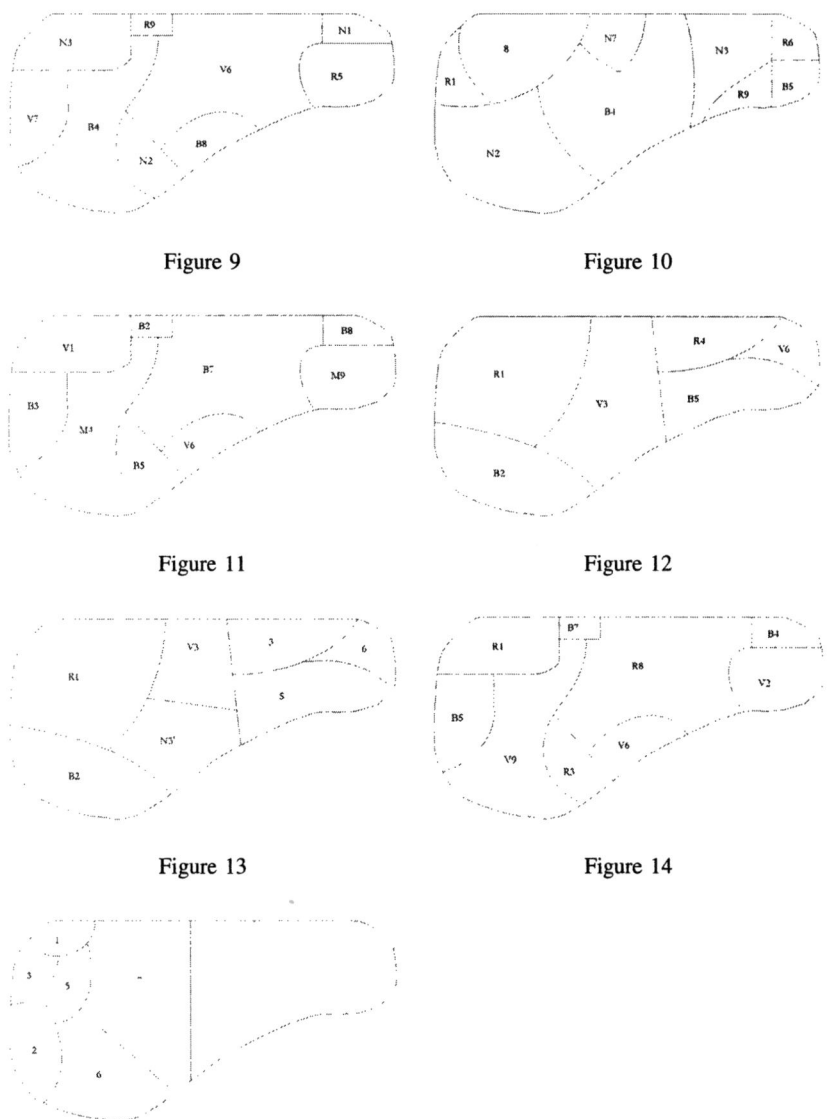

Figure 9

Figure 10

Figure 11

Figure 12

Figure 13

Figure 14

Figure 15

Section 4
Les raisons dans le contexte de la sériation numérique[1]

par Danielle Maurice

INTRODUCTION

L'objet de cette recherche est d'étudier les «*raisons*» dans le domaine de la sériation numérique. Nous avons délibérément choisi une situation expérimentale dans ce domaine, car il repose sur un nombre appréciable de données psychogénétiques connues. Ces dernières peuvent nous faciliter la tâche pour reconstituer les «*raisons profondes*» sous-jacentes aux réponses et justifications de l'enfant.

En effet, le sujet confronté à une situation expérimentale, sélectionne les données qui lui paraissent pertinentes pour répondre aux questions de l'expérimentateur. Ces données pertinentes ne demeurent pas indépendantes les unes des autres, elles sont mises en relation dans un ensemble organisé. Il va de soi que tant le choix des données que leur organisation dépend du niveau de développement du sujet opérant.

La structuration des données permet au sujet d'effectuer des inférences. Nous appelons ainsi des raisonnements condensés non entièrement explicites, qui sont des constituants essentiels de toute activité cognitive. L'ensemble des inférences rendues possibles par une organisation donnée, nous l'appelons «*réseau inférentiel*». Il n'est que virtuellement actualisable. Le sujet n'en réalisera que les parties qui lui seront utiles ou indispensables, lorsqu'il sera appelé à résoudre tel ou tel problème. Aussi, le travail de réflexion auquel le sujet doit se livrer pour justifier sa réponse, en d'autres termes pour en dégager la raison, nécessite un travail de reconstruction inférentielle des significations sous-jacentes à cette réponse.

Nous appelons **raison exprimée** le résultat explicité de cette reconstruction et **raison profonde**, l'ensemble des inférences qui ont effectivement produit la réponse.

L'objet de cette recherche est d'étudier cette reconstruction. Nous aimerions comparer ce que le sujet nous propose comme « raison » avec le processus inférentiel sous-jacent à sa réponse. Mais comment pouvons-nous accéder à ce dernier? Nous ne pouvons que le reconstituer à notre tour, en nous basant sur les réponses mêmes du sujet, sur les raisons exprimées, sur sa façon de structurer les données et leur attribuer des significations et bien sûr sur nos connaissances de la psychogenèse.

SITUATION EXPÉRIMENTALE

Le problème expérimental posé aux enfants est le suivant : lorsqu'un des termes d'une inégalité numérique est augmenté d'une quantité indéterminée, que devient l'inégalité en question? Le problème est donc de définir si cette augmentation va modifier la position du terme sur lequel elle porte. Cela dépend bien sûr du nombre d'éléments ajoutés, qu'il soit égal, supérieur ou inférieur à la différence entre les deux termes à comparer.

Pour ce faire, nous avons utilisé les deux situations expérimentales suivantes :

Situation expérimentale I

Matériel et technique

Sur la table, devant l'enfant, se trouvent 2 animaux en peluche, A et B. Devant A, il y a un tas de 4 jetons, devant B, un tas de 8 jetons. L'expérimentateur demande à l'enfant de désigner le tas où figure le plus de jetons, puis celui où figure le moins de jetons. Répondre correctement à ces questions est l'exigence minimale pour que l'expérimentation puisse se poursuivre.

L'expérimentateur pose alors un cache sur les mises et annonce : « Je vais ajouter quelques jetons à cet animal. Peux-tu me dire qui aura le plus?» L'enfant répond et l'expérimentateur lui demande de justifier sa réponse : «Pourquoi?» ou «Comment le sais-tu?» Il est également important de s'informer du degré de certitude avec lequel l'enfant se prononce : «Es-tu sûr que c'est celui-là qui a le plus?» Ajoutons que l'enfant n'a pas la possibilité de vérifier l'exactitude de sa réponse avant les questions suivantes.

Les actions à effectuer sont les suivantes avec A=4 et B=8 :
1. Ajouter un nombre indéterminé à B
2. Ajouter un nombre indéterminé à A
3. Enlever un nombre indéterminé à B
4. Enlever un nombre indéterminé à A
5. Ajouter un nombre indéterminé à A et B
6. Enlever un nombre indéterminé à A et B

22 enfants de 4 à 11 ans ont été interrogés sur ces 6 questions.

Situation expérimentale II

Matériel et technique

Sur la table devant l'enfant sont placés, en ligne, quatre animaux en peluche A, B, C et D. Chaque animal dispose d'un tas de jetons, composé respectivement de 3, 6, 9 et 12 jetons. L'expérimentateur demande à l'enfant de lui désigner le tas où il y a le plus de jetons, puis celui qui le suit directement et ainsi de suite. Pour les plus jeunes enfants, l'expérimentateur se contente de comparaisons deux à deux.

Cette entrée en matière effectuée, l'expérimentateur donne à C, l'animal qui possède le tas de 9 jetons, une boîte fermée et opaque, et dit à l'enfant : « Dans cette boîte, il y a des jetons, mais je ne te dis pas combien. Je la donne à cet animal-ci (C). Maintenant, il y a les jetons de la boîte et les jetons qu'il possède déjà. Crois-tu que c'est possible de savoir qui a plus... ? »

Les comparaisons demandées concernent d'abord les animaux dont les mises sont inférieures à celle de C, puis l'animal dont la mise est supérieure à celle de C.

Voici les questions posées dans un ordre respecté pour la majorité des sujets :

La boîte au contenu indéterminé est attribuée à C :
    Question 1 : Qui a plus, C ou B ? Es-tu sûr ? Pourquoi ?
                     ou Comment le sais-tu ?
    Question 2 : Qui a plus, C ou A ?
    Question 3 : Qui a plus, C ou D ?

La boîte au contenu indéterminé est attribué à D :
Question 4 : Qui a plus, D ou C?

Deux boîtes, contenant chacune un nombre indéterminé de jetons sont données respectivement à C et à D :
Question 5 : Qui a plus, C ou D?

Pour toutes ces questions, comme pour la première, on pose les questions : «Es-tu sûr?», «Pourquoi?», «Comment le sais-tu?»

Ainsi, l'information dont dispose le sujet est suffisante pour répondre sans équivoque à certaines questions, mais pas à toutes. Pour nous assurer que l'enfant distingue ou non ces deux types de questions, nous avons posé des questions complémentaires à de nombreux sujets :

La boîte est donnée à B :
Question 6 : Qui a plus, B ou A?
Question 7 : Qui a plus, B ou C?
Question 8 : Qui a plus, B ou D?

Deux boîtes dont le contenu demeure toujours inconnu, sont données respectivement à A et B :
Question 9 : Qui a plus, A ou B?

Tout en veillant à ne pas trop charger l'interrogatoire, nous demandons à l'enfant de motiver ses réponses.

Avec les enfants les plus âgés, nous avons ajouté d'autres questions pour obtenir plus de renseignement sur le rôle de la différence entre deux tas adjacents et son degré de pertinence pour l'enfant. Voici une brève description de cette variante de la technique II :

> Les quatre mises, placées devant leur animal respectif, sont cachées au regard de l'enfant. La seule information dont il dispose réside dans la progression sériale, c'est-à-dire que A est plus petit que B; B plus petit que C et C plus petit que D : $A < B < C < D$
>
> On demande à l'enfant d'indiquer ce qu'il faudrait donner à C pour qu'il ait le même nombre de jetons que D. Puis on lui demande d'indiquer ce qu'il faudrait donner à C pour qu'il ait plus que D.

22 enfants de 4 à 10 ans ont été interrogés avec la technique II.

Précisons que, pour alléger le texte, nous utiliserons dorénavant l'abréviation «Qa» pour désigner les questions dont l'information est suffisante pour déterminer une réponse univoque et «Qb» pour désigner celles dont l'information n'est pas suffisante pour le faire. Ainsi, par exemple nous désignerons par Qb les questions posées lors des actions 2, 3, 5 et 6 de la technique I ou les questions 3, 5, 7, 8 et 9 de la technique II.

ANALYSE DE L'ÉVOLUTION DES CONDUITES

L'analyse des réponses et particulièrement des justifications exprimées par les enfants met en évidence une évolution remarquable dans la manière d'appréhender la tâche d'un double point de vue : celui du mode de structuration imprimé par les enfants aux jetons et celui des significations attribuées par l'enfant à l'action de donner une boîte à contenu indéterminé à l'un des animaux.

Cette double évolution va nous permettre de définir trois niveaux de développement des raisons dans le cas de la sériation numérique.

Niveaux de développement des raisons

Niveau I (4-7 ans) : Reconstructions tautopraxiques

On observe un enrichissement de la signification de l'objet grâce à l'action sur l'objet.

Ia : Les tas de jetons sont différenciés de manière qualitative et leur valeur numérique n'est pas prise en compte. Il y a une centration sur l'action immédiate T, qui à elle seule explique la modification de l'objet : « B a plus, parce qu'il a reçu la boîte ». Il s'agit d'un jugement absolu, sans que ce jugement entraîne la moindre conséquence sur ses rapports avec les autres termes de la série, rapports qui ne sont même pas envisagés. De même, si deux termes de la série reçoivent une boîte, les deux auront plus sans distinction. Les enfants justifient leur réponse par des arguments portant exclusivement sur l'action T.

> Thierry 4;4 (technique I; on donne à B). Qui a plus, A ou B ? Pourquoi ? *B, parce que tu en as rajouté encore.* (On donne à A.) Qui a plus, A ou B, Pourquoi ? *A, parce que tu as rajouté beaucoup à A.* (On donne 1 boîte à A et 1 boîte à B.) Qui a plus ? Pourquoi ? *Je crois que c'est la même chose, parce que tu mets la même chose de A et de B.*

Ib : On observe un début d'intégration de l'action T. En effet, l'action de donner est mise en relation avec une seule donnée : la mise de départ de l'animal qui vient de recevoir la boîte, et entraîne, par conséquent, l'augmentation du terme considéré. « Il a plus parce qu'il a ça (= boîte) et ça (mise initiale) ».

Toutefois, ce type de réponse est donné aussi bien pour les questions de type Qa que Qb, nous en inférons que cette mise en relation se fait hors de tout contexte sérial. Les enfants font une distinction dichotomique de type classificatoire entre les animaux qui ont reçu une fois les jetons et ceux qui en ont reçu deux fois, pour justifier que les seconds ont plus de jetons.

Sandrine 4;7 (technique II; on donne la boîte à C). Qui a plus C ou B? *C.* Pourquoi? *Parce qu'il a une boîte.* (On présente une deuxième boîte identique à la première.) Dans cette boîte, il y a aussi des bonbons. Je vais la donner à celui-ci (D; ainsi C et D ont chacune une boîte). Qui a plus... *(L'enfant interrompt l'expérimentateur). C'est ces deux-là qui ont le plus (désigne C et D).*

D'accord... et entre D et C, est-ce que tu peux me dire qui a le plus à manger? *C.* Tu es sûr. *Oui.* Tu m'expliques pourquoi c'est C qui a le plus? *Parce qu'ils sont ensembles ces bonbons-là (mise) plus ces bonbons-là (boîte).*

Niveau II (7-9 ans) : Reconstructions articulées localement

Les mises sont différenciées selon leur valeur numérique. Si l'enfant dénombre les éléments composant chaque tas, il ignore par contre la valeur de l'écart qui sépare deux tas successifs. Les quatre tas sont ainsi structurés sous la forme d'une série numérique à intervalles indéterminés.

Les sujets raisonnent sur la base d'articulations sériales unidirectionnelles. À ce stade, ils distinguent les questions de type Qa et Qb; les raisons exprimées pour les questions de type Qa prennent la forme de raisonnements transitifs. Ce type de raison nous permet d'inférer que le terme augmenté n'est plus perçu en absolu, mais intégré au contexte sérial. Par conséquent, ses relations avec les autres termes de la série peuvent se modifier.

Dans les questions de type Qb, les enfants font une ou deux hypothèses sur le contenu de la boîte. Ces hypothèses sont de nature soit purement qualitative (IIa), soit quantitative (IIb) : les enfants attribuent des valeurs numériques relativement absolues au contenu de la boîte.

IIa : L'action est perçue en relation avec la mise concernée, mais cette fois-ci le résultat de l'action — soit l'augmentation du terme considéré — est intégré à la série numérique.

Exemple 1 :
Chantal 9;6 (technique I; B a 8 bonbons; A a 4 bonbons). (L'expérimentateur donne la boîte à B.) Qui a le plus? A ou B? *B.* Tu es sûre. *Oui.* Tu peux m'expliquer pourquoi? *Parce que B en a déjà plus, or si on en rajoute, B aura toujours plus.*

IIb : Les mises sont structurées sous la forme d'une série numérique, et la différence entre deux tas adjacents est prise en compte, mais elle n'est pas perçue comme nécessairement symétrique. Les enfants attribuent des valeurs numériques précises au contenu de la boîte : soit 1 ou 2, soit 9, 10 ou 12.

Carole 9;2 (technique I; B a 8 bonbons, A a 4 bonbons). (L'expérimentateur donne la boîte à B.) *Tu peux me dire qui a le plus de bonbons. B. Tu es sûre ? Oui. Pourquoi ? Parce que 8 c'est plus que 4.*

(L'expérimentateur donne la boîte à A.) *Qui a le plus ? B ou A ? A. Pourquoi ? Parce que vous lui avez redonné. Tu es sûre ? ... ça dépend... parce que si vous lui avez rajouté 1, A aura 5 et ici B, 8. Il faut dire combien vous avez donné.*

Maintenant, *je vais donner quelques bonbons à B et aussi quelques bonbons à A. Est-ce que tu pourrais me dire qui a le plus ? On ne sait pas. Pourquoi ? Parce que vous n'avez pas dit.*

Exemple 2 :

Nadia 9;9 (Technique II; l'expérimentateur donne la boîte à C). *Qui a plus C ou B ? C. Tu peux m'expliquer pourquoi ? Parce que déjà là (mise de C) il y a plus que là (mise de B). Et en plus là-dedans (boîte) ça fait plus encore. Tu es sûre ? Oui. Et qu'est-ce que tu penses entre C et D ? ... on ne peut pas savoir. Pourquoi ? Parce qu'on sait pas combien il y a dedans. Attendez...* (elle compte les mises C et D). *C'est bien comme tu as répondu. Si on ne peut pas savoir, on ne peut pas savoir. J'aimerais tout simplement que tu m'expliques un peu mieux pourquoi on ne peut pas savoir ? Parce que là-dedans (boîte) on peut pas savoir s'il y a 1 ou 2... S'il y en avait 10, ce serait C qui en aurait le plus... mais on ne peut savoir. Peut-être il n'y en a qu'1.*

(L'expérimentateur donne deux boîtes, l'une à C et l'autre à D.) *On peut savoir qui a le plus entre C et D ? On ne peut pas savoir. Pourquoi ? Parce que là-dedans peut-être il y a 1, peut-être il y a 10.*

Niveau III (10-12 ans) : Reconstructions systématiques en fonction de paramètres libres

Les raisons exprimées par les enfants de ce niveau montrent une nouvelle organisation : l'augmentation du nombre de jetons est mise en rapport avec la différence qui existe entre les mises. Ainsi, parmi les enfants les plus âgés, quelques-uns émettent trois hypothèses : le terme augmenté peut soit conserver sa place dans la série, soit égaliser son successeur, soit le dépasser. Rappelons que la différence entre les mises initiales est constante et s'élève à 3 jetons.

Ce changement qualitatif entre les hypothèses avancées au niveau II et celles avancées au niveau III révèle une modification dans la structuration de la série. La notion de l'invariance de la différence est construite, elle n'est plus seulement possible, elle est nécessairement symétrique.

Cette nouvelle donnée permet la structuration du champ des possibles en trois classes et l'enfant est capable de les envisager simultanément. Il peut raisonner sur des principes et utiliser des valeurs numériques à titre de démonstration.

Ania 10;6 (Technique II; l'expérimentateur donne la boîte à C). *Qui a plus, C ou B. C a plus. Tu es sûre ? Oui. Tu peux m'expliquer pourquoi ? Si maintenant il en a déjà plus que B et puis si on lui rajoute encore, il en aura plus. Et entre C et D ? Alors là, on ne peut pas savoir.* Pourquoi? *Parce que D a 12 et C a moins que D. Alors si C a par exemple 4 dans cette boîte, il en aura plus que D.* Mais s'il en a moins que 4 dans sa boîte, C en aura moins. S'il en a moins que 4 dans la boîte? *Et s'il en a 3, la même chose.*

(L'expérimentateur donne deux boîtes, une à C et une à B.) Qui a plus, B ou C? *Je ne peux pas savoir.* Pourquoi? *Parce que ça dépend aussi de combien il y en a dans chaque boîte.* C'est juste, mais peux-tu expliquer mieux? *Si B a 3 dans la boîte... si C a 3 dans la boîte, alors B a moins que C.* Pourquoi? *Puisque C a 9 et B a 6, si on rajoute 3 à B, ça fait 9. Alors, il en aura obligatoirement moins que C, parce que C a déjà 9 plus quelques-uns dans la boîte.*

(...) (L'expérimentateur modifie les mises, ainsi la différence entre B et C est égale à 2... on donne la boîte à B.) Qui a plus B ou C? *Ça dépend du nombre... Si B a 3 dans la boîte... Si B a 2 dans la boîte, ça revient au même que C. S'il en a plus, il en a plus que C.* (...)

(L'expérimentateur modifie les mises et les cache.) Je ne te dis pas combien j'ai donné à chaque animal. La seule chose que je dis est que A a moins que les autres; que B a un peu plus que A; que C a un peu plus que B; et que D a plus que les autres. Maintenant je donne 1 boîte à C et je te dis que C a la même chose que D. Peux-tu savoir combien de jetons j'ai mis dans la boîte? *Le nombre qui manquait pour aller du nombre qu'il a C au nombre qu'il a D.*

RECONSTITUTION DE L'ÉVOLUTION DES INFÉRENCES

En nous basant sur la façon d'organiser les données expérimentales et sur les justifications données par les enfants, nous allons pouvoir **reconstituer** 3 niveaux de **raisons profondes** sous-jacentes aux raisons exprimées.

Niveau I : Indifférenciation entre questions Qa et Qb. Pas de contexte sérial

Ia : – A a reçu une fois.
– B n'a rien reçu.
– donc A a plus.

Ib : – B (ou D) a reçu une fois;
– C a reçu deux fois;
– donc C en a plus.

Niveau II : Différenciation entre Qa et Qb. Contexte sérial, mais la construction de la notion de différence numérique n'est pas encore achevée, d'où que 1 ou 2 hypothèses.

Pour Qa : raisonnement transitif
– C a plus que B
– C a reçu encore

- Il en a donc plus qu'avant (il devient C + x)
- C + x a donc plus que C
- C a plus que B
- C + x a plus que B

Autrement dit : si x > y, et si x + a > x, alors x + a > y.

Pour Qb : inférences qualitatives ou avec valeurs numériques, mais spécifiques. 2 hypothèses sont émises au maximum.

- On a ajouté quelque chose à C que je ne connais pas
- On me demande de décider qui a plus ; C, dont je ne connais pas le nombre exact de jetons, ou D dont le nombre de jetons m'est connu
- Que puis-je faire pour connaître le nombre de jetons de C ?
- Imaginons ce qu'il peut y avoir dans la boîte
- S'il y a... alors... mais s'il y a... alors

Niveau III : 3 hypothèses sont émises pour Qb : La notion de la différence dans une sériation numérique est construite

- On a ajouté quelque chose à C
- C a moins que D
- Si le nombre de jetons ajoutés est égal à la différence entre les mises de C et D, C a autant que D
- Si le nombre de jetons ajoutés est plus petit que la différence en question, C continue à en avoir moins que D
- Si le nombre de jetons ajoutés est plus grand, C en a plus

CONCLUSIONS

Selon l'analyse qui vient d'être faite, l'évolution des raisons données par les enfants est liée non seulement au développement cognitif général, ce qui dans une perspective psychogénétique ne nous surprend pas, mais aussi aux significations attribuées aux diverses données du problème.

Ainsi, les toutes premières raisons se réfèrent à l'action de donner des jetons. Cette action joue le rôle d'un point de centration source de toute inférence sous-jacente aux réponses des enfants.

Les enfants du deuxième niveau appréhendent les questions posées comme de simples problèmes de comparaison entre deux quantités numériques : entre deux quantités données, il faut désigner la plus grande. Le problème serait très simple si l'une des deux quantités n'était pas composée d'une valeur connue, la mise de départ, et d'une valeur inconnue, le contenu de la boîte.

Pour répondre aux question décidables (Qa), l'enfant n'a pas besoin de connaître le contenu exact de la boîte, car il sait que le sens de l'inégalité ne change pas lorsqu'on augmente le terme le plus grand. Tous les enfants du niveau II répondent donc sans hésitation à ces questions. Dans les raisons qu'ils donnent pour justifier leurs réponses, on peut facilement déceler des inférences basées sur la transitivité.

Mais il en va autrement pour les questions non décidables (Qb). Si le terme de l'inégalité qui augmente est le plus petit des deux, l'enfant a besoin de connaître la valeur numérique de l'augmentation pour pouvoir procéder à la comparaison demandée. Comme à cet âge la notion de différence numérique n'est pas encore suffisamment élaborée, l'enfant ne peut recourir qu'à un jeu de devinettes sur la valeur du contenu de la boîte. Il procède ainsi à des raisonnements de cas en cas.

Le champ des possibles est dès lors très vaste, mais se compose de solutions juxtaposées. Cette situation se reflète clairement dans la formulation des raisons données : l'enfant imagine un exemple qui confirme sa réponse.

Au troisième niveau, la notion de différence nécessairement symétrique est construite. Cette nouvelle donnée permet la structuration du champ des possibles en trois classes : si le contenu de la boîte est égal à la différence entre les deux termes à comparer, l'inégalité se transforme en une égalité; si le contenu est plus petit, l'inégalité conserve son sens initial; s'il est plus grand l'inégalité se renverse.

Comme on le voit, il ne s'agit pas d'un rétrécissement du nombre de possibilités, mais d'une organisation qui permet de les embrasser toutes.

En conclusion, les trois types de raisons que nous avons observés mettent tous en évidence la signification que l'enfant attribue aux données du problème en fonction de son niveau cognitif et des liens qu'il élabore entre les différentes significations pour répondre aux questions posées. En d'autres termes, les «raisons» traduisent la manière dont l'enfant organise, structure les données qu'il juge pertinentes pour la solution du problème.

NOTE

[1] Ce chapitre expose les résultats de l'enquête conduite au Centre Internationale d'Epistémologie Génétique (CIEG 1979-1980) en collaboration avec Androula Henriques.

Section 5
Reproduction de figures géométriques à l'aide d'un miroir[1]

par Luisa Morgado

INTRODUCTION

Selon G. Henriques (exposé du CIEG, juillet 1981), «une raison est une signification issue d'une activité de reconstitution jouant le rôle de fondement dans un discours explicatif»; elle se rattache au domaine des justifications qui sont des contenus de connaissance attribués par le sujet aux objets en fonction de leur assimilabilité à ses schèmes. Les raisons sont à ce titre des significations particulières, dans le sens où elles jouent un rôle constitutif nécessaire à la compréhension plus ou moins approfondie d'un objet et présentent, tout au long de la psychogenèse, des degrés variables de construction, étroitement liés aux niveaux de développement du schématisme du sujet. La connaissance des raisons par le sujet lui-même implique de sa part un processus de reconstruction inférentiel, avec prise de conscience des justifications (parfois partielles et organisées de manière peu systématique) invoquées par lui face à chaque problème, situation ou objet présenté.

Donné ce cadre théorique, le but de cette recherche sur la reproduction de figures géométriques à l'aide d'un miroir était d'analyser les raisons présentées par un groupe d'enfants âgés de 4 ans et 8 mois (4;8) à douze ans et un mois (12;1) pour expliquer les solution proposées aux problèmes expérimentaux qui leur étaient proposés par l'expérimentateur. Leurs tâches étaient de reproduire au moyen de dessins mis à leur disposition et d'un miroir six modèles géométriques bicolores (voir à la fin de cette section les modèles qu'il s'agissait de reconstruire). Sur les six modèles, deux étaient matériellement impossibles à reproduire à l'aide des dessins fournis.

Selon nous, les raisons invoquées par les sujets pour justifier les procédures de résolution de la tâche (ou l'impossibilité de trouver la solution) présentent trois degrés successifs. Premièrement, elles peuvent se rattacher aux seules propriétés figurales de l'objet à reproduire, les enfants se centrant alors exclusivement sur des correspondances et des identités (construction d'un modèle avec la même forme et couleur). Deuxièmement, elles peuvent être liées à la construction élaborée par l'enfant, celui-ci prenant en considération l'effet du miroir, ce qui implique un certain choix et un certain agencement des pièces en vue de la reproduction du modèle (avec compréhension de l'effet du miroir qui double et inverse les figures géométriques, et reproduit ainsi la moitié du modèle). Finalement, un dernier aspect apparaît avec les raisons, parfaitement explicites et présentées avant l'exécution de la tâche. En bref, ce dernier type de raisons, contrairement aux deux précédents qui se construisaient *à posteriori* comme justifications d'une procédure, s'organiserait par reconstitution anticipatrice avant même une quelconque démarche expérimentale.

MÉTHODOLOGIE

Population : 29 enfants de 4;8 à 12;1.

Matériel
– six modèles (voir à la fin de cette section) en deux couleurs (rouge et jaune) parmi lesquels deux (E et F) sont impossibles à reproduire à l'aide d'un miroir
– des pièces de différentes formes (carrés, triangles, pièces avec des rayures) pour que l'enfant puisse reproduire les modèles
– un miroir carré
– une feuille de papier.

Toutes les pièces sont mises à la disposition de l'enfant dès le début de l'expérience. Le miroir est présenté rabattu, au bout de la feuille de papier.

Procédure expérimentale

Après avoir familiarisé l'enfant avec le matériel, et surtout après lui avoir montré l'effet du miroir, l'expérimentateur présente le premier modèle (A) et donne la consigne suivante : «Essaye de faire quelque chose ici (sur la feuille) en utilisant ces pièces de telle façon qu'après, quand on va soulever le miroir, ou puisse voir ce modèle».

Quand l'enfant considère avoir satisfait la consigne, l'expérimentateur lui demande de justifier son choix. Ensuite, le miroir est redressé, et l'enfant pouvant constater le résultat, des questions lui sont posées au sujet de celui-ci (qui peut être juste ou faux). Cette procédure est répétée pour chacun des autres modèles.

ANALYSE DES RÉSULTATS

L'examen des différents types de raisons invoquées par les enfants pour justifier leurs procédures a conduit à dégager trois niveaux de construction étroitement liés au développement psychogénétique des sujets.

Niveau I

Au niveau I, pour tous les modèles proposés, les enfants (10 âgés de 4;8 à 6;3) proposent des solutions purement reproductives qui ne tiennent pas compte du miroir. (Dans certains cas, l'agencement des pièces n'est pas correct, la copie du modèle étant du même coup elle aussi erronée.)

Les enfants sont, malgré tout, convaincus d'avoir bien résolu la tâche et les raisons invoquées font appel à la couleur des pièces ou à leur forme sans aucune référence au miroir, comme l'illustre le cas de F. (5;1) qui, après avoir copié le modèle A, affirme : «C'est la même chose, c'est rouge et c'est jaune», et qui après la constatation continue à dire : «C'est bien, c'est égal... le miroir fait la même chose».

Dans le cas du modèle E (maisons) cependant, trois enfants, après constatation, commencent à reconnaître le rôle du miroir. C'est le cas de M. (5;5) qui affirme : «Ce qu'on voit dans le miroir, c'est pas la même chose... le jaune va derrière et le rouge devant; et ici (modèle) c'est le rouge et après le jaune». Cette constatation ne les amène pourtant pas à remanier leurs actions et, moins encore, à comprendre l'inversion des figures produite par le miroir.

On peut encore ajouter qu'il y a, chez ces sujets, une centration sur le modèle, et surtout sur sa couleur comme élément très prégnant dans cette reproduction. Dans la plupart des cas, le miroir est oublié pendant l'exécution de la tâche, alors qu'après la constatation, une signification très globale et imparfaite lui est attribuée.

C'est ainsi que, dans le cas du modèle E, P. (6;0) affirme : « Le miroir fait toujours la même chose ». Après constatation, il ajoute : « C'est la même chose ; c'est des maisons ». Il ne se rend pas compte qu'elles sont inversées par le miroir, ce qu'explique le fait que l'enfant considère que tous les modèles proposés peuvent se reproduire.

Comme on vient de le voir, les raisons invoquées par les sujets de ce premier niveau font toujours appel à l'identité entre le modèle et la construction effectuée aussi bien qu'à la correspondance entre leurs propriétés figurales. Elles sont ainsi des reconstitutions tautopraxiques faites à partir des actions du sujet et qui se réfèrent plutôt aux caractéristiques du modèle. La compréhension de l'effet du miroir est très limitée et l'enfant n'attribue pas encore à celui-ci une signification fondamentale dans la résolution de la tâche. Finalement, des pseudo-nécessités du type « le miroir fait toujours la même chose de ce qu'on fait ici » les empêchent de se rendre compte qu'il y a des objets impossibles à reproduire à l'aide du miroir (Piaget, 1981 et 1983).

Niveau II

Nous avons classé les sujets du niveau II en deux sous-niveaux.

Niveau IIa

À partir du niveau IIa (8 enfants âgés de 6;0 à 8;2), le sujet prend systématiquement en considération, dans la résolution de la tâche, non seulement le modèle à reproduire mais aussi l'effet produit par le miroir, ce qui l'amène à comprendre que sa construction ne peut pas être identique au modèle mais qu'elle doit subir des transformations. Ainsi, il va construire seulement sa moitié inférieure, en tenant compte par ailleurs, comme déjà au niveau précédent, de la couleur, de la forme et de la disposition spatiale des pièces.

Les raisons invoquées font appel simultanément à l'agencement des pièces et au fonctionnement du miroir, comme on le peut voir avec l'exemple de G. (6;11) qui, face au modèle A, affirme : « Il faut faire la moitié et quand on lève la vitre on va voir l'autre moitié », et ajoute : « Le miroir fait le reste... fait l'autre moitié ».

Cependant, confrontés au modèle D (rayures), les enfants affirment l'impossibilité de le reproduire à l'aide du miroir car, comme le dit M. (6;4), « ce n'est pas possible car les lignes vont tout droit ». Par contre, pour les modèles E et F, ils font encore plusieurs essais et ne sont pas certains de l'impossibilité de les refaire. Ainsi, face au modèle F (parallélogramme) et après constatation, P. (7;1) affirme-t-il : «Je ne sais pas... bon on devait pouvoir le faire... je ne comprends pas».

Ces exemples montrent qu'à ce niveau IIa, il subsiste encore des significations qui ne sont pas attribuées au miroir (l'inversion), ce qui explique les justifications incomplètes ou fausses (du point de vue de l'expérimentateur) données par les enfants.

En bref, les raisons invoquées pour justifier les constructions demandées portent sur des contenus significatifs prégnants concernant le modèle et le miroir, en établissant entre eux des rapports nécessaires de type antécédent/conséquent (moitié-modèle entier). Cependant, des pseudo-nécessités peuvent encore être observées (le miroir double sans inverser) dues au fait que les enfants n'ont pas encore assimilé toutes les propriétés du miroir.

Niveau IIb

Nous avons classé au niveau IIb 6 enfants (de 8;11 à 10;3) qui, après un certain nombre de tâtonnements, ont compris la propriété d'inversion du miroir. L'attribution de cette signification les amène à trouver la solution correcte au modèle D et à accepter finalement que les deux derniers modèles (E, F) ne puissent pas être reproduits à l'aide du miroir.

C'est ce qu'on peut observer dans l'exemple suivant. Face au modèle E, P. (9;0) nous dit : «J'ai fait la maison d'en bas et on verra celle d'en haut dans le miroir». Après constatation, il ajoute : «Ah oui, c'est l'envers... le miroir fait les choses à l'envers, il reflète de l'autre coté. Il faut mettre les maisons comme ça [l'inverse des maisons du modèle] sinon on ne peut pas faire».

Comme on vient de le constater, les raisons invoquées par les enfants sont encore peu élaborées et ne sont jamais données par anticipation. Cependant, toutes les significations nécessaires à la reconstitution fondatrice correcte de la procédure de résolution du problème sont déjà présentes. Finalement, les rapports entre le possible et le nécessaire sont en voie d'achèvement, ce qui explique la disparition des formes de pseudo-nécessité qui, chez les enfants des niveaux précédents, empêchaient la compréhension de l'existence de modèles impossibles à reproduire à l'aide du miroir.

En bref, on peut dire que, dans l'ensemble, au niveau II, les raisons sont organisées autour des notions de double/moitié faisant clairement apparaître une coordination entre le rôle du miroir et l'agencement des pièces. Elles sont ainsi bi-directionnelles et transférables d'une situation expérimentale à l'autre. Au niveau IIa, cependant, faute de l'attribution de toutes les significations nécessaires aux objets considérés, elles sont encore incomplètes. Au niveau IIb, au contraire, les raisons invoquées deviennent complètes tout en restant encore peu élaborées et jamais présentées par anticipation.

Niveau III

Au niveau III enfin (5 enfants âgés de 10;6 à 12;1), les enfants arrivent à résoudre immédiatement les tâches que l'expérimentateur leur propose. Ainsi, face aux quatre premiers modèles, affirment-ils par anticipation — et réalisent-ils immédiatement — qu'il faut construire la moitié inférieure de chacun. Confrontés aux deux autres modèles, étant d'emblée certains de leur impossibilité, ils ne font même pas un essai pour les reproduire.

Les raisons invoquées par les sujets sont semblables à celles présentées par les enfants du niveau IIb, sauf que maintenant elles deviennent plus explicites et élaborées, en faisant appel à des concepts comme la symétrie, le rabattement ou le pliage pour expliquer les propriétés de réflexion et d'inversion du miroir.

Une autre caractéristique de ce niveau est son aspect anticipatoire. En effet, la reconstitution des conditions d'engendrement des objets n'est pas faite après coup, comme au niveau précédent, mais avant tout essai d'exécution pratique, en démontrant ainsi une distance accrue entre le plan de l'action et celui de la reconstitution.

R (12;1) fournit une bonne illustration de ce niveau quand, en se référant au modèle D, il affirme : «Si on pliait ça... si par exemple c'était peint et je pliais la feuille, ça se refléterait comme ça [gestes] en partant du milieu». Ce même sujet, en parlant du modèle E, dit : «Ce n'est pas possible ; il faut toujours qu'elles [les maisons] soient à l'envers une de l'autre».

Un autre exemple est celui du sujet A (10;7) qui s'exprime ainsi en se référant au modèle D : «Si ça c'est l'axe de symétrie (l'axe horizontal du modèle), cela va apparaître en haut avec cette forme ; si je le coupe en deux cette ligne ira en haut dans l'autre sens à la même hauteur».

En bref, on peut dire que les significations essentielles des objets (modèle, miroir et pièces) sont maintenant explicitement saisies, ce qui fait que les explications présentées par les enfants deviennent des vraies reconstitutions inférentielles établies à partir de l'ensemble des significations attribuées aux objets (inversion, réflexion, moitié, double, symétrie, etc.).

CONCLUSION

D'après cette recherche, tout semble indiquer que les raisons présentées par les enfants pour justifier leurs procédures sont liées aux significations attribuées aux objets et à leur organisation inférentielle, et se trouvent directement en rapport avec le développement psychogénétique des sujets.

Ainsi, chez les enfants du niveau I, nous avons pu constater que la centration sur les aspects figuratifs du modèle et une compréhension très limitée du fonctionnement du miroir aboutissent à des justifications uniquement ancrées sur des identifications et correspondances entre objets.

Au niveau II, un système d'organisation entre les significations attribuées aux objets (pièces, modèle et miroir) est mis en place par les sujets, ce qui entraîne la construction de rapports de nécessité entre elles (moitié/double au niveau IIa, et directe/inverse au niveau IIb). Les justifications invoquées par les enfants donnent lieu à des reconstitutions inférentielles, quoique peu explicites et encore dépendantes d'une action tâtonnante préalable.

Enfin, au niveau III, les raisons sont coordonnées par les sujets dans un système inférentiel clairement explicité et sont présentées par anticipation, l'action pratique se réduisant ainsi à une simple confirmation.

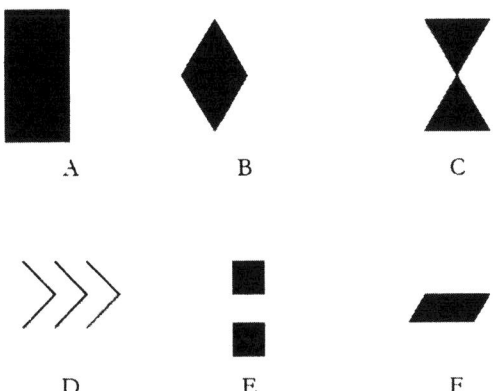

Modèles. Gris foncé = rouge dans le texte. Gris clair = jaune dans le texte.

NOTE

[1] Ce chapitre expose les résultats de l'enquête conduite au Centre Internationale d'Epistémologie Génétique (CIEG 1979-1980) en collaboration avec Lucy Banks-Leite.

Section 6
Couper une feuille pliée
Anticipation et explication des configurations obtenues[1]

par Anne Sinclair

INTRODUCTION

Quelle est la spécificité de l'activité ou du produit d'une recherche des raisons ?

Quel est l'intérêt d'une étude psycho-génétique de la raison ? Nous considérons les raisons comme un produit particulier du raisonnement du sujet face à un problème spécifique (tout comme, par exemple, les preuves ou les explications causales). Le sujet construit un modèle de la situation — les modèles sont des «schématisations... chargées de conceptualisations» (Piaget & Inhelder, 1966, p. 454) — et pour nous, l'explicitation des raisons du sujet est étroitement liée à ce modèle. Il s'agit donc de dégager ce que le sujet lui-même considère comme fondamental dans sa propre pensée ; ce que sont, pour lui, les raisons les plus fondamentales d'un phénomène.

Le niveau opératoire, ou cognitif au sens plus général, ne peut fournir une thématisation complète des raisons du sujet. En étudiant la raison, on ne peut pas non plus considérer uniquement la construction progressive d'arguments inférentiels, comme le souligne Piaget (1980d). Il en va de même du *niveau de réussite* tel qu'un observateur pourrait le juger (voir ci-dessous).

Du point de vue du psychologue, le cadre conceptuel développé par G. Henriques nous mène à cerner les énoncés et les actions qui sont révélateurs du modèle du sujet, ainsi que les raisons fondatrices qui les sous-tendent. Sur le plan comportemental, les conduites étudiées peuvent être très diverses : justifications — bien évidemment —, anticipation des résultats d'une action, explication de résultats, mais également récapitulation des cheminements de pensée effectués, démonstrations (ou monstrations), éléments de preuve avancés, recherche de justifications post hoc supplémentaires, appels à la nécessité, comparaisons et mises en regard, etc. C'est un tel corpus que nous tenterons d'analyser, afin de caractériser, à travers le développement, la nature des raisons du sujet, face à un problème particulier. Les *raisons* du sujet sont alors ici un construit du chercheur.

Les éléments de conceptualisation exprimés par le sujet peuvent être liés à des raisons dont la nature apparaît comme essentiellement ou principalement ontologique (concernant l'état des choses), causale, inférentielle, voire même pratique (le choix d'une méthode de calcul plutôt qu'une autre.) Evidemment, face à un problème complexe, il est probable que tous ces différents types de raisons participeront à la pensée du sujet.

MÉTHODOLOGIE

Afin de récolter des données riches, et pour nous permettre d'aborder différents aspects des raisons du sujet, nous avons choisi de présenter un problème complexe, où image mentale, cognition spatiale ou géométrique, ainsi que raisonnement logico-mathématique interviennent.

Sous les yeux de l'enfant, nous avons pris une feuille blanche de papier (taille A4) et nous l'avons pliée, une, deux, ou trois fois (en deux, en quatre ou en huit). Avec un crayon, nous avons dessiné une forme (ronds, demi-ronds, triangles ou traits droits coupants les coins) et, ciseaux en main, nous avons fait comprendre à l'enfant que nous allions couper sur les traits. Nous avons demandé à l'enfant de prévoir le résultat de cette action, en le priant de dessiner sur une feuille A4 (vierge et non pliée) la configuration résultante (ou les configurations possibles sur plusieurs feuilles). Pour la plupart des items (voir les graphiques à la fin de cette section), nous avons effectué les coupes, déplié le papier, et avons confronté le résultat effectivement obtenu avec l'anticipation de l'enfant. Nous avons également proposé (au moyen de formes dessinées sur des feuilles non pliées) des résultats impossibles en demandant à l'enfant s'il pouvait les obtenir avec une seule coupe dans une feuille pliée, et sinon, pourquoi cela ne l'était pas. Nos questions pendant l'interrogatoire portaient sur le nombre de trous obtenus, la disposition sur la feuille des formes orientées (triangles p. ex.), l'effet de différents emplacements de la coupe (touchant un axe de pliage ou non, p. ex.), et l'augmentation des couches de papier lors de pliages successifs (progression géométrique). Nous avons régulièrement demandé au sujet de justifier ou d'expliquer ses anticipations, affirmations, constats, conjectures. (Par contre, en cas de contradictions ou incohérences dans les dires de l'enfant, nous n'avons pas insisté.) La forme de ces questions était typique de l'interrogatoire clinique : «Pourquoi?», «Comment tu sais?», «Pourquoi es-tu sûr de ca?», «Comment peut-on expliquer cela?», «Si tu devais expliquer ce truc à un enfant plus jeune, tu dirais quoi?», «Pourquoi tu penses que c'est obligé?», etc.

Nous avons interrogé 30 enfants âgés de 4;3 à 12;2, dans des classes enfantines et primaires de Genève. Les protocoles complets sont des transcriptions d'enregistrements audio complétés par des notes détaillant les actions des enfants.

RÉSULTATS

Les enfants ont abordé ce problème difficile avec plaisir. Notons que nous n'assistons pas à un progrès qualitatif marqué à un certain moment, comme nous pouvons le constater pour d'autres contenus. Tous les enfants, même les plus jeunes, sont capables de répondre correctement à certaines questions, et même les plus âgés (12 ans) ne réussissent pas parfaitement les items les plus difficiles avec trois pliages successifs. Cela tient à la nature du problème, qui implique une grande diversité de raisonnements, ainsi que des coordinations complexes. Comme pour la plupart des recherches sur des problèmes géométriques avec composante mathématique nécessitant la mise en œuvre d'images mentales spatiales, nous assistons, en ce qui concerne la réussite (dans le sens de réponses correctes), à une amélioration graduelle. Définir des niveaux de réussite reviendrait à établir, post hoc, une grille de correction basée sur des critères comme «réussite des 3 premiers items mais plus de 4 échecs par la suite»; «réussite de tous les items sauf les items avec 3 pliages et coupes sur les coins», etc. Les niveaux dégagés, et exposés ci-dessous, concernent donc véritablement les raisons du sujet (telles que nous les conceptualisons) et ne sont qu'imparfaitement corrélés avec la réussite effective.

Illustrons ce propos avec le fait suivant. Dans cette expérience, comme dans la plupart de celles portant sur l'arithmétisation d'un matériel concret présent, les réussites dépendent en partie de la méthode de calcul adoptée par le sujet. Face à ce matériel, quand il s'agit de prévoir le nombre de trous résultant d'un pliage et découpage particulier, plusieurs démarches sont possibles. Le sujet peut soit 1) deviner (c-à-d. effectuer une estimation sur la base de certains principes ou de certaines régularités — en tenant compte p. ex. d'une augmentation ressentie comme nécessaire par lui lors d'un pliage en plus), soit 2) calculer (construire et appliquer un algorithme qui définit la relation entre le nombre de pliages et le nombre de trous, ou entre d'autres paramètres) ou alors 3) compter les couches de papier de l'item en question. Pour des enfants en dessous de 10 ans, qui ne sont pas capables de comprendre la progression géométrique, la première méthode peut aboutir (aléatoirement) à des réponses correctes. La deuxième méthode amène toujours des réponses fausses (algorithme inapproprié), et la troisième méthode, dès le comptage acquis, résulte toujours en des réponses correctes (mises à part les erreurs de comptage, considérées comme triviales par toutes les parties présentes). Dans notre présente optique, ces différentes méthodes adoptées par les sujets, et les différentes réussites ou les différents échecs qui les accompagnent, ne forment pas partie des raisons du sujet, mais représentent une heuristique reposant essentiellement sur la situation de communication et l'item particulier en question. Par exemple, pour un pliage, le comptage n'est pas nécessaire ; pour 2 pliages, une image mentale et une addition mentale (2+2) peuvent fournir la réponse c o r r e c t e ; pour 2 ou 3 pliages, le sujet peut comprendre les questions de l'expérimentateur comme une requête pour une estimation, ou comme une invitation à fournir d'emblée la réponse la plus exacte possible, en utilisant la meilleure méthode, etc. L'analyse des résultats est venue conforter notre point de vue du départ car elle a montré que toutes les méthodes sont utilisées à tous les âges, mis à part le comptage qui, chez quelques sujets âgés, n'apparaît plus, ou alors est utilisé uniquement dans un but de contrôle (et/ou de preuve), mais pas pour effectuer une anticipation (évidemment, certains enfants de 4-6 ans ne comptent pas non plus).

Tournons-nous vers les raisons du sujet. Nous avons dégagé trois niveaux de raisons différentes, allant du plus primitif au plus élaboré.

Niveau I (4-5 ans)

Quelques enfants très jeunes semblent adhérer à un schème unique : «une coupe — action de couper qui crée un trou — égale un trou». Dans l'interrogatoire, ceci se manifeste par le fait qu'ils ne tiennent pas compte du dépliage du papier : ils répondent aux questions de l'expérimentateur comme si l'objet sur lequel on opère la transformation restait identique à lui-même (mis à part le trou). Le dépliage et la multiplicité des trous les surprennent : les enfants réagissent comme à un tour de magie. Les items impossibles ne sollicitent aucune réaction. Dans leur esprit, si l'on veut obtenir des trous, « il faut couper ! » — nous comprenons que n'importe quelle configuration peut être produite, à une seule condition : mettre en œuvre l'action qui produira ce résultat !

Nous supposons que, pour ces sujets, l'action de plier ou de déplier le papier constitue une action spécifique, ayant certes des résultats comme par exemple l'obtention d'une quantité de matière transformée, d'une forme différente, etc. (un papier plié peut se mettre dans la poche) *qui ne peut pas se coordonner* avec la conceptualisation de l'action de couper. Couper et plier sont des actions différentes, séparées, dont les résultats ne peuvent pas se combiner. Le modèle utilisé par ces enfants est très incomplet ; ils répondent et agissent comme si le pliage de la feuille n'était pas conceptualisé.

Sur le plan des raisons, il s'agit d'une tautopraxie pure, car le résultat (un trou) et l'action (couper un trou) sont si étroitement liés qu'ils ne sont guère différenciés. L'un implique l'autre, et réciproquement. Néanmoins, cela nous indique que face à ce problème, la racine des raisons est la conceptualisation de *l'action transformatrice saillante*, celle qui est *cause* de rupture de matière et créatrice de nouveaux objets (les papiers qui tombent).

Niveau II (5-9 ans)

Les enfants de ce niveau conceptualisent le pliage et coordonnent cette conceptualisation avec l'imagination de l'action de couper. Leur raisonnements mettent en évidence une recherche d'équivalence, de concordance, d'identité, d'égalité. Les raisons semblent constituer des liaisons symétriques d'équivalence, avec un aspect, un résultat, un fait, étant lié à un autre d'une façon directe et nécessaire.

Nous notons de multiples expressions des faits suivants :

a) Le pliage crée une superposition de couches identiques. « C'est comme des petites feuilles » ; « plein de petits papier »...
b) Tout pliage augmente le nombre de couches.
La plupart des enfants n'arrivent pas à prévoir correctement le nombre de trous au-delà de deux ou « deux, et encore deux » pour les items avec deux pliages, après constat. Souvent, l'augmentation prévue n'est que de

un.
« Il y aura plus de papiers »
« Encore des trous »
« Un trou en plus »

c) L'action de couper créera des trous dans chaque couche.
« Ça coupe derrière et derrière et derrière »
« On prend toutes les feuilles »
« Beaucoup de trous, on coupe ici, ici, ici (l'enfant montre que chaque couche sera touchée) »

d) Le nombre de trous correspond au nombre de couches (même si ce nombre ne peut être défini).
« C'est le (les) mêmes trous dans chaque bout (feuillet) »
« Ça fait 4 trous parce qu'il y a 4 feuilles : 1, 2, 3, 4 (montre). »

e) Les trous ainsi créés sont généralement identiques (sauf items particuliers 1b, 1f, 2d)
« Il y aura toujours la même forme »
« Il vient des pareils »

f) Les papiers qui tombent ont des formes correspondant à celles des trous.
« Deux bouts ça fait deux trous »
« Ça fait un morceau et un grand trou »
« Les papiers, ils viennent là, là... (montre les trous) »

Luigi (7;10) donne des réponses typiques. Pour l'item 2a, il indique avec la main que toutes les couches seront traversées. Il prédit 3 trous (réponse correcte : 4), « ça fait deux et un » (les deux trous quand on plie une fois, plus un autre trou pour le deuxième pliage). E lui demande « Sûr ? » et il compte les couches : « un... quatre ». Plus tard, pour l'item 3a (réponse correcte : 8 trous), il ne fait plus de prédiction, mais compte les couches : « un... sept ». Il dessine 7 trous en comptant, les traçant n'importe où sur la feuille (une rangée de 4, une de 3). Ensuite, il déplie le papier et compte les trous : « huit », mais ne considère pas que le résultat différent est important.

Notons, pour terminer, que les items impossibles ne sont que rarement clairement refusés. En gros, les sujets proposent *d'autres actions* afin d'obtenir de tels résultats impossibles ; ou ils proposent encore *d'autres résultats* (neufs). Pour les formes découpées orientées (p. ex. triangles), celle-ci sont dessinées en translation ou en alignement simple (non orientées selon l'axe de symétrie).

En ce qui concerne les raisons, il semblerait que la tautopraxie pure du niveau préliminaire se trouve amplifiée et étoffée de toute une série de généralisations nécessaires (ou pseudo-nécessaires) qui sont liées entre elles. Ces généralisations semblent être d'importance ou de niveaux équivalents et entretenir des relations simples, quoique multiples : plier augmente les couches; toutes les couches sont touchées; les trous seront identiques; etc.

La reconstitution fondatrice mise en place délimite l'espace du nécessaire. Ce réseau de généralités — généralités certes trop englobantes — constituent un cadre où, effectivement, tout genre de prédictions/anticipations, tout type de résultat (nombre peu défini de trous, emplacements aléatoires, contradictions entre un item et un autre...) sont, ou restent, possibles.

L'action transformatrice de *couper* demeure importante ou saillante en tant que *cause première* des résultats, car sans coupe, pas de trous! Or, au niveau II, l'action de couper est en relation étroite sur le plan matériel, avec l'objet particulier qui est coupé, dont la nature fondamentale est d'être composée de couches qui se touchent.

Niveau III (9-12 ans)

Au niveau III, nous assistons à une conceptualisation plus claire des effets du pliage. Les enfants se centrent sur la feuille de papier et la forme particulière qu'elle prend dans les différents cas. Les sujets comprennent que le papier reste attaché à certains endroits, et qu'il est séparé à d'autres, et que, bien sûr, ces relations de continuité et/ou de séparation sont conservées à travers le pliage. Donnons quelques exemples.

Murielle (9,6), tout comme Luigi (7;10, niveau II, voir ci-dessus), prévoit que pour deux pliages, «ça va faire trois trous» (2 trous pour un pliage, plus un trou). Nous lui demandons de dessiner le résultat. Elle prend sa feuille vierge, la plie 2x rapidement, la déplie, trace au crayon la ligne des plis (4 cases), puis dessine 2 trous, et nous explique... qu'elle s'est trompée. Elle se base sur le pliage, tandis que Luigi se limite au comptage et au calcul.

Alain (11;4) réussit les items avec deux pliages, avec de bonnes explications, parlant de «attaché» pour la feuille, et de «symétrie» et de «distances égales» pour les orientations et emplacements des trous. Quand nous lui demandons, feuille en main (non pliée), «et si on plie le papier trois fois?», il dit immédiatement «On le plie en six?». Il se centre sur la transformation de la feuille à travers le pliage, et le nombre de « cases » (délimitées sur la feuille) que l'on obtiendra. Il trouve la réponse correcte en pliant lentement une feuille.

Il s'ensuit que les items impossibles (assez simples après tout, sauf 3x) sont refusés avec des explications claires :

Murielle (9,6) : Pour l'item 1x, elle commence par souligner que le résultat *peut* effectivement être obtenu : « Oui (on peut obtenir ce résultat) si on coupe un rond ici et un rond ici. Mais on ne peut pas parce que c'est plié (parce que la consigne stipule qu'on plie la feuille au milieu). Sinon (si la feuille est pliée) et on fait (on coupe les 2 trous) on fera deux trous là, et deux trous là. On aura chaque fois un trou en face (le résultat final sera de 4 trous) ».

Nous percevons la continuité entre la démarche de Murielle et le niveau précédent. Murielle coordonne les actions possibles (pour produire le résultat) et les résultats effectifs des coupes suggérées, car elle tient compte correctement du pliage.

Quoique même au niveau I, nous avons noté des intuitions précoces concernant l'effet de l'emplacement de la coupe (par exemple, les items 1b et 1f, pour lesquels plusieurs enfants du niveau I ont pu nous dire qu'*un seul* trou sera produit, car « cela reste attaché », ou « ça prend tout ce morceau », tenant ainsi compte de la matière précise qui est coupée, plutôt que de se borner à énoncer des règles générales), au niveau III, les relations entre l'emplacement de la coupe et la forme du trou deviennent cruciales. Les sujets essayent toujours de tenir compte si la coupe touchera un axe plié ou non. Il s'ensuit également que les trous ne sont plus conceptualisés comme des entités mais comme étant formés, dans certains cas, de *parties* de couches superposées.

Xavier (10,6). Pour deux pliages : « Il y aurait 4 qui seront coupés (4 segments), ça sera le milieu qui sera coupé, il y aura une forme comme ça (dessine correctement un trou rectangulaire composé de 2 segments accolés)... Il y en aura un d'un côté, un de l'autre... comme ils sont serrés (attachés), ben ça fera comme ça ».

Enfin, la centration sur le pliage provoque une compréhension de la complexité du problème, et les sujets adoptent une nouvelle attitude, où l'incertitude, ainsi que la nécessité, sont clairement exprimées, et peuvent co-exister. Les différentes facettes du problème sont distinguées plutôt que réunies.

Pour 2a, Thierry (10;7) prévoit d'emblée 4 trous. Pour 2c, il prévoit alors 4 triangles : « Quatre, parce qu'on a plié deux fois »... « C'est obligé ; quand on avait plié une fois, ça fait deux, quand on a plié deux fois, ça doit faire quatre ». Nous lui demandons de dessiner le résultat. Il trace la ligne des plis, délimitant 4 cases : « Attends... Je ne sais pas très bien... je crois que ça va dépasser un tout petit peu » (il affronte le problème de l'orientation des triangles, qu'il résout en pliant une fois le papier).

Nous voyons qu'au niveau III, il subsiste de nombreuses lacunes et incertitudes dans les réponses des sujets.

DISCUSSION

Les raisons du niveau III concernent essentiellement la topologie de la feuille pliée, et s'appuient fortement sur l'image mentale ou la cognition spatiale. La nature fondamentale de l'objet sur lequel l'action de couper est appliquée s'est diversifiée. D'un objet quelconque au niveau I, à un objet composé de couches au niveau II, il est devenu un objet formé par une surface plane qui a subi des manipulations particulières, pour prendre des formes particulières. Pour le sujet du niveau III, les configurations obtenues s'expliquent principalement par la disposition de la feuille : pliages successifs (et non nombre de pliages), emplacement des plis, relations de symétrie, etc. L'objet s'est vu enrichi d'un réseau dense de significations. L'action de couper, en tant que cause, est devenue implicite.

Face à ce problème particulier, il apparaît que les raisons du sujet débutent (dans le développement) par une conceptualisation d'une raison principale de nature causale et physique, liée à l'action. Au niveau I, l'action de couper produit des trous, les trous sont produits par des coupes, et le problème présenté ne se distingue pas d'autres situations matérielles où des coupes pourraient être effectuées. Au niveau II, les raisons du sujet sont adaptées à la situation particulière, car la liaison entre l'acte de couper et l'objet particulier que l'on coupe est bien élaborée. Toutefois, les raisons sont d'un haut niveau de généralité, et le modèle construit par l'enfant fournit des règles globales utiles (*in fine* nécessaires) pour thématiser toute situation où des objets identiques sont superposés en couches. L'ontologie de l'objet, sa nature essentielle, est mieux conceptualisée. Ce n'est qu'au niveau III que les raisons deviennent véritablement spécifiques au problème, en tenant compte de la topologie de la feuille, en termes de transformations dynamiques.

252 LA FORMATION DES RAISONS

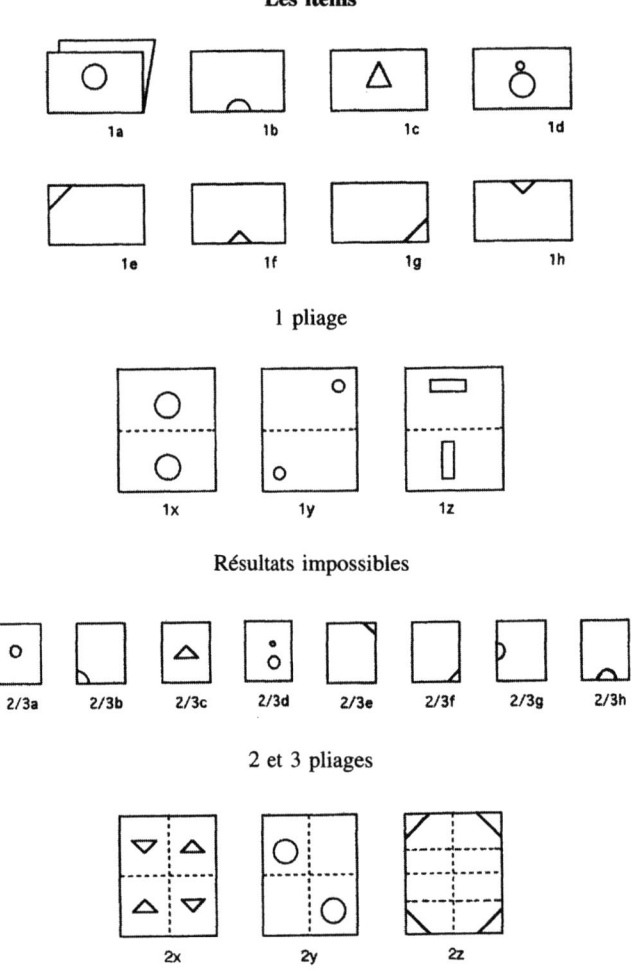

Les items

1 pliage

Résultats impossibles

2 et 3 pliages

Résultats impossibles

NOTE

[1] Ce chapitre expose les résultats de l'enquête conduite au Centre Internationale d'Epistémologie Génétique (CIEG 1979-1980) en collaboration avec M. Sakellaropoulo.

Section 7
Synthèse

par G. Henriques

Avant de tenter une synthèse théorique présentant les niveaux de raisons d'après leurs processus de formation dans l'histoire des sciences comme chez les enfants, revenons sur les leçons que ceux-ci, nos guides irremplaçables, et maintenant nos meilleurs avocats, nous ont données.

Dès avant 4 ans (nous sommes incapables de fixer un âge de départ), les enfants rendent raison des réponses qu'ils nous donnent; et qu'il en soit ainsi constitue à nos yeux un fait épistémique majeur pour les observateurs et interprètes que nous étions alors. Si nous parlons d'un fait épistémique dans ce contexte, c'est simplement pour exprimer avec détermination que nous voyons dans ce fait (que les enfants rendent raison) le début de la constitution d'un vrai savoir de l'enfant.

Poursuivons en maintenant le cap. Nous avons trouvé ce fait il y a quelques vingt ans dans nos recherches; et qu'il en soit ainsi constitue de nouveau, dans les conditions de notre reprise actuelle, et pour les mêmes raisons un fait épistémique renouvelé et méritant d'être relevé (voir l'exposé des recherches dans les précédentes sections de ce chapitre). On nous fera remarquer peut-être que ce fait renouvelé n'est apparemment pas très excitant. De prime abord ainsi en est-il, certes. Mais admettons que beaucoup dépendra de ce que nous en ferons. Qui maintiendrait ce fait isolé n'en aurait pas saisi le sens, car un fait isolé n'est rien. Les enfants qui trouvent des raisons tirent parti des liens inférentiels entre les significations qu'ils mettent en valeur. Sur ce point, le modèle enfantin est bon à suivre à tous les niveaux. Ainsi, rien ne nous empêche et rien n'empêche le lecteur, s'il veut bien nous suivre, de traiter ce fait primitif (la découverte de raisons par les jeunes enfants) en véritable fait épistémologique, point d'ancrage pour la constitution d'une épistémologie fondée.

RETOUR SUR LES RAISONS DES ENFANTS

Après l'examen des raisons qui viennent de loin et qui ont fait l'objet du chapitre 3.1 (avec la mention d'une dette énorme envers Kant), il est important pour nous tous de revenir sur les raisons dont l'accès a été plus récemment ouvert, et dont nous sommes redevable à Piaget, à l'équipe dont il a su s'entourer et aux enfants qui se sont prêtés de bonne grâce aux interviews des expérimentateurs. Le retour sur les raisons trouvées dans quelques-unes au moins des recherches expérimentales du CIEG est essentiel pour rendre raison des thèses épistémologiques avancées dans les précédents chapitres théoriques, initialement basés sur les anciens comptes rendus des recherches.

On observera souvent des enfants qui rendent raison de ce qu'ils affirment en se bornant à *montrer* qu'il est bien ainsi comme ils le prétendent[1]. Sans avoir le droit de nous limiter ici à une démarche « monstrative » de ce type, nous n'en estimons pas moins qu'elle nous donne, plus souvent qu'on ne le pense, un point de départ approprié pour un discours sur des raisons. C'est dans cet état d'esprit que nous essaierons de remettre en évidence les raisons enfantines déjà mises en valeur dans les précédentes sections de ce chapitre.

Commençons par délimiter le matériel à repasser en revue : il est celui que nous venons de mentionner, ce qui fait un peu moins de la moitié du volume total de la recherche expérimentale du CIEG sur les raisons[2]. Même dans ces limites, le lecteur aura pu apprécier l'hétérogénéité des raisons invoquées par les enfants dans le cadre de recherches qui étaient consacrées à un même thème, mais qui englobaient intentionnellement des paramètres très divers. L'évolution remarquable des raisons dans chaque recherche a été présentée dans les sections précédentes et il reste donc à en faire une analyse transversale, ce qui inclut une comparaison des raisons de niveau correspondant dans les différentes recherches et une comparaison des profils évolutifs de chaque recherche.

L'opérationnalisation de la recherche des raisons à travers le choix de différentes situations et techniques expérimentales a induit de considérables différences dans les résultats obtenus — ce qui est heureux. À ce niveau d'analyse très sommaire, on peut rapprocher les recherches des sections 4 et 5 de ce chapitre, d'un côté, et celles des sections 3 et 6, de l'autre, la recherche de la section 1 constituant un cas à part. Là où l'on rencontre des traits communs dans l'opérationnalisation des recherches, on constate que la mise en parallèle se poursuit aisément sur le plan des résultats.

La recherche sur le milieu (section 2) est la plus dépouillée des enquêtes conduites par le CIEG. Au prix d'un jeu de mots innocent, on dirait que c'est une recherche sur la raison pure, au sens où l'enfant est confronté à une situation expérimentale où il ne voit rien de problématique en dehors de la question « pourquoi » qu'on lui pose. C'est un véritable cas d'école illustrant la notion de question dégénérée[3] dans une situation extrême, et donnant par la même occasion un exemple d'utilisation judicieuse de ce procédé technique de recherche (dont on ne devrait cependant pas abuser en psychologie et en épistémologie génétiques). Il est vrai qu'interroger les enfants sur l'emplacement du milieu d'une figure, emplacement au sujet duquel ils n'éprouvent pas la moindre hésitation, a de quoi les laisser perplexes. Et pourtant, ces enfants répondent, et les épistémologistes avaient quelques bonnes raisons de s'intéresser à ces réponses.

Dans une figure donnée par son bord, le seul élément de référence pouvant servir à la construction du milieu est ce bord, mais les enfants ne le disent qu'à partir de 6;6. Jusqu'alors, ils ne font appel qu'à des démarches identificatrices et à des raisonnements tautologiques comme : le milieu est là où il est et n'est pas là où il n'est pas. L'inversion du sens du mouvement cognitif, qui intervient entre les niveaux intermédiaire et final de raisons dans cette recherche, mérite d'être relevée. Ce n'est qu'à la fin de la période de développement cognitif considérée dans cette enquête que la réduction au bord et la déduction à partir du bord sont simultanément maîtrisées. C'est alors et seulement alors que les enfants deviennent capables de reconstruire le milieu et ce faisant d'en donner des raisons non tautologiques.

D'OÙ LES RAISONS SONT TIRÉES ET CE QU'EN FONT LES ENFANTS

On voit clairement d'où les enfants tirent leurs raisons dans la recherche sur le milieu : c'est des significations du milieu, du bord et de leurs implications réciproques, en dehors desquelles l'enfant n'a là que des notions très faiblement articulées. Outre que ces raisons permettent à l'enfant de répondre à la question qui leur est posée, elles approfondissent considérablement le champ notionnel concerné.

D'où les enfants tirent-ils leurs raisons dans la recherche sur la réflexion dans un miroir et dans celle sur les inégalités numériques ? Dans le premier cas, avant tout des propriétés attribuées au miroir, ce qui revient à dire de la signification que le miroir a pour eux ; dans le second cas, des propriétés numériques des tas de jetons soumis à l'ajout ou à l'enlèvement de certaines quantités d'éléments, ce qui revient à dire des significations des actions de donner et d'enlever mises en rapport avec leurs résultats. On saisit ainsi d'un coup la parenté et deux différences importantes entre ces deux recherches. Le miroir est cet objet paradoxal et fascinant pour les enfants de bas âge, qui fait simultanément « la même chose » et « pas la même chose », en un mot, qui reproduit l'objet tout en inversant l'orientation. Les actions de donner ou d'enlever inversent parfois, mais pas toujours, les rapports d'inégalité numérique. Et surtout, ce serait une absurdité psychologique et épistémologique de mettre sur le même plan le miroir, mystérieux et presque magique, en tout cas extérieur au sujet (même si ce dernier peut s'y contempler), et des actions du sujet lui-même portant sur des quantités. Tout cela n'invalide pourtant pas le rapprochement que nous tentons. Nous tenons pour acquis que les raisons sont tirées, dans ces deux recherches, de l'organisation inférentielle progressive des deux types de significations mentionnées.

Il reste à examiner l'élaboration et le renforcement progressif de cette organisation. C'est en y regardant de plus près que la parenté des deux recherches se confirmera, en même temps que s'accentueront leurs différences par rapport aux recherches des sections 3 et 6. La recherche sur le milieu n'entre pas en confrontation de ce point de vue, car elle était focalisée sur une signification beaucoup plus élémentaire, comme il le fallait pour élargir de ce côté-là l'information expérimentale du CIEG.

Les recherches que nous considérons maintenant portent sur deux domaines qui sont parmi les mieux connus depuis longtemps des points de vue aussi bien psycho-qu'épistémogénétique : les nombres sur lesquels on opère et que l'on série, et l'espace que l'on soumet à différents types de transformations composables et inversables. L'importance de ces deux domaines justifierait à elle seule que le CIEG ait inclus des recherches à leur sujet dans son programme de recherches sur la formations des raisons. Mais à cela s'ajoute une considération explicitée par l'une des expérimentatrices : les connaissances préalablement acquises sur les compétences noétiques des sujets interrogés (données psychogénétiques sur le développement cognitif en général) pouvaient favoriser la compréhension du travail cognitif qui leur était demandé dans les situations expérimentales proposées par les psychologues. On s'attendait à ce que les enfants soient capables de certaines reconstitutions anticipatrices des conditions d'engendrement des objets en question (inégalités numériques et images dans un miroir), mais qu'ils n'y parviennent qu'au terme d'un travail noétique considérable. Le but des recherches était d'en spécifier les détails.

Les résultats obtenus ont été présentés plus haut dans ce chapitre. Les enfants doivent discerner les significations nécessaires et suffisantes pour la reconstruction qu'ils entreprennent, et cette identification des significations fondamentales parmi celles qui ne peuvent l'être (reconstitution fondatrice) pose effectivement problème jusqu'assez tard. Comme toutes les significations mais, à plus forte raison, celles qui permettront aux enfants d'étayer leurs réponses reposent sur tout un ensemble d'inférences qui organisent leurs champs noématiques (les « objets de pensée », par opposition aux actes de pensée qui les visent). La difficile tâche des expérimentatrices était de reconstituer, à leur tour, par inférence, les ensembles d'inférences des enfants, dont les réponses recueillies par les psychologues ne révèlent que des bribes. Le lecteur peut apprécier avec recul le travail noétique des uns et des autres. Mais il est parfaitement clair qu'une reconstitution de l'évolution des inférences des enfants aussi fine et détaillée que celle fournie à la section 4 (voir p. 225 et suivantes), aussi bien que la mise en évidence d'un niveau où les enfants sont capables de reconstructions systématiques, sont hors de portée dans le cas de domaines cognitifs moins épurés que ceux du nombre et de l'espace.

Revenons sur la question de savoir d'où est-ce que les enfants interrogés dans les recherches des sections 4 et 5 tirent leurs raisons. Ils ne les tirent ni du matériel expérimental mis à leur disposition ni de leur propre travail noétique sur ce matériel. Nous tenons à souligner que les raisons ne sont ni des choses ni des actions du sujet, fussent ces dernières les plus abstraites et le plus purement formelles. Les raisons sont des significations distinguées ; et les significations, qu'elles soient ou non des raisons, sont des contenus noématiques : elles sont le sens de ce que le sujet connaît et de tout ce sur quoi il peut faire porter son travail noétique. Les enfants tirent donc leurs raisons de là où ils finissent par les trouver, à savoir de ces champs noématiques de possibilités envisagées par eux, lesquelles deviennent enfin intelligibles au moment où, le travail de reconstruction rationnelle s'achevant, elles se laissent déduire à l'intérieur d'un même champ.

Rien de cela ne concerne les deux recherches en cause de manière particulière. Ce qui leur est propre est la nature spécifique des champs de possibilités envisagées par l'enfant, le type de rapports nécessaires qu'il y établit et, plus généralement, tout le travail noétique auquel il le soumet. Les schèmes et les structures opératoires de l'enfant, comme tout ce qui les prépare, seront mis en action pour organiser les champs noématiques envisagés. C'est l'une des raisons pour lesquelles un enfant trouvera des raisons qu'un autre enfant ne trouve pas. Cela explique aussi peut-être pourquoi les résultats des recherches des sections 4 et 5, sans avoir été prévisibles (car la machinerie noétique ne travaille jamais à vide) peuvent créer après coup l'illusion de l'avoir été.

Que font les enfants des raisons trouvées ? Les sections consacrées à chaque recherche expérimentale y répondent implicitement. La découverte d'une raison est le plus important catalysateur d'une réorganisation du sens déposé dans un champ noématique du sujet. L'enfant qui comprend le pourquoi de ce qui se passe peut aller de l'avant dans sa démarche cognitive sans avoir à craindre la contradiction. Il se meut sur le plan de la connaissance nécessaire. Cependant, tous les travaux du CIEG sur les raisons nous ont montré que la formation de ces dernières est progressive et qu'une raison considérée suffisante à un certain niveau ne l'est souvent pas plus tard. Tout ne serait donc qu'illusion subjective et devrons-nous, nous aussi, épistémologistes généticiens, laisser alors tomber nos propres illusions ? Nous avons toujours vu les sujets sur lesquels nous nous sommes penchés, enfants et savants (pour ces derniers, voir chapitre 3.1, pages 176 et suivantes : *La suffisance perdue et rétablie*) remplacer leurs moins bonnes raisons d'hier par de meilleures raisons d'aujourd'hui. Mais qu'on ne dévalorise pas les raisons enfantines d'aujourd'hui du fait seulement qu'elles sont dépassables et seront dépassées. Elles le seront, et c'est tant mieux. Aujourd'hui, elles fondent ce qu'elles fondent, en l'espèce un véritable savoir enfantin. Nous sommes logés à la même enseigne et contents de vivre avec un savoir dépassable et à dépasser.

RAISONS TROUVÉES ET RECHERCHE DES RAISONS

Beaucoup parmi les considérations précédentes s'applique avec la même pertinence aux deux recherches expérimentales sur la formation des raisons qu'il reste à examiner. Inutile d'y revenir. Nous voulons plutôt profiter de l'occasion que ces recherches nous donnent d'illustrer une problématique pas encore explicitement abordée dans cette section de synthèse, quoiqu'elle soit certainement l'une des plus importantes dans le cadre des travaux du CIEG sur les raisons dans leur ensemble. Il s'agit des rapports entre les raisons et la recherche des raisons, que nous avons déjà eu à considérer dans notre chapitre 1.3, paragraphe sur *L'approche fonctionnaliste*, p. 102), mais alors à titre purement préliminaire. Nous avons présenté et classé dans ce chapitre les approches qui avaient prévalu dans les travaux du CIEG sur les raisons, et avons signalé que, parmi elles, il y en a eu une où le rapport en question était particulièrement souligné. La situation est différente maintenant. Nous avons sous les yeux les résultats des recherches expérimentales sur les raisons, et la première question qui se pose dans le présent contexte est de savoir si ou non, et dans le cas affirmatif plus spécifiquement *en quoi* nous sommes plus avancés sur ce point controversé à la lumière des résultats obtenus. Poursuivant notre démonstration, nous pointerons les nouveautés dont il faudra dorénavant tenir compte en épistémologie génétique.

La recherche sur le coloriage d'une carte et celle sur les pliages et les découpages (sections 3 et 6) utilisent des situations et des techniques expérimentales très différentes l'une de l'autre, mais elles n'en partagent pas moins des caractères remarquables qui les distinguent et mettent en contraste avec les trois recherches expérimentales examinées plus haut. Les différences sont manifestes. D'un côté, on demandait à l'enfant de *produire* un coloriage soumis à une règle facilement comprise que l'enfant n'a pas trop de difficulté à respecter. De l'autre, deux actions hétérogènes se suivaient dans un ordre fixe : la première était un pliage effectué par les expérimentatrices devant les enfants ; l'autre, une action de découpage après pliage, restait virtuelle et devait être imaginée par les enfants, ce qui peut être très difficile pour eux quand il s'agit en outre d'en anticiper les résultats. Dans les deux cas, les psychologues demandaient aux enfants des justifications et des explications d'où ils inféraient les raisons des sujets ; mais, dans le cas des coloriages, les questions portaient sur le respect de la règle et sur l'optimisation des enfants en fonction du nombre de couleurs utilisées, tandis que dans le cas des pliages et découpages, les enfants devaient se prononcer d'abord sur le résultat de l'action imaginée de découpage et seulement après l'expliquer.

Les deux recherches ont en commun le fait que des considérations topologiques y interviennent de manière décisive, ce qui n'échappe pas aux enfants dès le niveau I : « Parce que ça touche » (recherche sur le coloriage), « Cela reste attaché » (recherche sur les pliages et découpages). Mais il y a plus important que cela. Ni l'intuition précoce de la contiguïté, ni la prégnance des actions respectivement de colorier et de couper qui donnent leur signification première aux productions sur lesquelles l'enfant doit se prononcer, ne suffisent dans un cas ni dans l'autre. Les expérimentateurs(trices) ambitionnaient embarquer les enfants dans un tâtonnement noétique qui pût mieux dévoiler le cheminement de leur pensée à la recherche des raisons. Et ils ont été abondamment servis. Le CIEG y a gagné l'occasion de *comparer* ce qui se passe dans les situations où l'organisation inférentielle des significations qui mène à la formation des raisons peut s'appuyer assez directement sur le développement cognitif général (comme c'est le cas pour des significations liées soit à des opérations arithmétiques sur des quantités discrètes, soit à des opérations d'inversion spatiale) avec ce qui se passe quand la complexité de la situation ne laisse à l'enfant d'autre issue que de rester jusqu'assez tard «à la recherche de la structure cachée», comme le dit S. Dionnet (p. 218).

Les quatre niveaux noétiques et noématiques mis en évidence dans la recherche sur le coloriage de cartes (déjà présentés lors du symposium de 1980) n'ont pas d'équivalent dans les autres recherches entreprises. L'argumentation qui accompagne la présentation des résultats de la section 3 nous paraissant solide, nous devons nous en expliquer. Le niveau initial correspond reconnaissablement à celui dégagé dans toutes les recherches et le niveau final à celui dégagé dans quatre sur cinq d'entre elles. On reconnaîtra sans peine le niveau 3 de cette recherche comme étant la figure singulière dans notre corpus expérimental.

Cela étant, notons que les transitions de niveau sont toujours les phases les plus éclairantes pour qui les aborde du point de vue de l'épistémologie génétique. L'étude structurale classique nous a habitués à ce que ces phases soient de très courte durée, car une structure opératoire au sens de Piaget est ou n'est pas là chez un sujet particulier (encore que, comme l'ont montré les recherches du CIEG des années 50 et 60 sur l'acquisition du nombre opératoire, celle-ci peut se faire de manière progressive, en passant des classes numériques ne comportant qu'un petit nombre d'éléments, à des classes comportant de plus en plus d'éléments). On a même pu rencontrer des cas rares et éblouissants où la structure opératoire s'installait pour ainsi dire sous les yeux des observateurs-accoucheurs. Nous n'avons de loin pas récolté des données expérimentales d'un volume comparable pour pouvoir nous prononcer sur ce qui se passe lors de la formation des raisons.

C'est pourquoi l'étude théorique sur les transitions de niveau de rationalité présentée au chapitre 4.2, à laquelle nous tenons encore davantage qu'à la caractérisation des niveaux eux-mêmes, sans être purement spéculative — ce qui serait un contresens en épistémologie génétique — gardera forcément un caractère partiellement hypothétique, mais avec des hypothèses génétiques *explicites* comme nous en formulerons. La cessation de fonctionnement du CIEG ne nous permet pas d'aller plus loin. Il convient d'insister encore sur ce que les travaux expérimentaux du CIEG sur les raisons n'avaient pas pour objet de confirmer ou infirmer une élaboration théorique comme celle présentée ici — elle n'existait pas à l'époque — ou une autre quelconque en compétition. Nous n'avons même pas de souvenir précis nous permettant de dire si la *formation* des raisons — qui, elle, nous intéressait à l'époque — avait été proposée comme thème central.

Il n'est cependant pas interdit de présumer que les transitions de niveau de rationalité soient beaucoup moins abruptes que celles de niveau opératoire, et puissent même traverser des paliers assez stables se laissant caractériser des points de vue aussi bien noétique que noématique. Cela s'expliquerait aisément de notre point de vue et conforterait même nos intuitions sur le rapport entre la formation des raisons et le développement opératoire.

Le niveau 3 de S. Dionnet matérialise-t-il la transition de niveau II au niveau III que nous envisageons hypothétiquement au chapitre 4.2, en procédant par reconstitution épistémologique (pages 292 et suivantes)? Le niveau 3, considéré en contraste avec le niveau 4 (soit notre niveau III) est celui des réarrangements de couleurs par groupes de voisins, sans que l'enfant épuise l'ensemble des réarrangements possibles pour la carte considérée dans sa totalité. Ainsi, Nic (9;0) affirme-t-il : «Je m'occupe d'abord petit à petit et si je peux continuer à mettre 3 couleurs...». La transition du niveau II au niveau III est caractérisée par l'acquisition *progressive* de la covariation des réductions et des déductions en fonction des correspondances qui rendent possibles les réarrangements de couleurs respectant la règle imposée. La moindre mobilité des arrangements de couleurs pendant la transition (niveau 3) serait alors une conséquence (et pour les observateurs une manifestation) des limitations de cette covariation. Sans un complément de recherche expérimental qui eût permis d'aller plus loin, il est sage de suspendre le jugement, en gardant le souvenir et le regret du Centre que Piaget avait créé, pour lequel les lacunes actuellement identifiées auraient déterminé la direction de développements fructueux.

LE RÔLE FORMATEUR DES RAISONS

Comme on l'a vu précédemment, Apostel croyait que les «interactions anticipatrices et réorganisantes qui, selon [Piaget], constituent un des facteurs... de la raison n'ont pas été décelées par la plupart des expériences faites» (voir page 133). Nous ne sommes pas en mesure de confirmer l'attribution à Piaget de l'idée que certaines interactions seraient des facteurs de la raison. Mais ce qui a été clairement décelé dans nos travaux se rattache à certains types d'implications qui jouent un rôle dans la formation des raisons, et surtout au *rôle de la raison* elle-même, qui est, d'après Piaget, «d'introduire de nouvelles nécessités en systèmes où elles n'étaient qu'implicites ou restaient inaperçues». D'ailleurs, dans une phrase séminale, Piaget identifiait la raison (ce en quoi nous ne le suivons pas à la lettre) à «un système de transformations qui modifient ou enrichissent les implications signifiantes de départ... s'appuyant sur des structures ou sur des compositions partielles jouant un rôle dans les structures en formation et s'y intégrant progressivement».

À l'appui de l'idée que les raisons jouent un *rôle formateur* par rapport à de nouveaux systèmes dépassant ceux qu'elles supposent, et précèdent ainsi l'élaboration de structures opératoires achevées (voir page 102), transcrivons quelques passages des sections 2 à 6 de chapitre.

>«Dans les raisons de ce niveau, l'objet "milieu" reçoit une signification élargie qui l'intègre aux significations des autres propriétés des figures» (sect. 2, p. 210).
>
>«Une étape supplémentaire est franchie quand la raison consiste à se placer du point de vue de l'engendrement de la carte... C'est la possibilité d'engendrer l'objet tel qu'il est observé qui est prise comme le fondement de l'action sur l'objet et la base de la compréhension» (sect. 3, p. 221).
>
>«Les toutes premières raisons se réfèrent à l'action de donner des jetons... Au troisième niveau, la notion de différence nécessairement symétrique est construite. Cette nouvelle donnée permet la structuration du champ des possibles...» (sect. 4, p. 225).
>
>«En bref, on peut dire que les significations essentielles des objets (modèle, miroir et pièces) sont maintenant explicitement saisies, ce qui fait que les explications présentées par les enfants deviennent de vraies reconstructions inférentielles établies à partir de l'ensemble des significations attribuées aux objets (inversion, réflexion, moitié, double, symétrie, etc.)» (sect. 5, p. 240).
>
>«Pour le sujet de niveau III, les configurations obtenues s'expliquent principalement par la disposition de la feuille : pliages successifs... L'objet s'est vu enrichi d'un réseau dense de significations» (sect. 6, p. 251).

Nous ne prétendons pas avoir là la preuve d'une thèse dont les travaux entrepris par le CIEG ne s'étaient pas donnés pour but d'établir le bien-fondé, mais juste un faisceau de présomptions convergentes dont nous eussions aimé poursuivre le contrôle.

NOTES

[1] Illustrons ce point par deux exemples suggestifs tirés des entretiens avec les enfants. Dans le premier exemple, à la question «Pourquoi utilise-t-on les bandes?», Alex (6;1) répond : «Pour montrer le plus vite possible où c'est le milieu» (section 2 de ce chapitre, p. 207). Dans le second exemple, alors que face à une certaine situation, un premier sujet F. (5;1) affirme : «C'est bien, c'est égal... le miroir fait la même chose», un second enfant, M. (5;5) soutient le contraire avec la même évidence subjective : «Ce qu'on voit dans le miroir, c'est pas la même chose... le jaune va derrière et le rouge devant; et ici (modèle), c'est le rouge et après le jaune» (section 5, p. 237).

[2] Nous connaissons bien cette recherche sur les raisons dans son ensemble, car nous en avons été partie prenante dans des conditions que l'on n'oublie pas. Le choix restrictif sur le matériel à présenter provient d'une décision dont voici le contexte. Il nous a été donné de revivre pendant quelques mois l'atmosphère stimulante du CIEG de jadis, cela après avoir pu réunir les collaborateurs psychologues de l'équipe de 1979-1981 qui étaient atteignables et disponibles pour l'effort rédactionnel supplémentaire qui leur était demandé. Les sections 2 à 6 de ce chapitre en sont issues.

[3] Notion introduite au chapitre 1.3 (p. 106), «dégénéré» n'a pas ici de sens péjoratif.

Chapitre 4.1
Les niveaux de raisons d'après leurs processus de formation

par G. Henriques

PROBLÈMES INHÉRENTS AUX TRANSITIONS DE NIVEAU

Malgré la forte unité thématique de ce chapitre, son développement comporte deux parties relevant de registres très différents. La deuxième est consacrée à l'exposition d'un principe de classement pour l'ensemble des résultats expérimentaux du CIEG sur les raisons (dont certains sont exposés dans les pages précédentes). Nous partons des niveaux de reconstitution fondatrice et de reconstruction rationnelle mis en évidence. De ce fait, les caractérisations proposées seront naturellement *plutôt génétiques que structurelles*. Mais, plus qu'à des considérations de détail, quelles qu'elles soient, notre orientation répond à des préoccupations théoriques générales qu'il convient d'expliciter. Il est donc important de commencer par cerner le noyau de la problématique impliquée dans ce chapitre, et de présenter les options générales retenues pour y faire face.

Voici la première réflexion qui guide notre démarche. Les structures dont les sujets disposent à chaque étape de leur développement conditionnent certes leurs capacités épistémogénétiques, qu'elles circonscrivent autant qu'elles enrichissent. Mais si elles les déterminaient complètement, le sujet serait incapable de dépasser *par le raisonnement* une structure insuffisante. Pourtant, de tels dépassements se produisent, car le développement *a lieu*. Nous attribuons aux schèmes de réduction et de déduction, dégagés par l'analyse des niveaux psychogénétiques de reconstitution et de reconstruction, une intervention *structurante* dans les démarches rationnelles des sujets.

Prétendre que le raisonnement peut structurer le comportement cognitif, c'est attribuer au mouvement cognitif un rôle clef dans la création aussi bien que dans le dépassement de ces formes d'équilibre que sont les structures cognitives. *La formation des raisons est au centre de ce processus*. Dans l'analyse que nous en proposons seront présentés, à tour de rôle, des niveaux de reconstitution fondatrice et de reconstruction rationnelle, dont la considération conjuguée permet de caractériser des *niveaux de raisons*.

Les transitions de niveau soulèvent cependant des problèmes épistémologiques redoutables, auxquels il faut faire face de manière prioritaire. Notre analyse reprend les considérations du chapitre 3.1 portant sur l'histoire des sciences et de la philosophie — qui l'éclairent prospectivement. L'étude de l'épistémogenèse en mathématique et en physique met en évidence le rôle des raisonnements réductifs en jeu dans chaque transition analysée. Le passage de Newton à Einstein, comme tant d'autres, ne s'est pas fait par déduction. La mécanique newtonienne n'implique pas celle d'Einstein, dérivée de principes que Newton n'avait pas aperçus. En un sens, elle *s'y réduit*, non pas comme à une mécanique concurrente, mais comme à une théorie — celle de la relativité — plus générale qu'une simple mécanique. Il est suggestif d'écrire, en notation symbolique : Newton $\Leftarrow$ Einstein, de même que : Maxwell $\Leftarrow$ Einstein, pour indiquer que les principes des théories de la relativité d'Einstein ne sont pas le fruit d'une déduction, mais d'une *réduction épistémogénétique* à partir de théories qui préexistaient. Une meilleure représentation symbolique serait sans doute véhiculée par le diagramme englobant

$$\text{Newton} \Leftarrow$$
$$\text{Einstein}$$
$$\text{Maxwell} \Leftarrow$$

indiquant explicitement que les théories de la relativité ne dérivent pas d'une source unique, ni de sources multiples isolées, mais d'une source double.

Inversant le sens des raisonnements — mais non pas les liens de conséquence, qui sont ce qu'ils sont par nécessité intrinsèque, sans que nul n'ait la faculté de les modifier —, l'épistémologiste peut également écrire : Einstein $\Rightarrow$ Newton et Einstein $\Rightarrow$ Maxwell, pour indiquer formellement que les théories de Newton et de Maxwell *se laissent déduire* de celles de la relativité. Quand on adopte ce sens de mouvement cognitif, les déductions sont légitimes *l'une indépendamment de l'autre*. On remarquera toutefois une différence importante entre la mécanique et l'électromagnétisme, qui reflète le traitement inégal des groupes de Galilée et de Lorentz en relativité restreinte. La mécanique qu'on déduit des théories de la relativité n'est pas exactement celle de Newton, mais s'y réduit par un passage à la limite (faisant tendre la célérité de la lumière vers l'infini). Il y aura inévitablement des corrections relativistes à apporter à la mécanique de Newton, qui ne reste valable que dans les limites d'une approximation dont on sait évaluer d'avance le degré de précision. La théorie de Maxwell ne requiert pas des corrections analogues. Mais elle n'en ressort pas moins *profondément remaniée* par la réinterprétation d'Einstein : la fusion de l'espace et du temps en une seule variété 4-dimensionnelle entraîne, par contrecoup, la fusion des champs électrique et magnétique en un seul champ tensoriel 4-dimensionnel du 2e ordre.

L'exemple de transition mentionné est représentatif d'une quantité indéfinie d'autres analogues en mathématique et en physique. Mais il y a une différence de taille entre ces deux sciences à ce propos : l'absence de corrections à apporter aux déductions obtenues par inversion du sens du raisonnement réductif en mathématique, car elles sont *exactes*. La déduction n'en est pas moins systématiquement précédée, en mathématique comme en physique, d'une phase de réduction, le plus souvent occultée dans les textes mathématiques auxquels le lecteur intéressé ou l'historien ont accès. Cette occultation — navrante pour qui n'en perce pas le dessein — provient de ce que l'exposé mathématique privilégie systématiquement l'ordre de la déduction, dès que la phase de constitution d'un nouveau savoir est suffisamment avancée pour le permettre. La réduction et la déduction sont, en règle générale, l'œuvre d'un même sujet mathématicien, ce qui permet d'effacer les traces du passage de la première à la seconde, dans un style d'exposition largement adopté dans cette discipline.

Cherchons une représentation unifiée des transitions épistémogénétiques à l'échelle de l'histoire, dans leurs traits généraux. Elles ont toujours lieu entre deux plans : un niveau inférieur et un niveau supérieur de connaissances («inférieur» et «supérieur» étant, ne l'oublions pas, des qualifications relatives). Écrivant «Inf» pour «Inférieur» et «Sup» pour «Supérieur», on aura donc : Inf $\Leftarrow$ Sup, exprimant le mouvement cognitif fondamental de *réduction de l'inférieur au supérieur*. L'inversion du sens du mouvement cognitif, lors de l'achèvement d'une élaboration théorique, donne lieu à une déduction du type : Sup $\Rightarrow$ Inf, avec ou sans des corrections, selon la dichotomie entre les mathématiques pures, d'un côté, et toutes les sciences soumises à des conditions d'adéquation à la réalité, de l'autre.

Ce que nous venons d'écrire, qui reflète des données objectives de l'histoire de l'épistémogenèse, ne va pourtant pas sans soulever des problèmes considérables. La réduction de l'inférieur au supérieur, si flagrante dans les mathématiques contemporaines, laisse tout l'édifice du savoir suspendu à des fondements, certes *suffisants* pour en supporter la charge déductive, mais de plus en plus *éloignés de leurs sources* génétiques. Les difficultés qui en résultent ne se font pas sentir seulement ni surtout sur le plan didactique : elles sont *épistémologiques* au sens propre.

Relevons-en, en passant, un corollaire pratique pouvant intéresser l'épistémologiste. Puisque c'est au niveau supérieur que l'inférieur se réduit, l'épistémologiste doit faire porter son analyse, de manière prioritaire, *sur le niveau supérieur*, où il trouve les fondements *construits par l'épistémogenèse historique*. Tel est l'un des thèmes principaux de la *réduction épistémologique*, qui n'est rien d'autre que la réduction épistémogénétique *propre* à l'épistémologie.

Faisant porter la réduction épistémologique sur le niveau supérieur des connaissances, pour chaque transition épistémogénétique, l'épistémologiste ne se borne naturellement pas à reproduire la déduction Sup ⇒ Inf du scientifique créateur, à qui l'on doit la transition étudiée. La tâche ardue de l'épistémologiste généticien est de *réduire* les connaissances du niveau supérieur *à des significations fondamentales*, qui ne sauraient avoir été tirées que *de celles du niveau inférieur*, lors de la genèse réelle.

L'épistémologiste généticien devrait au moins *tenter* une réduction du type : Sup ⇐ Inf, c'est-à-dire une *réduction du supérieur à l'inférieur*, ne fût-ce que pour en constater l'échec. Si, au-delà de tout espoir, cette réduction réussissait, elle conduirait — peut-être ! — à une véritable *intellection de la genèse*, que l'épistémologiste se donne pour objectif à atteindre, à terme. En la rapportant au développement cognitif individuel, l'opposition de sens des deux réductions : Inf ⇐ Sup du sujet réel et Sup ⇐ Inf de l'épistémologiste, qui prend le sujet réel pour objet d'analyse, ne fait que traduire *l'inversion de sens entre l'ordre de la genèse et celui de l'analyse*, déjà remarquée par Aristote dans la célèbre sentence : πρῶτον ἐν γενέσει, ἔσχατον ἐν ἀναλύσει (le premier dans la genèse est le dernier dans l'analyse).

Mais si la déduction Sup ⇒ Inf des scientifiques esquive tout problème de genèse — ce qui est légitime quand on ne s'occupe pas d'épistémologie —, l'hypothétique réduction génétique Sup ⇐ Inf est problématique et frôle à vrai dire le paradoxe. Si le supérieur se réduisait à l'inférieur, il devrait aussi *s'en laisser déduire*, car le raisonnement Inf ⇒ Sup correspond à Sup ⇐ Inf par une simple inversion du sens du mouvement cognitif — réversibilité de la pensée —, sans aucune modification des liens de conséquence. Mais la prétendue «déduction épistémologique» Inf ⇒ Sup, reflétant sans inversion le sens du développement cognitif, est à exclure entièrement, pour des raisons logiques et si on la prend à la lettre. Autant la déduction Sup ⇒ Inf est sans problème de ce point de vue, autant Inf ⇒ Sup est mise en échec *par l'insuffisance* des connaissances de niveau inférieur devant la demande exorbitante de *fonder ce qui les dépasse*.

Ces «paradoxes» de la réduction et de la déduction épistémologiques ne sont pas de simples malentendus. Ils demandent à l'épistémologiste généticien un sérieux effort de résolution. Dès que l'apparence de paradoxe se dissipe, on voit qu'il vaut la peine d'approcher la contradiction, en épistémologie comme en mathématique — pensons à la démonstration des théorèmes de Gödel —, quand la compréhension du développement cognitif est à ce prix.

MISE EN QUESTION DES RENFORCEMENTS D'INTELLECTION

Les problèmes que nous venons de soulever sont des problèmes généraux inhérents aux transitions de niveaux de rationalité. Ils ne peuvent que se reposer à propos de l'épistémogenèse dans le développement cognitif individuel où, au contraire de l'épistémogenèse historique, ces niveaux correspondent à de véritables stades du développement. C'est ce qui rend l'étude des transitions psychogénétiques de niveau de rationalité si difficile et fascinante. Indispensable, elle l'est de toute manière.

Nous avons choisi de l'attaquer frontalement, en centrant l'étude des niveaux de raisons sur les problèmes liés aux transitions de niveau. Toujours sur le plan des considérations générales, nous procéderons en deux étapes, prolongeant nos remarques à propos de l'histoire. Nous commencerons par des formulations sommaires, qui permettent de développer notre problématique et d'en rendre la résolution attendue plus urgente. L'étape suivante, complémentaire dans notre démarche globale, reprend les problèmes soulevés, en esquisse la solution et apporte les corrections à ces formulations de départ.

Chaque transition étudiée représente un *progrès de la rationalité*. Dès qu'on a caractérisé un niveau initial, chaque niveau subséquent se

« déduit » de son prédécesseur immédiat par une transition que l'épistémologiste doit reconstituer. À chaque nouvelle étape de ce renforcement progressif de la rationalité, le niveau d'arrivée est un aboutissement nécessaire des possibilités ouvertes par celui de départ. Mais cette nécessité, c'est avant tout l'épistémologiste qui la reconstitue, à partir de l'étude du développement cognitif. Le sujet ne l'éprouve subjectivement qu'une fois arrivé au niveau final de la transition, lorsque la nécessité s'impose à lui objectivement, par la force des raisonnements valides qu'il devient capable de faire, ayant oublié entre-temps son état épistémique précédent.

Mais l'épistémologiste ne saurait se contenter d'analyser le développement cognitif dans le sens du progrès. Procédant en sens inverse, dès qu'il caractérise un niveau final, chaque niveau précédent fournit une base adéquate à laquelle son successeur se « réduit ». Les liens d'implication que relient les significations des deux niveaux sont, en effet, « les mêmes », indépendamment de l'ordre dans lequel on les considère, qu'on déduise ces niveaux l'un de l'autre ou qu'on les réduise l'un à l'autre. Si un niveau subséquent se « déduit » du précédent, c'est qu'il s'y réduit aussi. Dire que la transition entre deux niveaux est la même, vue dans les deux sens, laisse toutefois dans l'ombre l'inversion du point de vue.

L'épistémologiste, qui reconstitue une transition comme « déduction » du supérieur à partir de l'inférieur, n'oubliera donc pas de la reconstruire, réciproquement, comme « réduction » du supérieur à l'inférieur. À chaque étape du renforcement progressif de la rationalité, le niveau initial représente un point de départ *suffisant* pour que le dépassement puisse avoir lieu. Mais la suffisance du niveau de départ, qui rend le dépassement possible, c'est de nouveau avant tout l'épistémologiste qui la reconstitue, par une *analyse régressive* du développement cognitif. Le sujet du niveau de départ n'a aucune conscience des potentialités de développement cognitif qu'il ouvre. Ce n'est qu'une fois le niveau suivant atteint que la *nécessité de l'aboutissement* et la *suffisance des conditions de départ* sont enfin *subjectivement éprouvées de manière simultanée*, lorsque le sujet a déjà perdu le souvenir de son état épistémique précédent.

Les déductions et réductions épistémologiques dont il vient d'être question, chargées des problèmes les plus ardus qui se posent en épistémologie génétique, sont très importantes. Le sujet a beau construire ses propres domaines d'intelligibilité à chaque niveau de rationalité, ces niveaux en tant que tels lui échappent manifestement. Seul l'épistémologiste y a accès, par l'exercice conjugué de la déduction et de la réduction épistémologiques. Ces deux types de raisonnement renforcent l'intelligibilité de chaque niveau *pour l'épistémologiste*, grâce aux significations ajoutées par dérivation à partir des niveaux contigus.

La déduction en épistémologie génétique concerne, de préférence, deux niveaux successifs, pour en dériver *le supérieur de l'inférieur*. Cette dérivation met en évidence *les nouveautés* du niveau supérieur par rapport à l'inférieur, qui s'opposent à la réussite immédiate de la déduction épistémologique. Celle-ci échappera ainsi à la trivialité. La réduction en épistémologie génétique concerne, elle aussi, de préférence, deux niveaux successifs, pour en dériver à son tour *l'inférieur du supérieur*. Cette dérivation met en évidence les *limitations* intrinsèques du niveau inférieur par rapport au supérieur. En empêchant la réussite immédiate de la réduction épistémologique, elles en garantissent, du même coup, la non-trivialité. Sauf pour d'éventuels niveaux extrêmes, les deux démarches de dérivation considérées sont possibles et indispensables pour une intellection satisfaisante de chaque niveau. Les nouveautés et les limitations coexistent à tous les niveaux intermédiaires ; elles s'y manifestent par des raisonnements que l'épistémologiste doit coordonner.

RÉSOLUTION DU «PARADOXE» GÉNÉTIQUE

Malgré leur forme naïvement affirmative, les réflexions proposées expriment un questionnement longuement entretenu, que nous devons mener à conclusion provisoire en définissant une position sur laquelle nous puissions pleinement nous engager.

Le lecteur attentif qui nous aura suivi jusqu'à ce point s'attend naturellement à ce que nous reprenions enfin les «réductions» Inf $\Leftarrow$ Sup et Sup $\Leftarrow$ Inf envisagées et y apportions les corrections requises pour pouvoir les justifier. C'est ce que nous entreprenons maintenant. L'enfant et le savant, qui procèdent à des réductions globalement exprimées par Inf $\Leftarrow$ Sup, ne réduisent pas, en réalité, l'inférieur au supérieur, mais ils *réduisent les connaissances du niveau inférieur à des significations fondamentales* (raisons), dont ils *déduisent* par la suite celles du niveau supérieur. Écrivant «Fond» pour «Fondamental», nous aurons une meilleure représentation :

$$\text{Inf} \Leftarrow \text{Fond} \Rightarrow \text{Sup}$$

de ce qui était rendu, de manière trop sommaire, par la prétendue «réduction» Inf $\Leftarrow$ Sup. Il s'agit certes tout d'abord d'une réduction à partir d'Inf, mais elle aboutit à Fond, et non pas directement à Sup. L'étape supplémentaire, qui mène à Sup, est *déductive* et non pas réductive.

Nous procéderons de manière analogue en ce qui concerne la « réduction épistémologique » globalement exprimée par Sup ⇐ Inf. L'épistémologiste généticien, qui y procède, ne réduit pas en réalité le supérieur à l'inférieur, mais il *réduit les connaissances du niveau supérieur à des significations fondamentales* (raisons), dont il *déduit* par la suite celles du niveau inférieur *qui les ont rendues possibles*, d'après le schéma global :

$$\text{Sup} \Leftarrow \text{Fond} \Rightarrow \text{Inf}$$

L'expression trop sommaire Sup ⇐ Inf ignorait l'intervention de Fond (les raisons). La réduction épistémologique part certes de Sup, mais aboutit à Fond, et non pas directement à Inf. Ici, de nouveau, l'étape supplémentaire qui mène à Inf est *déductive* et non pas réductive.

L'analogie formelle des schémas Inf ⇐ Fond ⇒ Sup et Sup ⇐ Fond ⇒ Inf des mouvements cognitifs d'ensemble du sujet — enfant ou savant — et de l'épistémologiste généticien, recouvre une *analogie réelle*, avec une non moins réelle *différence de signification*. Comme tous les sujets, et en particulier les autres scientifiques, l'épistémologiste généticien ne peut qu'entamer son mouvement cognitif d'ensemble par une phase réductive, pour l'achever par une phase déductive. C'est toujours *entre les deux* que la formation des raisons intervient. Mais les raisons de l'épistémologiste sont du 2e ordre, c'est-à-dire *des significations dont il investit les raisons du sujet*. Celui-ci forme ses raisons par reconstitution fondatrice à partir d'Inf, et s'en sert dans sa reconstruction rationnelle, d'où l'émergence ultérieure de Sup. L'épistémologiste généticien reconstitue les *raisons du sujet*. Mais il y arrive, inévitablement, par une autre voie que celle de leur formation primordiale, inaccessible de façon directe.

Tandis que le sujet procède par réduction épistémogénétique à partir d'Inf, l'épistémologiste ne saurait faire l'économie du détour par Sup — les connaissances de niveau supérieur, que le sujet avait déduites des raisons —, *car il ne dispose d'aucune autre base* pour sa réduction épistémologique, celle qui lui permettra de *reconstituer les raisons du sujet*. Mais à des voies d'accès différentes correspondent des significations différentes elles aussi. Les raisons du sujet n'ont pas la même signification pour lui et pour l'épistémologiste. Tandis que le premier s'en sert *directement* dans sa reconstruction rationnelle, l'épistémologiste généticien en tire parti dans sa *reconstitution du raisonnement épistémogénétique du sujet*.

Les schémas Inf ⇐ Fond ⇒ Sup du raisonnement global du sujet et Sup ⇐ Fond ⇒ Inf de celui de l'épistémologiste généticien se convertissent l'un dans l'autre, par l'une des deux transformations suivantes prise au choix : 1) échanger Inf et Sup ; 2) inverser le sens de tous les mouvements cognitifs, ainsi que leur ordre de réalisation. La première est beaucoup moins révélatrice que la seconde. Celle-ci profite judicieusement de la maxime d'Aristote : en la mettant en œuvre, l'épistémologiste généticien, qui en tire parti, commence là où le sujet avait abouti et aboutit là où le sujet avait commencé.

Ici se fait jour une nouvelle acception de la « déduction épistémologique », différente de celle introduite avec la traduction symbolique Inf ⇒ Sup. Commençons par la correction indispensable. Il ne saurait s'agir là d'une impossible déduction du supérieur à partir de l'inférieur, mais d'une *déduction du supérieur à partir de significations fondamentales*, que le sujet dérive par réduction à partir d'Inf. À cette correction décisive près, la formule Inf ⇒ Sup n'est qu'une traduction abrégée *dans les termes de l'épistémologiste* de ce qu'est, en réalité, le mouvement cognitif d'ensemble Inf ⇐ Fond ⇒ Sup *du sujet lui-même*.

La véritable déduction *propre à l'épistémologiste* est, toutefois, Fond ⇒ Inf, contenue dans son raisonnement global Sup ⇐ Fond ⇒ Inf. La déduction Fond ⇒ Inf de l'épistémologiste généticien *reconstitue le point de départ* du raisonnement global du sujet, de manière à ce qu'il ait pu *rendre possible* la réduction Inf ⇐ Fond du sujet. Ayant reconstitué Fond, par réduction à partir de Sup, l'épistémologiste généticien *achève sa reconstitution* de l'épistémogenèse du sujet par la *déduction de son point de départ*.

NIVEAUX PSYCHOGÉNÉTIQUES DE RECONSTITUTION FONDATRICE

Nous ne venons pas de résoudre un paradoxe, puisque de paradoxe nous n'avions devant nous que l'apparence. Plutôt que démasqué, disons que le (faux) paradoxe génétique a été « dévoilé »[1]. Nous n'avons pas pour autant fini de l'affronter. Il reste un défi intellectuel considérable et permanent. Nous ne pouvons que poursuivre, à son égard, la recherche de conditions d'approche qui, espérons-le, ne prédéterminent pas un échec inévitable.

Ab esse ad posse valet illatio : ce qui arrive effectivement *doit être possible*. Les renforcements d'intellection recouvrent toute la durée du développement cognitif et assurent aux sujets des possibilités grandissantes de reconstruction rationnelle. On peut être catégorique sur ce point : nul ne saurait contester légitimement des *faits épistémiques* dont l'évidence est écrasante. Mais la nature même des faits est ouverte à controverse, et il ne suffit pas d'établir leur production ; l'épistémologiste se doit d'assurer la compréhension de leur possibilité. Que l'on ne s'égare cependant pas au point d'imaginer qu'un fait, épistémique ou autre, puisse jamais être l'objet de rencontre immédiate sur le plan des observables. Les faits s'établissent et s'élaborent progressivement en des processus épistémogénétiques complexes dont les résultats bruts, détachés des processus qui les sous-tendent, ont peu de valeur en eux-mêmes et ne méritent même vraiment pas d'être appelés des faits.

Après ces remarques préliminaires, qui nous ont paru opportunes, nous en venons aux données fournies par la recherche psychologique et dont certaines sont exposées dans le précédant chapitre. Des niveaux bien différenciés de reconstitution et de reconstruction ont été mis en évidence. Comme on s'y attendait, les niveaux de reconstruction dépendent de ceux de reconstitution, la reconstruction rationnelle étant conditionnée par une reconstitution fondatrice préalable. Outre les rapports internes de ces deux séries de niveaux, nous avons exploré ceux qu'elles pourraient entretenir avec la série des stades piagétiens classiques. Nous présenterons d'abord les nouvelles séries de niveaux mises en évidence, laissant pour la deuxième partie de ce chapitre l'analyse du rôle que pourraient y jouer les structures opératoires au sens de Piaget.

Les recherches du CIEG ont reconstitué, en première approximation, les formes typiques des *raisonnements de reconstitution fondatrice* tout au long du développement cognitif. Leur évolution a servi de fil conducteur dans la recherche des *niveaux de rationalité*. Nous voulions déterminer dans quelle mesure on peut faire abstraction de la spécificité des domaines où la rationalité des sujets se manifeste. Il s'est avéré qu'on le peut dans une large mesure. Les raisonnements de reconstitution débutent par la simple *reproduction de l'exercice des schèmes* ayant assuré l'investissement cognitif initial de la situation problématique quel que soit le domaine concerné, pour aboutir, en tout état de cause, à la *reconstitution complète de conditions nécessaires et suffisantes* pour l'engendrement d'objets *investis des significations déterminantes*.

Si nous faisons remonter les raisonnements de reconstitution fondatrice si haut dans la psychogenèse, à des niveaux où ils reposent directement sur la reproduction de l'exercice de schèmes d'action convenablement choisis par le sujet, c'est que 1) une parfaite *continuité fonction-*

nelle relie ces raisonnements rudimentaires aux reconstitutions plus ou moins élaborées des niveaux subséquents, et 2) à son niveau propre, l'épistémologiste peut dégager *une signification fondamentale commune* à tous les raisonnements de reconstitution fondatrice, à commencer par les plus élémentaires. On peut ajouter que, sur le plan de la stratégie de recherche, il eût été difficile d'acquérir une bonne compréhension psychogénétique des raisonnements de reconstitution les plus avancés sans remonter aux plus primitifs. Il est vrai que, réciproquement, les plus évolués jettent un éclairage rétrospectif sur les moins évolués, comme il arrive si souvent en épistémologie génétique.

Nous appelons *tautopraxiques* les formes élémentaires de reconstitution apparemment purement reproductrices, et nous insisterons sur leur signification fonctionnelle mais aussi proprement épistémologique. Leur finalité dépasse à la fois l'intérêt du pur exercice fonctionnel — répéter pour exercer le schème activé — et l'intérêt pratique du résultat de l'action, reproduit comme moyen vers un but. Lors d'un *raisonnement tautopraxique*[2], le sujet agit déjà *en sujet épistémique*. Il est en quête d'une valeur cognitive *qui dépasse les significations immédiates*. Il *raisonne*. En renouvelant l'exercice de ses schèmes et en en reproduisant le résultat, il rend compte — et tout d'abord *se rend compte réflexivement* — du résultat de l'action, en termes de son *rapport constitutif à l'action qui le produit*.

Quel que soit le niveau de reconstitution atteint, le sujet ramène invariablement les significations des objets à leurs éléments déterminants. Cela demande un véritable *travail de réflexion*, tirant le meilleur parti du «réfléchissement» des significations à reconstituer, par transposition symbolique *sur un nouveau plan*. Dans le type le plus primitif de raisonnement fondateur, le sujet se borne à *ramener les significations des objets aux actions dont elles sont issues*. Il paraîtra étrange qu'on parle déjà de transposition symbolique, là où le «symbole» de la signification à reconstituer n'est rien d'autre que l'action *d'où la signification découle*, bien que *reproduite* dans un but qui en change la signification fonctionnelle («tautopraxie»). Nous n'en pensons pas moins qu'une certaine forme de symbolisme, fût-elle la plus faible, est inhérente à *toute* reconstitution, quel que soit son niveau.

Voici, par ordre, les niveaux de reconstitution épistémogénétique mis en évidence par les recherches du CIEG sur la formation des raisons. Nous n'excluons pas, bien au contraire, un éventuel niveau terminal, non représenté dans les classes d'âge des sujets que nous avions à disposition pour interrogation clinique.

Niveau I : *reconstitutions récognitives* (tautopraxie). Elles dénotent une *proximité maximale* entre le plan de l'action et celui de la reconstitution, d'où une prise de distance et une réorganisation *minimales* par rapport à l'appréhension immédiate des objets. Ces reconstitutions présentent un ensemble cohérent de caractères qui en font l'origine rudimentaire de toutes celles qui s'ensuivent. Selon notre reconstitution épistémologique, elles sont *la source première de la pensée rationnelle*. Si tel est le cas, il serait décevant, et sans doute inapproprié, de se contenter d'une caractérisation purement négative à leur sujet. En fait, leurs caractères négatifs, qui ressortent par comparaison avec les reconstitutions ultérieures, ne se comprennent qu'eu égard à un caractère éminemment positif : celui d'être *fondées sur une récognition*. C'est pourquoi nous les appelons «reconstitutions récognitives». Toutefois :

1) Elles procèdent *par récognition simple*. Les sujets se bornent à *reproduire l'exercice de l'action fondatrice de significations* dérivées de son schème. Mais il importe de distinguer la signification fonctionnelle de ces «reconstitutions tautopraxiques» de celles de la répétition de l'action pour d'autres buts. En dehors des reconstitutions récognitives *qui précèdent une reconstruction rationnelle* — seuls cas de répétition de l'action qui nous intéressent ici directement —, nous avons déjà dit que les sujets réactivent souvent leurs schèmes, soit tout simplement pour assouvir leur besoin d'exercice fonctionnel (action pour l'action), soit pour reproduire des résultats intéressants. Dans une reconstitution tautopraxique, le sujet reproduit son action pour *en reconnaître et rendre compte du résultat*. Ce qui est en cause et que l'action tautopraxique *fait voir* est la *relation action-résultat*. Le schème de réduction tautologique $A \Leftarrow A$ préside à un mouvement cognitif rudimentaire, où ces deux termes — action et résultat, inadéquatement distingués — sont globalement envisagés.

2) L'absence de traduction symbolique différenciée des actions à reconstituer est frappante, la tautopraxie y suppléant. Le schème $A \Leftarrow A$ de réduction récognitive suffit, en effet, à introduire un certain *dédoublement de significations*, quand bien même la distinction ainsi engendrée reste encore inadéquate. Nous n'y voyons pas moins le germe de cet *enrichissement des significations des objets*, qui permet toutes les reconstructions rationnelles ultérieures.

3) On observe en même temps, et pour la même raison, une très faible capacité de *modification endogène* de la situation à reconstituer, les variations dont le sujet tient compte étant pour la plupart imposées et exogènes. Cette caractéristique des reconstitutions tautopraxiques est cependant purement relative. Le schème de réduction tautologique $A \Leftarrow A$ ne saurait certes constituer, à lui tout seul, une source de varia-

tion endogène. Mais le sujet reste actif. Il subira, le cas échéant, les modifications de la situation expérimentale qu'on lui imposera. Il n'en reste pas moins que son raisonnement récognitif porte, avant tout, sur les faibles modifications dont il est lui-même la source active.

Niveau II : *reconstitutions au cas par cas*, portant sur des *contenus significatifs prégnants*. Elles présentent un nouvel ensemble de caractères positifs qui les distinguent des précédentes, mais qui n'en présentent pas moins des *limitations* caractéristiques dénotant leur insuffisance persistante.

1) La démarche la plus caractéristique de ce niveau de reconstitution fondatrice est *le redécoupage et la réorganisation des unités significatives*, avec de nouvelles *mises en correspondance*, plus fines qu'auparavant. Les reconstitutions deviennent *plus mobiles* en s'affinant.

2) La reproduction de l'action à des fins de reconstitution est désormais soumise à des *variations intentionnelles limitées*, mais toujours à engendrement successif et sans plan d'ensemble préconçu. Les modifications des reconstitutions sont introduites au cas par cas. Si elles témoignent du renforcement progressif des capacités de variation endogène du sujet, elles n'en sont pas plus pour autant le fruit d'une démarche de totalisation mentale qui les inspirerait d'avance. Les sujets en restent à des remaniements occasionnels de leurs démarches fondatrices, se bornant au mieux à introduire des *articulations locales* entre des reconstitutions successives, après exploration tâtonnante. Aussi, faute d'une démarche qui permettrait d'engendrer systématiquement toutes les variations pertinentes, l'entreprise de reconstitution fondatrice ne peut-elle que rester inachevée.

3) Bien qu'un *début de traduction symbolique* des actions à reconstituer se fasse jour, ses limitations persistantes l'empêchent d'atteindre les invariants relatifs aux modifications considérées. Les sujets n'en prennent toujours pas conscience. Il leur manque encore la double capacité d'articulation systématique et de totalisation mentale, ce qui laisse dressée devant eux une barrière infranchissable. D'où un défaut *caractéristique* de ces sujets : *l'absence de thématisation de paramètres généraux* pouvant jouer un rôle systématique dans les reconstitutions.

Niveau III : *reconstitution des conditions d'engendrement des objets.* Elles dénotent, dans leur ensemble, une distance accrue entre les plans de l'action et de la reconstitution. Les réorganisations d'une grande importance supplantent définitivement l'appréhension immédiate des objets.

1) Prolongeant les démarches de redécoupage et de réorganisation des contenus significatifs du niveau précédent, l'*analyse régressive* du niveau III *reconstitue les conditions d'engendrement des objets sur lesquels elle porte*. Les significations essentielles, qui constituent la raison-fondement, sont explicitement saisies. L'accès aux raisons d'être ouvre la voie à des reconstructions pleinement rationnelles.

2) Du même coup, les limitations qui empêchaient les reconstitutions précédentes d'aboutir sont levées. Les sujets de ce niveau procèdent librement à des *reconstitutions mobiles* avec totalisation des modifications engendrées par variation endogène; ils inventent des procédés d'engendrement systématique des variations pertinentes; ils savent désormais reconstituer les activités de variation qui n'étaient qu'exercées aux niveaux précédents.

3) Ces progrès cognitifs assurent, enfin, la maîtrise de la covariation des facteurs déterminants et de leurs conséquences nécessaires. D'où l'insertion de tous les éléments intéressant la reconstitution en des espaces combinatoires à articulations déductibles. Les *reconstructions paramétrisées* ainsi obtenues permettent de thématiser et de traduire symboliquement les invariants relatifs aux transformations envisagées.

NIVEAUX PSYCHOGÉNÉTIQUES DE RECONSTRUCTION RATIONNELLE

Les raisonnements de reconstitution fondatrice et de reconstruction rationnelle sont solidaires, les premiers ouvrant la voie aux seconds. Il y en a de tous les niveaux et avec toutes sortes d'interactions croisées, lorsque différentes étapes d'un long processus épistémogénétique s'enchaînent, avec des paliers successifs de reconstruction. À chaque niveau de rationalité nouvellement atteint, les sujets reconstituent derechef l'organisation des significations et en dégagent les plus fondamentales, qui ont vocation à devenir des *raisons*.

Elles le deviennent effectivement lorsqu'elles interviennent dans une reconstruction rationnelle (déduction), qui sous-tend parfois un discours explicatif. Quand il en est ainsi, c'est le rôle des raisons qui caractérise ce discours comme *explicatif*. Toujours est-il que les reconstructions rationnelles conduisent au dépassement de l'organisation initiale des significations, remplacée par une autre *de plus haute valeur épistémique*. Ce processus de *réorganisation épistémogénétique* est récurrent.

Niveau I : *reconstructions reproductrices*. Limitées par les reconstitutions récognitives qui les supportent, elles ne s'éloignent guère des constructions primordiales. Elles mettent la tautopraxie à contribution de manière très importante. Notons que, du point de vue du psychologue généticien, ce sont les reconstructions, inférées à partir des réponses du sujet, qui fournissent la clef d'accès aux reconstitutions qui les précèdent et les rendent possibles sur le plan de la genèse.

1) Les reconstructions purement reproductrices sont *centrées sur les données phénoménales et sur les aspects les plus immédiats de l'action du sujet,* non, ou mal analysée. En de telles conditions, on comprend que les jeunes sujets éprouvent des difficultés à remanier leurs procédés de construction. Leurs proactions restent trop globales, leurs rétroactions trop faibles. Les systèmes bien charpentés de significations générales et stables leur restent inaccessibles.

2) Les reconstructions purement reproductrices se trahissent par les explications rigides, fragmentaires, syncrétiques et circulaires fournies par les sujets. Elles renferment systématiquement des *cercles vicieux*, qui n'ont rien à voir avec les cercles dialectiques du point de vue de la logique adulte. L'attitude mentale des sujets du niveau I, qui recourent avec une si grande naturalité aux explications et justifications tautologiques, se manifeste en ce qu'ils les acceptent avec égale naturalité de la part d'autrui. Claparède l'avait déjà remarqué[3] :

> Un enfant ayant demandé à sa bonne : « Pourquoi est-ce que les trottoirs sont durs ? » et celle-ci lui ayant répondu : « Parce que tous les trottoirs sont durs », il a considéré la chose comme expliquée.

3) Le schème $A \Rightarrow A$ de déduction tautologique est omniprésent, de manière emblématique, dans la démarche d'argumentation caractéristique de ce niveau : la simple « monstration », un antécédent génétique des véritables démonstrations qui apparaissent plus tard. Comme I. Berthoud, D. de Caprona, H. Kilcher, E. Rappe-du-Cher et A. Sinclair l'avaient souligné dans une brève note de synthèse distribuée au CIEG en juillet 1981, les raisonnements tautopraxiques par « monstration » se retrouvent dans des versions plus tardives, qu'illustre l'exemple amusant du démonstrateur d'aspirateurs se livrant à l'action d'aspirer une partie de l'appartement de l'éventuel acheteur dans le but de lui faire voir la qualité de l'appareil.

4) Les sujets du niveau I procèdent comme si tout ce à quoi ils pensent — et ils pensent à bien peu de chose ! — était possible, rien, en revanche, n'étant nécessaire. Dans une pareille situation épistémique, on est bien incapable de faire valoir les *raisons d'une impossibilité*.

5) Ces sujets ne se privent pas pour autant d'invoquer, à l'occasion, la *possibilité de reproduire les résultats* — obtenus ou anticipés —, avec une *variation éventuelle de l'action ou de l'objet* sur lequel elle porte. Il est à souligner qu'il s'agit là souvent d'une répétition potentielle, et donc, en fait, de la simple *reproductibilité de l'action*, avec les aspects de *généralité et de transférabilité* que cela comporte. Nous y voyons un début de subordination du possible au nécessaire, sans exclure des amalgames avec des éléments de signification non nécessaire, qui se glissent facilement dans les raisonnements de ce niveau, affectant une nécessité trompeuse (pseudo-nécessité). Il est entendu que le résultat de l'action *pourrait être différent* si l'action elle-même l'était. Les auteurs de la note mentionnée ci-dessus distinguent plusieurs cas, illustrés par des exemples tirés de leurs recherches :

> a) reproduction de l'action elle-même pour en expliquer le résultat... b) référence à la possibilité de reproduire l'action et son résultat, ou à la possibilité d'effectuer une action analogue, éventuellement sur d'autres objets... c) référence au fait que si on n'effectue pas l'action, on n'obtient pas le résultat ou si l'on effectue une action contraire (ou différente), on obtiendra un résultat contraire (ou différent)... d) référence à des caractéristiques prégnantes de l'action ou de son résultat.

Niveau II : *reconstructions articulées non paramétrisées*. Ce nouveau type de reconstruction rationnelle témoigne de la constitution de systèmes de significations généraux et stables, suffisamment *décentrés* par rapport à l'action immédiate du sujet. De tels systèmes sont le produit d'activités de reconstitution qui analysent, au préalable, les contenus significatifs pertinents. Elles ont pour conséquence que les reconstructions s'éloignent de plus en plus de la simple reproduction des constructions du départ, ainsi *dépassées* par le raisonnement des sujets.

1) Le redécoupage des unités significatives permet d'accéder à un nouveau type de reconstructions, où le raisonnement du sujet précède et guide le remaniement des procédés de construction. Cela exige — et renforce en retour — une réorganisation de tout le système des significations.

2) On assiste, parallèlement, au renforcement progressif de la *mobilité des raisonnements* des sujets, cependant limités à la considération de *cas particuliers successifs*, sans totalisation ni articulation systématique. Les sujets raisonnent sur la base d'*articulations locales*.

3) L'argumentation caractéristique correspondante est une certaine forme d'*exemplification*. Elle s'évertue à mettre en évidence les articulations locales jugées pertinentes par le sujet, sans qu'aucun procédé d'engendrement systématique n'intervienne pour autant. Toujours est-il que les sujets du niveau II sont capables de *justifier* leurs assertions. Interro-

gés, ils fournissent à leurs interlocuteurs de véritables *rationes asserendi*, comportant des procédures de vérification transférables et non circulaires.

4) Les explications de ce niveau sont typiquement *unidirectionnelles* : elles vont du supposé facteur explicatif et de ses variations — que les sujets ne conçoivent manifestement pas encore de manière systématique — vers la variable dépendante et ses variations. La démarche mentale réciproque et, à plus forte raison, la covariation en tant que telle, restent structurellement inaccessibles.

5) Tout cela témoigne d'une subordination progressive — mais toujours incomplète — du possible au nécessaire, avec le renforcement parallèle de la capacité de variation endogène. L'incapacité des sujets de ce niveau à suspendre leurs jugements n'en est pas moins frappante. Comme dans toute conduite de preuve, ils partent systématiquement de ce qu'ils veulent justifier. Mais ils s'y tiennent de manière inconditionnelle. Cette *rigidité persistante* atteste leur incapacité à soumettre leurs thèses à une critique dont ils seraient eux-mêmes les auteurs.

Niveau III : *reconstructions systématiques en fonction de paramètres libres*. Elles font pendant aux reconstitutions totalisantes, qui portent sur les conditions d'engendrement des objets et dégagent la raison-fondement (*ratio essendi*). L'envergure et le caractère systématique de ces reconstructions témoignent de la profondeur des reconstitutions dont elles procèdent.

1) Les raisonnements qui sous-tendent les explications des sujets du niveau III exigent une totalisation mentale de l'ensemble des variations endogènes possibles de la situation considérée. Cela n'interdit pas le recours opportun à des cas particuliers bien choisis pour appuyer le raisonnement des sujets. Mais le statut de cette démarche d'«instanciation» effective (recours à des exemples déterminés) en est profondément changé, les sujets n'étant plus obligés d'y faire appel. La réorganisation d'ensemble caractéristique du niveau III comporte, de manière essentielle, la construction d'*espaces combinatoires*, où les facteurs considérés déterminants par le sujet prennent leurs valeurs. En un sens, ces espaces précèdent les déterminations particulières qui en relèvent. À ce titre, on peut les appeler «espaces de valeurs» — dans une acception de «valeur» (= «détermination particulière») passablement éloignée de celle que nous utilisons tout au long de notre essai théorique.

2) Assuré par leur insertion dans un espace combinatoire à articulations déductibles, l'engendrement systématique des *co-possibles* ouvre l'accès à des conditions nécessaires *et suffisantes* et rend par la même occasion

le recours aux «instanciations» foncièrement superflu. *Les raisonnements* fondés sur cette démarche *atteignent les covariations pertinentes*. Les explications qui en découlent sont *paramétrisables*, car fondées sur la reconnaissance de certains degrés de liberté.

3) Reconstruisant ce qu'ils doivent justifier, les sujets font appel, au besoin, à des moyens symboliques et au calcul, avec un degré de planification considérablement renforcé par rapport aux niveaux précédents. Une évaluation mentale élaborée et permanente assure, à tout moment, d'éventuelles corrections et reprises de l'action et du raisonnement.

4) Parallèlement, les sujets du niveau III saisissent le caractère *bidirectionnel* de leurs explications, reliant les variations des paramètres à celles de l'explication, et réciproquement.

5) L'attitude critique de *suspension du jugement* devient ainsi possible. Elle fonde le *discours hypothético-déductif*.

NOTES

[1] Sens étymologique de ἀλήθεια — la vérité — en grec.
[2] Expression soigneusement pesée.
[3] E. Claparède, *Psychologie de l'enfant et pédagogie expérimentale*, 4ᵉ édition, Genève, 1911, chap. IV, §7.

Chapitre 4.2
Proposition d'un modèle pour la formation des raisons dans la psychogenèse

par G. Henriques

STATUT ET LIEU SYSTÉMATIQUE DES CONSIDÉRATIONS THÉORIQUES DE CE CHAPITRE

Le mouvement d'idées des précédents chapitres nous a amenés à un point où il ne reste désormais qu'à faire une dernière proposition, celle d'une version d'épistémologie génétique basée sur un modèle explicite pour la formation des raisons dans la psychogenèse. Nous reconnaissons d'emblée que le modèle proposé a grand besoin d'être affiné par la suite. Des limitations actuellement insurmontables nous empêchent d'aller plus loin dans cette direction. Nous avons pensé qu'il vaut la peine d'exposer l'idée directrice d'une épistémologie *déductive* basée sur des principes formant un système. Que celui que nous présentons soit immature — ce qui ne fait aucun doute — n'invalide pas cette idée. On peut toujours y remédier après coup. Il n'en devient que plus urgent de discuter le statut épistémologique que nous visons et de préciser son lieu systématique dans l'ensemble du savoir fondé. Nous ne saurions par conséquent nous soustraire ici à une petite digression métaépistémologique, que nous voulons cependant tenir dans les limites les plus étroites possibles.

L'épistémologie génétique est astreinte par méthode à des règles que son fondateur, J. Piaget, a clairement conçues et exprimées (voir son *Introduction à l'épistémologie génétique*) aussi bien qu'illustrées dans sa longue pratique de recherche. Nous ne reviendrons pas là-dessus. Il suffit de retenir que l'épistémologie génétique doit, en tout état de choses, observer les règles qui s'imposent à toute connaissance véritable, ce qui pour nous veut dire méritant d'être considérée fondée. Ce qui vaut pour les enfants et pour les hommes de science de toutes les disciplines vaut au même titre pour qui cultive l'épistémologie génétique. Nous voudrions donc ébaucher une épistémologie déduite à partir de fondements systématiques suffisants, que nous espérons trouver parmi ceux que les chapitres précédents ont permis de reconstituer.

Une comparaison avec la physique est ici des plus éclairantes. Comme le physicien ou le sujet naïf qui attribue, selon Piaget, des opérations aux objets pour rendre compte de leurs interactions causales, nous attribuons des schèmes épistémogénétiques aux sujets qui sont notre objet d'étude, pour rendre compte de leurs activités épistémiques. Piaget a soigneusement distingué les opérations attribuées aux objets de celles dont le sujet se borne à faire usage comme instruments cognitifs qu'il leur applique (Piaget, 1971). On identifie aisément la distinction correspondante sur le plan méta-épistémologique qui nous concerne en ce moment : il s'agit de celle entre les schèmes épistémogénétiques légitimement attribués aux enfants et ceux que nous leur appliquons de manière instrumentale et tout autant légitime dans les études que nous leur consacrons.

Nous avons incidemment affirmé au chapitre 3.1 (à la fin de la section «La suffisance perdue... et rétablie») que les raisons inhérentes aux théories physiques ne peuvent revendiquer de droit aucune suffisance autre que mathématique, car mathématique est aussi leur intelligibilité propre. Nous venons d'indiquer comment l'attribution d'opérations aux objets par le sujet de la connaissance physique et l'attribution de schèmes épistémogénétiques aux sujets par l'épistémologiste suggère une parenté véritable entre les deux seules intelligibilités que nous reconnaissons, celle mathématique et celle épistémologique. Mais les différences entre deux grands types d'intelligibilité n'en restent pas moins manifestes et profondes. La plus ou moins grande intelligibilité mathématique du monde, objet de connaissance pour le sujet de la connaissance physique, n'implique pas que le monde devienne en aucun sens sujet de connaissance; tandis que *l'objet de connaissance épistémologique ne devient intelligible en tant que tel que comme sujet de connaissance.*

Il convient d'être explicite sur le caractère hypothétique de tout ce chapitre. Ce qui dans une lecture littérale du texte pourrait suggérer une approche dogmatique exprime en réalité une démarche intellectuelle qui affirme ses positions et en tire les conséquences. Les unes n'ont aucune valeur sans les autres, et la seule thèse véritable porte ici sur le système d'ensemble. Nous avons consacré un certain effort à l'explicitation du contenu («thème») de cette thèse, tout en restant assez prudent pour laisser la thèse elle-même en suspens.

La comparaison avec les sciences expérimentales plus avancées peut continuer à nous rendre service. Elles ont appris à tirer le meilleur parti du caractère hypothétique de leurs thèses et, par la suite, leur méthodologie a parfaitement intégré le caractère hypothético-déductif de leur démarche d'ensemble. L'épistémologie génétique pourrait elle aussi adopter un habillage méthodologique analogue. L'essentiel nous paraît être de la voir se constituer sous forme déductive, et de rester conscient de ce que rien n'est nécessaire, si ce n'est le lien de conséquence.

ESSAI DE FORMALISATION CONCERNANT LES NIVEAUX DE RATIONALITÉ

L'épistémologiste peut recourir avantageusement, en toute liberté, à des méthodes de traitement plus ou moins strictement formalisantes dans l'étude des raisonnements épistémogénétiques du sujet. Il se doit, cependant, s'il le fait, d'utiliser ces méthodes correctement, et surtout d'être au clair sur leur portée. Pour la plus grande clarté de l'exposé, nous présentons ci-dessous un essai de formalisation concernant les trois paires de niveaux de reconstitution et de reconstruction décrites, ajoutant, à titre hypothétique, la mention d'une quatrième paire qui n'admet probablement pas de formalisation en propre, et pour laquelle nous n'avons pas recueilli d'évidence expérimentale directe.

Il importe de souligner que nous formalisons des niveaux de reconstitution et de reconstruction, et non pas les raisons que les sujets y dégagent et mettent en valeur. Il ne saurait en être autrement si, comme nous le soutenons, les raisons *n'admettent pas de caractérisation structurale*. Dans la formalisation proposée n'interviennent que des significations non spécifiées, mais jouant un rôle déterminé dans les raisonnements considérés. Quelques-unes de ces significations sont effectivement des raisons dans les contextes épistémogénétiques effectifs où elles interviennent, mais les propriétés formelles mises en évidence ne les caractérisent pas *en tant que telles*. Ces propriétés ne donnent aucune indication dont on pût tirer profit pour spécifier, dans un cas donné, *quelles significations sont les raisons*, et pour se dispenser ainsi de la réduction épistémogénétique particulière qui incombe à l'épistémologiste.

Les propriétés formelles avancées expriment, naturellement, le résultat d'une analyse épistémologique qui est la nôtre, et qui est donc étrangère au sujet. On n'a pas pour autant à en être déçu, car elles n'en caractérisent pas moins des *niveaux de rationalité du sujet* et revendiquent l'objectivité que cela suppose. Signalons, enfin, pour prévenir toute équivoque, que notre propos n'est pas d'introduire un formalisme non interprété, comme on en manipule couramment dans certaines branches de la logique moderne.

Voici quelques indications sur l'appareil de formalisation utilisé et sur l'interprétation envisagée : «A», «B», «C», éventuellement munis d'indices, dénotent toujours des significations. Des expressions de la forme «A $\Leftarrow$ B», ou «A $\Rightarrow$ B», dénotent des raisonnements, respectivement réductifs ou déductifs. Ainsi, A $\Leftarrow$ B est le raisonnement qui réduit A à B, et A $\Rightarrow$ B celui qui déduit B de A. Les raisonnements étant des mouvements cognitifs, les symboles «$\Leftarrow$» et «$\Rightarrow$» expriment ici des *mouvements inférentiels* qu'on se gardera de confondre avec l'implication des logiciens et mathématiciens. Rappelons que celle-ci est un connecteur interpropositionnel, souvent exprimé par les mêmes symboles. Nous nous interdirons ce dernier usage, pour éviter l'ambiguïté qui en résulterait dans le présent contexte. Lorsqu'un sujet considère un raisonnement, comme A $\Leftarrow$ B, ou A $\Rightarrow$ B, qu'il a effectué ou qu'il envisage comme mouvement cognitif possible, une nouvelle signification se constitue pour lui. Nous la dénotons par «|A $\Leftarrow$ B|», ou «|A $\Rightarrow$ B|», respectivement. Dans la formalisation du niveau III, le symbole «$\rightarrow$» dénote un morphisme (à savoir une mise en correspondance qui respecte les formes d'organisation des significations). L'interprétation de «$\rightarrow$» est fixée dans chaque situation effective. Cela étant supposé, des expressions de la forme «A $\rightarrow$ B» expriment qu'à la signification A, à la source du morphisme, correspond la signification B, à l'arrivée du morphisme.

Voici, sans anticiper sur les commentaires, la liste des schèmes de reconstitution fondatrice et de reconstruction rationnelle des différents niveaux épistémogénétiques :

Niveau I de reconstitution : reconstitutions récognitives
   Schème de réduction tautologique : A $\Leftarrow$ A

Niveau I de reconstruction : reconstructions reproductrices
   Schème de déduction tautologique : A $\Rightarrow$ A

Niveau II de reconstitution : reconstitution du fondement en des situations particulières

Schème de transitivité de la réduction :
$(|A \Leftarrow B|$ et $|B \Leftarrow C|) \Rightarrow |A \Leftarrow C|$
Schème de réversibilité de la réduction :
$|A \Leftarrow B| \Rightarrow |B \Rightarrow A|$

Niveau II de reconstruction : reconstruction à partir du fondement reconstitué dans une situation particulière
Schème de transitivité de la déduction :
$(|A \Rightarrow B|$ et $|B \Rightarrow C|) \Rightarrow |A \Rightarrow C|$
Schème de réversibilité de la déduction :
$|A \Rightarrow B| \Rightarrow |B \Leftarrow A|$

Niveau III de reconstitution : reconstitution d'un fondement susceptible de variation endogène à l'intérieur d'un domaine de co-possibles
Schème de covariation de la réduction :
$$\text{Si} \begin{array}{c} A_i \Leftarrow B_i \\ \downarrow \quad \downarrow \\ A_j \Leftarrow B_j \end{array}, \text{alors } |A_i \Leftarrow B_i| \Rightarrow |A_j \Leftarrow B_j|$$

Niveau III de reconstruction : reconstructions paramétrisables en fonction des degrés de liberté compatibles avec le fondement reconstitué.
Schème de covariation de la déduction
$$\text{Si} \begin{array}{c} A_i \Rightarrow B_i \\ \downarrow \quad \downarrow \\ A_j \Rightarrow B_j \end{array}, \text{alors } |A_i \Rightarrow B_i| \Rightarrow |A_j \Rightarrow B_j|$$

Niveau IV de reconstitution : reconstitution épistémologique, ou du 2e ordre. Elle a pour objet un raisonnement de reconstitution dont elle dégage, à son tour, la signification fondamentale.

Niveau IV de reconstruction : reconstruction épistémologique, par déduction à partir du fondement dégagé par une reconstitution du 2e ordre.

Chaque paire de niveaux de reconstitution fondatrice et de reconstruction rationnelle correspondants caractérise un *niveau de rationalité*. Nous en distinguons quatre, et chercherons à montrer que la distinction de deux paires consécutives quelconques d'entre elles est nette. Commentant ces distinctions, nous préciserons la signification *des schèmes de raisonnement* de chaque niveau et la signification psychogénétique *des transitions* correspondantes. Les schèmes de raisonnement des niveaux précédents se conservent chaque fois que le sujet passe aux niveaux suivants, quand bien même ils n'en sont plus caractéristiques. À chaque niveau, de nouveaux schèmes de raisonnement s'ajoutent, à l'exception du dernier envisagé, dont l'hypothétique nouveauté résiderait dans l'exercice de 2e degré de schèmes déjà disponibles auparavant. Lors de l'examen — par déduction et réduction épistémologiques — des transitions de niveau de rationalité du sujet, nous saisirons l'occasion de revenir sur leurs schèmes de raisonnement caractéristiques pour en préciser la signification.

LA PREMIÈRE TRANSITION DE NIVEAU DE RATIONALITÉ

La première transition à considérer est celle qui ajoute à la paire des schèmes de tautologie du niveau I les deux nouvelles paires de schèmes (de transitivité et de réversibilité) du niveau II. Après la transition, le sujet se trouve en possession, en tout, de trois paires de schèmes fondamentaux de raisonnement : deux caractéristiques du niveau II et une héritée du niveau précédent. Du point de vue formel, l'analogie de tous ces schèmes avec les axiomes *de la théorie des groupes* est frappante. Du point de vue psychologique, ils caractérisent *un palier d'équilibre stable*. Les nouveautés du niveau II, captées dans la formalisation par les schèmes de transitivité et de réversibilité de la réduction et de la déduction, en sont la condition déterminante.

Les schèmes de transitivité donnent au sujet — qui passe, par réduction ou déduction, d'une signification A à une autre B, et de celle-ci à une troisième C — la capacité d'enchaîner ces deux passages, dans un raisonnement composé qui va de A à C, respectivement par réduction ou par déduction. Les raisonnements étant des mouvements cognitifs, la transitivité assure leur enchaînement approprié, sans lequel ils resteraient incohérents et isolés. La composition transitive des raisonnements réductifs et déductifs est, de plus, *associative*. Nous n'attribuons cependant pas aux sujets du niveau II des schèmes d'associativité de la réduction et de la déduction faisant intervenir *quatre significations*, car 1) la transitivité paraît suffire aux sujets à toute fin utile, et 2) nous n'avons trouvé aucune évidence expérimentale de raisonnements réductifs ou déductifs spontanés *basés sur des schèmes d'associativité*. L'associativité *effective* de la composition des raisonnements des sujets est, de toute manière et sans aucun doute, essentielle, quoi qu'on pense de l'existence éventuelle de *schèmes d'associativité*. Les schèmes de transitivité sont, eux, absolument indispensables au niveau II. Les enfants les utilisent sans cesse, dès qu'ils en disposent, pour enchaîner leurs raisonnements réductifs et déductifs. La même chose est vraie des schèmes de réversibilité de la réduction et de la déduction, qui assurent le passage continuel de l'un de ces deux types de raisonnement à l'autre, par inversion du sens du mouvement cognitif, sans que le lien de conséquence en soit affecté.

Voici arrivé le moment d'avancer une hypothèse génétique précise : nous suggérons que telle serait la *source primordiale de la réversibilité opératoire*. Les sujets du niveau II peuvent composer et inverser sans difficulté grand nombre de transformations qu'ils effectuent *sur des objets concrets*. Les actions ainsi composées et inversées par le sujet sont les « opérations concrètes », au sens de Piaget. Elles forment une remarquable constellation de systèmes de transformations, qui jouent un rôle important dans la psychogenèse. Leurs lois principales, dégagées par Piaget, sont celles *de composition, d'inversion et d'existence d'une transformation identique* dans chaque système. Piaget, qui a découvert ces structures opératoires concrètes, les a appelées « groupements », sous-entendant ainsi leur parenté lointaine avec la structure mathématique de groupe. Les trois lois principales des groupements correspondent terme à terme aux schèmes de transitivité, de réversibilité et de tautologie de notre niveau II de rationalité. Ces derniers se distinguent en ce qu'ils ne spécifient pas les catégories de significations sur lesquelles porte le travail cognitif du sujet ; tandis que les groupements d'opérations concrètes sont constitués — par définition — de transformations de type spécifié : opérations de classification, de sériation, opérations infralogiques, etc.

Les schèmes de raisonnement fondamentaux du niveau II portent *directement* sur les mouvements cognitifs composés ou inversés. Mais n'est-ce pas *parce que* le sujet devient, à un certain moment, capable de composer et d'inverser ses raisonnements réductifs et déductifs qu'il acquiert *en même temps* la capacité de composer et d'inverser intentionnellement les transformations qu'il effectue sur des objets concrets ? Cela suggère fortement l'identification *matérielle* du niveau II de rationalité avec le stade piagétien des opérations concrètes. Ce niveau constituerait ainsi — en raison de l'évidence expérimentale accumulée sur le stade opératoire mentionné — *un palier du développement cognitif.*

En comparaison, le niveau I présente une bien moindre stabilité psychologique et on ne voudra probablement lui accorder qu'une rationalité déficiente. L'appeler simplement « préopératoire » n'est cependant guère éclairant, car c'est une caractérisation négative et encore sujette à caution. Tandis qu'une déduction épistémologique appropriée éclaire le passage du niveau I au niveau II, avec ses nouveautés caractéristiques, une réduction épistémologique appropriée se doit de « réduire » la pensée composable et réversible du niveau II à celle du niveau I, qui ne l'est pas encore mais n'en possède pas moins une réelle potentialité de le devenir.

Pour s'assurer quelque chance d'y arriver, il faut impérativement partir d'une caractérisation positive du niveau I, comme nous nous y sommes astreint dès le début. Ce niveau de rationalité est celui des reconstitutions récognitives et des reconstructions reproductrices, avec pour schèmes caractéristiques ceux de réduction et de déduction tautologique : $A \Leftarrow A$, et $A \Rightarrow A$. Gardons présent à l'esprit qu'il s'agit là de *schèmes de raisonnement*, qui président à des *mouvements cognitifs*. La tautologie est tout le contraire de la cessation du mouvement cognitif, elle est son début, mais certes pas plus qu'un début. Aucune connaissance n'est pourtant accessible, si ce n'est sur la base d'assimilations récognitives et reproductrices, au sens de Piaget.

Or, $A \Leftarrow A$ est un *schème de récognition des significations*, et $A \Rightarrow A$ en est un *schème de reproduction*. $A \Leftarrow A$ signifie que A *se réduit* à A, n'est rien d'autre ni rien de moins que A. Par la force de ce schème réductif, le sujet, qui réactive le schème d'action sous-tendant la signification A dont un objet est investi (*tautopraxie*), reconnaît cet objet *en tant qu'investi de A*. En des cas particulièrement simples, où A est une signification fondamentale prégnante suffisant à rendre compte de toutes les autres, la tautopraxie — démarche rudimentaire de raisonnement, qui se laisse, à l'occasion, traduire dans le discours — *suffit pour la récognition de la raison*.

Après cette première étape réductive, le sujet procède à une *reconstruction rationnelle* qui met en jeu le schème de reproduction $A \Rightarrow A$. La récognition préalable de A, par reconstitution tautopraxique fondatrice, lui permet de *reproduire* son investissement cognitif initial *dans une situation épistémique modifiée*, car entre-temps il a reconnu la signification A comme étant fondamentale. Or, A n'est rien d'autre ni rien de plus que A. La reconstruction reproductrice d'un sujet du niveau I est, par conséquent, *rationnelle*, dans ce cas simple, en ce qu'elle investit l'objet de cette signification *reconnue fondamentale* et qui constitue à ce titre une raison.

Essayons une *réduction épistémologique* Niv II $\Leftarrow$ Niv I (écrivant «Niv» pour «Niveau»). Est-elle possible, et, si oui, en quel sens? Nous avons signalé les nouveautés du niveau II par rapport au précédent, et avons mis en évidence, en poursuivant notre analyse, la rationalité du niveau I qui lui sert de fondement. Celle-ci a été reconnue comme intrinsèquement déficiente, et à elle seule *insuffisante* pour assurer la transition de niveau. Elle *doit* pourtant suffire pour que le passage au niveau II *puisse avoir lieu, à terme*, car tel finit bien par être le cas. *En rendre compte* est le défi de la réduction épistémologique que nous entreprenons maintenant.

La rationalité du niveau I est celle *de la récognition et de la reproduction des significations*. C'est une rationalité *identificatrice*, comme celle sur laquelle Meyerson et Lalande — références épistémologiques pour Piaget — avaient bâti leurs épistémologies (voir dans le présent ouvrage le préambule de J.-J. Ducret). Argumentant contre ses illustres prédécesseurs, Piaget n'a guère eu de peine à pointer les insuffisances de ces deux épistémologies (combien différentes l'une de l'autre !) de l'identification. Là où l'identification finit par s'imposer, argumente Piaget dans un développement convaincant, c'est qu'elle s'appuie sur tout un *système de transformations*, dont l'identique n'est qu'un élément parmi les autres, et solidaire de tout leur ensemble (Piaget, 1950, vol. 1, chap. III, et vol. II, chap. VIII).

Paraphrasant Piaget, nous dirons que les schèmes de tautologie ne fournissent que les raisonnements les plus pauvres, tant qu'ils ne s'appuient pas encore sur des raisonnements de transitivité et de réversibilité charpentant des systèmes beaucoup plus compréhensifs. Les raisonnements tautologiques ne permettent d'identifier la raison *que* dans les cas les plus simples, où celle-ci *s'impose d'un coup*. Partout ailleurs, en fait chaque fois qu'un raisonnement plus élaboré est indispensable *pour l'identification de la raison*, la reconstitution tautopraxique, ainsi que les raisonnements tautologiques qui s'y fondent, sont entièrement inopérants. Le sujet doit *enchaîner ses raisonnements réductifs* et, lorsqu'ils aboutissent à une signification qui se laisse identifier comme fondamentale, *les inverser* en activant le schème *émergeant* de la réversibilité de la réduction, pour arriver enfin, après une démarche de reconstitution plus ou moins longue, à des *déductions qui s'enchaîneront*, à leur tour, constituant une *reconstruction rationnelle*.

D'après les considérations du début de ce chapitre, le mouvement cognitif global Niv I $\Leftarrow$ Fond $\Rightarrow$ Niv II du sujet s'offre à la reconstitution de l'épistémologiste selon le schéma d'ensemble Niv II $\Leftarrow$ Fond $\Rightarrow$ Niv I. Les raisons qui fondent le passage au niveau II sont tirées *par le sujet*, par réduction, des possibilités du Niveau I. L'épistémologiste généticien *reconstitue les raisons du sujet* par réduction épistémologique à partir du niveau II qu'elles fondent. Il *en déduit*, par la suite, l'étendue des possibilités qu'il faut attribuer au niveau I pour que la réduction Niv I $\Leftarrow$ Fond $\Rightarrow$ Niv II du sujet *devienne possible*.

LES AUTRES TRANSITIONS DE NIVEAU DE RATIONALITÉ

La transition du niveau II au niveau III est déterminée par la formation d'une nouvelle paire de schèmes de raisonnement, ceux de *covariation* de la réduction et de la déduction. Le «si... alors» dans notre formulation de ces schèmes exprime une implication *de l'épistémologiste*, et non pas du sujet lui-même, *sur les capacités de raisonnement du sujet* : «certaines conditions étant remplies, le sujet enclenche le passage d'un certain raisonnement à un autre». Les diagrammes carrés dans les antécédents de l'épistémologiste traduisent les conditions à satisfaire *par le sujet* pour que les possiblités énoncées dans les conséquents (de l'épistémologiste) *lui soient accessibles*. Les deux lignes de ces diagrammes carrés dans la formulation des schèmes de covariation expriment des raisonnements réductifs ou déductifs du sujet. Les flèches verticales, qui en relient les termes, expriment un *morphisme du sujet*, mettant en correspondance les significations qui figurent dans les premières lignes avec celles qui figurent dans les secondes. Dans le cas particulier important d'un morphisme *transformationnel*, les dernières significations mentionnées résultent des premières par une transformation *opérée par le sujet*. La signification des diagrammes carrés *pour l'épistémologiste* est alors que le sujet *relie par de tels morphismes*, de la manière formellement indiquée, les significations de départ et d'arrivée de ses raisonnements.

Les antécédents de l'épistémologiste sont construits, dans notre formulation, *comme si* les morphismes en cause *agissaient sur les raisonnements du sujet* en transformant les contenus des premières lignes dans ceux des secondes. Les conséquents de l'épistémologiste expriment formellement qu'*il en est effectivement ainsi*, le sujet étant l'effecteur du passage de l'un de ces raisonnements à l'autre.

Le schème de transitivité de la réduction, dont le sujet continue de disposer au niveau III, et un schème de transitivité analogue pour la composition des morphismes, permettent au sujet de composer les signifiés de différents diagrammes carrés du type

$$A_i \Leftarrow B_i$$
$$\downarrow \quad \downarrow$$
$$A_j \Leftarrow B_j$$

pour former les signifiés de diagrammes plus complexes, tels que :

$$\begin{array}{ccc} A_i \Leftarrow B_i \Leftarrow C_i & & A_i \Leftarrow B_i \\ \downarrow \quad \downarrow \quad \downarrow & & \downarrow \quad \downarrow \\ A_j \Leftarrow B_j \Leftarrow C_j & \text{et} & A_j \Leftarrow B_j \\ & & \downarrow \quad \downarrow \\ & & A_k \Leftarrow B_k \end{array}$$

ou d'autres analogues, avec autant de « carrés » que le sujet voudra ; et le même est vrai avec des déductions à la place des réductions. Le schème de réversibilité de la réduction permet au sujet de passer du contenu de

$$\begin{array}{ccc} A_i \Leftarrow B_i & & B_i \Rightarrow A_i \\ \downarrow \quad \downarrow & \text{à celui de} & \downarrow \quad \downarrow \\ B_j \Rightarrow A_j & & A_j \Leftarrow B_j, \end{array}$$

le schème de réversibilité de la déduction autorisant le passage réciproque.

Les deux schèmes caractéristiques du niveau III de rationalité sont donc sous-tendus par une véritable *covariation* des réductions et des déductions en fonction des morphismes — de préférence transformationnels — qui relient les significations concernées. C'est décisif pour l'épistémogenèse, car c'est ce qui détermine, en réalité, le passage des reconstitutions *au cas par cas*, caractéristiques du niveau II — qui n'admettent pas de variation endogène systématique du fondement —, aux reconstitutions plus avancées du niveau III, qui explorent tout le champ de variation endogène du fondement, à l'intérieur d'un *domaine de co-possibles*.

Les reconstructions rationnelles en sont affectées, par contrecoup, avec le passage de versions assez rigides à d'autres incomparablement plus mobiles. L'accroissement de mobilité des reconstructions du niveau III provient de ce que le sujet en dessine le projet *en fonction de paramètres variables* — significations que le sujet *peut modifier*, tout en préservant leur organisation d'ensemble. Une fois la réalisation du projet menée à bien, ces paramètres constitueront autant de degrés de liberté des reconstructions rationnelles élaborées. La moindre mobilité des reconstructions du niveau II résulte de ce que la reconstitution s'y fait au cas par cas, sans véritable capacité de totalisation de la part du sujet.

Cela nous suggère une *deuxième hypothèse génétique* précise : la covariation des raisonnements réductifs et déductifs en fonction des morphismes dont le sujet dispose serait la source profonde de sa nouvelle *capacité de totalisation et d'articulation systématique* des domaines d'intelligibilité. Cette *covariation endogène* constituerait ainsi un *préalable* de ce que Piaget a appelé les « schèmes opératoires à structure formelle » (Inhelder et Piaget, 1955, chap. XVII, §5).

Comme ces schèmes du sujet sont richement diversifiés, ils demanderaient une étude détaillée du point de vue des activités de reconstitution fondatrice et de reconstruction rationnelle. Les structures où ils s'intègrent étant riches et diversifiées à leur tour, l'idée d'une réduction épistémologique qui les ramènerait *à une seule structure fondamentale* est l'une des plus profondes et audacieuses du structuralisme génétique. Quand Piaget écrit que

> le système des opérations formelles constitue à la fois un réseau et un groupe, et unit ainsi en un seul faisceau les transformations par réciprocité et par inversion (Inhelder et Piaget, 1955, chap. XVIII, §5).

nous ne pouvons certes que rejeter l'idée, prise à la lettre, d'un système unique d'opérations formelles — réseau et groupe à la fois ! —, mais n'en reconnaissons pas moins la *réelle parenté* des diagrammes qui figurent dans les antécédents des schèmes de covariation du niveau III de rationalité avec le groupe INRC de Piaget.

En ce qui concerne la transition du niveau II au niveau III, nous nous laisserons guider par les remarques générales déjà faites sur la transition du niveau I au niveau II. L'épistémologiste reconstitue le mouvement cognitif d'ensemble :

$$\text{Niv II} \Leftarrow \text{Fond} \Rightarrow \text{Niv III}$$

du sujet d'après le schéma :

$$\text{Niv III} \Leftarrow \text{Fond} \Rightarrow \text{Niv II.}$$

Tandis que les raisons *qui fondent le passage* au niveau III sont tirées par le sujet des possibilités dont il dispose au niveau II, l'épistémologiste les reconstitue par réduction épistémologique *à partir du niveau d'arrivée* de la transition. Il en déduit aussitôt les possibilités du niveau de départ, sachant d'emblée, *a priori*, qu'elles *doivent permettre* la réduction Niv II ⇐ Fond, qui sous-tend le mouvement cognitif d'ensemble du sujet.

Avec le passage du niveau III au niveau IV n'est plus en jeu une simple transition de niveau de rationalité, mais un changement du type d'intelligibilité auquel le sujet accède. Quel que soit le niveau de rationalité du sujet, est intelligible pour lui *ce et seulement ce qu'il déduit à partir de significations fondamentales*, qui se laissent identifier *comme telles* (raisons), précisément du fait qu'elles *rendent cette déduction possible* (raisons *suffisantes*). L'intelligibilité des trois premiers niveaux de rationalité, fondée sur des significations dont le sujet *investit les objets* qu'il considère, est exclusivement *mathématique*. Les reconstitutions fondatrices et les reconstructions rationnelles du 1er ordre d'où elle provient, portent directement sur les objets en question. Il ne saurait exister, à notre sens, d'intelligibilité *proprement physique* à côté de l'intelligibilité mathématique. Les connaissances physiques constituent, sans conteste, un type bien caractérisé de connaissances. Mais l'intelligibilité qui leur est propre, qu'il s'agisse de connaissances vulgaires ou scientifiques, ne relève pas pour autant d'un type *spécifique* : comme toute autre intelligibilité, elle ne saurait être que *mathématique* ou *épistémologique*.

Différente de l'intelligibilité mathématique, l'intelligibilité épistémologique est du 2e ordre. Les raisons y proviennent de reconstitutions *portant sur des activités cognitives*, soit celles du sujet lui-même — *réflexion* —, soit d'autrui — réduction épistémologique *non purement réflexive*. Les raisons *épistémologiques* sont ainsi des significations fondamentales dont le sujet *investit des activités et des contenus cognitifs pris comme objet de considération* pour leur propre intérêt («objectivation»). Comme c'était déjà le cas pour l'intelligibilité mathématique, ces significations se laissent identifier *comme fondamentales*, du fait qu'elles rendent possible une déduction — ici une déduction épistémologique.

Rien ne suggère qu'il y a des schèmes de raisonnement *caractéristiques* du niveau IV. Ce qui distingue ce niveau de rationalité des précédents est le *nouvel usage* que le sujet fait des schèmes de transitivité, réversibilité et covariation de la réduction et de la déduction — déjà présents au niveau III —, en les faisant porter *sur des activités et sur des contenus cognitifs objectivés*. La démarche rationnelle d'ensemble des sujets du niveau IV est *une déduction épistémologique précédée d'une réduction*, qui en dégage un fondement adéquat, d'après le schéma habituel Inf $\Leftarrow$ Fond $\Rightarrow$ Sup, ici appliqué à des réductions et déductions du 2e ordre. La transition du niveau III au niveau IV procède d'après le schéma attendu Niv III $\Leftarrow$ Fond $\Rightarrow$ Niv IV, que l'épistémologiste reconstitue, à son tour, d'après le schéma Niv IV $\Leftarrow$ Fond $\Rightarrow$ Niv III — démarche épistémogénétique d'ensemble du 3e ordre.

Épilogue

par G. Henriques

Le lecteur qui aura parcouru les différents chapitres de cette étude d'épistémologie génétique sur la formation des raisons est maintenant en mesure de se faire une idée étoffée de son contenu et des démarches de recherche qui la sous-tendent. Le moment est venu de reprendre avec lui les différents fils de notre démonstration et de le laisser dénouer et renouer lui-même cet écheveau épistémologique.

S'il accepte ce défi, le lecteur se trouvera en situation d'éprouver ce dont il a ici été question dès la première page : comment les raisons se forment par un retour réflexif sur les conditions de constitution du savoir. Nous serions alors pour notre part dans une situation inversée par rapport à celle de nos recherches expérimentales : au lieu d'observateurs questionnant et évaluant des sujets (enfants ou auteurs de tout rang) sur le pourquoi de ce qu'ils affirment, ce serait notre tour (occasion et chance !) d'être évalués par nos semblables qui, en reproduisant partiellement notre démarche, nous auraient, au moins en cela, donné raison.

L'épistémologie est renvoyée, en premier et en dernier ressort, à des faits fondateurs en dehors desquels elle n'existe pas : fondation du sens, fondation du savoir. Les faits épistémiques ne résident pas dans l'intimité de la sphère subjective. Le sujet peut les connaître, mais alors comme quelque chose qui, à supposer qu'on se place au plus haut degré de généralité, ne dépend pas de son existence. En cela, les faits épistémiques ressemblent aux faits mathématiques, comme ceux concernant l'infinité de l'ensemble des nombres premiers ou la transcendance du rapport entre la circonférence et le diamètre d'un cercle. Le premier de ces deux faits était connu des anciens Grecs, le second a dû attendre l'époque contemporaine[1]. Cela n'empêche que le rapport entre la circonférence et le diamètre d'un cercle a toujours été et restera transcendant — de manière intemporelle. Un fait de constitution de savoir fondé comporte un aspect analogue, à côté de son aspect noétique lié à l'histoire de ceux qui y sont ou ont été impliqués. Mais qu'un savoir soit *fondé*, dans les limites précises où il a été fondé, cela reste et restera le cas dès qu'une fois il en a été ainsi — de manière intemporelle.

Les faits de constitution de savoir fondé ne sont pas étrangers aux enfants. Considérant les relativement moindres capacités noétiques de ces derniers, on aurait pu croire qu'ils le seraient; mais les travaux expérimentaux du CIEG ont montré que tel n'est pas le cas. Il existe un savoir fondé enfantin, limité comme le nôtre l'est aussi, mais véritable. Une différence importante entre l'enfant et l'adulte noétiquement exercé est que ce dernier est beaucoup plus conscient des *limitations* de son savoir fondé. La progression dans la prise de conscience des limites du savoir constitue à notre avis l'une des plus importantes lignes de développement épistémogénétique, et il est parfaitement clair sous cet angle (et par ailleurs trivial) que les enfants sont des débutants.

Remarquons encore qu'il y a lieu de distinguer *fondation* et *fondements*, la pratique noétique visant *ce* qui fonde et les idéalités cernées par cette pratique. La fondation est œuvre du sujet; les fondements le transcendent.

C'est pourquoi l'épistémologie des raisons doit nécessairement assumer à notre sens une position *objectiviste* (nous ne disons pas «réaliste», car il ne s'agit pas de choses, mais de significations remarquables des objets), distinguant les raisons des représentations que les sujets s'en font. Ces dernières sont subjectives et relèvent de la psychologie; les raisons sont objectives et ne s'y réduisent jamais. Mais nous soulignons encore une fois que l'épistémologie génétique ne saurait se passer du recours à la psychologie. Car si les enfants ont accès au monde noématique de sens et de valeur épistémique que nous venons d'évoquer, l'expérimentation psychologique est irremplaçable pour montrer que tel est le cas.

L'épistémologie constructiviste de Piaget a de grands mérites, dont le moindre n'est pas d'avoir reconnu, affirmé et étudié sans relâche le rôle, à ses yeux central, de l'action des sujets — de la sensori-motricité jusqu'au travail noétique des niveaux les plus élevés — dans la formation des connaissances. Reconnaissant et retenant cet apport précieux, il nous paraît qu'une inflexion objectiviste de l'épistémologie est non seulement opportune et salutaire, mais indispensable. On ne rencontre que trop souvent un certain discours équivoque où il est question, dans un registre psychologique ou épistémologique, tantôt d'objet mental, tantôt d'objet «construit par le sujet». Le sujet humain est effectivement *faber* et *artifex*. Mais, laissant de côté les produits de l'art au sens le plus large, loin de construire les objets, le sujet n'en construit que des modèles ou autres représentations. L'objet, lui, est *ce que les représentations représentent*.

Les objets et les « schèmes présentatifs » s'opposent déjà en ce que les premiers ne sont pas affectés lorsque le sujet soumet leurs schèmes présentatifs à des modifications qui peuvent être considérables. L'unicité de l'objet n'est pas ébréchée par la diversité des schèmes présentatifs le concernant auxquels le sujet peut faire appel. À ne considérer que le registre visuel, un objet peut être approché sous différents angles et représenté dans autant de perspectives. Le même est vrai quand on adopte d'autres modalités d'approche, et à plus forte raison quand on passe aux schématisations complexes qui les englobent toutes. De manière complémentaire, il arrive aussi qu'une seule schématisation générique fournisse des schèmes s'appliquant convenablement à une pluralité d'objets.

Pour en revenir aux raisons, le préambule de J.-J. Ducret étudie de manière savante le passage de la raison aux raisons dans l'œuvre de Piaget, contre l'arrière-plan des courants intellectuels par rapport auxquels il se positionnait. Le passage du singulier au pluriel recouvre à notre sens, et permet d'expliciter, le passage de la centration sur les aspects noétiques de la Raison à une prise en compte plus adéquate de ses corrélats noématiques.

Voici, en résumé, comment nous nous représentons ce passage : la raison constituante est noétique et singulière ; elle est une version moderne du νοῦς. Les noèmes constitués comme raisons restent irréductiblement pluriels — car les significations concernées sont trop diverses — malgré la forte aspiration synthétique du νοῦς. Les schèmes et structures opératoires du sujet (différentes en cela des structures mathématiques) sont des instruments noétiques dont le sujet tire parti dans sa recherche des raisons. Notre hypothèse épistémologique (qui remonte sans doute aux dernières intuitions de Piaget) est que le travail noétique menant à la constitution des raisons conduit en même temps au renforcement des instruments noétiques utilisés. On peut ajouter (en accroissant le risque d'erreur) que telle est la voie royale du développement cognitif.

PERSPECTIVE : L'ÉPISTÉMOLOGIE COMME AXIOLOGIE COGNITIVE

À la recherche d'une perspective juste pour conclure, nous voulons reprendre celle, progressivement affirmée dans cet ouvrage dès le chapitre 2.2 et même avant, de l'épistémologie comme axiologie cognitive. Enrichie par les apports des coauteurs, cette perspective résume ce qui peut en rester comme message à qui nous aura suivi jusqu'à la fin.

Le monde de la connaissance est, dans son intégralité, un monde de valeurs. À tous les niveaux, les sujets évaluent, d'abord les objets auxquels ils ont affaire ; puis, au deuxième degré, les connaissances qu'ils s'en forment. Tout ce que les enfants rencontrent devient du même coup objet d'une évaluation possible. Les enfants et autres sujets décident si tel ou tel objet ou procédé produit ou non les effets escomptés, s'ils atteignent les objectifs visés (et si oui, dans quel degré), si toutes les conditions requises sont satisfaites selon les critères adoptés.

La situation originelle du sujet n'a rien à voir avec celle imaginée par bon nombre de philosophes idéalistes qui ne se sont jamais donnés la peine d'enquêter sur les conditions naturelles du savoir. Comme si enfants et adultes partaient de leur sphère intime (immanence), pour ensuite chercher à la dépasser dans un effort titanesque — et futile — de «transcendance». La situation native de l'enfant est plutôt celle d'une fréquentation naturelle des choses et d'un commerce naturel avec ses semblables, fréquentation et commerce où ces objets (dont quelques-uns peuvent être à leur tour des sujets) sont investis d'une riche gamme de significations permettant à l'enfant de moduler son comportement[2].

Un premier point capital à retenir dans ce qui précède est que, dans la fréquentation des choses et dans le commerce avec leurs semblables dont nous parlions, des *valeurs* se constituent pour les enfants. Il s'agit tout d'abord des *valeurs cognitives des objets*, car ces valeurs sont sous-jacentes à toutes les autres. Ces valeurs primordiales sont les significations dont le sujet investit les objets. Comme Piaget l'a soutenu, la simple assimilabilité à un schème y suffit dans les cas élémentaires.

Mais nous avons vu que la connaissance ne s'arrête pas aux valeurs des objets. Un second point capital à retenir est que les enfants cherchent à s'assurer une connaissance valable, leur quête ayant alors pour objet la valeur de leur connaissance des objets. Et la boucle épistémologique se ferme une première fois, pour continuer à se rouvrir et à se refermer sans fin.

Si telle est la connaissance, quelle épistémologie peut y faire face en la prenant comme objet de manière relativement adéquate? Le défi est considérable et nul ne risque de le surestimer. Mais la tâche n'est pas inabordable pour autant. La constitution d'un savoir épistémologique (savoir fondé portant sur la constitution du savoir fondé) soulève en premier lieu les problèmes généraux liés à toute entreprise de reconstitution épistémogénétique, quel que soit le domaine sur lequel elle porte; mais à ceux-ci s'ajoutent d'autres problèmes liés à la forme particulière que les premiers problèmes revêtent dans le domaine du savoir épistémologique. Pour être un vrai savoir (ce qui veut dire *fondé*), celui-ci a besoin de significations fondamentales suffisantes pour sa déduction par l'épistémologiste. C'est aux difficultés de reconstitution de raisons *suffisantes* pour la reconstruction rationnelle en épistémologie que s'achoppe la grande majorité des tentatives de constitution d'un savoir épistémologique véritable. Même l'épistémologiste le mieux informé se sent dépassé par la complexité et par l'infinie richesse du connaissable. Et pourtant, la connaissance est potentiellement connaissance de tout cela. Un champ objectif immense rentre donc en principe dans ce qui doit faire objet de reconstruction rationnelle en épistémologie. Mais l'échelle de la reconstruction ne saurait dépasser celle de la reconstitution qui en dégage les fondements. C'est pourquoi les tâches qui incombent à l'épistémologiste seraient écrasantes s'il s'en tenait à son rôle de réducteur épistémogénétique individuel, fût-il nourri par le savoir déposé dans toutes les bibliothèques du monde.

Considérant toutes ces difficultés, on ne s'étonnera pas beaucoup de l'adoption tardive du thème des raisons par Piaget, lequel a sagement préféré en ouvrir le chemin par une suite remarquable de thèmes de recherche préliminaires. Et on appréciera combien fidèlement le fonctionnement du CIEG reflétait les conceptions de l'épistémologie piagétienne sur le fonctionnement d'un système cognitif quel qu'il soit dans sa marche vers un savoir fondé. Piaget ne s'est pas soucié d'en faire une théorisation explicite. Il avait conçu et fait fonctionner le CIEG sous sa direction comme un système producteur de savoir épistémologique. Il n'est pas étonnant que, mû peut-être par un sentiment d'urgence ou tout simplement parce que la maturation de ses idées épistémologiques le lui permettait enfin, Piaget en soit venu, au terme de sa carrière, à proposer au CIEG l'étude des raisons, par le biais de l'étude des processus de reconstitution qui en permettent la formation.

Il n'est pas étonnant que notre perspective finale inclue ce bref regard rétrospectif. Le dessin constamment poursuivi dans cet ouvrage a été de mettre en lumière, et de faire revivre, l'action collective du CIEG dans ces travaux sur les raisons. Au moment où cette action arrive à son épilogue, longtemps retardé, nous sommes conscients que notre entière démonstration, quel que puisse être son degré de validité intrinsèque, restera inopérante, et ne saurait devenir conclusive, que pour de nouveaux acteurs qui en reprendraient la démarche. L'épistémogenèse est un processus d'une nature telle qu'elle ne se laisse saisir que dans un processus renouvelé d'épistémogenèse.

Formation des raisons dans la pensée enfantine, élaboration ultérieure des raisons, au sein de la pensée scientifique et philosophique, études d'épistémologie génétique portant sur les deux processus parallèles mentionnés — à tous ces différents niveaux on a affaire à des processus qui rentrent dans ce champ couvert par notre thème général d'étude, la formation des raisons. C'est pourquoi le présent ouvrage est en même temps une étude d'épistémologie génétique et une étude sur l'épistémogenèse. C'est aussi pourquoi, incapable de conclure à la place d'un autre, nous passons maintenant le relais au lecteur, l'invitant à reprendre l'action noétique rejouée sous ses yeux.

NOTES

[1] Lindemann, F. (1882). *Ueber die Zahl. Math. Ann.*, 20, p. 213-225.
[2] Sur ce point décisif, nous nous sentons beaucoup moins proche d'un Kant, avec la place qu'il réserve à la sensibilité que d'un philosophe — Heidegger — dont nous ne partageons ni la démarche ni la doctrine, tout en restant fasciné par la force de son interrogation sur l'horizon de l'interprétation du sens de l'être. Pour Heidegger (*Sein und Zeit*, §13, «Die Exemplifizierung des In-Seins an einem fundierten Modus. Das Welterkennen»), le Dasein (l'auteur rejette le mot traditionnel «sujet» dont les connotations ne sauraient lui convenir) est et reste toujours auprès de l'objet, et ce par sa manière d'être originelle, sans que cela implique une quelconque extrusion de sa sphère intime. Qui, au contraire, ne trouve pas mieux que de partir d'une «esthétique» — fût-elle transcendantale — plus jamais ne sort du phénoménisme.

Textes inédits de Jean Piaget

1. RAPPORT SCIENTIFIQUE SUR LES TRAVAUX DE L'ANNÉE 1978-79[1]

Nos recherches antérieures sur les formes élémentaires de la dialectique (Piaget, 1980a) avaient abouti à cette conclusion générale que la dialectique est l'aspect inférentiel de l'équilibration. À vouloir distinguer l'équilibration en tant que processus constructif des états d'équilibre caractérisant les structures déjà construites et sous une forme stable, on constate, en effet, que ce que le sujet tire de celles-ci consiste en énoncés reliés les uns aux autres sous une forme «discursive» (comme le disait déjà Kant), tandis que l'équilibration en tant que processus consiste en constructions dont les liaisons inférentielles dépassent le discursif et comportent par conséquent un jeu d'implications d'une autre nature qu'il s'agissait d'analyser. L'hypothèse qui nous a guidés est qu'antérieurement aux implications entre énoncés (propositions) et demeurant sous-jacentes à elles, il existe des implications entre actions ou entre les opérations elles-mêmes et qui constituent le moteur essentiel des constructions cognitives (en particulier dialectiques).

C'est avant tout l'étude de ce type particulier d'implications ou de liaisons qui nous a occupés cette année. Mais une précaution s'est d'emblée imposée à nous et dont nous avons tenu compte en toute situation : elle consiste à distinguer soigneusement l'aspect causal des actions, c'est-à-dire leur effectuation matérielle avec ce qu'elle comporte, et leur signification qui seule peut donner lieu à des aspects inférentiels. D'un tel point de vue, l'implication entre actions (notion qui a pu au début rendre «perplexe» certains de nos collaborateurs mathématiciens) est essentiellement une implication entre les significations d'actions, ce qui supposait donc une étude systématique des «significations» aux différents niveaux du développement. Et tel a été l'un des deux buts principaux poursuivis cette année et qui s'est révélé très fructueux, sous la forme de la recherche d'une « logique » des significations.

Une remarque utile à fournir à cet égard : depuis des années, la logique, dont nous nous servons en nos recherches, a été ce que nous avons appelé la « logique opératoire » et qui est déjà en majeure partie une logique des significations, mais avec appel, quant aux structures interpropositionnelles, à des considérations extensionnelles tirées de la « table de vérités » classiques et d'usage courant. Or, sur la proposition de notre collaborateur, le physicien R. Garcia, il s'agissait en outre pour nous d'éliminer de notre logique ces aspects extensionnels pour parvenir à tous les étages à une logique des significations en la purifiant de tout mélange avec les logiques extensionnelles.

Cela dit, chacun des travaux de cette année a porté simultanément sur des systèmes de significations et sur des implications entre actions ou opérations, c'est-à-dire sur deux sujets étroitement liés l'un à l'autre.

Il convenait naturellement de partir des niveaux sensori-moteurs antérieurs au langage. Deux d'entre nous ont par conséquent entrepris les recherches sur les conduites instrumentales en utilisant divers instruments possibles (crochets, etc.) destinés à agir sur des objets libres ou insérés dans des boîtes ouvertes d'un côté ou seulement par le haut. Bien que les sujets de 1-2 ans ne parlent pas, il est facile de voir les significations qu'ils attribuent aux divers instruments et aux diverses situations ; dès ces niveaux élémentaires, on observe de multiples implications entre actions et même cela sous leurs trois formes habituelles : les unes portant sur les conditions préalables, les secondes portant sur les résultats escomptés ou obtenus et les troisièmes aboutissant même à la compréhension plus ou moins partielle ou complète de la « raison » des échecs ou des réussites. D'où déjà trois dimensions à distinguer en de telles implications : le conditionnement, l'amplification et l'approfondissement.

D'autres recherches ont porté également sur des problèmes d'intelligence pratique mais à des niveaux plus évolués : construire un carrelage sans lacunes entre les catelles, lesquelles peuvent être triangulaires, carrées, pentagonales ou hexagonale. Ou encore réaliser un tissage avec des fils de chaîne ou de trame et un jeu d'alternances à comprendre et reconstituer. Ici encore, les implications entre actions et les significations attribuées aux actions sont relativement faciles à dégager.

Pour passer de là à des implications entre opérations, mais en évitant les aspects verbaux qui en voileraient les significations proprement actives, deux d'entre nous ont repris le problème classique des implications mutuelles entre les nombres entiers ordinaux et cardinaux, mais avec une jolie technique dégageant les actions elles-mêmes de leur contexte verbal possible. On présente deux récipients situés à des hauteurs différentes, celui du haut (= H) étant relié à celui du bas (= B) par un tube incliné à 45° par lequel peuvent s'écouler des billes, ce que l'enfant fait, une à une, en ordre successif. Les questions posées sont alors du type : «Si tu t'arrêtes avant que la 5e tombe (ou après que la 3e soit tombée), combien de billes trouvera-t-on en B et combien de billes resteront en H?» Le total des billes est en général de 11 pour faciliter les intuitions sans recourir à des dénombrements. On voit combien une telle technique peut nous renseigner sur les rapports entre les ordinaux et les cardinaux, en se centrant sur des actions génératrices qui les constituent les unes en fonction des autres.

D'autres recherches de l'année ont porté sur les formes élémentaires et praxiques des 16 opérations interpropositionnelles binaires de la «table de vérité». Ces opérations sont de formation tardive (vers 11-12 ans) lorsqu'elles portent sur des hypothèses énoncées verbalement, donc au plan de la pensée hypothético-déductive. Par contre, s'il ne s'agit que de manipuler des objets, on observe très tôt des formes de liaison isomorphes à ces futures opérations interpropositionnelles : par exemple, des conjonctions, des incompatibilités, mais on constate alors que les 16 casiers de la table de vérité classique ne sont que des casiers résultant d'une combinatoire et que, si l'on se place au point de vue des liaisons entre significations, on y trouve plus que 16 types de préopérations. Par exemple, la conjonction AB (l'équivalent de p.q en langage propositionnel) se présente sous deux formes bien distinctes selon qu'il s'agit de «conjonctions libres» telles que A et B peuvent se trouver tantôt réunis, et tantôt disjoints, ou de «conjonctions obligées», lorsque A et B sont inséparables (morceaux d'un même objet ou éléments d'une même classe). En ce dernier cas, nous retrouvons l'affirmation d'Anderson et de Belnap qui, dans leur logique, excluent l'implication apparemment évidente p.q⊃p (ou en termes d'objets A.B—A) puisque ni p ni A ne peuvent se présenter sous une forme isolée. Mais de même qu'en étudiant précédemment les relations de nécessité, nous avions trouvé chez les jeunes sujets des liaisons de «pseudo-nécessité» (par exemple lorsque le «général» est confondu avec le «nécessaire»), nous retrouvons dans les recherches sur les significations des «conjonctions pseudo-obligées» lorsque le sujet admet comme obligées des conjonctions qui ne le sont pas.

Il convient également, lorsqu'on se place au point de vue des significations, de distinguer avec soin deux sortes de négations : les unes seront dites «proximales» lorsqu'elles prennent comme référentiel l'emboîtement le plus proche (par exemple si B=A+A' alors la négation ¬A' en ¬A'=B-A n'a de signification que par rapport au référentiel B). Les autres seront dites «distales» parce que se référant à l'univers du discours. Cette distinction est assez essentielle dans la construction ou l'analyse des implications entre actions.

En résumé, nous avons ainsi obtenu, comme prévu, pour cette année un ensemble de données concernant la logique des significations et la nature des implications entre actions. Dans l'ouvrage qui publiera ces résultats, nous comptons compléter la partie expérimentale décrivant les faits observés par une partie théorique fournissant une formalisation et le physicien R. Garcia, fidèle collaborateur de notre Centre, a bien voulu s'engager à rédiger cette seconde partie (il a été jadis l'élève du célèbre physicien Carnap aux USA).

Mais en fait, avant d'aborder comme prévu dès l'année prochaine des recherches sur la réciprocité (certains matériaux obtenus cette année nous y préparent déjà), il nous reste à prolonger les études ici résumées par l'analyse d'une question essentielle : c'est l'examen de ce que les sujets considèrent comme la preuve ou la «raison» de ce qu'ils considèrent comme une vérité. Si la base de toute logique des actions et significations est toujours inférentielle, il convient néanmoins de distinguer en ces inférences celles qui ne comportent qu'une vérification (en vraies ou fausses) et celles qui tendent à dégager le «pourquoi», donc la «raison» pour laquelle il en est ainsi. Il y a là tout à la fois un complément nécessaire à ce que nous avons vu cette année et un cadre dans lequel viennent s'inscrire les questions de symétrie et de réciprocité prévues comme suite de nos recherches. De façon générale, une recherche en épistémologie génétique (comme d'ailleurs en tous les domaines) se révèle féconde à la fois par ce qu'elle obtient et par les nouveaux problèmes qu'elle soulève. À cet égard, le problème des «raisons» nous paraît s'imposer entre ceux qui ont été étudiés cette année et ceux de la symétrie et de la réciprocité.

2. LA RAISON EN TANT QU'OBJECTIF DE LA COMPRÉHENSION (CIEG, janvier 1980)

Il est fort difficile de définir la raison du fait qu'elle entretient de multiples rapports avec les significations et leurs implications tout en présentant des caractères spécifiques n'appartenant qu'à elle, et du fait de son dynamisme selon lequel la raison R1 d'une vérité soulève tôt ou tard la question de la raison R2 de la raison R1, etc.

Descartes, Spinoza, Schopenhauer, etc., ont déjà insisté sur la différence entre *ratio cognoscendi* et *ratio essendi* et Spinoza en fournit l'excellent exemple suivant : si l'on définit un cercle comme une figure où toutes les droites menées du centre à la circonférence sont égales, on n'atteint pas l'essence du cercle mais seulement l'une de ses propriétés, tandis qu'en le caractérisant comme une figure décrite par une ligne dont une extrémité est fixe et l'autre mobile, on fournit sa « raison » en tant que processus formateur.

En d'autres termes, la « raison » est l'une des significations de l'objet ou de l'événement considéré, mais une signification qui entraîne les autres par implications signifiantes. Effectivement, dans le cas particulier, la rotation d'une ligne à partir d'un même point fixe implique l'égalité des rayons à titre de conséquence (implications proactives), mais elle implique elle-même à titre de conditions préalables (implications rétroactives) la conservation de la longueur et de la forme de cette ligne et la conservation du centre de rotation (= de l'extrémité fixe), la raison R1 supposant donc elle-même des raisons R2, etc.

On voit ainsi la complexité de l'idée de « raison », qui n'est pas réductible à une implication simple mais comporte une coordination entre implications, autrement dit des implications mutuelles ou implications de « puissances supérieures » (implications entre implications).

Quant à la forme générale que prennent ces coordinations entre implications, elle peut rester quelconque dans la mesure où elle dépend des questions que se pose le sujet au cours de ses efforts de compréhension, mais, au fur et à mesure que les liens se précisent, donc que tout s'organise, il tend à prendre la forme d'une spirale dialectique (voir le texte [en annexe dans le présent ouvrage] de Zubel et Wells), par exemple lorsque les conservations sont à la fois conditions et résultats sans qu'il y ait là pour autant de cercles vicieux.

Quant à la *ratio cognoscendi*, il ne s'agit plus de processus formateurs, mais de contrôles de la vérité ou de la fausseté de chaque assertion (énoncée ou admise dans le cycle des inférences). On peut à cet égard distinguer les preuves et les simples vérifications ou justifications. Celles-ci peuvent consister soit en vérifications empiriques soit en raisonnements déductifs vérifiant l'enchaînement des raisons (R1, puis R1 R2, etc.). Quant aux preuves, il faut, semble-t-il réserver ce terme aux composés complexes qui combinent en un même tout les *ratio essendi* et les *ratio cognoscendi*, comme c'est le cas pour ce qui est des théorèmes à la fois explicatifs et démonstratifs, ce qu'ils ne sont pas tous, même en mathématiques comme y insistait encore Cournot.

Le rôle de la raison est ainsi d'introduire de nouvelles nécessités en systèmes où elles n'étaient qu'implicites ou restaient inaperçues. La raison d'une vérité (empirique ou déductive) est donc un système de transformations qui modifient ou enrichissent les implications signifiantes de départ et leur confère un caractère nécessaire, ces transformations s'appuyant sur des structures ou sur des compositions partielles jouant un rôle dans les structures en formation et s'y intégrant progressivement.

En un mot, le propre des raisons est de consister en *reconstitutions* dont les étapes s'enchaînent par la réunion des implications proactives et rétroactives en un système simultané à base d'implications entre implications (*cf.* rayons et rotations dans l'exemple du cercle) : d'où un remaniement des significations et la formation de nouvelles implications en un nouveau système d'ensemble, ce qui explique le rôle formateur de la recherche des raisons.

Le principal obstacle s'opposant chez les jeunes sujets à la recherche des raisons est l'exigence des pseudo-nécessités faisant croire au caractère nécessaire de simples observables ou de relations plus ou moins répétables. Or, les nécessités ne sont pas des observables et celles qui interviennent dans les raisons sont formatrices et ce sont leurs connexions qui conduisent à cette reconstitution de l'objet ou de l'événement à comprendre en quoi consiste sa ou ses «raisons».

3. LA RAISON (INTRODUCTION) (CIEG, avril 1980)

La raison est aux vérités comme la causalité est aux faits, disait déjà Leibniz; ce qui implique que pour juger des uns comme des autres, il faut construire des modèles auxquels on puisse se référer. Mais, dans le cas de la causalité, ce modèle est fait d'opérations que le sujet attribue aux objets extérieurs après les avoir construites pour lui, tandis que dans le cas des raisons, le modèle consiste en *reconstitutions*, sous des formes simultanées, des opérations successives au moyen desquelles le sujet avait construit les êtres (classes, nombres, etc.) à propos desquels se posent les problèmes de vérités faisant intervenir les «raisons» d'acceptation ou de rejet.

Les instruments utilisés par ces modèles consistent naturellement en implications signifiantes mais dont nous pouvons *distinguer trois types*. Le premier, que nous pouvons appeler «proactif», consiste à anticiper, à partir de l'élément E, sa ou ses conséquences E' découlant nécessairement de sa présence et de ses actions. En ce cas et si ce rapport entre E et E' est nécessaire, on peut dire que E fournit une partie au moins de la raison R1 de E'. Mais la question se pose aussitôt d'établir de même la raison R2 de R1 (donc pourquoi l'action de E' est nécessaire à la formation de E", etc.). Un second groupe d'implications relie un élément E non pas à ses conséquences ultérieures mais à ses antécédents ou «conditions préalables», lesquelles peuvent être multiples mais non suffisantes pour autant : nous parlerons à ce propos d'implications «rétroactives», chaque découverte pro-active pouvant conduire à des remaniements rétroactifs. Nous pouvons alors définir les «raisons» comme les liaisons plus ou moins complètes dont la réunion constitue le *fondement*.

Mais une telle conception des raisons en tant que fondement d'une vérité E rend naturellement celui-ci essentiellement relatif à l'état actuel des connaissances puisque chaque modification rétroactive enrichit les pro-actives de caractères nouveaux et que chaque enrichissement pro-actif ajoute de nouvelles distinctions au plan rétroactif (conditions préalables). Mais c'est précisément cette *double relativité* qui nous paraît caractériser les «raisons» à la différence d'arguments inférentiels quelconques. En effets, plus ce système d'ensemble s'enrichit d'implications nouvelles et d'implications entre implications, et plus s'accroît la «force» de l'ensemble.

NOTE

[1] Ce texte est un rapport rédigé par Piaget à l'attention du FNRS.

Annexes

1. XXVᵉ SYMPOSIUM D'ÉPISTÉMOLOGIE GÉNÉTIQUE

Date et lieu : 23-26 juin 1980, UNI II, Genève.
Listes des participants :
Directeur : Jean Piaget — Directeur-adjoint : Guy Cellérier
Secrétaire : Ioanna Berthoud-Papandropoulou
Invités :

Léo Apostel	Jean-Blaise Grize
Jacques Bouveresse	Jean-Louis Le Moigne
François Bresson	Seymour Papert
Pierre Gréco	Alina Szeminska
Gilles Granger	

Collaborateurs de l'année :

Edgar Ascher	Claude Monnier
Lucy Banks	Luisa Morgado
Ioanna Berthoud-Papandropoulou	Gilberte Piérault-Le Bonniec
Magali Bovet	Claude Piron
Denis Capron de Caprona	Edye Rappe du Cher
Sylvain Dionnet	Ambroise Ritter
Reto-L. Fetz	Marilyn Sakellaropoulo
Joël Guyon	Anne Sinclair
Francis Halbwachs	Hermine Sinclair
Androula Henriques	Constance Vachta
Gil Henriques	Edith Valladao-Ackermann
Bärbel Inhelder	Vinh Bang
Volga Jacq	Gilbert Voyat
Constance Kamii	Angela Wells
Helga Kilcher	Henri Wermus
Danielle Maurice	Rosita Zubel
Giorgio Merzaghi	

2. LISTES DES RECHERCHES CIEG — ANNÉE 1979-80

S. Dionnet et J. Guyon, *Le problème des quatre couleurs*
L. Banks-Leite et L. Morgado, *Reproduction de modèles à l'aide d'un miroir*
M. Sakellaropoulo et A. Sinclair, *Pliages et trous*
I. Berthoud et H. Kilcher, *Le milieu*
G. Piérault-Le Bonniec et E. Rappe du Cher, *La propriété de divisibilité par 4 du nombre qui mesure le périmètre d'un carré*
D. de Caprona et A. Ritter, *Recherche sur la partition*
A. Wells et R. Zubel, *Le rallye*
G. Merzaghi et C. Monnier, *Construction et interruption de circuits électriques*
A. Henriques et D. Maurice, *Modifications sur 1 ou 2 termes d'une série : situations décidables et indécidables*
C. Vachta, *Matrices et cartes*
V. Jacq, *La combinatoire et le jeu des quatre chaises*

3. LE RALLYE (par Rosita Zubel, 1981)

Introduction[1]

Nous avons retenu comme définition de la raison celle donnée par Piaget, qui la caractérise comme étant « l'une des significations de l'objet ou de l'événement considéré, mais une signification qui entraîne les autres par implications signifiantes » (Piaget, 1980c). [...] Pour atteindre les raisons, il faut partir des modèles que le sujet s'est construit pour rendre cohérents les faits observés. Cependant, dans le cas des raisons, le modèle d'un sujet consiste en « reconstitutions sous des formes simultanées des opérations successives au moyen desquelles le sujet avait construit les êtres... à propos desquels se posent les problèmes de vérité faisant intervenir les raisons d'acceptation ou de rejet » (Piaget, 1980b). Il y a en effet une différence entre un succès pratique dans une situation de résolution de problèmes et la reconstitution de la procédure suivie. Comme le relèvent Inhelder et Piaget (1979, p. 172), « on peut même parvenir à des succès pratiques *sans pouvoir reconstituer* la procédure suivie ni surtout la raison des enchaînements nécessaires, tandis qu'il est impossible de structurer des contenus sans prendre conscience du "pourquoi" et du "comment" ».

Le problème est alors de savoir comment se réalisent la reconstitution qui conduit aux raisons. Dans sa définition procédurale, Piaget parle de la « réunion des implications pro- et rétroactives en un système simultané à base d'implications entre implications » (Piaget, 1980c). Dans ce même exposé, Piaget distingue encore une forme d'implication : les *implications justificatrices*. « Elles relient les formes pro- et rétroactives par des connexions nécessaires atteignant la raison ». C'est ce dernier type d'implications qui dégage, toujours selon Piaget, les raisons.

Soulignons encore, comme nous l'avons fait dans le premier paragraphe, qu'il s'agit d'implications entre significations et non pas d'implications entre énoncés, traduisibles en termes d'une logique extensionnelle.

Pour les fins de notre expérience, nous avons traduit les définitions de Piaget en termes opérationnalisables. Ainsi, la *proaction* concerne : (a) la planification de l'action (ce qui est fonction de la forme d'organisation mentale sous-jacente de l'enfant), (b) la correction de l'action, et (c) sa reprise en vue de combler des lacunes. La *rétroaction* se rapporte à : (a) l'évaluation de l'action effectuée (positive ou négative), ce qui amène soit à sa reprise soit à son élimination, donc à une nouvelle proaction, (b) sa reconstitution (idéelle ou identique à la constitution).

Cet aspect de connexion nécessaire atteignant la raison donne à penser que le problème de l'étude de la raison est étroitement lié à celui de la nécessitation. C'est ainsi qu'Henriques, s'inspirant de Piaget, définit la raison comme étant « le résultat de l'équilibration du possible et du nécessaire ». Cette approche de la raison en termes d'équilibration entre le possible et le nécessaire nous paraît fertile en ce qu'il permet de développer les travaux des années passées (1976-1980), tout en permettant une analyse cohérente des travaux de cette année.

Dans notre recherche, cette relation entre l'étude de la raison et l'équilibration du possible et du nécessaire se traduit comme suit : pour le *possible* il s'agira de comprendre comment les significations attribuées par l'enfant à la situation se répercutent sur son exploration des possibles. Quant au *nécessaire*, il se révèle au niveau [...] du meilleur choix entre les possibles envisagés par l'enfant. [...] C'est la *cohérence* du sytème d'évaluation qui nous intéresse de prime abord.

Matériel et Technique

Le matériel consiste en un paysage en trois dimensions où plusieurs chemins mènent d'un point de départ (A) à un point d'arrivée (C). Des obstacles de différents types se situent sur chacun des chemins. À titre de contrôle, des points équidistants — représentant des kilomètres — ont été rajoutés sur chacun des chemins.

Légende :
routes ═══
chemin de fer ⊐⊥⊥⊥⊥⊥⊐
chemin pédestre ─────
pont)(
tunnel ⊂⁼⁼⁼⊃

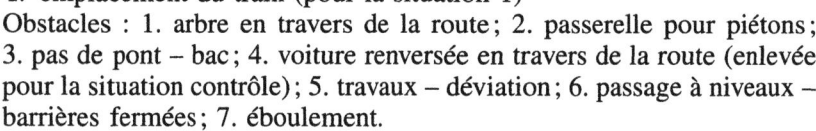

A. point de départ
B. emplacement de la voiture
 (dans le sens de la flèche)
 pour la situation 1
C. point d'arrivée
X. emplacement du bac (pour la situation 1);
Y. emplacement du train (pour la situation 1)
Obstacles : 1. arbre en travers de la route ; 2. passerelle pour piétons ; 3. pas de pont – bac ; 4. voiture renversée en travers de la route (enlevée pour la situation contrôle) ; 5. travaux – déviation ; 6. passage à niveaux – barrières fermées ; 7. éboulement.

Nous mettons à la disposition de l'enfant différents véhicules, dont certains constituent des moyens de transport alors que d'autres servent principalement à lever des obstacles. Les véhicules sont les suivants :

– 2 voitures «normales» et 1 plus petite — 1 voiture de course (trop large pour passer sur les ponts)
– 2 trains (un petit et un grand qui ne passe pas dans le tunnel)
– 1 hélicoptère (qui ne peut effectuer qu'une petite partie du trajet)
– 1 camion-grue (trop large pour passer sur les ponts)
– 1 trax (trop large pour passer sur les ponts)
– 1 bateau et 1 bac (dont l'usage est expliqué à l'enfant lors de la situation 1).

En plus de ces véhicules, nous mettons à la disposition de l'enfant un petit bonhomme en bois, une pelle, de la ficelle et des ciseaux.

Situation 1

Pour cette situation, le bac est placé dans la rivière du côté de la voiture accidentée (voir X sur le schéma). Un train quitte la partie supérieure du paysage (voir Y sur le schéma). Une voiture est placée en B. Nous demandons à l'enfant de reconstituer le chemin A-B que la voiture *aurait pu* emprunter pour arriver en B. Ensuite, nous demandons à l'enfant d'envisager le chemin que la voiture *pourrait* emprunter pour aller de B à C. Dans ce cas, il s'agit d'une planification d'une action à venir. Nous demandons également à l'enfant pourquoi les autres chemins sont impossibles. Dans cette première situation, nous ne mentionnons pas à l'enfant la possibilité d'employer les autres véhicules. Cependant, s'il en exprime le désir, il est tout à fait libre de le faire.

Situation 2

Cette situation est présentée comme une course que l'enfant doit essayer de gagner. Pour ce faire, il doit trouver le *meilleur chemin* pour aller du point de départ (A) au point d'arrivée (C). Nous expliquons à l'enfant qu'il peut utiliser les véhicules énumérés ci-dessus et en employer plusieurs pour un même parcours. Ainsi, il peut changer de moyen de transport en cours de route s'il le juge nécessaire. Nous l'encourageons à placer les véhicules là où il en aura besoin avant même d'effectuer le parcours. Lorsqu'il a trouvé un premier parcours, nous lui demandons s'il n'en existe pas d'autres encore meilleurs, ou s'il est sûr d'avoir gagné la course avec celui qu'il vient d'effectuer et de nous en donner ses raisons.

Pour relier notre situation expérimentale au contexte théorique de la recherche, nous définissons comme suit la raison : elle correspond à l'utilisation fonctionnelle et cohérente du réseau de significations que l'enfant s'est créé, ainsi que du système d'évaluation qui en découle. Nous [...] insistons sur le fait que, sans les régulations pro- et rétroactives, la raison serait vide de toute explication génétique (du moins dans un sens piagétien). Nous étudions donc la formation de ces systèmes d'évaluation — à savoir l'utilisation de différents critères : la longueur des chemins, la vitesse des véhicules choisis, le nombre d'obstacles à franchir, etc. — pour juger du meilleur chemin. La comparaison véritable entre chemins ne se base pas sur un seul critère, mais sur la coordination de plusieurs d'entre eux, impliquant leur compensation mutuelle. Par exemple, en préférant la voiture à la marche à pieds, on pourra gagner en vitesse ; par contre, certains chemins deviendraient inaccessibles. Cependant, ce n'est pas d'emblée que l'enfant « se promène dans un espace combinatoire » à l'intérieur duquel il arrive à évaluer et à compenser ; de même, les régulations pro- et rétroactives ne sont pas, dès le départ, synthétisées en un système simultané. L'analyse détaillée ci-dessous tentera de montrer précisément leur articulation progressive en un tel système.

Population

Nous avons interrogé 28 sujets âgés entre 4;6 et 11;8 — tous les sujets provenant de la même école publique du Canton de Genève.

Résultats

Nous avons classé les sujets d'après trois niveaux de conduite.

Niveau 1a (six enfants âgés de 4;6 à 5;2)

Les enfants choisissent un véhicule qu'ils placent en général au point de départ. À l'aide de ce véhicule, ils explorent un des chemins en vue d'atteindre le but proposé par l'expérimentateur. Le trajet effectué n'est pas forcément continu, car l'enfant se permet de sauter des bouts de paysage, de quitter les routes tracées pour les rejoindre plus loin, ou de contourner les obstacles qui leur barrent le chemin.

> Ainsi, Cristel 4;9 ne semble pas être perturbée par les obstacles. Lorsque l'expérimentateur tire son attention sur l'arbre qui barre le chemin et demande si on peut quand même passer par là, Cristel répond «je crois pas... il faut passer dessus ça (le pont) et aller ici (c'est-à-dire contourner l'arbre dans le champ)». On lui demande: «Tu crois que c'est possible?»; elle répond: «J'ai vu une voiture, c'était celle de superman... elle avait des ailes et volait».

L'enfant n'attribue ni aux obstacles, ni aux routes tracées une signification comparable à celle qu'aurait donnée un adulte, c'est-à-dire sous-tendue par des structures d'ordre et des contraintes liées au matériel. L'enfant se situe dans un espace où, au départ, tout est possible et rien n'est nécessaire. Ne voyant pas d'impossibilités, elle trouve un grand nombre de solutions possibles. Cependant, suite à une question de l'expérimentateur, certains enfants progressent dans le problème et nous voyons se constituer des implications signifiantes qui limitent les actions possibles envisagées.

> Ainsi, *Alain* 4;6 exclut la traversée de l'eau «parce qu'il y a l'eau là», la passerelle «parce qu'il ne peut pas passer», la route qui quitte le paysage «parce qu'il y a de l'herbe, il n'y a pas de route».

Il s'agit toutefois d'exclusions qui sont liées à la contrainte du moment (soit le véhicule, soit le chemin), sans que cette exclusion amène à une révision des conditions de parcours.

Par ailleurs, un parcours effectué dans un sens A—>B ne donne pas toujours lieu au même parcours dans le sens inverse B—>A, ce qui implique que A—>B n'est pas nécessairement égal à B—>A.

Philippe 4;7 (situation 1), lorsque l'expérimentateur lui demande comment la voiture a fait pour aller de A à B, la voiture étant placée en B, parcourt le chemin A-B en sens inverse (il fait donc B—>A). On lui pose la même question avec la voiture en A. Il amène alors la voiture de A en B via le bac puis poursuit son chemin jusqu'en A de nouveau, en passant par la route de l'arbre. Le chemin B—>A passe donc par l'arbre, alors que la route A—>B passe par la route du bac.

Exprimé en termes de régulations pro- et rétroactives, les conduites des enfants de ce niveau indiquent que la proaction existe sous la forme d'un projet global d'action (sans que toutes les étapes de l'action soient prévues dès le départ). Une correction de l'action effectuée ne se manifeste pas spontanément, et là où elle existe, elle n'est que locale. La rétroaction (selon notre définition du terme) est à ce niveau quasi inexistante, en ce qu'il n'y a pas encore de reconstitutions de solutions ni a fortiori de véritables comparaisons des différentes solutions trouvées par l'enfant.

S'il n'y a pas encore de véritables évaluations comparatives de solutions ni de reconstitutions de chemins parcourus, c'est parce que les significations ne sont pas encore organisées en systèmes stables; il n'y a donc pas de critères objectifs de comparaison (par exemple la métrique, la vitesse différenciée du temps/distance, etc.). Comme on le sait par ailleurs (Piaget et Inhelder, 1946), la structure d'ordre de placement/déplacement ne s'achève que vers 7-8 ans. Les enfants de l'âge considéré ici jugent la longueur d'un chemin en se basant sur le point d'arrivée — car «plus long» veut dire «arrivé plus loin». Or, comme notre point d'arrivée C est fixe, ainsi que notre point de départ A, rien n'incitera l'enfant à juger un chemin comme étant meilleur (donc plus court) qu'un autre.

Philippe 4;7 juge qu'il va gagner la course en prenant la voiture de course. Ensuite, il dit que c'est celui qui passe par l'éboulement qui va gagner «parce que c'est le premier... parce qu'il a dépassé tout le monde».

Si des critères de vitesse ou de longueur sont parfois invoqués, l'évaluation n'en tient pas compte de manière opératoire (par exemple, l'enfant jugera un chemin comme étant le plus court, alors qu'il est «visiblement» le plus long). N'ayant pas à leur disposition des moyens objectifs d'évaluation, les enfants invoquent plutôt des critères de type esthétique, par exemple «plus joli».

Niveau 1b (quatre enfants de 5;6 à 6;5)

À première vue, les conduites des enfants de ce niveau ressemblent à celles des enfants du niveau 1a. Néanmoins, certains progrès sont à noter. Les enfants commencent à attribuer la signification d'embûche au premier obstacle rencontré sur un trajet envisagé. En outre, ils peuvent parfois faire appel à des moyens auxiliaires pour dépasser un obstacle. Pourtant, il ne s'agit pas encore de compositions fonctionnelles de moyens, car ces compositions ne rapprochent pas du but. Au contraire, le but proposé par l'expérimentateur est momentanément perdu de vue, et la résolution de l'obstacle devient un but en soi au lieu d'être un moyen.

> *Corinne* 6;3 charge le bateau sur la voiture afin de franchir la rivière. Arrivée à la rivière, elle décharge le liteau, le met dans la rivière et le fait traverser. Ensuite, elle place la voiture dans l'eau et la fait tirer par un bonhomme jusqu'à l'autre rive. Elle recharge alors le bateau sur le toit de la voiture et va jusqu'à la maison. Lorsqu'on lui demande à quoi a servi le bateau, elle répond : « Il pouvait pas passer autre part ».
>
> Carme 6;5 propose de partir en A avec la voiture. Elle la gare devant la passerelle, monte sur le bateau qu'elle a placé à côté de celle-ci et descend la rivière un bout. Elle s'arrête devant le pont suivant, descend du même côté de la rivière que tout à l'heure et retourne à pieds pour rejoindre la voiture. Quand on lui demande pourquoi elle a pris le bateau, elle répond : « Pour faire un tour ».

Nous observons l'apparition de conditions préalables de parcours qui mènent non pas uniquement, comme au niveau 1a, à l'exclusion d'une solution donnée, mais aussi à l'acceptation d'une solution (autrement jugée impossible) sous certaines conditions. Celles-ci dépendent du réseau de significations propre à chaque enfant. Elles peuvent être de divers types :

(a) *spatial* (ou spatio-temporel indifférencié)

> « si quelqu'un avait ouvert le bâton, elle aurait pu passer là » (Jean-Marie 5;7)
>
> « parce que l'arbre n'était pas couché » (Laurence 5;6), en expliquant comment la voiture a pu arriver en B par la route de l'arbre.

(b) *matériel*

> « je peux prendre le petit train — mais ça va pas parce que c'est des routes — il y a pas d'autres rails, alors je peux pas arriver jusqu'aux rails » (Corinne 6;3)
>
> Jean-Marie (5;7) propose de prendre la route de l'éboulement « à condition qu'il y ait une pelle dans le coffre ».

Dans certains cas privilégiés, les évaluations des enfants de ce niveau résultent d'une comparaison, ceci grâce à la complexification du réseau de significations. Par exemple, à la question : « Lequel des chemins est le plus vite ? », Jean-Marie 5;7 répond en montrant le chemin de l'arbre et du passage à niveau (un des plus longs en distance réelle) en disant : « Parce qu'un petit sapin comme ça, on peut facilement le pousser et continuer après parce que là (via le bac) ça fera assez long parce que c'est lourd une voiture et il faut passer la rivière ». Pourtant, le plus souvent, le choix du meilleur chemin résulte d'une comparaison des cas possibles avec les cas impossibles.

Si l'enfant commence à constituer un réseau de significations qui donne une cohérence à l'action effective, il n'en résulte pas encore forcément une même cohérence sur le plan de la reconstitution et de l'évaluation.

<small>Corinne 6;3 ayant fait une composition complexe de moyens pour traverser la rivière, et après avoir attendu le passage du train pour arriver à la maison (respectant donc l'ordre temporel des actions) juge ce chemin comme étant le meilleur «parce que c'est le chemin le plus court».</small>

Ces divers comportements nous renseignent (a) sur l'avénement d'une structure d'ordre (placement/déplacement) absente au niveau 1a, et (b) sur le passage de l'action directe à une représentation de cette action. Ceci se traduit par une meilleure anticipation des chemins et des moyens à employer, ainsi que par la possibilité d'une évaluation par reconstruction mentale, ce qui indique des progrès au niveau des régulations pro- et rétroactives.

Niveau 2a (sept enfants de 6;2 à 7;11)

Àpartir de ce niveau, les enfants composent des moyens de locomotion pour atteindre le but proposé par l'expérimentateur.

<small>Patricia 7;11 passe la rivière à l'aide du bac, puis se heurte à la voiture accidentée. Elle noue une corde autour de celle-ci. Un bonhomme charge la voiture sur le bac, puis la tire jusqu'au point de départ. Patricia prend alors le trax, charge la voiture dessus, retourne celle-ci et enlève la corde. La voiture étant de nouveau en état de marche, elle l'utilise pour effectuer le parcours.</small>

<small>Céline 7;5 choisit la voiture pour effectuer le parcours, mais ne trouve aucun trajet qui permet d'utiliser ce moyen. Elle décide alors de partir à pieds. «Alors je vais à pieds, je vais faire à pieds», dit-elle. Elle résout la première partie du parcours en traversant la passerelle de cette manière et continue ainsi jusqu'à la maison, point d'arrivée de son parcours. Ultérieurement, elle décide de composer le parcours à pieds avec un autre moyen de transport (la voiture/le train).</small>

On peut considérer ces compositions comme fonctionnelles en ce qu'elles permettent à l'enfant de dépasser les obstacles, soit en faisant appel à des moyens auxiliaires (par exemple, l'utilisation du trax pour écarter l'arbre) qui leur permettent alors de continuer sur le même chemin, soit en utilisant plus d'un moyen de transport sur un trajet donné. La composition de moyens ouvre à l'enfant un plus grand nombre de solutions possibles. Dorénavant, il pourra envisager *successivement* des parcours différents. Comme nous le verrons, ceci se répercutera aussi sur les évaluations.

Il est important de relever l'apparition de connexions *nécessaires* entre les significations. L'organisation de celles-ci en réseau donne lieu à des contraintes d'ordre spatial, temporel et matériel qui limitent ou au contraire étendent les possibilités d'action effective. Si nous parlons en termes de nécessité, c'est parce que, contrairement au niveau précédent, ces significations sous-jacentes commencent à s'organiser selon une structure d'ordre, d'où l'apparition des contraintes précitées. Par exemple, dans la première situation, l'orientation de la voiture en B est désormais pertinente pour l'enfant qui essaie d'en tenir compte dans sa reconstitution du chemin.

Stéphane 7;6 écarte le chemin «du bac» en disant : «Si elle allait comme ça, la voiture serait dans l'autre sens... mais elle aurait pu prendre la boucle».

Patricia 7;11 exclut le même chemin en disant : «Parce-que là, ça va comme ça (indique la direction du chemin) et la voiture serait dans le mauvais sens».

D'autre part, dans les reconstitutions, un chemin A—>B a son correspondant direct dans le chemin inverse B—>A. Le respect de l'ordre s'observe également dans des contextes spatio-temporels comme par exemple lorsque l'enfant fait semblant de réellement attendre l'arrivée du train et l'ouverture des barrières du passage à niveau pour pouvoir passer avec la voiture.

Passons maintenant à l'évaluation des différentes solutions trouvées par l'enfant. Alors qu'au niveau précédent, l'évaluation des chemins était le plus souvent en termes de possible/impossible, donc sans de véritables évaluations comparatives entre solutions, on voit émerger des co-possibles entre lesquels seul un critère de nécessité pourra trancher. Cependant, cette nécessité ne relève pas encore de tous les aspects de la situation, faute de pouvoir envisager ces possibles simultanément et mentalement.

Geneviève 7;0 montre quatre solutions différentes. Pour décider du meilleur trajet, elle retrace simultanément deux de ces trajets, en appliquant ses doigts sur chacun des parcours. Bien que les deux arrivent en même temps, elle juge que la voiture de course va gagner «parce qu'elle passe plus vite une heure et celle-là moins vite».

Pour *Sylvie* 6;2, celui qui gagne est celui qui arrive en premier — en montrant une solution qui passe par la montagne. Lorsqu'on l'incite à prouver le bien-fondé de son évaluation, elle donne comme raison : «C'est celui qui a passé par la montagne, c'est le plus court»... «parce qu'il y a de plus gros kilomètres».

Il s'agit dans le cas de Sylvie d'un début de métrique en ce qu'elle vérifie à l'aide de ses doigts l'équipartition des unités de mesure (les points). Néanmoins, il ne s'agit pas encore d'une véritable évaluation métrique car elle n'arrive pas à opérer un déplacement de l'unité sur le parcours global, avec totalisation.

Dans d'autres cas, l'évaluation reste pour les enfants indécidable, mais elle se base néanmoins sur une suite d'implications signifiantes attribuées au parcours.

Pierre-Alain 6;10 dit, par exemple : «On ne peut pas savoir parce qu'il y a des obstacles partout».

Alexandre 7;0, lorsqu'on lui demande qui arrivera en premier, répond : «Moi, si ça patinait pas — si elle (la route) est sèche je peux passer sinon pas».

En termes des régulations pro- et rétroactives, la proaction démontre les trois caractéristiques énoncées dans notre définition, à savoir la planification, la correction et la reprise de l'action en vue de combler les lacunes. La rétroaction quant à elle commence à concerner la reconstitution de chemins dans leur totalité ; néanmoins, ceux-ci ne peuvent être reconstruits que successivement sur le plan mental ou simultanément sur le plan de l'action.

Niveau 2b (six enfants de 8;1 à 9;9)

Les principaux progrès rencontré à ce sous-niveau concernent l'organisation de plus en plus cohérente du réseau de significations, et l'évaluation des solutions trouvées par l'enfant. Par ailleurs, l'action commence à se détacher du concret pour se placer sur un niveau symbolique. Ceci se traduit par une facilité accrue dans le dépassement des obstacles, qui met toutes les solutions sur le plan du possible.

Corrélativement à l'ouverture sur de nouveaux possibles, l'enfant commence à restreindre ce champ en organisant les solutions trouvées d'après un critère d'*optimisation* — par exemple, en répétant pour un même bout de parcours une même solution si celle-ci s'est révélée meilleure ou plus adaptée qu'une autre.

Ainsi, *Joanna* 8;1 dit : «Avec tous les véhicules, on peut prendre le bateau et aller de là à là». De même, *Cécile* 8;9 charge le véhicule qu'elle utilisera pour la suite du parcours sur le bac pour traverser la rivière. Pour elle, «charger sur le bac» devient une solution répétable et constante pour cette première partie du parcours, alors que le reste du chemin peut varier en fonction du véhicule choisi.

Nous appelons la réutilisation d'une solution «optimale» la constante procédurale. Ces constantes procédurales nous semblent très importantes pour le progrès des régulations pro- et rétroactives car elles indiquent que chaque planification de l'action est influencée par le réseau des unités significatives tirées des actions antérieures.

Avec l'élargissement du champ des possibles, l'enfant doit trouver des critères d'évaluation qui justifient l'adoption d'un chemin plutôt qu'un autre, la solution retenue s'imposant alors avec nécessité. L'évaluation se basera sur différents critères tels que le temps, la vitesse, la distance, etc. Mais il n'y a pas encore de composition de ces critères ni de compensation de ceux-ci comme ce sera le cas au niveau suivant.

> C'est le cas par exemple de *Christian* 8;1 à qui l'expérimentateur demande : «De tous ces chemins, c'est avec lequel que tu pourrais gagner?». Enf. (montre bac – passage à niveau) «Parce qu'il n'y a pas les obstacles à passer». Exp. «Et les autres?». Enf. Oui là (arbre) et là (éboulement)». Exp. «Qu'est-ce que ça fait?». Enf. «Ça freine... ça fait perdre»... Exp. «Ça c'est des kilomètres. Est-ce qu'en regardant les km, tu peux être sûr qui va gagner ou pas?». Enf. «Non – parce que ce sont les 2 la même chose» (L'enfant parcourt la route de l'arbre – éboulement). Exp. «Ce chemin?». Enf. «Il est plus long, il y a plus de km. Il y en a 13». Exp. «Et l'autre?». Enf. «il en a 8». Exp. «Donc?». Enf. «Il est plus court». Exp. «Est-ce que tu peux trouver un chemin encore plus court?». Enf. (montre petit pont – éboulement avec bonhomme) «Là il peut marcher». Exp. «ça fait combien?». Enf. «9. Il est plus loin». Exp. «Qui va gagner?». Enf. «Celui-là parce que il en a 8 et là il y en a plus». Exp. «Qui va gagner – pieds ou en voiture?». Enf. «En voiture c'est plus vite».

Christian prend donc comme premier critère d'évaluation le nombre d'obstacles. Ensuite, il regarde les distances et enfin la vitesse relative des différents véhicules. Cette considération de différents critères est successive, sans composition entre eux.

Niveau 3 (six enfants de 10;7 à 11;8)

À l'encontre des enfants des niveaux antérieurs, ceux du présent niveau se représentent le problème de manière plus symbolique que concrète. Ceci se remarque : a) dans leur manière de traiter les obstacles : par exemple, un enfant placera le trax à côté de l'obstacle pour symboliser l'acte de l'enlever; b) dans la planification : l'enfant se détache de la démarche de proche en proche pour envisager mentalement et en anticipation un trajet total ainsi que les moyens pour le parcourir; avant d'effectuer un parcours, il place à côté des différents obstacles les moyens pour les résoudre, ainsi que les différents véhicules qui vont servir au parcours; c) dans la simultanéisation mentale de l'action effectuée ou effectuable; ceci permet à l'enfant de comparer entre elles les différentes solutions qu'il trouve.

L'enfant se situe dorénavant dans un espace combinatoire, car il peut décomposer et recomposer, à son gré, les parcours tracés, ainsi que composer les véhicules qui serviront pour le parcours. Comme dit Dominique 11;5, lorsqu'on lui demande s'il trouve encore des solutions : «Oui en combinant les parcours, on peut encore en faire». De ce fait, les possibles s'accroissent au-delà de ce qui est réalisé par une action effective, pour englober ce qui est virtuellement réalisable.

Corrélativement à cette ouverture sur de nouveaux possibles, s'actualise aussi une fermeture par de nouvelles nécessités. L'enfant évaluera des trajets en extrayant de son réseau de significations plusieurs critères liés les uns aux autres. Par exemple, l'enfant composera vitesse et longueur.

Suzanne 10;10 compose d'abord un trajet, où elle emploie successivement la voiture de course, la marche à pieds, la voiture et enfin le train. Pour compenser la perte de vitesse due à la marche à pieds, elle dit «là on peut courir» et pour essayer d'optimiser davantage la vitesse de parcours, elle dit : «On demandera au chauffeur d'aller vite».

Etant donné que l'ensemble des évaluations est basé sur l'organisation des significations propre à chaque enfant, il ne saurait être question d'objectivité véritable. Mais ce qui marque bien la différence par rapport aux évaluations «subjectives» des niveaux précédents, c'est l'avènement d'une quantification (et d'une métrique) virtuellement possible, que l'enfant invoque spontanément pour justifier ses évaluations et conférer un statut de nécessité à la solution jugée optimale.

Madeleine 11;4 dit : «Il faudrait mesurer» pour décider lequel des chemins est le plus long. Elle mesure deux chemins à l'aide d'une ficelle et conclut : «C'est l'autre qui est le plus long». Mais elle ne se fie pas à la longueur comme critère unique d'évaluation, car quand on lui demande qu'est-ce que ça fait si l'un est plus long, elle répond : «Ca dépend si la route est belle, s'il y a un beau paysage, on regarde pas la route alors que si elle est tout droit, ça paraît long».

Marc 10;7, lorsqu'on lui demande comment être sûr qu'il va gagner, répond : «Il faudrait [...] mesurer avec une ficelle les chemins». Il prend de la ficelle, mesure un trajet et dit : «Là le trajet à travers la montagne, c'est sinueux, on perd pas mal de temps». C'est ce même bout de ficelle qu'il prend pour mesurer un autre trajet qui, à son étonnement, est moins long. «De chien!», dit-il, «c'est quand même plus court [...] mais on y va moins vite parce que là on a des moyens de locomotion. Ça (la voiture) fait du 100 km/h. Il faudrait faire le calcul – il faudrait une échelle pour voir. Ça (à peu près 2 cm mesuré sur une route) fait 1 km. Ça, ça fait 1 km à 100 km/h» (puis il se perd dans ses calculs). Ce qui est important à relever, c'est l'effort que fait Marc de compensation continue de la distance par la vitesse.

Les représentations pro- et rétroactives deviennent mentales : pour planifier, l'enfant n'a plus besoin de passer par une action effective. Ceci est aussi vrai pour la correction de l'action et sa reprise en vue de combler des lacunes. En ce qui concerne la rétroaction, les reconstitutions des chemins peuvent être envisagés simultanément au niveau mental et l'évaluation consécutive que fait l'enfant des différents chemins cherche à se baser sur des critères objectifs. Suite à cette intériorisation, les régulations pro- et rétroactives se synthétisent davantage car, avec chaque planification de l'action, il s'ensuit une évaluation immédiate de celle-ci. C'est au niveau de cette synthèse que les implications justificatrices s'appuient sur des arguments pouvant être jugés nécessaires aussi bien d'un point de vue objectif que subjectif.

Conclusions

Nous avons interprété nos résultats à partir des deux points de vue : 1. de l'équilibration progressive du possible et du nécessaire qui, selon G. Henriques, rendrait compte de la raison, 2. des régulations pro- et rétroactives qui, selon Piaget, par leur synthèse, donnent lieu à la raison. Voyons de plus près comment ces deux approches théoriques s'articulent dans le cas de notre recherche.

En plaçant le point de rencontre de ces types d'approche au niveau du *modèle* du sujet, nous pouvons rejoindre la définition de la raison donnée par Piaget qui dit que celle-ci est «l'une des significations de l'objet ou de l'événement considéré, mais une signification qui entraîne les autres par implications signifiantes». Comme nous avons essayé de montrer dans l'exposé de nos résultats, les significations attribuées aux objets évoluent avec l'âge, ceci dans le sens d'une complexification progressive des liens implicatifs entre significations. Ces liens forment un réseau de significations de mieux en mieux articulées, donnant une cohérence plus grande à l'action et aux justifications que donne l'enfant. Cette complexification du réseau de significations se fait à travers le jeu entre régulations pro- et rétroactives. Progressivement, l'enfant tire de plus en plus de profit de ses actions antérieures, ce qui lui permet de meilleures anticipations de l'action à venir. Par là même, cette régulation permet une ouverture de plus en plus grande sur de nouveaux possibles.

Nous faisons l'hypothèse, à partir de nos résultats, que la possibilité de tirer profit des actions antérieures va de pair avec une ouverture sur un plus grand nombre de possibles. Une évaluation de ces divers possibles permet à l'enfant de corriger son action, et par là de limiter le champ des possibles. Cette limitation du champ des possibles se fait à travers des implications signifiantes, qui créent des nécessités pour l'enfant.

Au début de la genèse, le nombre des possibles est restreint (ou au contraire illimité) ; corrélativement, les nécessités sont locales et subjectives, et peuvent être abandonnées par l'enfant face à une nouvelle possibilité. Ceci parce que le réseau de significations n'a pas encore de cohérence interne. Plus tard, avec la complexification de ce réseau, il y a une ouverture sur un plus grand nombre de possibles, avec une limitation de ceux-ci par des nécessités créées par une meilleure organisation des significations. Ces nécessités peuvent encore être considérées comme des pré-nécessités (au sens défini par Piaget), car elles ne s'appuient pas encore sur une métrique. Enfin, au niveau III, le champ des possibles s'ouvre sur le virtuel; de même, la nécessité devient objective, car elle s'appuie sur des structures métriques de type formel.

Traduisons maintenant cette description du processus formateur de la raison en termes d'équilibration entre régulations pro- et rétroactives. Au début de la genèse, les significations étant peu organisées en réseau, les rétroactions — c'est-à-dire les références à l'action antérieure — sont limitées. Ceci se traduit par des anticipations globales et une faible possibilité de correction de l'action. Plus tard, avec la création de liens implicatifs entre significations, les proactions dépassent le simple projet global, car elles tiennent compte des actions antérieures. Il y a la possibilité d'une évaluation de l'action effectuée, ce qui peut amener soit à sa reprise en vue de combler des lacunes (c'est-à-dire à une nouvelle proaction), soit à son élimination. Au troisième niveau, l'organisation des significations est sous-tendue par des structures d'ordre et métrique. Ceci se remarque au niveau de la rétroaction en ce que l'évaluation est basée sur des critères structuraux et nécessaires. La proaction n'est alors jamais indépendante d'une évaluation comparative, donc d'une rétroaction, et les deux sont synthétisées «en un système simultané à base d'implications entre implications» et par «des connexions nécessaires atteignant la raison».

Ces deux types de régulations (possible-nécessaire/pro- rétroaction) sont donc à considérer comme les processus formateurs de la raison. Il y aurait donc des raisons à tous les niveaux, mais c'est seulement au niveau III qu'elles rejoignent le nécessaire à travers les structures d'ordre et métriques.

NOTE

[1] Cette annexe reproduit, avec quelques retouches, le texte rédigé en 1981 par A. Wells et R. Zubel en vue de la publication alors prévue des recherches sur les raisons réalisées au CIEG entre 1979 et 1981.

Références bibliographiques

Appel, K. & Haken, W. (1977), La solution du problème des quatre couleurs, *Pour la Science*, 2, 56-70.

Apostel, L., Monnier, C. & Merzaghi, G. (1983), Construction et interruption de circuits électriques, *Communication et cognition*, 16, 203-213.

Dionnet, S. (1998). Production de connaissance et interaction : le cas du Centre international d'Epistémologie génétique. *Bulletin de Psychologie*, 51, 377-382.

Ducret, J.-J (1984), *Jean Piaget, savant et philosophe : les années de formation. Etude sur la formation des connaissances et du sujet de la connaissance*, Genève : Editions Droz, 2 vol.

— (2000), *Jean Piaget 1968-1979 : Une décennie de recherches sur les mécanismes de construction cognitive*, Genève : Service de la recherche en éducation.

Engel, P. (1993), *Philosophie et psychologie*, Paris : Gallimard.

Henriques, A. (1972), *La preuve : étude expérimentale sur la psychogenèse de l'argumentation démonstrative*, Genève : Editions Médecine et Hygiène.

Henriques, A. & Maurice, D. (1989), «La recherche des raisons dans le contexte d'une série numérique», *Revista Internacional*, vol. 28, 83-92, Lisbonne.

Henriques, G. (1978), Généralisation opératoire et généralisation formelle en mathématique. In J. Piaget, 1978.

— (Juillet, 1981), Formation des raisons, discours explicatif et activités de reconstitution. (Document de travail CIEG non publié.)

— (1990), Morphismes et transformations dans la construction d'invariants. In J. Piaget, 1990.

Inhelder, B. & Piaget, J. (1979), Structures et Procédures, *Archives de Psychologie*, 47, 165-175.

Piaget, J. (1918), *Recherche*, Lausanne : La Concorde.

— (1924), *Le jugement et le raisonnement chez l'enfant*, Neuchâtel/Paris : Delachaux et Niestlé.

— (1926), *La représentation du monde chez l'enfant*, Paris : Félix Alcan.

— (1933), L'individualité en histoire : l'individu et la formation de la raison. In M. Caullery, *L'individualité*, Paris : Félix Alcan.

— (1936), *La naissance de l'intelligence chez l'enfant*, Neuchâtel/Paris : Delachaux et Niestlé.

— (1936), La genèse des principes de conservation dans la physique de l'enfant, *Annuaire de l'instruction publique en Suisse*, 27, 31-44.

— (1937), Les relations d'égalité résultant de l'addition et de la soustraction logiques constituent-elles un groupe ? In *L'enseignement mathématique*, Paris : Gauthier-Villars ; Genève : Georg.
— (1937), *La construction du réel chez l'enfant*, Neuchâtel/Paris : Delachaux et Niestlé.
— (1950), *Introduction à l'épistémologie génétique*, Paris : Presses Universitaires de France.
— (1970), *Psychologie et épistémologie*, Paris : Denoël-Gonthier.
— (1971), Causalité et opérations. In Piaget J. et Garcia R., *Les explications causales* (vol. 26 des Études d'épistémologie génétique), Paris : Presses Universitaires de France.
— (1972), *Sagesse et illusions de la philosophie*, 3e édition, Paris : Presses universitaires de France.
— (1974a), *La prise de conscience*, Paris : Presses universitaires de France.
— (1974b), *Réussir et comprendre*, Paris : Presses universitaires de France.
— (1976), Autobiographie. In G. Busino (éd.), *Les sciences sociales avec et après Jean Piaget*, Genève : Librairie Droz, p. 1-43.
— (1977), *Recherches sur l'abstraction réfléchissante*, Paris : Presses universitaires de France.
— (1978), *Recherches sur la généralisation*, Paris : Presses universitaires de France.
— (1980a), *Les formes élémentaires de la dialectique*, Paris : Gallimard.
— (1980b), *Recherches sur les correspondances*, Paris : Presses Universitaires de France.
— (1980c), La raison en tant qu'objectif de la compréhension. (Document de travail CIEG reproduit dans le présent volume.)
— (1980d), La raison (introduction). (Document de travail CIEG reproduit dans le présent volume.)
— (1981 et 1983), *Le possible et le nécessaire*, 2 volumes, Paris : Presses universitaires de France.
— (1990), *Morphismes et catégories*, Neuchâtel/Paris : Delachaux et Niestlé.
Piaget, J. & Garcia, R. (1987), *Vers une logique des significations*, Genève : Murionde.
Piaget, J. & Inhelder, B. (1948), *La représentation de l'espace*, Paris : Presses Universitaires de France.
— (1946), *Les notions de mouvement et de vitesse chez l'enfant*, Paris : Presses Universitaires de France.
— (1955), *De la logique de l'enfant à la logique de l'adolescent*, Paris : Presses Universitaires de France.
— (1966), *L'image mentale chez l'enfant*, Paris : Presses Universitaires de France.
Piaget J., Inhelder B. & Szeminska, A. (1948), *La géométrie spontanée de l'enfant*, Paris : Presses Universitaires de France.
Piérault Le Bonniec, G. & Rappe Du Cher, E. (1982), La propriété de divisibilité par 4 du nombre qui mesure le périmètre d'un carré, *Archives de psychologie*, 50, 285-301.
Vernant, J.-P. (1985). *Mythe et pensée chez les Grecs*, 3e éd., Paris : La Découverte.

Table des matières

Avant-propos, *par Jean-Jacques Ducret* 5

Préambule 9
De l'explication de la raison à l'étude des raisons dans l'œuvre de Piaget
par Jean-Jacques Ducret
Introduction 9
Trois étapes du problème de la raison dans l'évolution de la philosophie
occidentale 11
Évolution des thèses et des travaux de Piaget sur la raison 26
Conclusions 40

Chapitre 1.1 47
Plan général d'approche et lien avec Piaget,
par G. Henriques
Une présentation différée 47
Un sommet théorique : le structuralisme génétique et ses prolongements   51
Le Piaget permanent et le Piaget asymptotique 53

Chapitre 1.2 61
Les travaux du CIEG sur les raisons
par G. Henriques
Discussion préliminaire sur les significations de «raison» 63
Discussion sur les raisons dans le discours 66
Discussion sur les raisons dans les sciences 69
La pratique de la recherche sur les raisons au CIEG 77
Références à l'histoire et à la philosophie 82
Le XXVe Symposium d'Épistémologie Génétique 89

Chapitre 1.3 97
Trois approches de la problématique des raisons
par G. Henriques
Une démarche de théorisation préliminaire 97
L'approche structurale 99
L'approche fonctionnaliste 102
L'approche dialectique 108

Chapitre 2.1 113
Les significations et les raisons. Une démarche de définition informelle
par G. Henriques

Caractérisation générique des raisons 113
Mise en question de la notion de signification 117
Le cercle cognitif primordial 119
Déduction et réduction 123
Reconstitution et reconstruction 127
Reprise compendieuse 130

Chapitre 2.2 135
La formation des valeurs cognitives
par G. Henriques

Problèmes inhérents à la constitution de valeurs en épistémologie 135
L'investissement cognitif 138
L'épistémogenèse 142
Nécessité et suffisance 146
L'équilibration du possible et du nécessaire dans la formation des raisons   148
Constitution et assimilation réciproque des domaines d'intelligibilité 150
Fil conducteur proposé 153

Chapitre 3.1 155
**Reconstitution épistémogénétique et Reconstruction rationnelle
à l'échelle de l'histoire**
par G. Henriques

Le primordial, le principal et l'élémentaire 155
Les raisons comme rapports 159
Les raisons de l'intelligibilité 162
Sauver les phénomènes 166
La déduction mathématique et ses points de départ 167
Configurations et indivisibles 168
Le parallélisme pensée-étendue et l'harmonie préétablie 170
La première grande réduction unificatrice en mécanique 172
L'électromagnétisme et les réductions relativistes 176
La suffisance perdue — et rétablie 176
Les réductions axiomatiques en mathématique contemporaine 179
Généralisations complétives et réductions structurales 180
Le synthétique a priori et la déduction transcendantale 182

Chapitre 3.2 191
Enquêtes psychogénétiques

Section 1 193
Cadre Conceptuel et méthode
par Sylvain Dionnet

Section 2 205
Recherche sur le milieu
par Ioanna Berthoud-Papandropoulou et Helga Kilcher

Section 3 213
Les raisons de l'optimalisation d'un coloriage
par Sylvain Dionnet

Section 4 225
Les raisons dans le contexte de la sériation numérique
par Danielle Maurice

Section 5 235
Reproduction de figures géométriques à l'aide d'un miroir
par Luisa Morgado

Section 6 243
**Couper une feuille pliée — Anticipation et explication
des configurations obtenues**
par Anne Sinclair

Section 7 253
Synthèse
par G. Henriques
   Retour sur les raisons des enfants 254
   D'où les raisons sont tirées et ce qu'en font les enfants 255
   Raisons trouvées et recherche des raisons 258
   Le rôle formateur des raisons 261

Chapitre 4.1 265
Les niveaux de raisons d'après leurs processus de formation
par G. Henriques
   Problèmes inhérents aux transitions de niveau 265
   Mise en question des renforcements d'intellection 269
   Résolution du «paradoxe» génétique 271
   Niveaux psychogénétiques de reconstitution fondatrice 273
   Niveaux psychogénétiques de reconstruction rationnelle 278

Chapitre 4.2 283
**Proposition d'un modèle pour la formation des raisons
dans la psychogenèse**
par G. Henriques
   Statut et lieu systématique des considérations théoriques de ce chapitre .. 283
   Essai de formalisation concernant les niveaux de rationalité ... 285
   La première transition de niveau de rationalité 288
   Les autres transitions de niveau de rationalité 292

Épilogue 297
par G. Henriques

Textes inédits de Jean Piaget
1. Rapport scientifique sur les travaux de l'année 1978-79 303
2. La raison en tant qu'objectif de la compréhension, CIEG, janvier 1980 307
3. La raison (introduction), CIEG, avril 1980 309

Annexes
1. XXVe symposium d'épistémologie génétique 311
2. Listes des recherches CIEG – année 1979-80 312
3. Le rallye, par Rosita Zubel, 1981 312

Références bibliographiques 327